ハワイ
房總半島
浦賀
横須賀
金沢八景
逗子
黄金町
櫻木町
横濱
鎌倉
大船
片瀬
東神奈川
東京灣
六郷川
濱川崎
川崎大師
穴守稲荷
尻手
川崎
南武鉄
江戸川
隅田川
月島
千葉方面
京王電車のぼり
蒲田
品川
東京横浜電車
玉川電車
両國
松陰神社
豪徳寺
伊井直弼墓
農科大学
東京
上野
四谷新宿
代々木
明治神宮
代々木練兵場
文部省体育研究所
北海道
青森
仙台
田端
新宿
停車場前
新町
天神橋
神宮裏
初台
代々幡
浄水池
十二社
東京高等蚕糸学校
明治薬学校
明大グラウンド
明治大学
堀内妙法寺
中央
至八王子

多摩の鉄道沿線
古今御案内

今尾恵介

けやき出版

多摩の鉄道沿線　古今御案内

目次

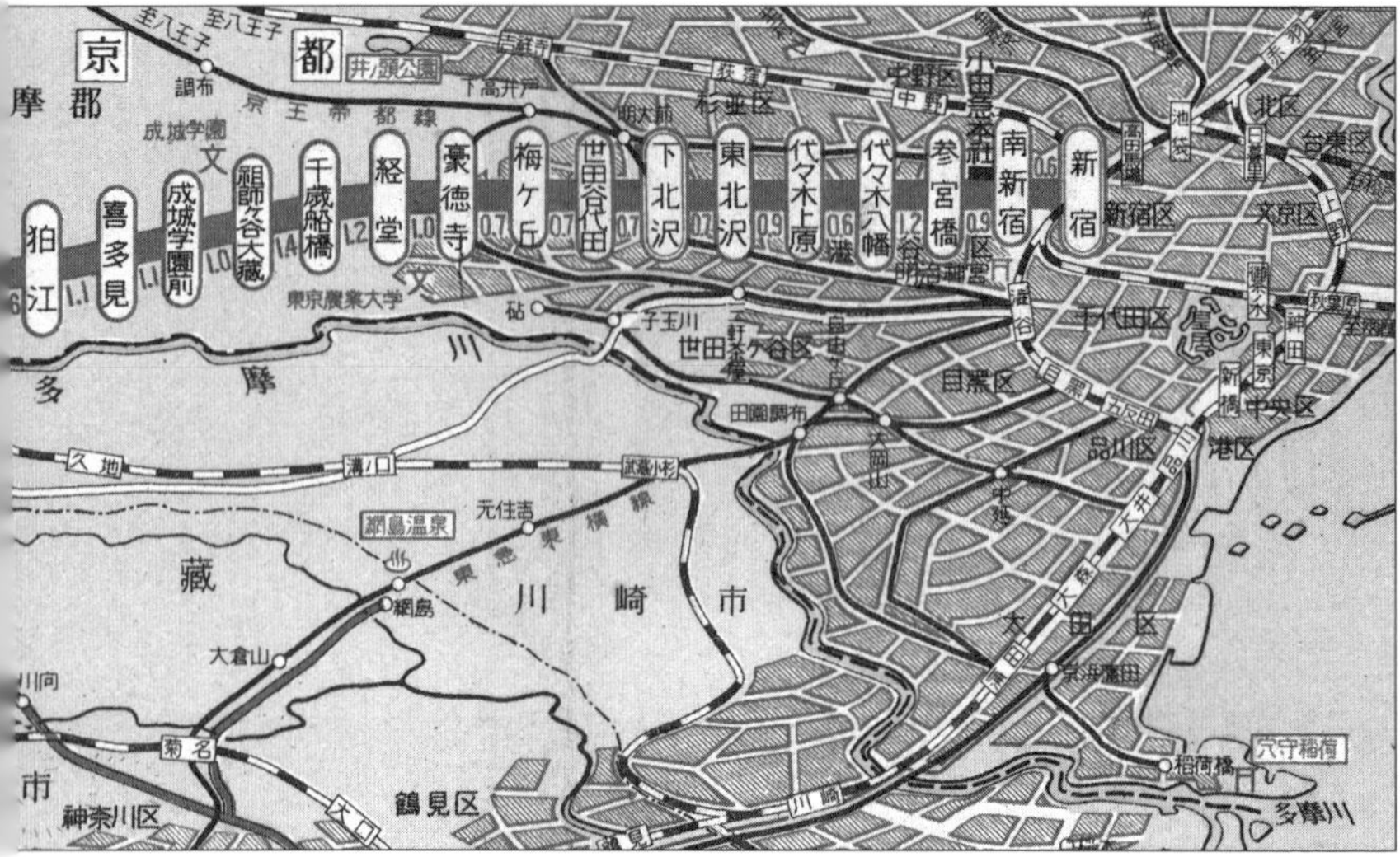

京
都
摩郡
京王帝都線
井ノ頭公園
下高井戸
成城学園
新宿
南新宿
参宮橋
代々木八幡
代々木上原
東北沢
下北沢
世田谷代田
梅ケ丘
豪徳寺
経堂
千歳船橋
祖師ケ谷大蔵
成城学園前
喜多見
狛江
東京農業大学
二子玉川
世田谷区
杉並区
新宿区
文京区
千代田区
目黒区
品川区
港区
中央区
北区
台東区
大田区
多
摩
川
蔵
川
崎
市
田園調布
溝ノ口
武蔵小杉
元住吉
綱島温泉
東急東横線
綱島
大倉山
菊名
鶴見区
神奈川区
市
稲荷橋
穴守稲荷
多摩川

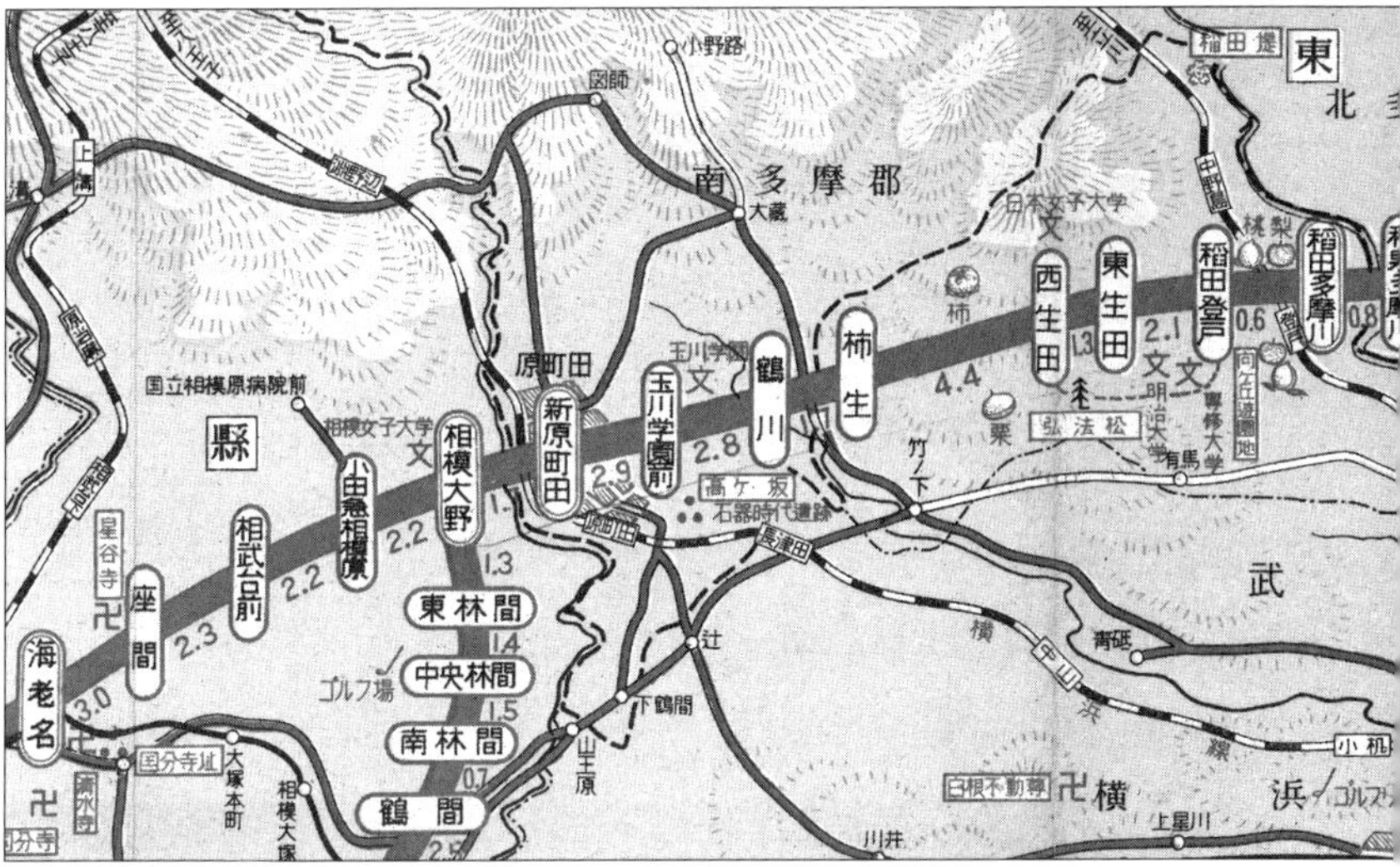

小田急線沿線案内（昭和 26 年頃）

II　JR・モノレール編

カバー・表裏見返し：昭和六年「京王電車沿線名所図絵」（吉田初三郎画）
＊吉田初三郎による昭和五年秋の「絵に添へて一筆」があるが、図には翌六年三月二〇日開業の御陵線が掲載されている

はじめに

東京都のうち、区部と島嶼を除いた全域にあたる多摩地区には現在、栃木・群馬両県を合わせたのにほぼ等しい約四〇〇万人が暮らしている。昭和一〇年（一九三五）にはわずか四〇万人だったから、この七〇年あまりで一〇倍になった勘定だ。その人口激増を支えたのが、縦横に発達した鉄道網である。関東大震災前後からの郊外居住への動きは、大正から昭和初期にかけて急速に発達した「郊外電車」の存在抜きにはあり得なかっただろう。

しかし個々の鉄道路線の歴史を調べてみると、郊外居住者のために建設されたものというよりは、それぞれに敷設の経緯が存在し、やがて通勤者の足に重心を移してきた歴史を持っている。たとえばＪＲ南武線や西武多摩川線などは砂利運搬をメインに計画された私鉄がルーツだし、青梅線や五日市鉄道は石灰石の運搬であった。新しいところで武蔵野線は都心部をバイパスする貨物線版の「外環道」構想から生まれたものである。

これに対して中央線は、第一義的には東京から甲信両国を経て名古屋に至る国土の基幹鉄道であった。日本初の「国電」はこの線の東京近郊区間に始まったのだが、その利便性は人々を高円寺や荻窪などに引きつけ、急激な人口増加を招くと同時にそれを支えている。一方でそのライバル京王は文字通り東京と八王子を、国鉄の「汽車」より頻繁な運転とこまめな停留場の設置で利便性を追求した都市間交通を目指したし、小田急はより近代的な高速電車で厚木から小田原へ速達する目的をもち、また箱根への便利な観光ルートを提供する存在でもあった。

多摩モノレールなどは、従来は都心向けの東西交通は厚かったが、多くをバスに頼っていた南北の交通を改善すべく登場したものである。これが予想以上にその後の商圏や通学圏の変化などをもたらしたことは多摩に住む人の多くが感じていることだろう。

このように多摩地区にはさまざまな歴史と表情をもった鉄道路線が存在し、それぞれの地域の発展と鉄道の変貌は同時に進行しつつ、現在に至っている。本書はそれぞれの路線の沿線を新旧の地形図で比較し、そこから見えてくるさまざまな変化を、主に地域史や時刻表などの資料でたどったものである。地形図にはヘタな言葉で説明するよりはるかに多くの内容を含んでいるから、もちろん筆者とはまったく別の読み方も可能であり、読者の皆さんには新旧の地形図からいろいろなものを読み取っていただきたいと思う。

新しく書き下ろした青梅線以外はすべて「多摩ら・び」での連載に加筆修正してまとめたものであるが、ページ数などの都合上、連載中に使用した二万五千分の一地形図を原則的に五万分の一に変更した。このため細かい箇所がわかりにくい場面が生じていることもあるが、どうかご理解いただきたい。

平成二〇年（二〇〇八）六月　　今尾　恵介

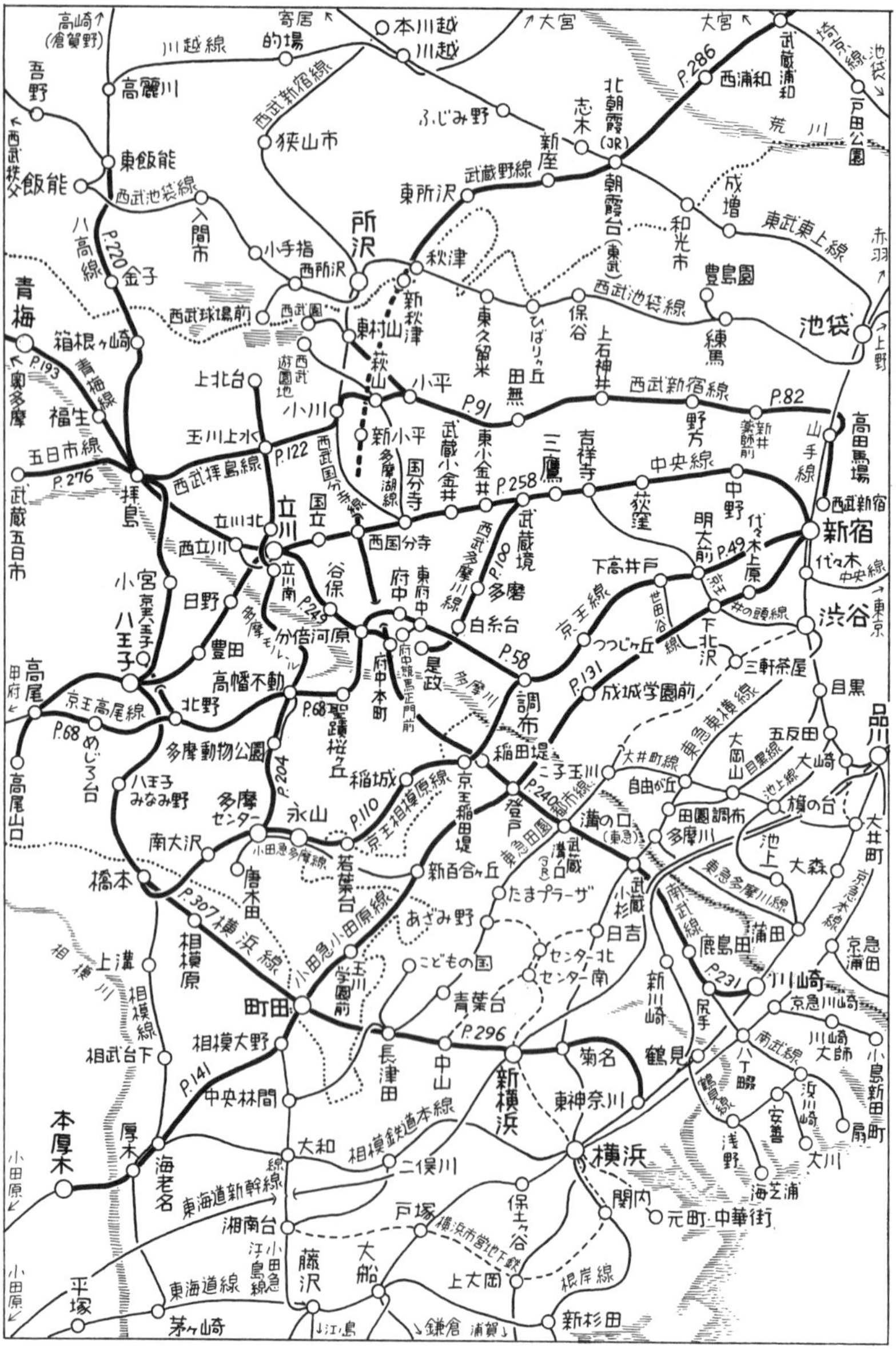

＊太線は本書で取り上げた路線
＊駅名は接続駅など主要なもののみを掲載しています

I 私鉄編

北多摩郡に汽車が来た

東京都の領域のうち、二三区と伊豆・小笠原などの島嶼《とうしょ》部を除いた部分のことを多摩地区という。またの名を「三多摩」とも称するが、これは多摩がかつて北多摩、南多摩、西多摩の各郡から成っていたことに由来している（明治一一～二九年には現中野・杉並区域に東多摩郡も存在）。

多摩は大東京の西隣に位置しているため、近代以降の変化は見応えがある。どんなに急激な変化があったかは、掲載した新旧の地形図を見比べてみれば駄弁を連ねるより明らかなのだが、その代表として北多摩の小平あたりから埼玉県所沢にかけての地域を、まずは二〇世紀初頭、九〇年前の地形図から順を追って見ていこう。

桑畑の中を走る一本の鉄道

まず**図1**。一九一二年はその夏に明治が終わって大正と改元された年だが、この年に部分修正されたのがこれだ。まず南北に走っている一本の鉄道には「川越線」とある。現在の川越線は大宮から川越経由で高麗川までの鉄道だから不審に思われるかもしれないが、これは私鉄の川越鉄道のことで、中央本線の国分寺から北上、所沢を経て川越（現本川越）に至る、多摩地区では最古級に属する私鉄（明治二七年部分開通）であった。

　また戦前の地形図の図式では、電車専用の私鉄などを除いて汽車の走る鉄道なら国鉄私鉄の区別はなく共通のハタザオ線（╪）が使われることが多かったので、この線は現在の西武国分寺線および同新宿線の東村山以北にあたる。地形図が修正された明治四〇年の時刻表によれば国分寺から川越行きの汽車は一日一〇往復で、一時間一〇分ほどの道のりだった。ちなみに現在は国分寺線だけでも平日片道で一〇〇本以上が走っている（国分寺〜本川越間所要約三八分）。

　時刻表というものは、列車の時刻もさることながら広告に興味深いものが多く、大正元年の号には、時節柄明治天皇の後を追って「殉死」した乃木希典《のぎまれすけ》を偲んで出版された『世界的大偉人　乃木将軍言行録』の広告が一ページ全面に出ている。日く、こんな具合だ。

「千古不出世の英帝　明治天皇御斂葬《れんそう》の日に当り、満腔の赤心溢れて終に壮烈なる殉死を遂げたる希典乃木大将閣下夫妻の心中を想起すれば誰れか感涙の止めさるものあらん…」

　感涙にむせびつつも農民は日々の畑仕事に追われていたのであろうと武蔵野の村々を地形図に見ると、ずいぶんと桑畑が多かったことがわかる。言うまでもなく戦前までの日本の最大の輸出品目が絹製品や生糸であり、その生産に欠かせないカイコさんの飼料としての桑畑に地形図図式で特別の記号（Y）が与えられたのも、その重要性にちなむ。これは茶畑（∴）や田（‖）の記号にも言えることだ。ドイツではこれがホップ畑でありイタリアではオリーブ園であったりするのである。

図１　1:50,000「青梅」明治 45 年部分修正

図2　1:50,000「青梅」昭和10年鉄道補入

貯水池の出現と郊外住宅の増加

明治になって一時は衰微した東京も、人々の予想を上回るスピードで膨張を続けていった。その結果、江戸時代以来ずっと玉川上水に頼ってきた上水道の供給不足が心配されるようになったのである。そこで新たに多摩川の水を西多摩の羽村《はむら》から狭山丘陵のまん中まで引き、ダム湖に溜めて安定供水を確保しようと目論んだ。

農村ゆえに先祖伝来の土地から切り離されることに対する反対は大きかったが、それでもあの手この手で懐柔されるなどして切り崩された住民は土地を売ってしまう。大正一三年（一九二四）には村山貯水池（多摩湖）の上貯水池、三年後には同下貯水池が完成し、さらに昭和八年には埼玉県側に山口貯水池（狭山湖）が完成した。

そんな中、東京は大正一二年（一九二三）に関東大震災に見舞われる。特に都心部の火災による大被害は東京市民を戦慄させ、ちょうどその頃から広がりつつあった「田園都市」など、新興のサラリーマン世帯を対象とした新しい郊外住宅への流れが加速されたことはよく知られている。実際、大正九年から一四年までの五年間に東京市近郊に位置する各町の人口増加はすさまじく、荏原《えばら》町（現品川区）で八・五倍、杉並町（現杉並区）では六・五倍を記録した。

東京では震災前の大正九年頃をピークに、大規模宅地開発を手がける「土地会社」の設立ラッシュが起きていた。たとえば国立《くにたち》の学園都市で有名な箱根土地（コクドを経て現プリンスホテル）や田園調布の田園都市会社などがこの頃の設立である。ただし当時の国立などは杉並や荏原と違って都心から遠く、投機目的の購入が多かったのであまり家は増えなかったようだ。

幻に終わった東村山の大理想郷

さて、**図2**はそんな時代を少し過ぎた頃のもので、新しく開通した鉄道を昭和一〇年（一九三五）に描き入れた地形図である。鉄道以外の内容はほぼ昭和五年当時のようで、東村山駅の南西部に整然たる区画の住宅地らしきものが出現しているのがよくわかる。

この住宅地は東京土地住宅が計画、大正一四年（一九二五）に開発に着手した一〇〇万坪という国立の規模に匹敵する巨大な分譲地で、大遊園地や大温室、動植物園、玉突・囲碁の会席（！）など諸設備を擁した「素晴らしい住宅地」と鳴り物入りで登場したものである。『東村山市史』を見ると昭和五年（一九三〇）に出た「郊外第一の大理想郷実現」と題する分譲開始案内書が掲載されているが、広大な分譲地の区画図を見ると、この地形図の碁盤目と地域は重なっていながら街路の形はまったく異なることがわかった。不審に思って現在の一万分の一で詳しく調べたところ、久米川駅前の一部分を除いてほとんどこの街路は痕跡さえ残していない。さらに調べてみると、東京土地住宅の経営状況は大正の終わりから年を追って悪化しており、一〇〇万坪分譲どころか利息を払うのにも苦労する状態が続く。結局ついに「理想郷」は計画倒れに終わってしまったのである。

それでは地形図にはなぜ実際に存在しなかった道路が描かれてしまったのだろうか。かつて地形図の作製は現在より時間がかかった。地を這うような平板測量の積み重ねで原図を作り、さらに文字も含めてすべて手描きの細かい作業の進度は一日に親指の爪《サムネール》一枚ほどの面積とされるほどで、地形図の発行間隔を考えれば、完成が見込まれる物件については完成前でも前倒しで製図してしまうことがあった。筆者が確認したものでは、石川県に延伸工事中だった白山電気鉄道（その後北陸鉄道小松線）を地形図で一足先に「開通」させてしまったのに、急に工事が中止となり結局完成に至らなかったものがある。こちらの「理想郷」分譲地もその類ではないだろうか。

貯水池が戦時改描で芝生に

さて、**図2**では鉄道がずいぶんと増えた。まず図の右上から所沢駅を経て西へ向かっている武蔵野鉄道は現在の西武池袋線であり、大正四年（一九一五）に池袋〜飯能間をまず開通させた。戦前に「武蔵野線」といえばこの線を指したのである。

また細い「軌道の記号」で表わされているのは多摩湖鉄道で、これは箱根土地が自社分譲地と村山貯水池（多摩湖）へ通じる鉄道を敷設するために設立した会社である。現在の西武多摩湖線で、国分寺から小平学園都市（東京商科大学＝現一橋大学の予科を中心に据えた学園都市）を通って村山貯水池の南東側まで昭和五年（一九三〇）に開通した。貯水池南東側の「村山貯水池」駅は仮駅でほぼ現在の武蔵大和駅に近く、その後昭和一一年（一九三六）末には村山貯水池の本駅まで延長された。しかし分譲住宅の開発の遅れなどにより開通当初から乗客は少なく、「四十《しじゅう》（始終）二人《ににん》乗り」と揶揄《やゆ》されたという。つまり運転士と車掌だけしか乗っていないということだ。

ところが商科大学が移転してくると一転して朝は超混雑が常態となった。列車の故障なども頻発、機能不全の状態に業を煮やした学生が学園祭の際に、無礼講とばかりに車両をひっくり返した過激な事件もあったそうだ。安保闘争時代の全共闘もまっ青ではないか。なお図中で線路の北側に見える破線は、貯水池からの水道管である。

もう一つは西武村山線（現新宿線）で、昭和二年（一九二七）に高田馬場〜東村山間が開通、この図では東村山から右下方へ向かっているのがそれだ。さらに上部中央の西所沢駅からは一九二九年に開通した武蔵野鉄道山口線が伸びている。終点は村山貯水池際だが、現在の西武球場前の駅より少し南の、まさに際《きわ》にあったことが現在の地形図（19ページ）と比べるとよくわかる。また、村山貯水池際駅の手前には、今はなき山口貯水池駅があった。

もう一つ村山貯水池を目指していたのは西武鉄道（旧）で、こちらは東村山を起点に西へ向かい村山貯水池前を称していた。駅名は貯水池、貯水池際、貯水池前と三種類あって紛らわしく、当時もだいぶ混乱したらしい（実際に国木田独歩の『武蔵野夫人』でも駅名が取り違えられている）。三本もの鉄道が貯水池を目指したのは、貯水池が東京の水ガメとしての役割の他に、貴重な観光資源だったからである。

図3は**図2**のわずか二年後、昭和一二年（一九三七）修正の地形図だが、唖然とするのは、村山・

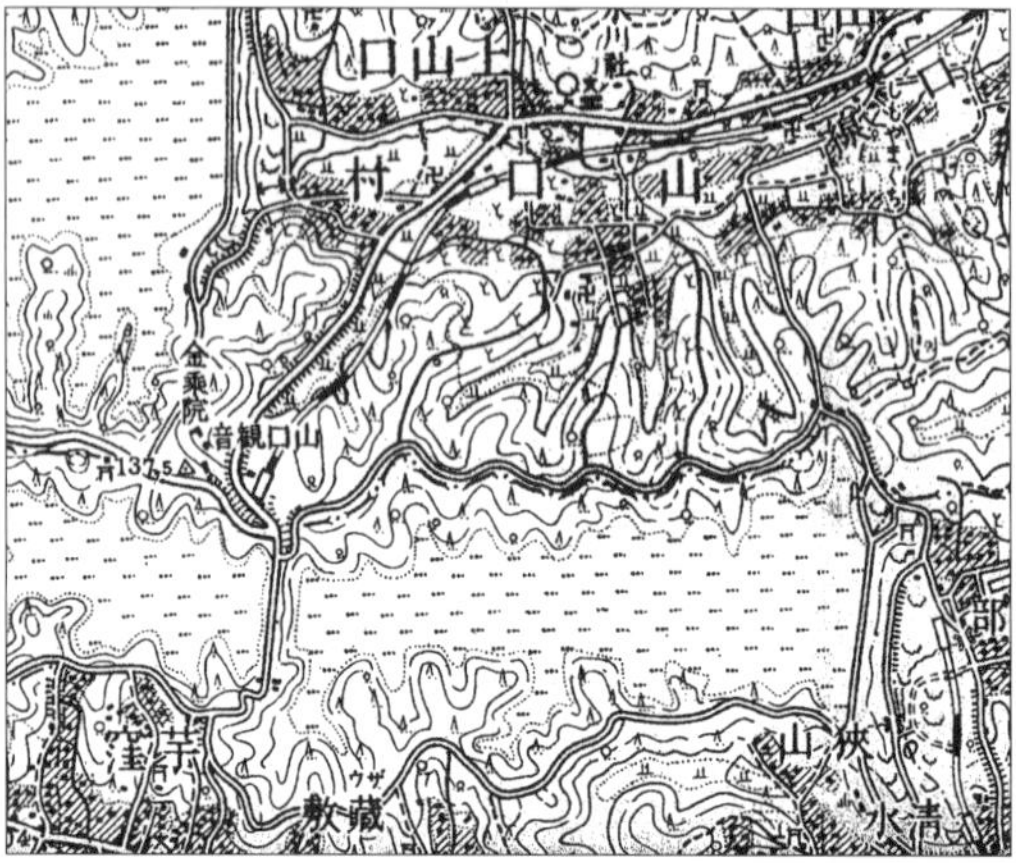

図３　1:50,000「青梅」昭和 12 年修正（戦時改描版）

山口両貯水池が草地（…）になっていることだ。これは実際に貯水池の水が抜かれて芝が張られたわけではなく、同年の軍機保護法の改正に伴って地形図上に「戦時改描」という作業が行われた結果なのである。

この改描は軍事施設や重要工場、操車場などの交通の要衝、発電所やダムなど重要施設を「防諜のため」隠す目的で全国的に行われたもので、改描のレベルはさまざまだが、この貯水池の芝生化は最も激しいものの一つといえる。ここまで来てしまうと、かえって目立つからブラックジョークだ。陸地測量部（国土地理院の前身）部員の反骨かヤケクソぶりを示しているのだろうか。もちろん太平洋戦争開戦からしばらく経つと米軍の偵察機が平然と日本上空を飛び回り、おびただしい数の空中写真を撮って詳細な地形図を作製していたので無意味な隠蔽作業に終わったのだが。

高度経済成長期以降

図4は一転して戦後の昭和四二年(一九六七)の編集である。二万五千分の一からの編集図であり、図式も大幅に変わっているが、従来は桑畑や畑が広がっていた武蔵野台地にいくつもの大規模団地をはじめ住宅地が進出している。まさに高度成長の時代で、この頃の多摩は一〇年ごとに一〇〇万人ずつという猛烈な勢いで人口が急増していた。

貯水池付近を見ると、西武園の競輪場やユネスコ村などの観光施設が増えているが、それに合わせてかつて三社・三か所の貯水池近くの駅もすべて西武鉄道となり、多摩湖(多摩湖線、延長)、狭山湖(狭山線、若干短縮)、西武園(西武園線、路線変更)などに終着駅の変更や改称が行われている。また、複雑なこの付近の西武線に上水線(現拝島線)が加わって路線はさらにややこしくなった。上水線は戦争末期の昭和一九年(一九四四)に小川〜玉川上水間に敷設された日立航空機立川工場への専用線に加え、小川駅から東に伸びるブリヂストン工場への専用線を東へ伸ばして萩山まで接続したものだ。昭和四三年(一九六八)には拝島まで延長されて現在の拝島線となっている。

この頃になると電車のみならず道路網もモータリゼーションの進展に伴って大きく拡充されていった。この図では東村山〜久米川間で東西に交差する新青梅街道が昭和四二年(一九六七)に開通、新しいバイパス路線として、西武各線とはすべて立体交差となっている。かつて東京土地住宅が目論んだ「理想郷」の用地の一部には東村山浄水場が昭和三八年(一九六三)に完成、これをもって

図4　1:50,000「青梅」昭和42年編集

図５　1:50,000「青梅」平成９年要部修正

新宿駅西口にあった明治以来の淀橋浄水場は廃止となり、以後は高層ビル街となっていく。なお、東村山浄水場のある美住《みすみ》町は、西武国分寺線、多摩湖線、それに鷹の道（東村山駅の南から西南西へ伸びる道）に囲まれた三角地帯にあることから「三角」を読み替えて命名された地名である。

最後の**図5**は**図4**から三〇年が経過した平成九年（一九九七）要部修正で、さらに住宅が増えて、かつては見渡す限りの畑が広がっていた武蔵野台地もここまで市街地の連続する都市部となってしまった。小さな町村がひしめいていた北多摩郡もすべてが市制施行を行い、現在この郡名は南多摩郡ともども消滅している。

鉄道では西武線の駅名がまた変わっている。多摩湖駅は西武遊園地に、狭山湖駅は西武球場前となり、さらに両駅の間を新交通システム「レオライナー」が結んでいる。この「電車」は、かつて**図4**にあった「オトギ電車」（村山貯水池北岸）の廃線跡をかなりの部分で利用したものだ。図は五万分の一としては最新なのだが、すでに一一年も前なので球場はまだドームになっていない。

駆足で九〇年あまりを概観してみたが、これほどわずかの範囲を切り取るだけでも、多摩の変貌がいかに劇的であったかを窺い知ることができたのではないだろうか。

府中の鉄道史は「砂利鉄」に始まった

武蔵国《むさしのくに》は広かった。埼玉県と東京都（島部を除く）、それに神奈川県の一部にかかっていたから、現在の人口は約二二〇〇万人にのぼる。その武蔵のかつての「首府」が府中であった。しかし大都会であったわけではなく、爆発的に人口が増えたのは日中戦争以降のことである。古代の国府所在地から甲州街道の宿場町、そして工業都市に東京西郊の住宅都市の性格を併せもつに至った府中の変貌を地形図で追ってみよう。

武蔵国の「首都」から宿場町へ

むかし、府中は地名というより普通名詞であった。古代律令制での国の行政庁たる国府の所在地が「府中」と称されることが多く、だから府中という地名は全国的に分布している。東海道五十三次で府中といえば静岡だし、広島県には現在も府中市（備後《びんご》国府）と府中町（安芸《あき》国府）がある。そして甲州道中の府中が現在の東京都府中市であり、かつては武蔵国の「首都」であった。

国府は行政の中心であり、交通も都や周辺諸国に通じる街道のカナメとなったが、律令制が始まった当時はずいぶん気張って「形」を先行させたため、誰もいない野原に一直線で幅広い高速道路のような官道をつくったりしたので、後で消えてなくなったものも多い。

ここ武蔵府中も時代によって繁栄と衰退を繰り返し、街道筋にも変化があった。鎌倉時代は鎌倉へ通じる「鎌倉道」が府中市域を南北に走り、その多摩川南岸の関所であった霞ノ関にちなむ関戸という地名は今も多摩市に現役である。当時は鎌倉街道の宿駅として発展したがその後はさびれ、江戸時代に甲州道中の宿場になったことで町はまた復活した。

図1は明治末の地形図だが、まだ江戸時代の宿場町の姿に近い状態といっていい。東西に続く家並みの北側は見渡す限りの畑や桑畑で、南側は東西に伸びる崖線下の多摩川沿いの低地に水田地帯が続いている。このあたりには中央線しか鉄道がなく、最寄りの国分寺駅（地図欄外）へは北に三キロ少々の道のりだった。明治三七年（一九〇四）の時刻表によれば、国分寺停車場から午前四本、午後五本の汽車が東京の飯田町までを一時間二〇分で結んでいる。

砂利運搬用の鉄道が次々登場

図2はそれから二三、四年ほど経った昭和初期の状態で、この間に三本の鉄道が開通した。最初にできたのが南北に走る下河原貨物線で、中央線国分寺駅から南下、府中の市街西側を経て多摩川原まで七・一キロの路線であった。当初は多摩川の砂利運搬のために東京砂利鉄道が明治四三年（一九一〇）に敷設したものだったが、まもなく洪水の被害で運休となり、それを鉄道省が大正九

年（一九二〇）に買収、上野〜新橋間の高架鉄道のための骨材として多摩川の砂利をこの線でせっせと運んだ。現在山手線が通っている古い高架橋には多摩川の砂利がぎっしり詰まっているのである。

次に登場したのは京王電気軌道（現京王電鉄）。新宿方面から順次開業して府中にたどり着いたのは大正五年（一九一六）で、府中の町は新宿と直結されるようになった。当時の京王電車は小型の電車が一両だけで畑の中を走るのんびりしたものだったようだが、それまで徒歩か馬車だった時代に新宿まで一時間で結ばれたのは相当に画期的なことだ。その後は大正一四年（一九二五）に東八王子（現京王八王子）まで延長された（府中以西は当初、玉南電気鉄道という別会社）。

昭和に入ると川崎と立川を結ぶ私鉄の南武鉄道（昭和一九年に国有化。現南武線）が昭和四年（一九二九）に全通した。こちらは西多摩の石灰と多摩川の砂利を運搬することが主目的だった。多摩川沿線にはこのような「砂利線」起源の鉄道が多い。短期間に急速に鉄道が登場しているが、大正から昭和にかけては全国的に見ても今日の鉄道網の骨格がみるみる完成していく時期であり、この間の日本の近代化、工業化は実に急速だった。

とはいえ、**図1**と**図2**の間には鉄道を除けば集落の様子にあまり変化は見られない。目立つのは、市街北側の桑畑のまん中にある「農産学校」ぐらいだろうか。この学校は明治四二年（一九〇九）創立の北多摩郡立農業学校で、府中農蚕学校を経て現在もまったく同じ場所に都立農業高校として存続している。府中における高等教育機関の嚆矢《こうし》であった。その後は大正一二年（一九二三）に明

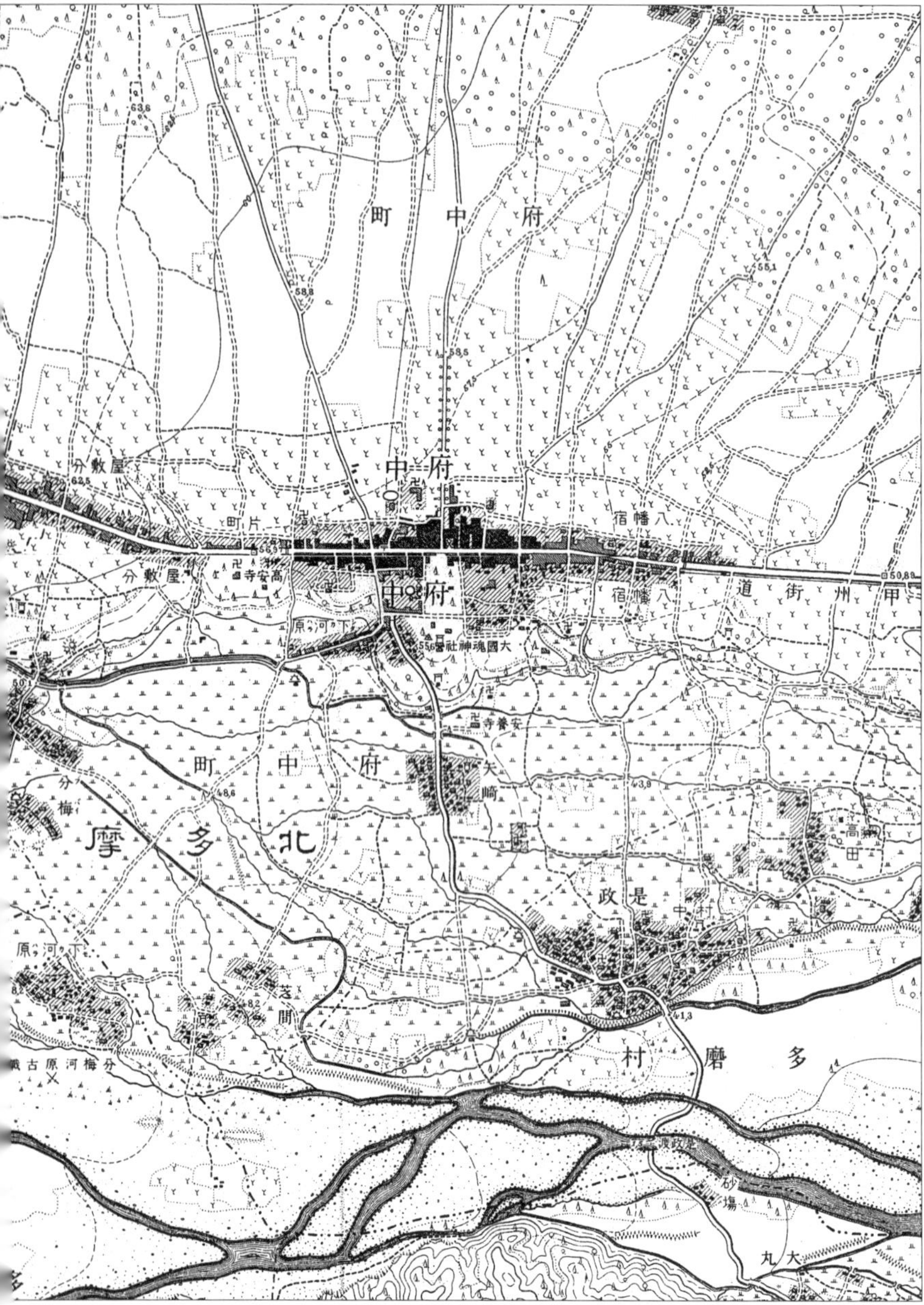

図1　1:20,000「府中」明治39年測図＋「連光寺」明治39年測図（80％縮小）

図２　1:25,000「府中」昭和５年部分修正＋「豊田」昭和４年鉄道補入

星実務学校（現明星《めいせい》学苑・地図になし）、昭和一〇年（一九三五）に東京高等農林学校（現東京農工大）がこの地に校舎を構えている（**図3・4**）。

軍事施設、大工場の進出と住宅激増

同時に京王線の北側に広がる平坦地には工場や軍事施設も多く進出した。昭和一五年（一九四〇）には日本製鋼武蔵工場が操業開始しているが、ここでは当初から軍の管理工場として中型戦車や高射砲などの兵器を製造していた。翌一六年には下河原線西側の広大な敷地に東京芝浦電気（現東芝）の府中工場が操業開始、主に電気機関車を製造した。現在もここからＪＲなどに電気機関車が納入されているので、最近は珍しくなった工場引込線が今も現役で活躍している。

なお、両工場の所在地は昭和三六年（一九六一）から翌年にかけてそれぞれ府中市東芝町、日鋼町と名付けられた。いわゆる企業地名が全国に多く誕生し始めたのはこの頃からだろう。府中には戦後も工場の進出が続き、昭和三三年（一九五八）に府中市が「工場設置奨励に関する条例」を成立させたこともあって、市域にはサントリーや日本電気などの大工場が進出して今日に至っている。

大工場の進出に伴う人口の増加は戦前から著しく、西府《にしふ》・多磨両村合併前の旧府中町の人口でいえば大正末の約七五〇〇人から一五年ほどで倍になり、さらに昭和一九年（一九四四）には二万一九七八人と激増した。これを反映して従来の集落以外に台地上の新興住宅地が大幅に増えているが、戦後の人口増加は地元の工場に加えて都心部へ通勤する人が多く含まれている（**図3**）。

基地跡地が府中の森公園に

さて、軍事施設も昭和に入ってから東京市内や周辺にあったものが都市化に伴って郊外へ移転することが多く、多摩地区には特にそれが多かった。府中では陸軍の飛行機や自動車の燃料をまかなう燃料廠が東隣の多磨村にまたがる雑木林に昭和一三年(一九三八)に建設されている。戦後は他の基地と同様に米軍が接収、第五空軍府中基地となった(**図3**右上端)が、その後は返還されて南東部が航空自衛隊府中基地、西部は最近になって府中の森公園としてようやく一般に開放された(**図4**)。

府中には刑務所もやってきた(**図3**上端)。明治以来の古い巣鴨刑務所の移転に伴うもので、当初は府中町民の間にも賛否両論あったが、結局はこの地への移転が決まり、昭和一〇年(一九三五)に完成した。この刑務所の脇で「三億円事件」が起こるのは**図3**の地形図が発行される少し前の昭和四三年(一九六八)のことである。

図3の市街地南方に目を転じれば競馬場も登場している。**図2**では一面の田んぼだった所だ。この東京競馬場は一九三三年(昭和八)、手狭になった目黒競馬場が移転してきたものだが、地元の熱心な誘致活動の結果もあって、東京近郊のいくつかのライバル候補地を破って選ばれたという。

観客は予想以上に多かったそうで、翌年四月には下河原線の途中から競馬場まで短い支線が敷設され、競馬開催日には東京競馬場前仮停車場まで中央線の国分寺から電車が運転された。戦争末期には競馬の開催がなくなって運休となったが、戦後間もなく復活し、昭和三一年(一九五六)から

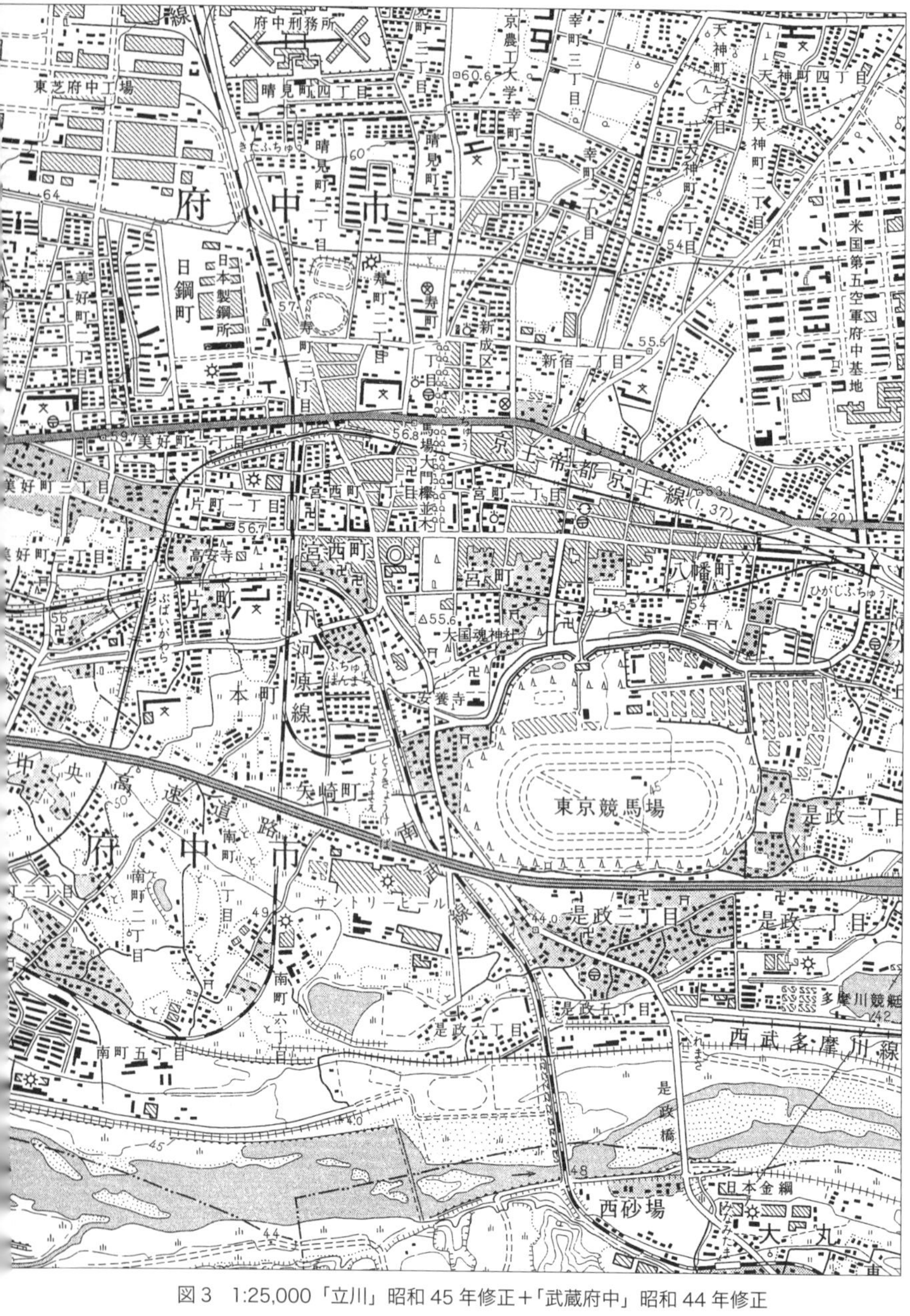

図3　1:25,000「立川」昭和45年修正＋「武蔵府中」昭和44年修正

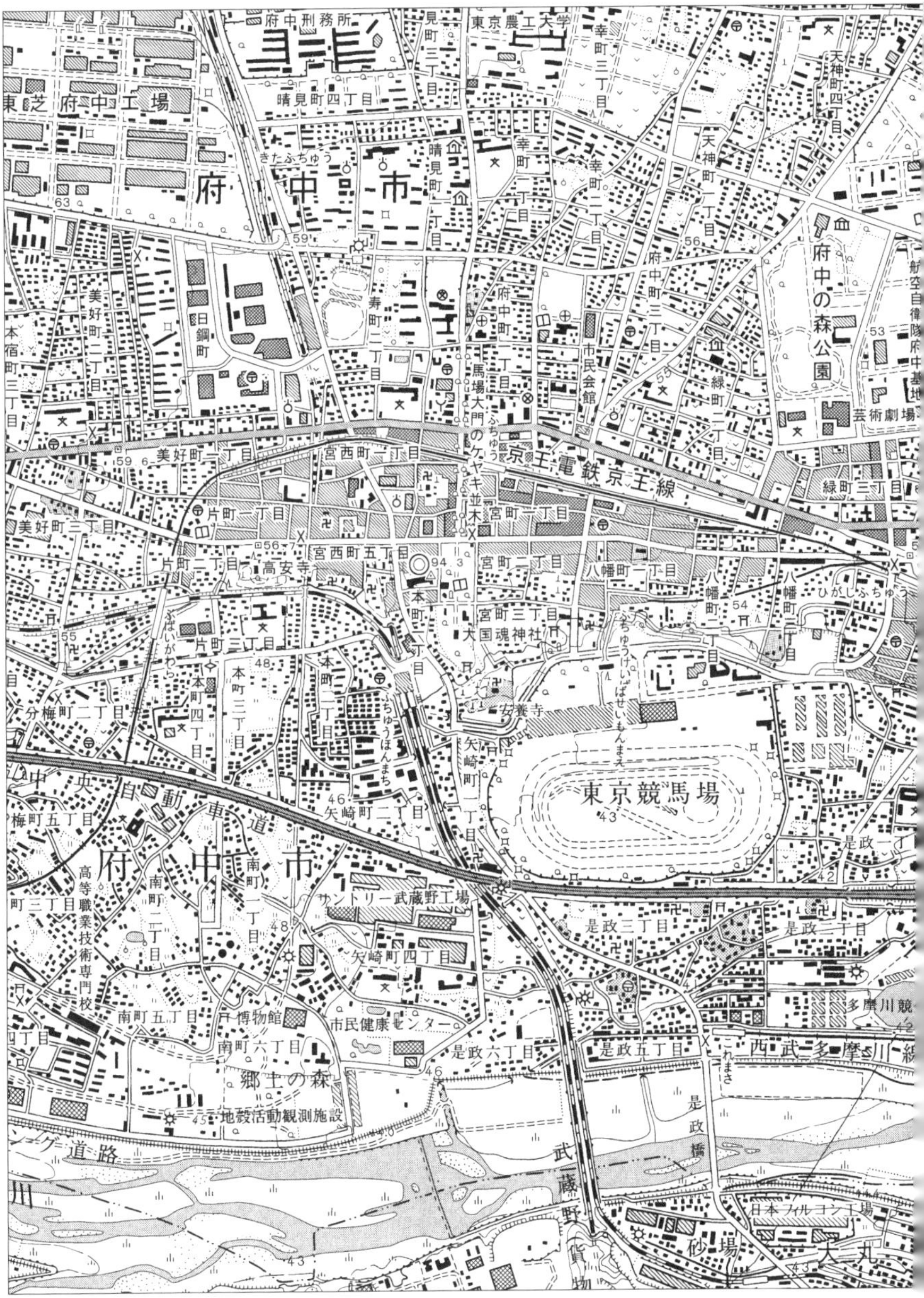

図４　1:25,000「立川」平成 18 年更新＋「武蔵府中」平成 11 年部分修正

は正式な駅として毎日運転されるようになった（**図3**）。ついでながら、競馬場には昭和三〇年に京王線も新線を乗り入れている。東府中からひと駅、府中競馬正門前まで〇・九キロの支線で、競馬開催日には新宿への直通急行が運転される（現在は上りのみ）。

戦後は自動車の激増が地図の風景を変えた。まず昔ながらに東西を貫通していた甲州街道の輸送力増強のために、京王線の北側をバイパスする新国道が建設された。そして昭和四二年（一九六七）には中央自動車道が開通、図の欄外少し西側に国立府中インターチェンジが設置されている。**図3**から**図4**の間には鉄道も変化した。まず下河原貨物線が昭和四八年（一九七三）の武蔵野線の開通に合わせて一部がその敷地に提供され、国分寺駅付近と東京競馬場前までの支線が廃止、下河原までの貨物線も間もなく廃止となった。しかしそれ以前にこの貨物線は、昭和三九年に多摩川の砂利採取が禁止されてからは存在意義をほとんど失っていたが。

砂利採取跡の大穴に競艇場

砂利採取といえば、**図2**以降右下に少し見えている多摩鉄道（現西武多摩川線）も砂利採取目的の鉄道だった。多摩川競艇場はその採取跡の大穴を利用したもので、現在の西武多摩川線は砂利ではなく、大穴を狙う客を乗せて走っている。

この鉄道の沿線には府中市域北東端を占める広大な多磨霊園があるが、その最寄り駅「多磨墓地前」が最近になって「多磨」と改称された。イメージアップのためだそうだが、緑の多い公園墓地をそんなに嫌わなくてもいいだろうに。ちなみに多磨墓地前駅の南隣に位置していた北多磨駅も、駅名の位置関係に矛盾が生じてしまうこともあり、同時に白糸台と改称されている。

また日鋼町の工場跡地には最近になって「府中インテリジェントパーク」が誕生、日本銀行の別館をはじめ金融関係の高層ビルが建ち並ぶ区域に変身しつつある。

府中の四つの時代を地図上で眺めてみたが、農村・宿場から工業地帯と軍事基地の町へ、さらに多様なサービス施設の立地への流れは、まさに近代日本のたどってきた姿の縮図といえるのではないだろうか。

京王沿線・日野市南部の激変

昭和四〇年代までの東京都全図などを見ると日野市の京王線南側には「多摩丘陵自然公園」という文字があった。範囲も赤い線で示されていたから、それなりの根拠を持っていたのだろう。しかしいつ解除されたのか無視されたのか、高度成長下の有無を言わさぬ住宅の急増がその文字を駆逐した。雑木山はまたたく間に雛壇状の坂道住宅群となったのである。

一〇年で一〇〇万人ずつ増加

「耕して天に至る」ではないけれど、百草《もぐさ》園、高幡不動、南平《みなみだいら》、平山あたりの京王線の南側車窓には、緑の合間に似たような規格の戸建て住宅が北斜面にびっしり軒を接しているのが見える。

浅川の南側に長く連なっているこの山並みは、古くは万葉集に「赤駒を山野にはなしとりかねて多摩の余許夜麻《よこやま》かちゆかやらむ」と詠われた「多摩の横山」である。戦前の地形図を見ると、この風情は昭和になってからも残っていたようだ。しかしこの山が東京にほど近い場所にあったことが、その後の運命を決めた。

とにかく高度成長期の多摩の人口急増はすさまじく、一〇年で一〇〇万人ずつ増える勢いは、まさに空前のものだった。その巨大な人口圧力が、なだらかに続いていた横山の雑木林を次々と住宅地に変貌させていったのである。

顕著だったのが昭和三〇年代末期から四〇年代にかけての日野市高幡、三沢、百草、南平、平山など、横山を背負った浅川より南の旧七生《ななお》村地域であった。七生村は半世紀前の昭和三三年（一九五八）に日野町と合体、今日の日野市域が完成したのだが、昭和二五年（一九五〇）から五〇年にかけての日野市域（七生村を含む）の人口増加は実に激しかった。昭和二五年にわずか二万四〇〇〇人強だったのが一〇年後には約八割増しの四万三〇〇〇、さらに五年後の昭和四〇年には一挙に六万八〇〇〇（昭和三八年に市制施行）、四五年には九万九〇〇〇、すぐ一〇万人の大台に乗って昭和五〇年には一二万七〇〇〇人というハイペースであった。

急傾斜地に続々団地造成

横山の丘陵地が次々と切り崩された時期の地形図には激しい変化が生々しく刻々と記録されている。まず開発前のものを見ておこう。**図1**は大正末の図に、新たに開通した京王線を昭和四年（一九二九）に補入したものだが、この時点では万葉の昔さながらの雑木林の続くエリアであったことが読みとれる。

それが次の**図2**になると一変している。これは昭和四四年（一九六九）修正だが、白っぽい所が

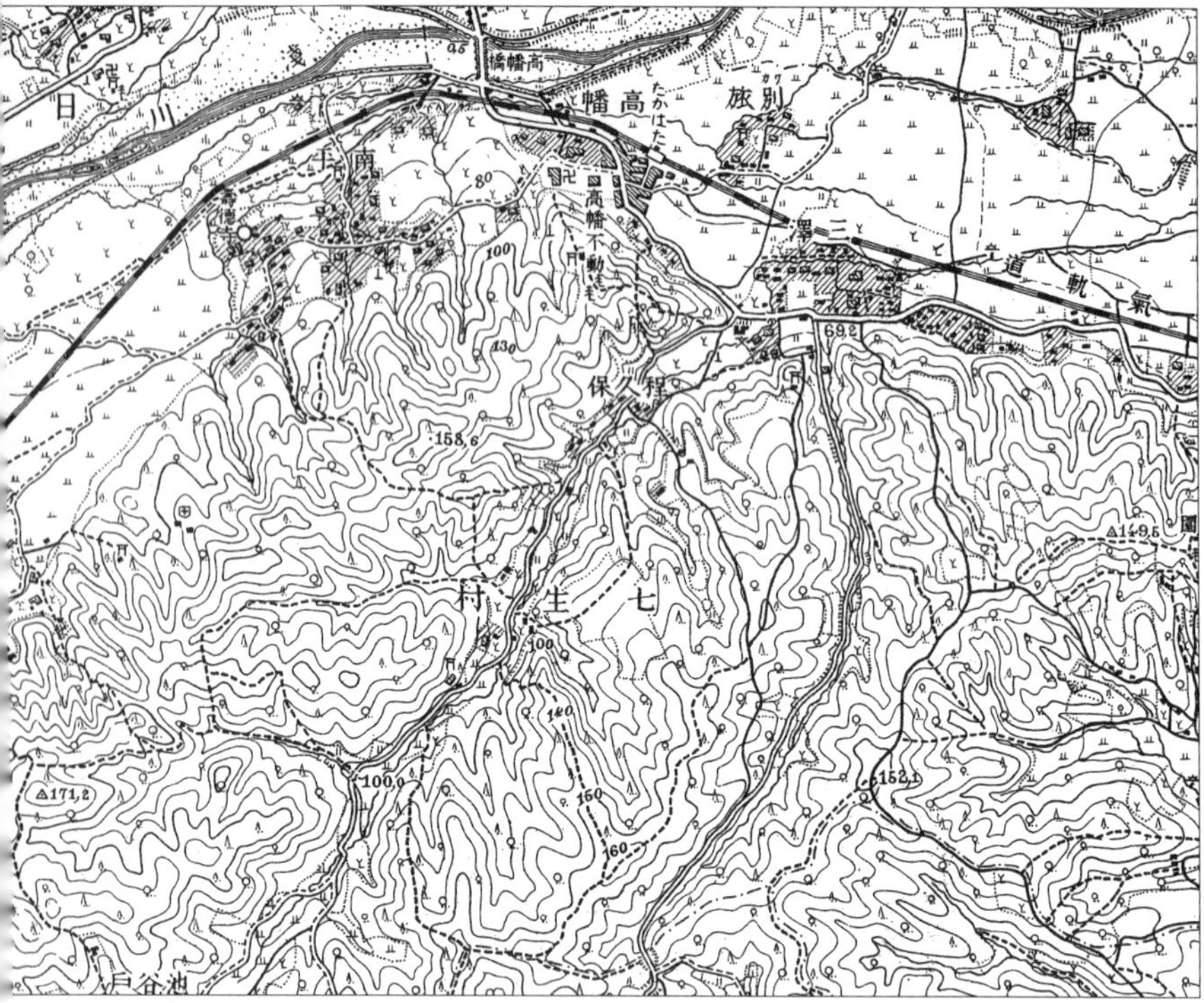

図１　1:25,000「豊田」昭和４年鉄道補入

目立つ。これらの場所は等高線が一様にのっぺりと緩斜面を示しており、植生が何も表記されていない。地形図で「白紙状態」といえば空地か畑（当時は畑という記号がなかった）を表わしているが、ここでは急傾斜地をならして造成したばかりの、土がむき出しの状態だ。もちろん、それ以前に一足先に入居を始めた住宅地もたくさん描かれており、それらには大字や小字の地名ではなく「三井団地」「日本電建団地」などと開発者名を冠した団地名が示されている。

　わずか二年後の昭和四六年（一九七一）修正の**図3**になると、これらの白っぽい地域に街路が誕生した。最も東に見える西武百草園住宅は空っぽの街路が入居を待っている、まさに「分譲住宅売出中！」

図２　1:25,000「武蔵府中」昭和 44 年修正

の状態だし、その南側にある百草団地はできたばかりの棟を丘の上にそびえさせている。

大住宅地が驚異的な勢いで進出

この地形図の修正年にこのあたりの分譲住宅を三五歳で買ったお父さんは現在七四歳で、たまには孫が遊びに来る年代となっているだろう。息子は当時新設された百草台小学校の第一期生かもしれない。

この地域に昭和四〇年代に進出した住宅地を挙げてみると、まず日本住宅公団（当時）の二つの大団地がある。昭和四四年（一九六九）～四五年の百草団地（一三五四戸）、四五～四六年にかけての高幡台団地（一七〇八戸）で、これだけ

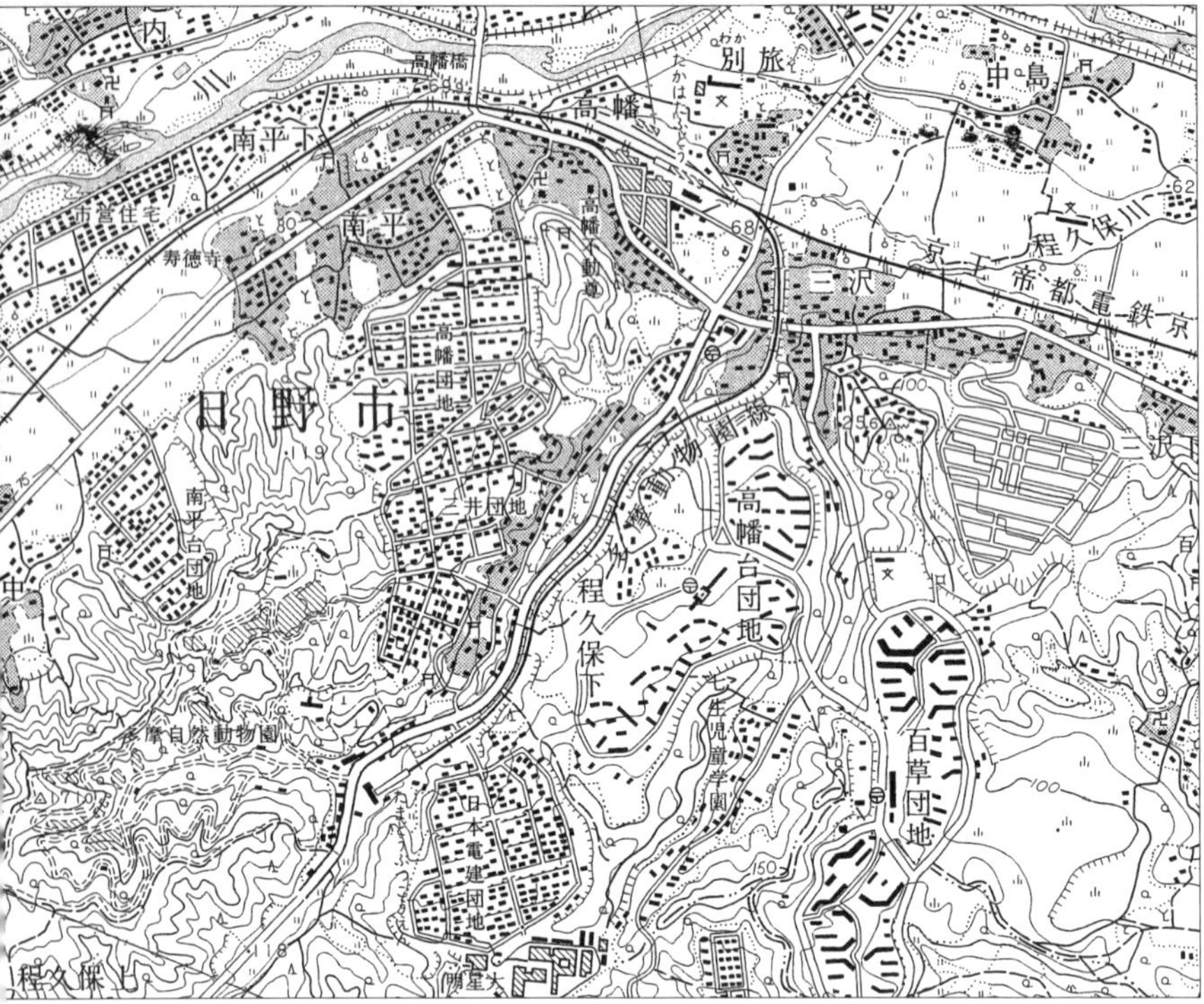

図３　1:25,000「武蔵府中」昭和 46 年修正

で合計約三〇〇〇戸、ざっと計算しても一万人以上がほぼ同時期にここに住むようになったわけだ。

また前述の分譲住宅地では、梅の名所・百草園の西側にできた西武百草園住宅の六五〇戸、平山城址公園駅の南東側に広がる平山七生台団地一戸建ての一一〇〇戸、日本信販百草園住宅の六二〇戸と、大規模住宅地が驚異的な勢いで進出していった。

ここへ入居する住民たちは学齢期を迎えた子どもをもつ家庭が多かったため、小中学校の児童生徒数も当然うなぎ登りで、日野市では昭和四〇年代に六つの小学校と二つの中学校を開校させている。学校が完成するまではプレハブの仮設校舎でやりくりし、とにかく子どもたちを

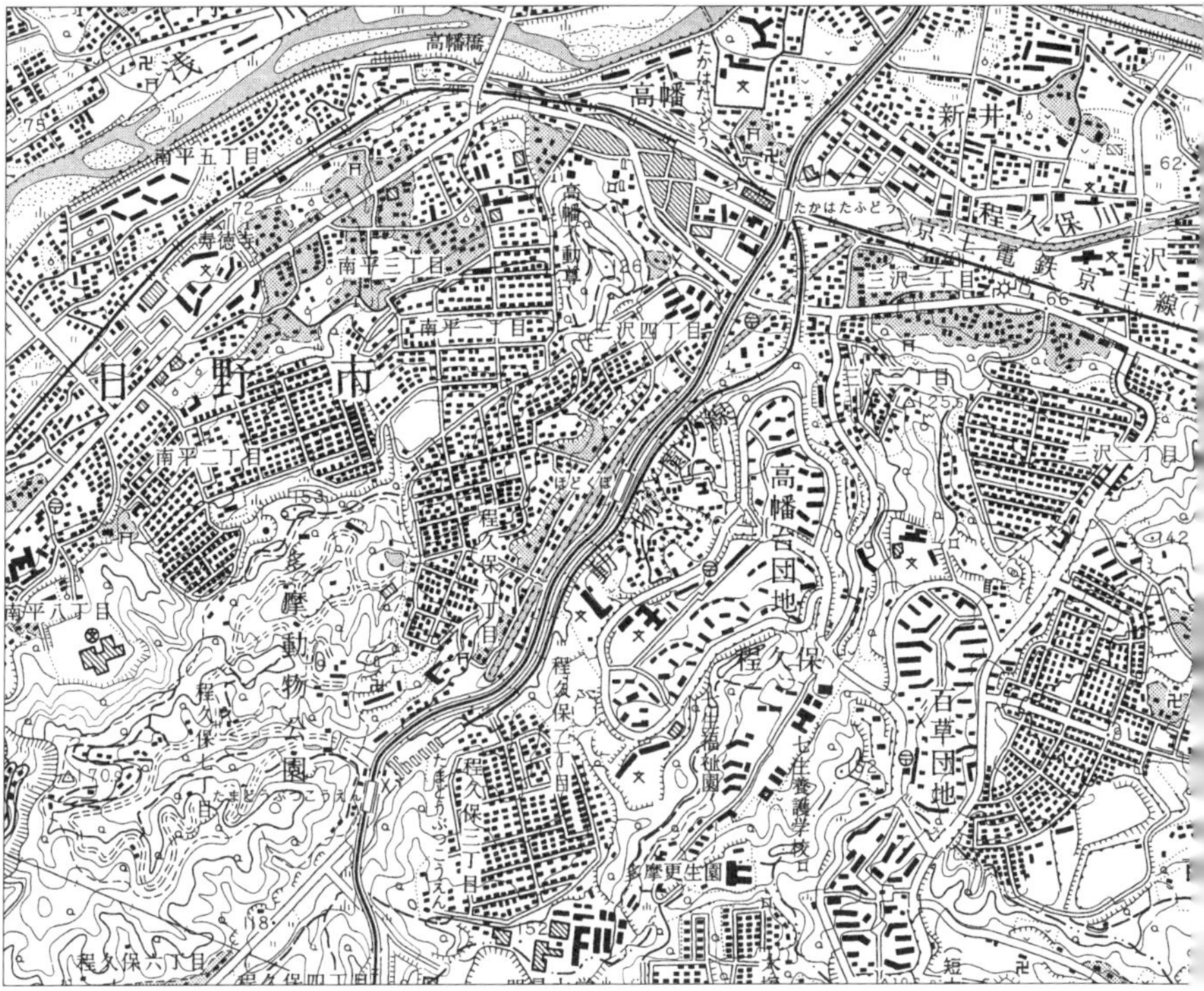

図4　1:25,000「武蔵府中」平成11年部分修正

屋根の下へ入れるのが市の切迫した最優先施策となった。

団地間の境界道路――元ハイキングコース

さすがに昭和五〇年代前半ごろになると「多摩の横山」の京王線側斜面もあらかた開発されて住宅増は一段落する。昭和五五年ごろから現在の**図4**（平成一一年部分修正）までは大きな変化は地形図からは見られないが、浅川沿いの低地に広がっていた水田の宅地化はだいぶ進んだ。最近の新たな傾向としては、斜面活用型マンションとでもいうべき階段状の集合住宅が増えていることだ。斜面地開発の規制が緩和されたからだろうが、住宅地の隙間にかろうじて残った小さな雑木林が、このようなミニ開発によってとどめを刺されつつあるのは残念である。

さて、このあたりの住宅地を細かく観察してみると、いろいろなことに気が付く。ただし二万五千分の一では細部がわかりにくいので、一万分の一またはもっと詳しい東京都の二五〇〇分の一地形図などがあるといい。

たとえば各大規模住宅と周囲との境目に目立つ不連続性だ。**図3**の高幡団地（鹿島住宅）と三井団地の境目は南西方向に走る斜めの道路になっているのだが、両住宅地の碁盤目状の街路は別々に設計されていて、その境界道路を突き抜ける十字路は一本しかない（**図5**）。現地へ行ってみるとよくわかるのだが、この境界道路はかつての尾根線で、**図1**に表われた雑木林の山の尾根線と一致する。この尾根にはかつて、多摩の横山を縦走するハイキングコースが西の方へ続いていたことがあり、今でも住宅地のコンクリート擁壁には白ペンキで書かれた「ハイキングコース↓」という文字がうっすら残っている。

図５　1:10,000「豊田」平成８年編集（173%拡大）

拡大地図で貧富の差は歴然

一万分の一地形図は家が一軒ずつ載っており、省略が少なく相当の拡大に耐えられるので、四倍程度に拡大コピーしてみると各住宅地の違いがわかっておもしろい。たとえば住宅の広さが違うし、建蔽率も異なるのが視覚的にわかる。

それから開発時期が古いと、交差点の隅切りが浅く、また定規で道幅を測ると古い住宅地は主要道路を除いて四メートルで、新しい住宅地はそれが六メートルになり、四つ角の隅切りが大きいこと、また戦前に開発された住宅地になると（この地域にはないが、たとえば旧日野町域など）中途半端な寸法があったりする。三・六メートルか五・四メートルぐらいの道路はおそらく二間、三間という尺貫法に基づく幅員ではないだろうか。大きな縮尺の地形図からはそんなことも読みとれるのだ。

さらに広告で出る中古不動産物件の値段や公示地価の数値をプロットしていけば、市内の地価地図が出来上がるわけだが、地図を趣味にとどまらせたい人はその程度でやめておこう。大縮尺地図で見つけた何軒分にもあたる面積をもつ大邸宅、その庭に置かれた「わが家ほどの大きさの物置」などを見るにつけ、この国にも貧富の格差が歴然とあるんだなあ、と詠嘆してしまったりするからである。

さらに庶民にムチ打つようなことを言えば、最近知ったアメリカ・ニューヨーク郊外のある住宅地の建築基準によれば、建物は土地の境界線から最低五メートル離すこと、などといった厳しい規制があり、これを適用すると、日本の一五〇平方メートル程度の土地には一メートル四方の「歩哨詰所」的な物件しか建てられないことがわかった。ううむ。まさに富は偏在している…。

大栗川はこんなに蛇行していた！

かつての台地を小さな流れが削り、長い年月かけて複雑な襞《ひだ》をもつ多摩丘陵ができあがった。小川はミニサイズの蛇行を繰り返して土砂を堆積させ、谷間の平地をつくりあげたのだが、東京に近かったばかりに宅地化の圧力は大きく、流域は激変していった。

百年でもっとも短くなった川

多摩川にはたくさんの支流があるが、大栗川《おおぐり》ほど短縮された川はないのではないか。この川は八王子南部の御殿峠付近に源を発し、多摩丘陵の浅い谷を一五キロほど東流、府中の南方で多摩川に合流している。流域は高度成長期までは昔ながらの農村で、襞の多い丘の裾には古くから集落が発達し、縄文遺跡がたくさん出るのは、昔から住み心地が良かった証拠かもしれない。

大栗川の語源は、かつて真慈悲寺《しんじひじ》という寺が多摩市和田のあたりにあって、その「大きな庫裏《くり》」の横を流れていたからという説があった。その後は多摩ニュータウン内の永山五丁目の発掘でそのあたりが同寺の所在地と推定されたことで一旦は怪しくなったのだが、最近になって百草園の敷地内から大きな瓦が多量に発掘され、さらに他の状況を参照してもやはりここが真慈悲寺の遺構である可能性が高まった。そうだとすれば、同寺の東の入口の、おそらく山門の近くを流れていたであろう大栗川が寺の「大庫裏」にちなむという説が再び脚光を浴びる可能性が出てきたのである。しかし一方でクリとかクレという語のついた地名は全国に多く、栗、久里、呉、暮、久礼などの字が宛てられているが、崖地などの「崩壊地形」に付けられる。地形図を見ても現聖蹟桜ヶ丘駅近くの川の南側は崖地だ。古くは中流あたりを由木川と呼んでいたこともあるらしい。

さて、**図1**は昭和四年（一九二九）鉄道補入版で、大栗川はまさに自然のままに屈曲して流れていた。有山《ありやま》という集落の近くには大正一四年（一九二五）開通の京王線関戸《せきど》駅が設けられている。この駅は昭和一二年（一九三七）に聖蹟《せいせき》桜ヶ丘と改称されて現在に至っているが、聖蹟とは明治天皇が多摩川で鮎漁を楽しんだり、図の右下欄外あたりによく鹿狩りに訪れたことにちなむものだ。ゆかりの丘陵地には昭和五年に南欧風の多摩聖蹟記念館が建設され、ハイキングコースのある人気観光地となった。なお、駅名改称と同年に多摩川の鎌倉街道に関戸橋が架けられている。

水車も活躍していた

図1の多摩川はまだ橋の開通前だが、破線の橋が描かれているのはなぜだろう。実はこの記号は「仮橋」を意味しており、この場合は水量の少ない冬場に仮設される板を渡した簡単なものである。渡船（人馬渡）の記号（）も併記されているのは、夏は渡船になることを示している。

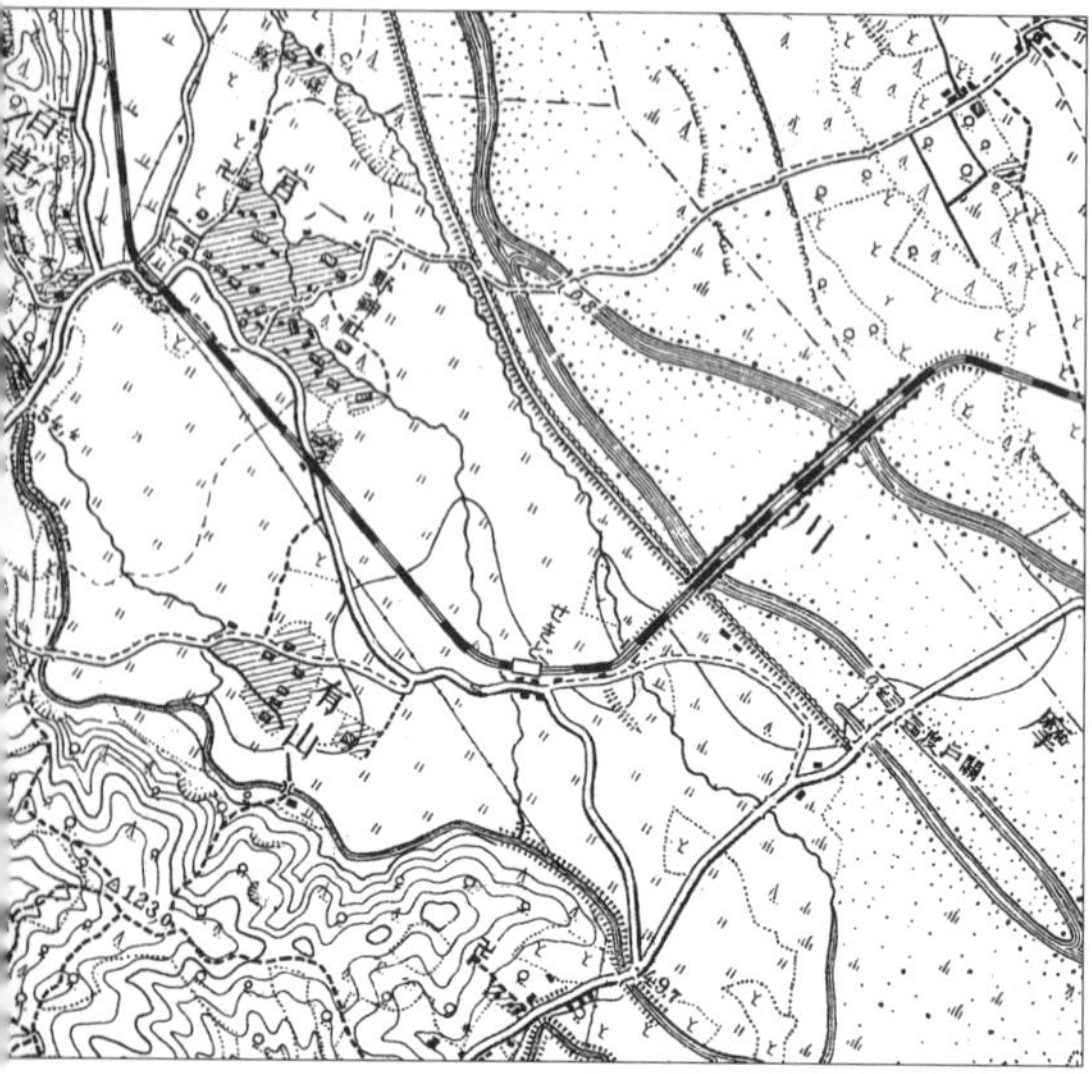

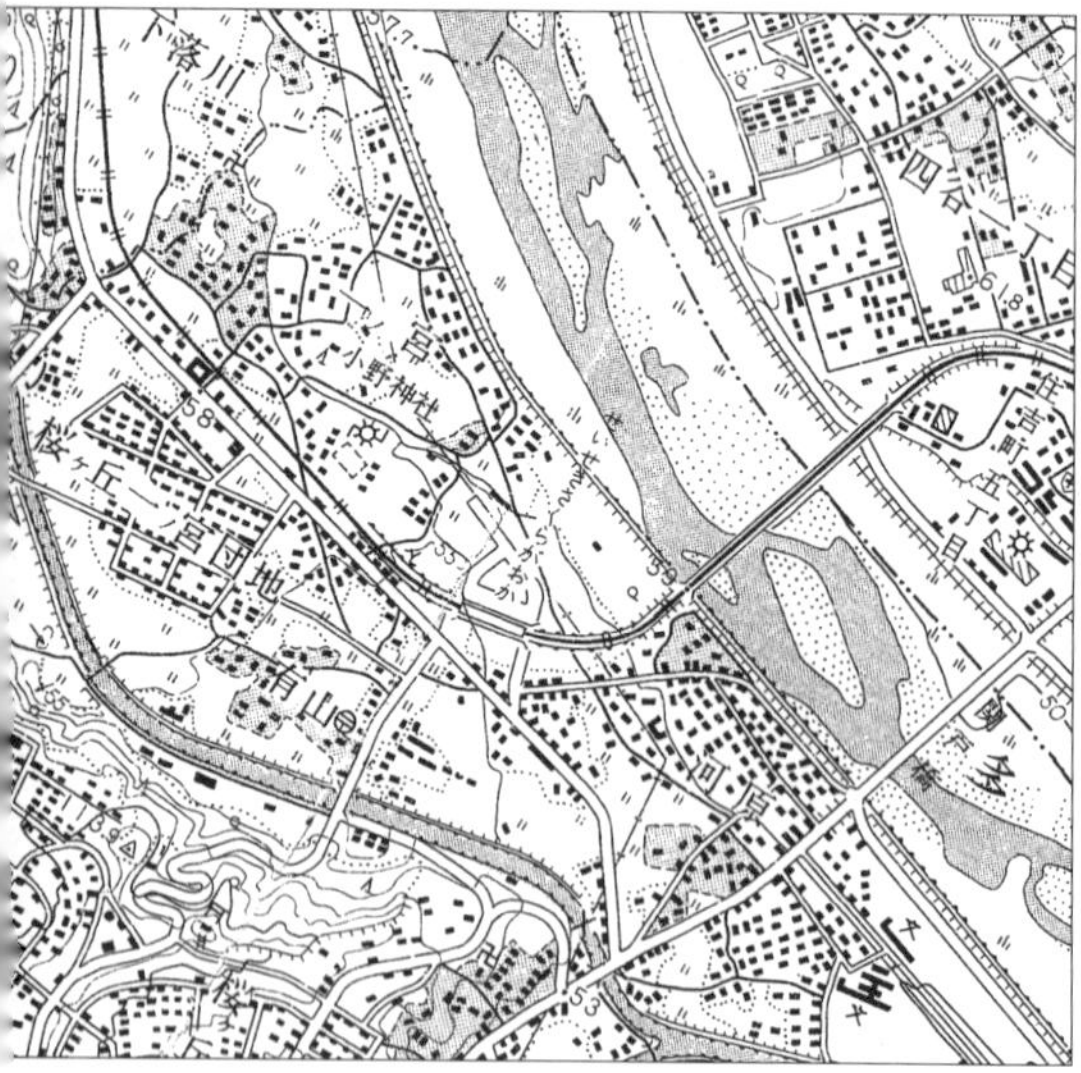

大栗川の蛇行をたどって見ていくと、所どころに水車の記号（⛭）があるが、この範囲には三か所ある。いずれも水車小屋が側に描かれていて、おそらく製粉に使っていたのだろう。東寺方の西側の水車は蛇行をショートカットするように水路が掘られ、そこに水車を掛けてあるが、これはよく行われた方法で、本流の流れを邪魔することなく設置し、さらに蛇行を短絡することで急流とし、パワーアップさせる狙いがあったのだろうか。蛇行した河川に三方を袋状に囲まれた状態を「袋」と呼び、全国各地で地名になっている。事実、この場所も昔は大袋《おおぶくろ》という小字だった。現在この「袋」

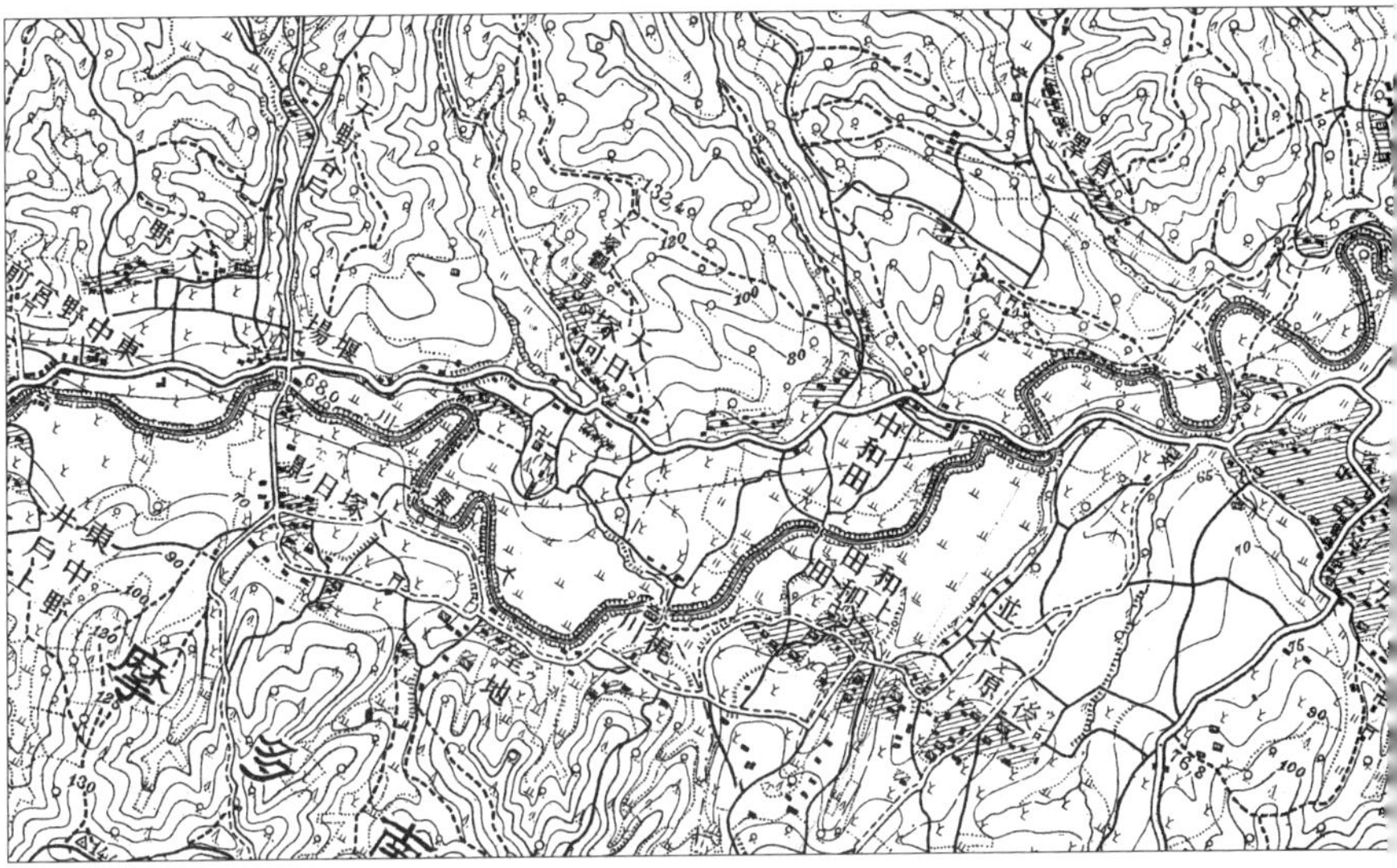

図１　1:25,000「豊田」昭和４年鉄道補入

図２　1:25,000「武蔵府中」昭和 44 年修正

は解消されてまっすぐになったが、跡地は並木公園となっている。

図1には大栗川に沿って伸びる高圧線（-‡-‡-）が見えるが、欄外までずっとたどっていくと桂川（相模川の上流部）に面した大月の駒橋発電所に行き着く。別の昭和一〇年ごろの一万分の一地形図には「鉄道省送電線」とあったので、省線電車（のちの国電）を動かすための送電線だったのだろう。なお、東京電力の前身のひとつである東京電燈の送電線は北寄りの中央線に沿ったルートであった。

図2は**図1**から四〇年後、高度成長期の昭和四四年（一九六九）修正のものだが、聖蹟桜ヶ丘駅の周辺には現在の京王百貨店の区画が整備されて出店を待っており、駅の南西には昭和三七年に完成した都住宅供給公社分譲の桜ヶ丘一ノ宮団地が見える。この地域の団地のハシリといっていい。

図1で京王線と絡みあっていた川崎街道は線路南側のまっすぐな新道に代わり、旧道は黒線の細道として集落の中に埋没してしまった。図右下の「桜」の字が見えるあたりは京王帝都電鉄（当時）が開発した桜ヶ丘の分譲住宅地で、蛇行しながら登っていく道は「いろは坂」などと呼ばれている。この住宅開発のため、坂の西側にあった一二三・〇メートルの三角点の標高は地面が削られたため移設、一一三・九メートルに下がってしまった。

直線化・護岸化されていく大栗川

さらに一ノ宮団地近くの大栗川がまず直線化された（42ページ）。川の両岸に点々がついているのは護岸が施されたためで、いわゆる三面張りだろう。都市河川の氾濫を抑えるため、このタイプが都市・近郊の中小河川改修のスタンダードとなっていく。一ノ宮の蛇行部分にも一部三面張りが完成、すかさず「袋地形」のまん中にまで住宅が進出した（「並木」地名の上）。昔なら必ず水が出るところで、人が住むべき場所ではなかったが、護岸さえあれば大丈夫という「信仰」に支えられて、全国各地の「氾濫危険地域」に多くの住宅が建っていく。

図3はそのわずか二年後の昭和四六年（一九七一年）修正だが、大栗川の改修は引き続き進んだ。一挙に一ノ宮〜大塚の長い区間が護岸付きの直線水路に置き換えられつつある。川沿いを西へ向かう都道の野猿《やえん》街道（国道一六号へ接続）もずいぶんと直線的になった。

いつの間にか周囲の住宅も増えてきた。古くからの農村集落と新興住宅地とは、集落のアミ掛けの有無、つまり「樹木に囲まれた居住地」かどうかでおおむね区別できる。左下の東中野のあたりも、**図2**では雑木林と谷戸田（細い谷間の水田）が交互に並ぶ典型的な多摩丘陵の風景だったのが**図3**では激変、広大な面積が「荒地」記号（山）になった（図の左下）。これは昭和四六年（一九七一）に着工された多摩ニュータウンの端の部分で、三〇・二平方キロという空前の大規模住宅地開発の比較的初期の着工区域である。

図4は平成一一年（一九九九）の修正で、大栗川の旧流路跡は大半の痕跡がわからなくなり、直線化はさらに西の方まで進んでいる。この間に多くの大学が都心から多摩地区に移転してきたが、このうち中央大学の一部が左上端の「東中野」の文字の上に見える（大きな建物は第一体育館）。**図3**で荒地だった左下の松が谷は公団松が谷団地や小中学校となり、また京王線に沿った川崎街

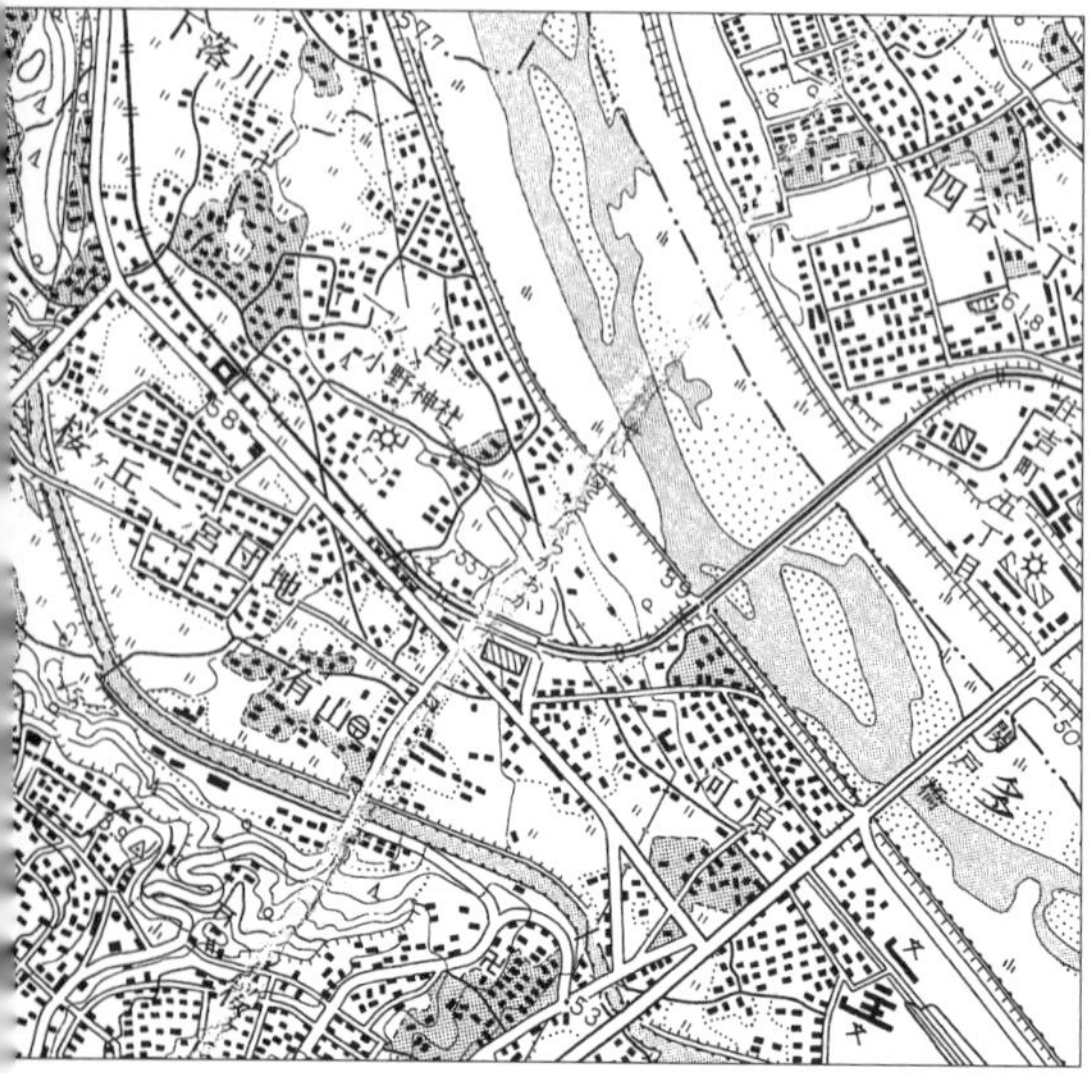

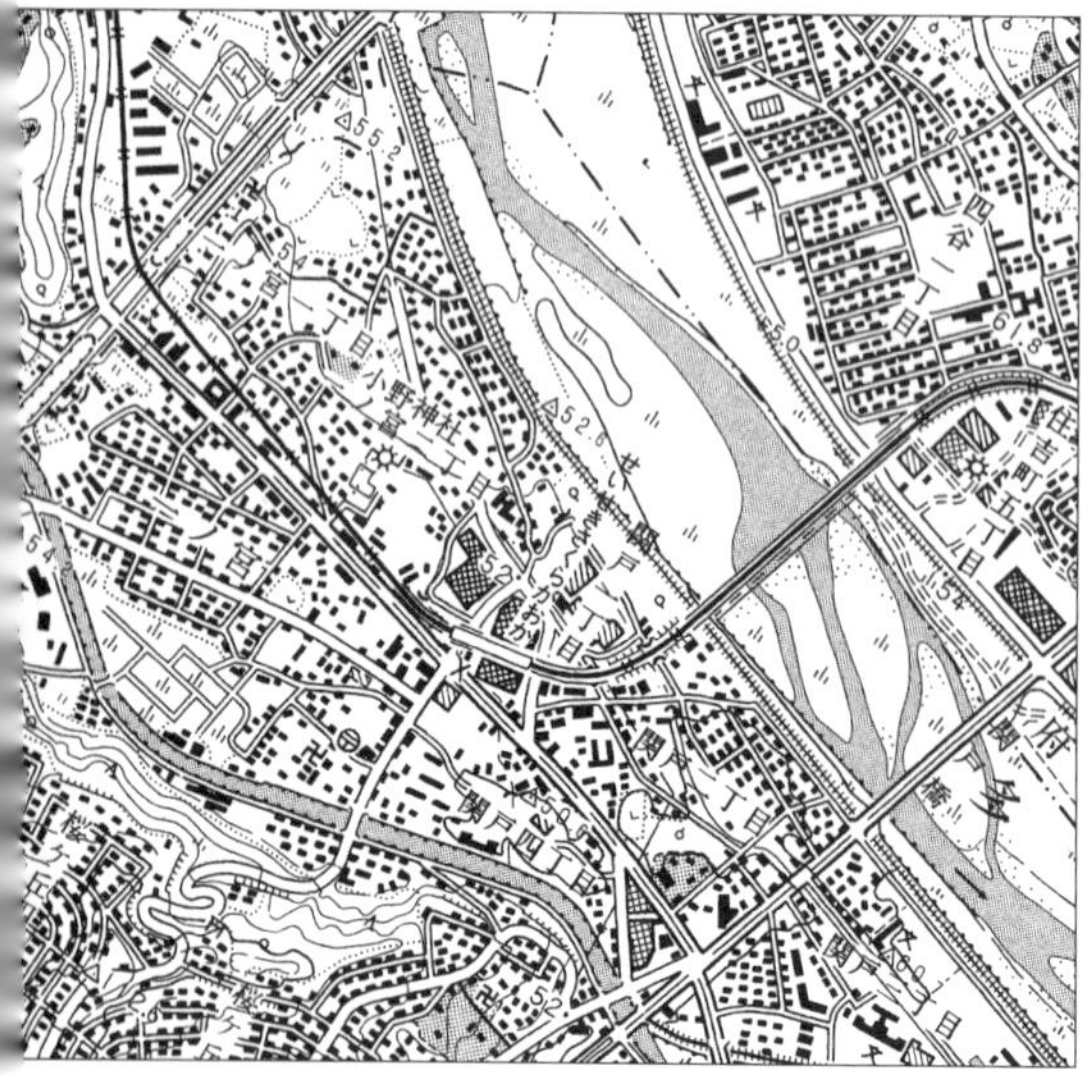

道の新道も拡幅、中央分離帯のある現在の四車線化が鎌倉街道との交差点まで完成、また野猿街道の方も四車線化が進んだのがわかる。

ちなみに大塚の地名のもととなった大きな塚は八幡神社のある小高い塚である。各時期で表現方法は若干異なるが、最もわかりやすいのが**図1**だろう。大塚・日向の地名表記の少し下、七五メートルの補助曲線に囲まれた神社の南側から登る石段が、高圧線のすぐ上に描かれている。

図4には平成一一年（一九九九）に開通した多摩都市モノレールが載っている。大栗川のすぐ北

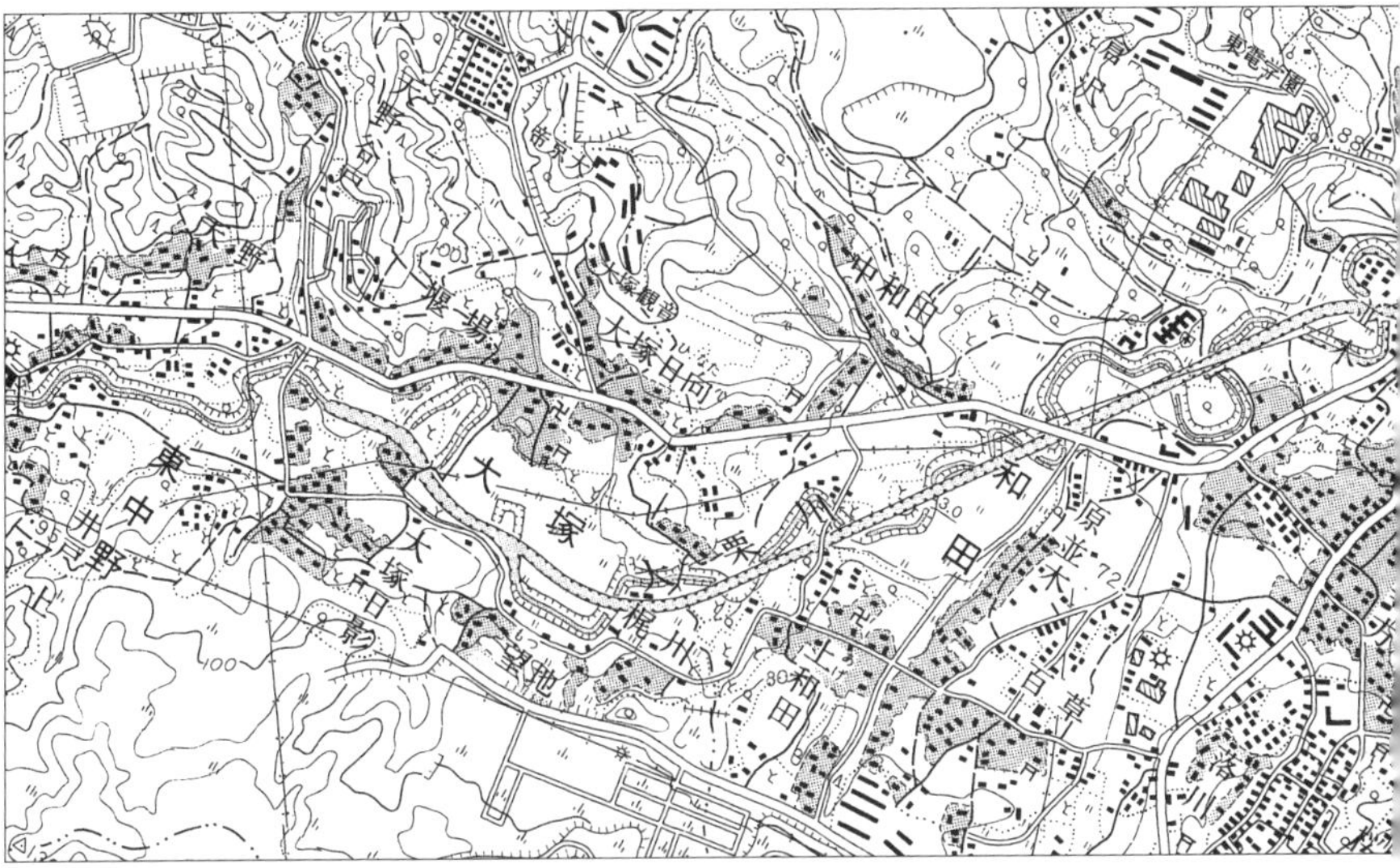

図 3　1:25,000「武蔵府中」昭和 46 年修正

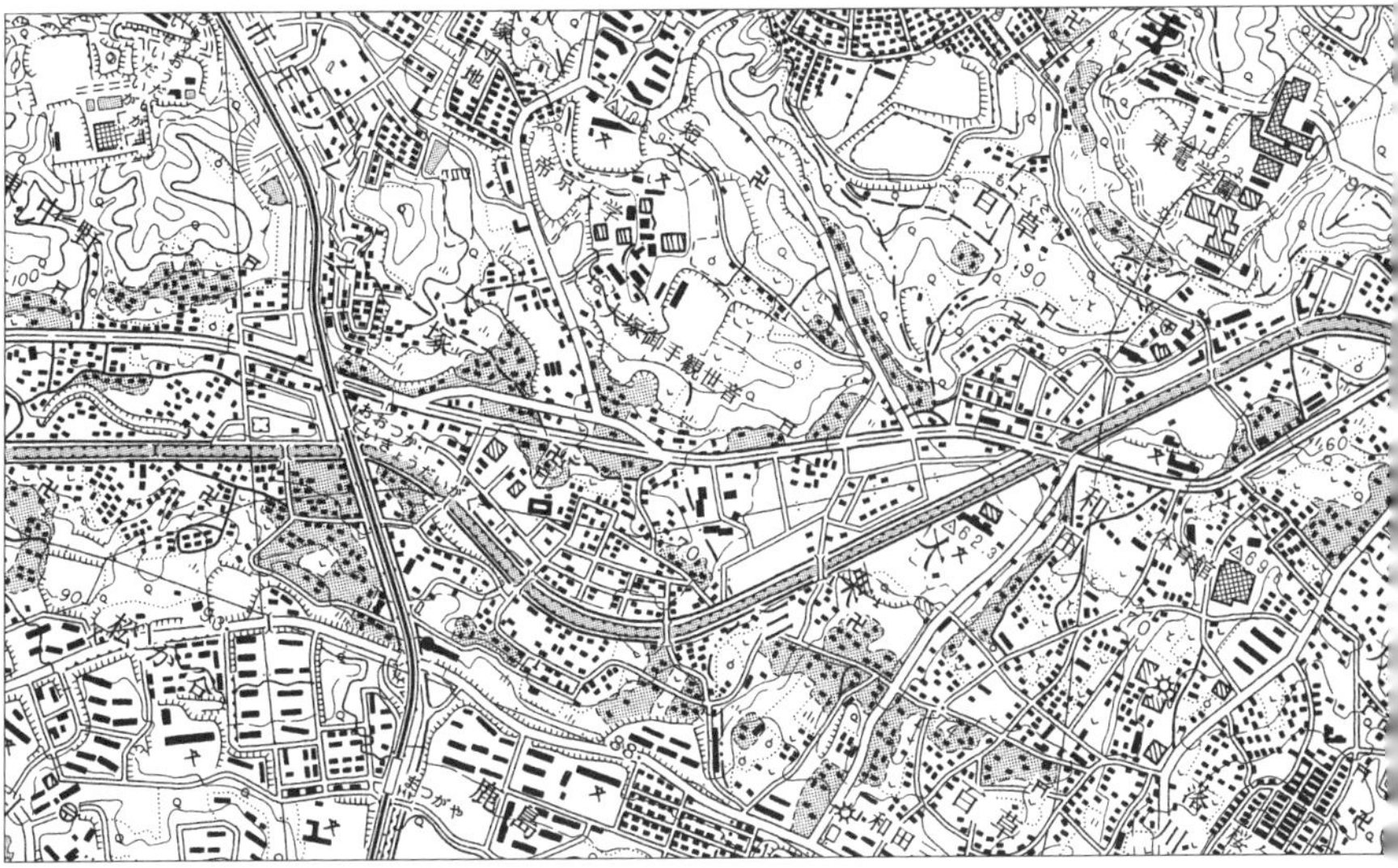

図 4　1:25,000「武蔵府中」平成 11 年部分修正

側には大塚・帝京大学駅が設けられ、周辺はさらに開発が進みはじめた。

全体を見渡しても、**図3**の段階では川沿いに少しあった水田もこの図になるとほとんど見られない。川崎街道に突き当たっていた野猿街道も一ノ宮交差点から北側が地下の立体交差で北へ抜け、開通したばかりの府中四谷橋（範囲外）で府中、甲州街道へまっすぐつながった。

見てきた通りの大変化がこの地域に起こったのであるが、それでも多摩ニュータウンのように地表のほとんどを更地にした大規模開発地に比べれば、まだ農村であったかつての面影を至る所に発見することができる。昔の野猿街道も二万五千分の一では消えたけれど、実際には地形図にも載らない細道として切れ切れに残っている個所が意外に多い。蛇行時代の橋もかろうじて残っていたりと、現地に行ってみればまだまだ発見できることは多いのではないだろうか。

京王線　新宿〜桜上水

京王線はその昔、京王電気軌道といった。京王とは起終点にあたる東京と八王子から一文字ずつ採って名付けられたものだ。戦後は旧帝都電鉄の路線（井の頭線）を併せて京王帝都電鉄を名乗っていたが、今では正式に京王電鉄となった。かつては路面電車のような一両編成の電車が細かく設けられた停留所のお客を拾い、農村部を突っ走っていたが、沿線の急速な都市化とともに発展、今や堂々たる大手私鉄に成長している。新旧の沿線地形図を見ながら、その変貌ぶりを観察していこう。

最初は路上にあった「新宿駅」

現在は新宿地下駅が始発駅であるが、かつては新宿三丁目付近の、しかも路上にあった。現在で言えば新宿三丁目交差点の南側、伊勢丹向かいの明治通り上で、新宿追分《おいわけ》と称していた。追分は分岐点を意味し、ここは甲州街道から青梅街道が分岐する地点である。すぐ目の前の現新宿通りには東京市電（後の都電）が通じ、都心方面へ連絡していた。**図1**は追分停留場からわずかに東へ移転、

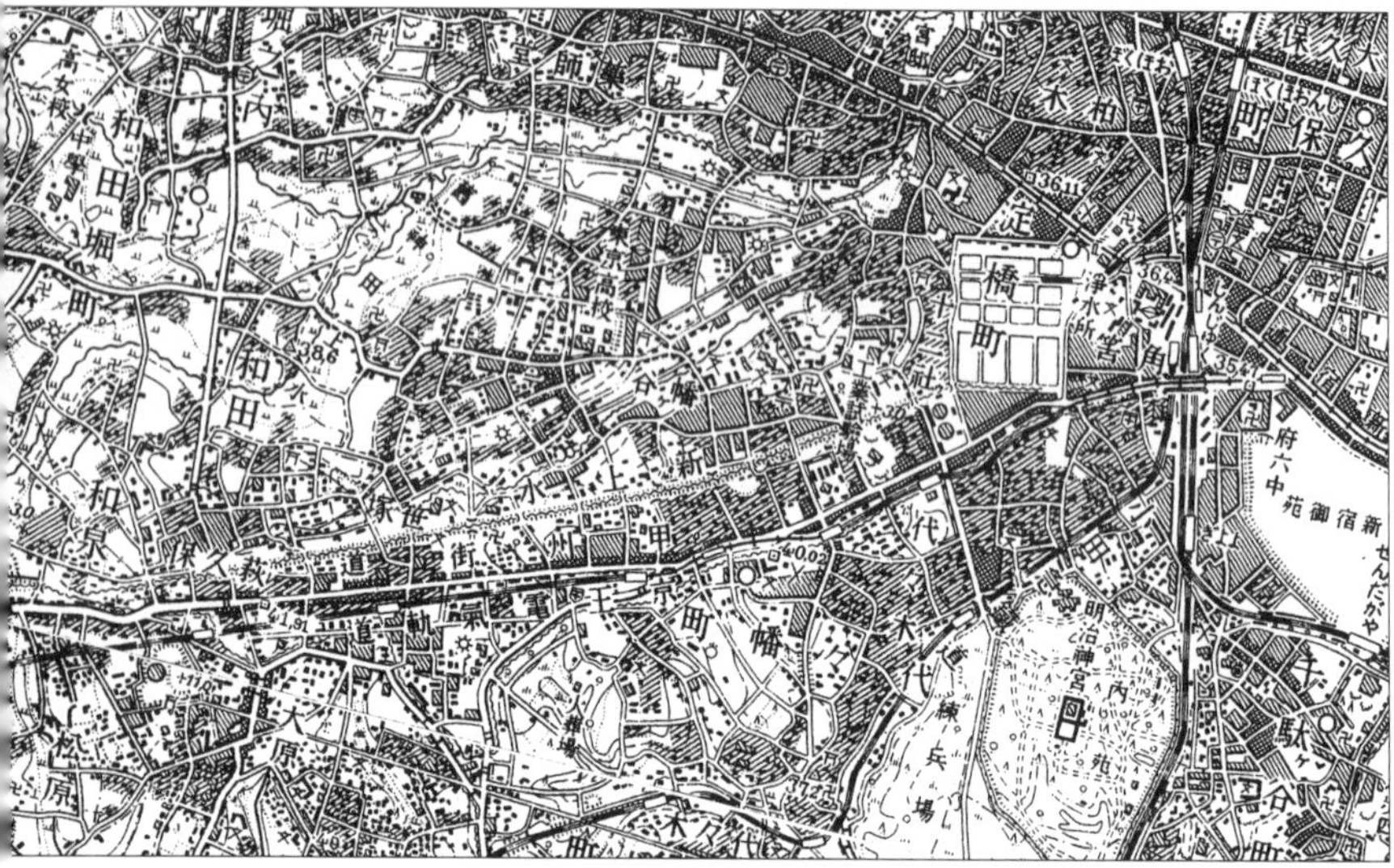
和田堀町
和田
和泉
淀橋町
大久保町
新宿御苑
明治神宮
代々木練兵場
幡ヶ谷
千駄ヶ谷

女子美術大
和田
堀ノ内
養護学校
東京医大病院
弥生町
南台
都庁
西新宿
新宿
歌舞伎町
本町
新国立劇場
和泉
方南
笹塚
幡ヶ谷
初台
代々木
みなみしんじゅく
京王電鉄京王線
渋谷区
首都高速四号線
千駄ヶ谷
東京体育館
世田谷区
北沢
消防学校
西原
青少年センター
羽根木
大原
大山町
元代々木町
代々木公園

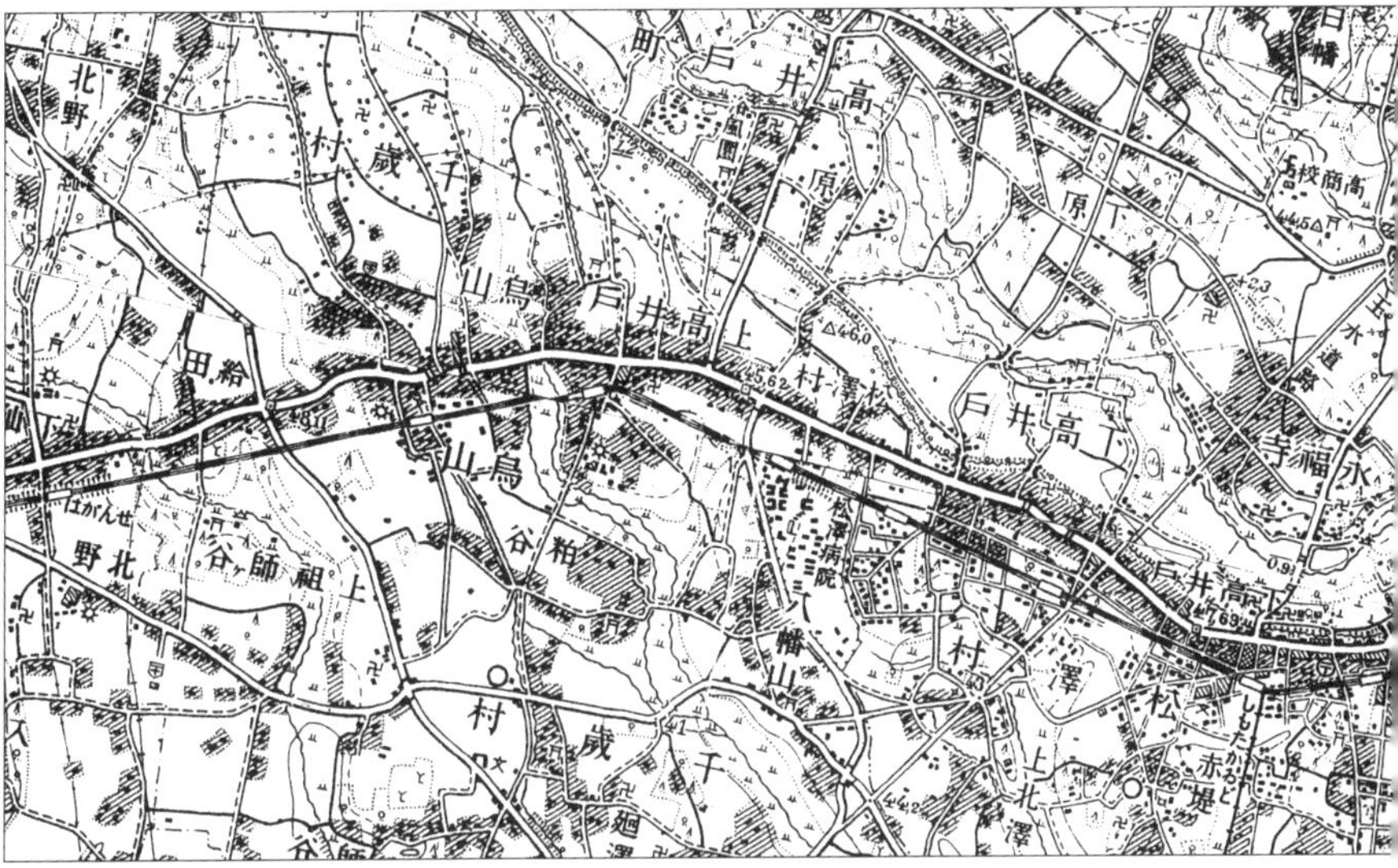

図１　1:50,000「東京西北部」昭和７年要部修正＋「東京西南部」昭和７年部分修正

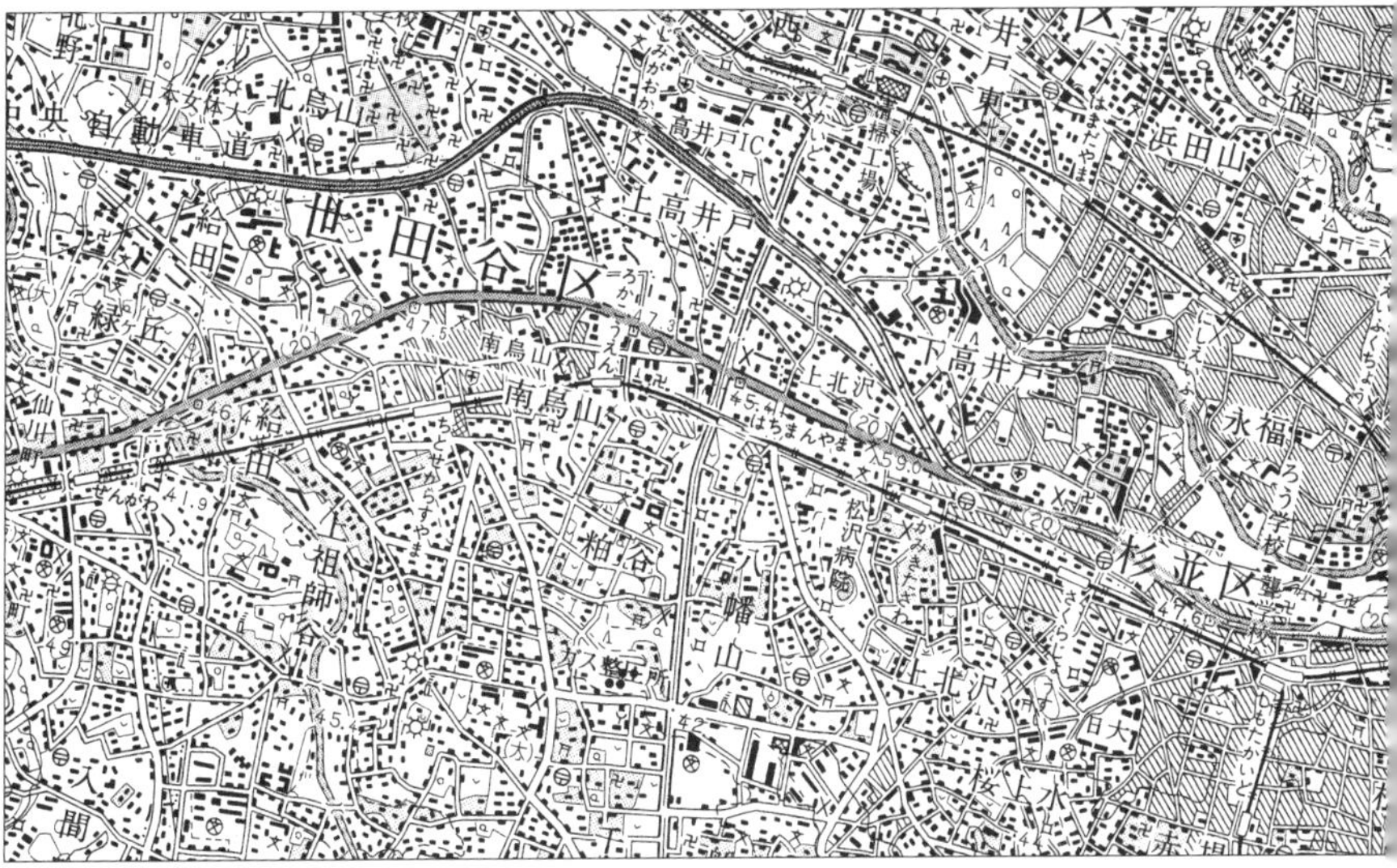

図２　1:50,000「東京西北部」平成 15 年修正＋「東京西南部」平成７年修正

路面でなく専用の敷地にグレードアップした四谷新宿駅ができた時代のものである（昭和一二年に京王新宿と改称）。

四谷新宿駅を出た電車は甲州街道上を進み、間もなく新宿駅の南側を越える。今では幅広い橋だが当初は葵《あおい》橋という狭い橋で、電車はそこだけ専用の橋を渡っていた。**図1**は甲州街道が新しいコンクリート橋に架け替えられて線路が路面に移された状態だ。橋上には停車場前という停留所があったが図には省略されている（昭和一二年に省線新宿駅前と改称）。

当時の国鉄新宿駅の住所は豊多摩《とよたま》郡淀橋町大字角筈《つのはず》字渡辺土手際《どてぎわ》で、土手というのは甲州街道のすぐ南側を流れていた玉川上水を指すと思われる。これに対して当時の京王の新ターミナルは東京市内の四谷区内にあったので、四谷新宿という駅名は「郡部ではなくて東京市四谷区の」ということを強調したかったのだろう。

戦争中の昭和二〇年（一九四五）に天神橋の変電所（現文化女子大付近）が空襲で被災、電圧低下により前述の国鉄を越える橋への坂道を上れない電車が出たことを機に、終戦直前の七月二四日から西口への乗り入れを実現したという。小田急のすぐ隣の、もちろん地上駅であった。

路面を走っていた新宿〜初台間

新宿と初台の間が地上だった時代、この二駅の間にはおおむね三つの小駅が存在した（図では省略）。新町、天神橋、西参道の三駅で、このうち天神橋が昭和一四年、残りの二駅はターミナルが新宿駅西口となった日付で廃止されている。戦争末期の非常時の廃止ではあるが、住宅密集地なのに一・七キロという長い駅間距離になってしまった。今となっては西新宿新都心の南口としてもう一つぐらい駅が欲しいところだ。

なお昭和三八年（一九六三）には新宿駅から初台駅の少し先まで地下化が行われ、線路跡地は遊歩道的な公園となった。複線の線路跡にしてはやけに広いと感じるが、並行する玉川上水も暗渠になったためだ。

図1にすでに見えるガスタンク付近から南南東に一直線に伸びる道路（代々木の地名の右側）は明治神宮の西参道である。広大なこの「森林公園」は建設当時、武蔵野の自然に適合するように樹種や植え方が綿密に検討された。神宮には三つの参道があり、この他に南参道が原宿の表参道、千駄ケ谷からは北参道（裏参道）が伸びてきている。

京王がこの西参道を踏切で横切る地点に当初「代々木」駅が設けられたが、国鉄の代々木駅と紛らわしかったためか大正八年に神宮裏と改称され、昭和一四年に西参道と再改称されている。神宮すぐ脇に小田急参宮橋《さんぐうばし》駅（昭和二年開業。**図2**より）ができたが、ここから神宮を目指す人は少なくなかっただろう。現在でも甲州街道から西参道へ入ってすぐの所に大正九年建立の大灯籠がある。

なお西参道駅南側の広大な屋敷（代々木の代の字の部分）は旧土佐藩主・山内家の邸宅である。

図にはないが初台の西に代々幡《よよはた》という駅があり、この地名は代々木＋幡ケ谷《はたがや》の合成地名だった。明治二二年（一八八九）の町村制施行で誕生した「新地名」である。ただし小学校名はそれ以前に逆順の「幡代《はたしろ》」小学校と命名されていた。駅名も昭和九年に幡ヶ谷本町と改称、三年後には幡代と二度目の改称。またこれとは別に小学校の前に幡代小学校前という停留所がごく短期間存在しているなど複雑きわまりない。現在も学校名とともにわずかな名残の「幡代」バス停が健在である。

幡ヶ谷付近は昭和三八年の新宿〜初台間地下化の際には地上部分であったが、その後都営地下鉄新宿線との直通に関連してさらに地下区間となった。初台・幡ヶ谷の両駅が新宿線直通の「京王新線」に移されたため、最初の初台地下駅は廃止されたが、現在でも車窓を注意していれば、誰もいないホームが暗い中に浮かび上がる。

明大前は「火薬庫前」だった

京王線と甲州街道の北側に平行する一直線の「新上水」は明治二六年に完成したもので、街道南側で地形に沿って曲がりくねっていた旧上水と対照的だ。こちらは代田橋付近で旧上水と分かれてまっしぐらに淀橋浄水場（明治三二年完成）を目指したため、谷を越える築堤部分が何か所も見られる。新上水はその後暗渠化されて水道道路となっている（**図2**）。

代田橋は現在もある駅名だが、もとは甲州街道が玉川上水を越える橋の名である。**図1**で少し街道が屈曲している部分にあったが、以前はもっと明瞭なクランク型だった。京王電気軌道も最初は新宿から笹塚までが複線、それ以西は単線だったので、大正一四年の時刻表を見ると新宿〜笹塚間は三〜七分間隔と実に頻繁な運転なのに、それ以遠は単線のため少しずつ本数が少なくなっている。

もちろん市街化が西部に及んでいなかったためだが、このあたりも大正一二年（一九二三）の関東大震災以後に人口急増を経験することになる。

図1の頃はまだ甲州街道沿いに人家が集中しているが、周辺は畑と屋敷森の農村集落が続く典型的な武蔵野の風景だった。地形にちなむ萩《はぎ》久保などという地名（代田橋駅北側）が**図1**には見えるが、戦後は環状七号線が南北に貫通し、甲州街道と交わる巨大な大原交差点が出現した。おまけに首都高速四号新宿線が空を覆ってしまい、四六時中が自動車の洪水というエリアに変身している。

明大前という駅名は文字通り明治大学和泉校舎が至近距離にあるためだが、京王・井の頭両線の乗換駅であり、今では特急が止まる重要駅だ。しかしかつては明大と隣の築地本願寺の墓地の敷地がそのまま幕府の硝煙蔵を引き継いだ陸軍の火薬庫で、駅名も直接的で火薬庫前と称していた。しかしその後は火薬庫が移転、駅名も大正六年に一旦「松原」と改称されている。場所も現在の明大前駅ホームの端より約二〇〇メートルも西側にあった。

その後昭和八年（一九三三）開通の帝都電鉄（現井の頭線）西松原駅が現明大前駅の位置に開設され、翌年には明大予科が現在地に移転。これを機に京王線の松原駅は東寄りに移設されて昭和一〇年（一九三五）に帝都の西松原駅と統合、明大前駅として現在に至っている。

震災後、人口が急増した松沢村

高井戸といえば、江戸時代は甲州街道の内藤新宿の次の宿場であった。村は上高井戸と下高井戸に分かれ、下高井戸は月の前半（一〜一五日）の継ぎ送りを担当した。他の駅周辺と同様、**図1**では甲州街道沿い以外は畑が広がる農村の中にまっすぐ伸びる線路、という風景だが大正一四年（一九二五）に玉川電気鉄道の支線（現東急世田谷線）が開通、震災後の郊外居住志向も手伝って急速に宅地化が進んだ。

下高井戸駅の南西には日本大学世田谷予科が昭和一二年（一九三七）に進出し、駅名も翌年に日大前と改称された。明大前と日大前が京王線で肩を並べていたのだが、なぜかこちらは昭和一九年（一九四四）に元の下高井戸に戻っている。明大より少し駅から遠かったためだろうか。

震災後の東京郊外の人口増加は著しく、現桜上水駅の所在地であった旧松沢村は大正九年（一九二〇）にわずか二六五六人であったのが、一〇年後の昭和五年（**図2**の二年前）には四・六倍の一万二三三七人に激増している。あまりにも急激な人口増加の波をまともに受けたこの時期、道路の整備などが追いつかないままスプロール的に宅地化が進んだ結果、現在のこの一帯は狭い道路が複雑に入り組む「迷宮」を形成しており、よそ者ドライバーが踏み込むとしばらく出てこられない。なお、松沢村とは松原村＋上北沢村の合成地名である。

桜上水駅の設置は比較的遅く、府中まで開通した一〇年後の大正一五年（一九二六）、まず北沢車庫前の名で開業した。その後昭和八年には京王車庫前と改称、昭和一二年（一九三七）には桜上水と再改称されている。桜上水とは「桜の名所・玉川上水」の意味であり、もともと地名ではない。駅名を変えたのは花見客誘致の意図があったのだろう。現在でこそ駅も桜上水五丁目にあるが、この町名は駅名に合わせて昭和四一年に命名された。日本人にとってお花見がいかに重要な民間行事であるかの証明だろうか。

駅の東側を通る一直線の道路は荒玉水道の水道管の上を通っているものだ。この水道はかつて東京西郊の町村（現在は二三区内）の上水をまかなうために設けられたもので、多摩川の川底から取水した水が喜多見の浄水場（現砧浄水場）を経て一直線に北東に運ばれている。当初は「荒玉」の名の通り荒川まで達する予定だったがそれは実現しなかった。

京王線　上北沢～東府中

「足下に多摩川の清流を臨み、武蔵野平野を遠く箱根連山紫に煙るあたりには富士の霊峰を遙眺し得べく、殊に春は稲田堤の桜に、夏は多摩川の鮎漁に…。」戦前、調布にあった京王閣からの眺望の描写である（『京王電車回顧二十年』による）。街道筋の他は集落もまばらであった大正時代から、東京西郊の住宅連続地域となった現在への変化を、甲州街道とつかず離れず西進する京王線に沿いながら、新旧図で比較してみよう。

八幡山には彦根藩の用材林

上北沢駅は大正二年（一九一三）に笹塚～調布間が最初に開通して以来の駅である。**図1**（51ページ）の頃は一両編成の電車が止まるだけの停留場で、現在地の少し東側にある踏切をはさんで東側に下りホーム、西側に上りホームが別々に設けられていた。これは昔の「軌道」にはよくあったタイプで、今も都電荒川線にはこの方式が多い。なお大正六年（一九一七）～昭和七年（一九三二）の間は北沢駅と称していた。駅の南側には大正時代に北沢分譲地がつくられ、独特な計画街路が今も残っている（五万分の一ではわかりにくいが、「松沢病院」の右側）。

次の八幡山駅まではわずか六〇〇メートルほどだが、その駅間の南側を占めているのが都立松沢病院である。明治一二年創立の日本を代表する精神病院で、東京府立癲狂《てんきょう》院と称していたが、大正八年（一九一九）に巣鴨駕籠町からここ松沢村に移転してから松沢病院となった。

八幡山《はちまんやま》駅は開業当初「松沢」と称していた。八幡山村は江戸初期に原野を開墾して誕生したもので、現代語の意味での山などないが、昔は雑木林のことを「山」と呼んでおり、その名の通り村の南半分は彦根藩領の用材林であった。現在でも新宿を出てようやく郊外らしさが感じられるのがこのあたりだが、東京の幹線道路の代表格・環八通りが南北に走っており、交通量は非常に多い。

蘆花《ろか》公園駅は、粕谷《かすや》に住んだ徳富蘆花をしのぶ記念館として昭和一二年（一九三七）に設けられた蘆花恒春《こうしゅん》園への最寄り駅として、上高井戸《かみたかいど》駅を同年に改称したものだ。恒春園は駅から南へ一キロ弱のところにあり、蘆花の好んだ武蔵野の面影の残る一角として貴重な空間となっている。

次は千歳烏山《ちとせからすやま》駅だが、当初は「烏山」であった。「千歳」が付いたのは昭和四年（一九二九）で、これは旧千歳村から来ている。この村も松沢村と同様の明治町村制以来の「行政村」で、烏山・八幡山・船橋・上祖師谷《そしがや》・下祖師谷など計八か村合併の際に縁起を担いで「千歳」としたものだ。小田急に千歳船橋駅があるが、烏山、船橋ともに、それぞれ栃木県、千葉県に同名の駅があるため村名を冠したものだろう。

掲載範囲外だが、北烏山には大正一二年（一九二三）の関東大震災で被災した浅草などの寺院が

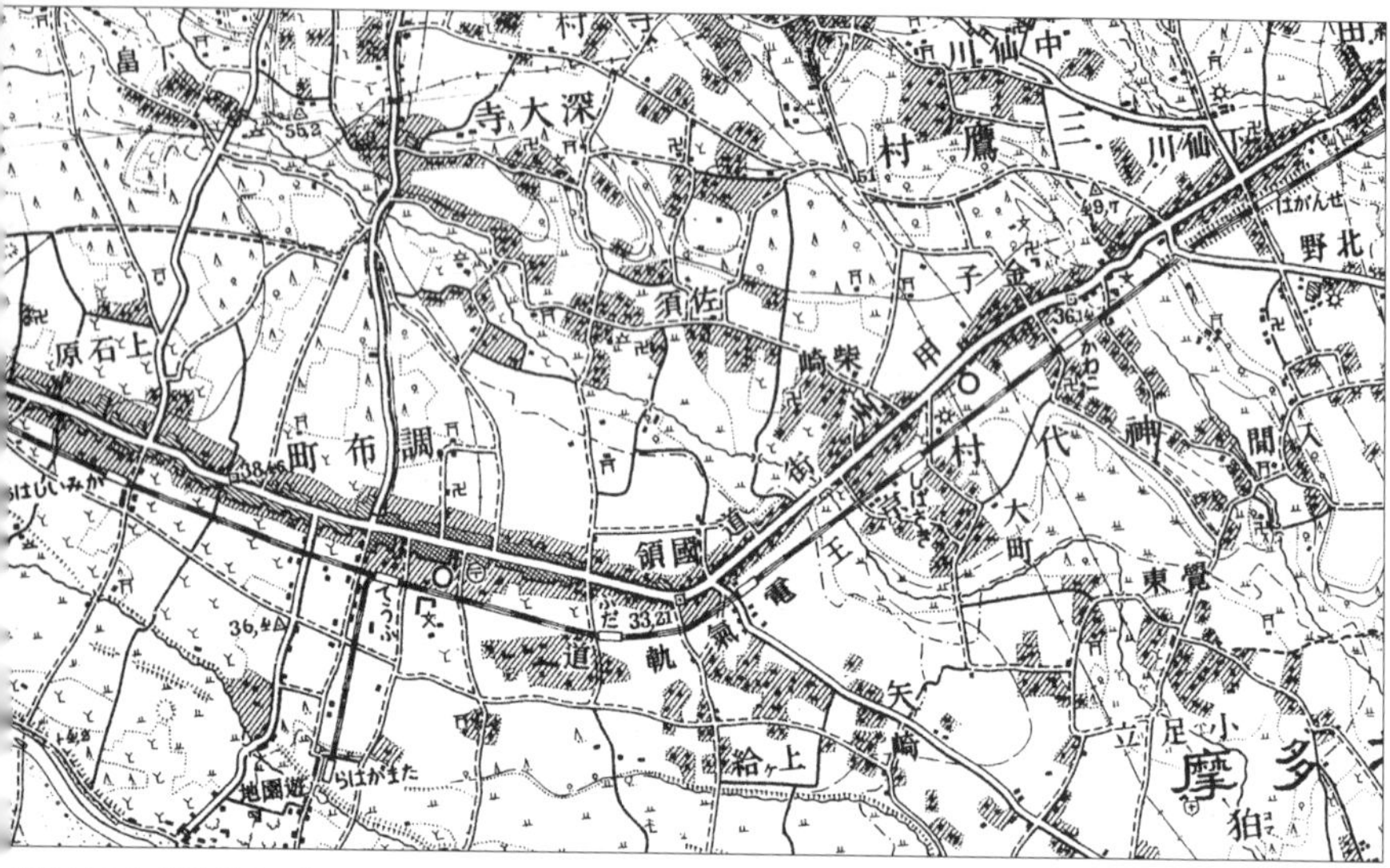

昭和 10 年鉄道補入＋「八王子」昭和 4 年鉄道補入

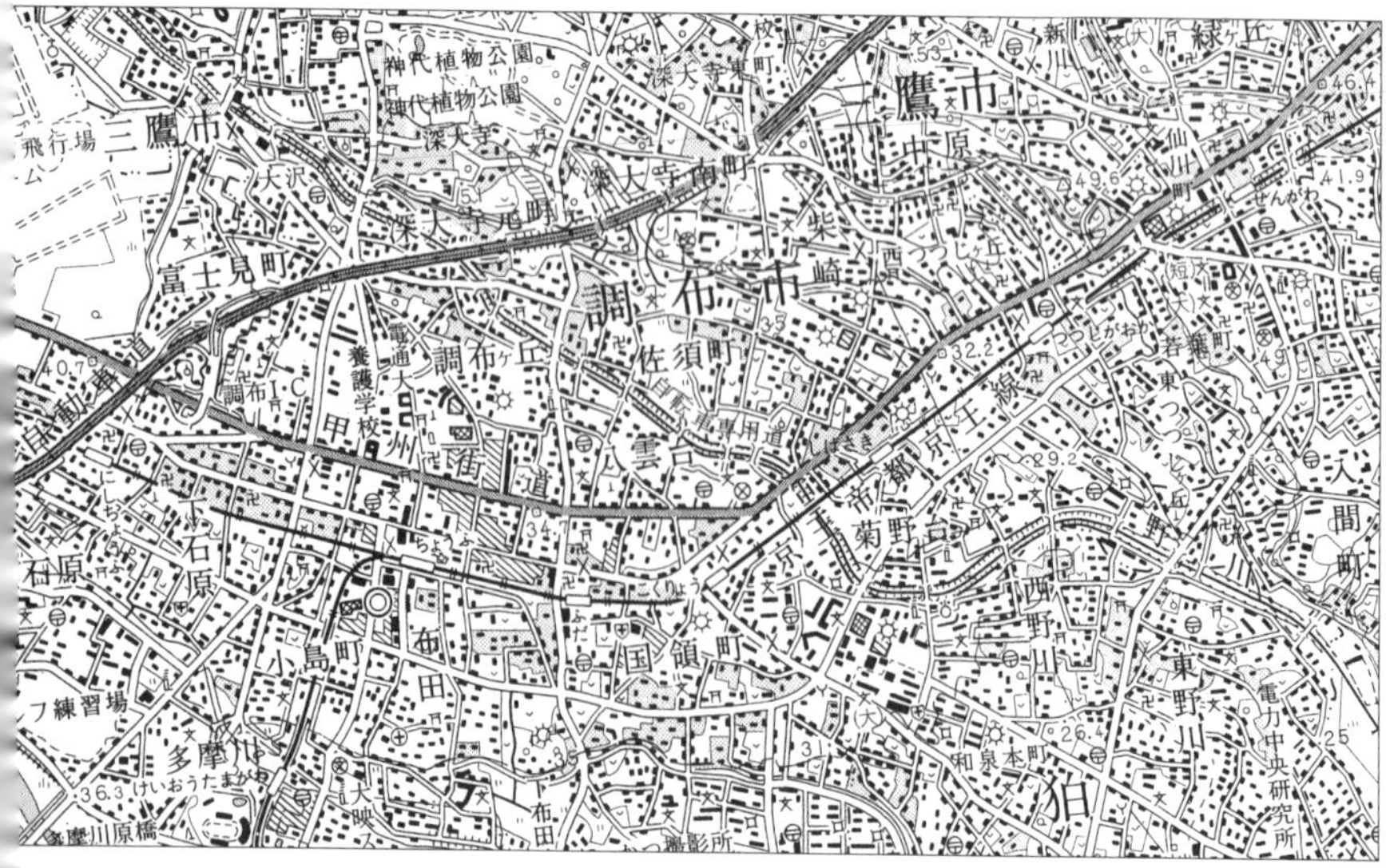

年要部修正＋「八王子」平成 12 年修正

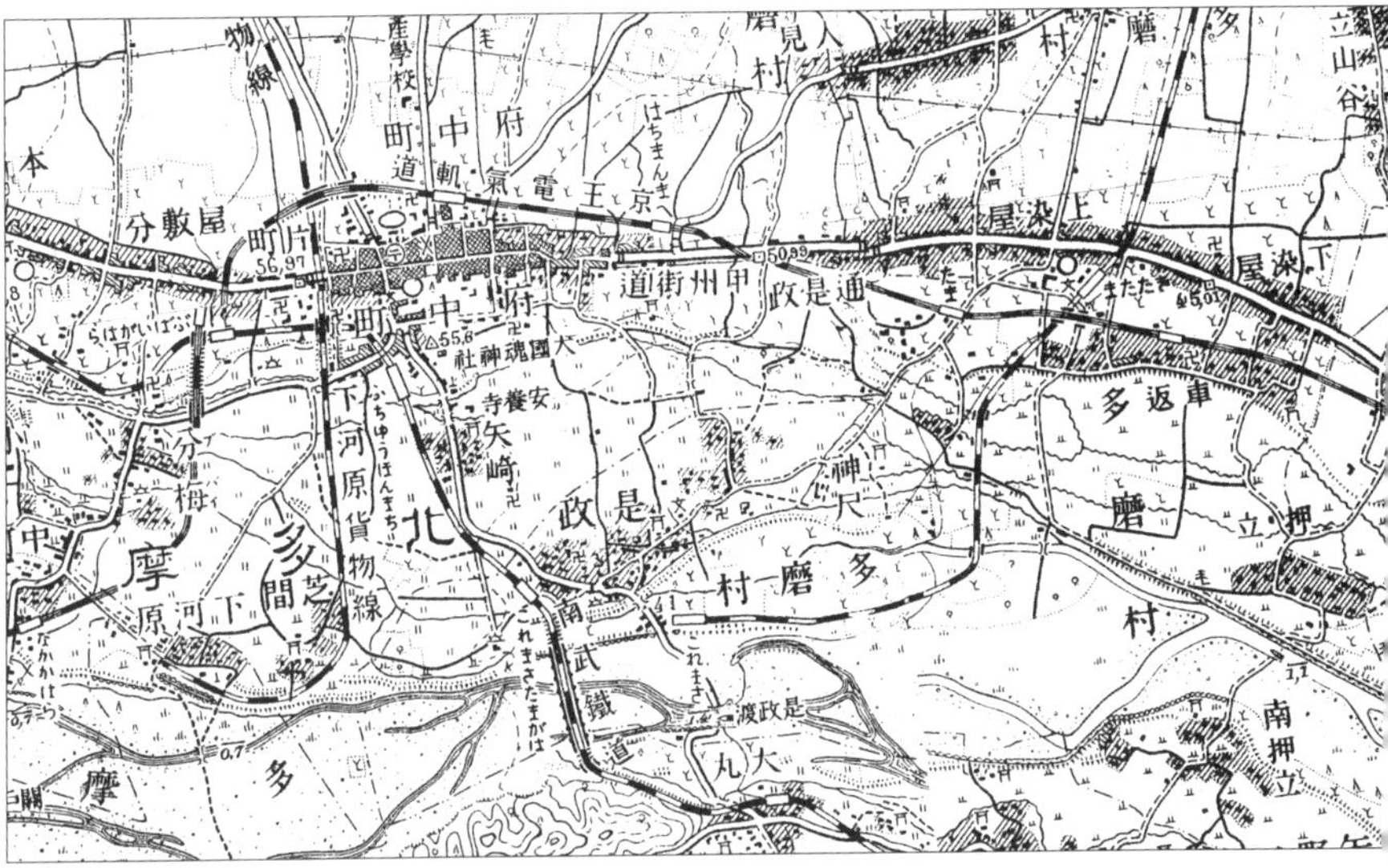

図３　1:50,000「東京西北部」昭和７年要部修正＋「東京西南部」昭和７年部分修正＋「青梅」

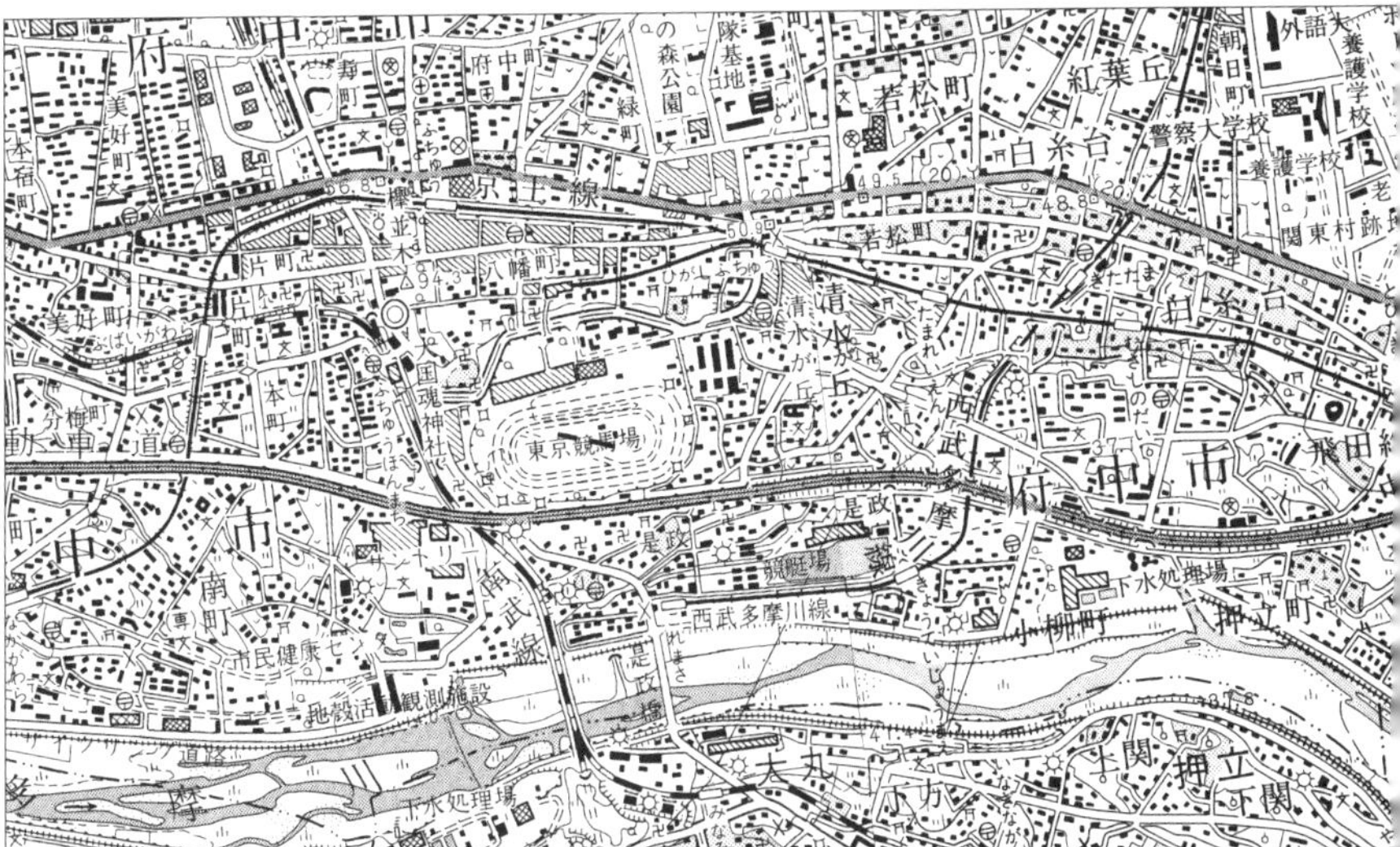

図４　1:50,000「東京西北部」平成 15 年修正＋「東京西南部」平成７年修正＋「青梅」平成９

翌年から続々と集団で移転してできた「寺町」がある（北烏山四・五丁目）。寺町通りの両側にそれぞれ広い敷地を持つ六か寺が並ぶ景観は独特なものだ。

消えた「金子」の地名と路線変更

仙川《せんかわ》の細流を渡って調布市へ入ると仙川《せんがわ》駅だ。駅は切り通しの中にあるが、発車して間もなく築堤となる。このあたりの線路は洪積台地と、それを刻む浅い谷とを交互に通過するため、切り通しと築堤が交互に現われるのが特徴である。

仙川駅を出るとキューピーの工場を切り通しの上に見て間もなく築堤となるが、実はこの工場の地点から京王開業当時の線路は急な坂道を下って甲州街道へ向かっていた。ここを滝坂というが、文字通りの段差のある地形なのである。開通当初はその先の六五〇メートルほどの間、甲州街道の路面に敷かれていた（**図5**）。その路面区間の中央あたりに金子《かねこ》の停留場が描かれている（金子の「金」の字の下）。現在の「西つつじヶ丘」信号付近、神代出張所の少し東寄りの場所だ。

金子は鎌倉時代から記録されている地名で、甲州街道に沿って発達した街村だ。街道上に線路が敷かれたのも乗客の利便を考えたものだろう。由緒ある地名なのだが、昭和四三年には「東つつじヶ丘」「西つつじヶ丘」が正式町名となり、その後金子町は消滅してしまった。「つつじヶ丘」は京王の分譲地名に過ぎなかったのに、昭和三二年（一九五七）に金子駅が「つつじヶ丘」と改称された後に正式町名となって以来、この旧地名は金子バス停や金子地域福祉センターなどに名残をとどめるばかりだ。駅名の影響力は実に大きく、最近の合併で誕生した栃木県の那須塩原市（黒磯市・西那須野町・塩原町が合併）も新幹線の駅名を採用したものとなっている。

開通当初の京王電気軌道の旧線はこの先、甲州街道より北を近道する一直線のコースであったが(**図5**)、金子・滝坂付近の急勾配緩和と路面区間解消の目的で甲州街道南側に沿う現在線に変更したという。京王線では全線で最大の路線変更なのだが、それが八〇年も前に行われたためか、あまり知られていない。その後は廃線跡の宅地化が進んだために、二万五千分の一を見る限りではほとんど痕跡もわからないが、一万分の一で観察すると家の向きが異様に一列に並んでいたりしてそれとわかる。

布田五宿・砂利電車・京王閣

柴崎《しばさき》で野川《のがわ》を渡った電車は国領《こくりょう》へ向かう。ここからが甲州街道の国領の宿である。甲州街道ではいくつかの宿

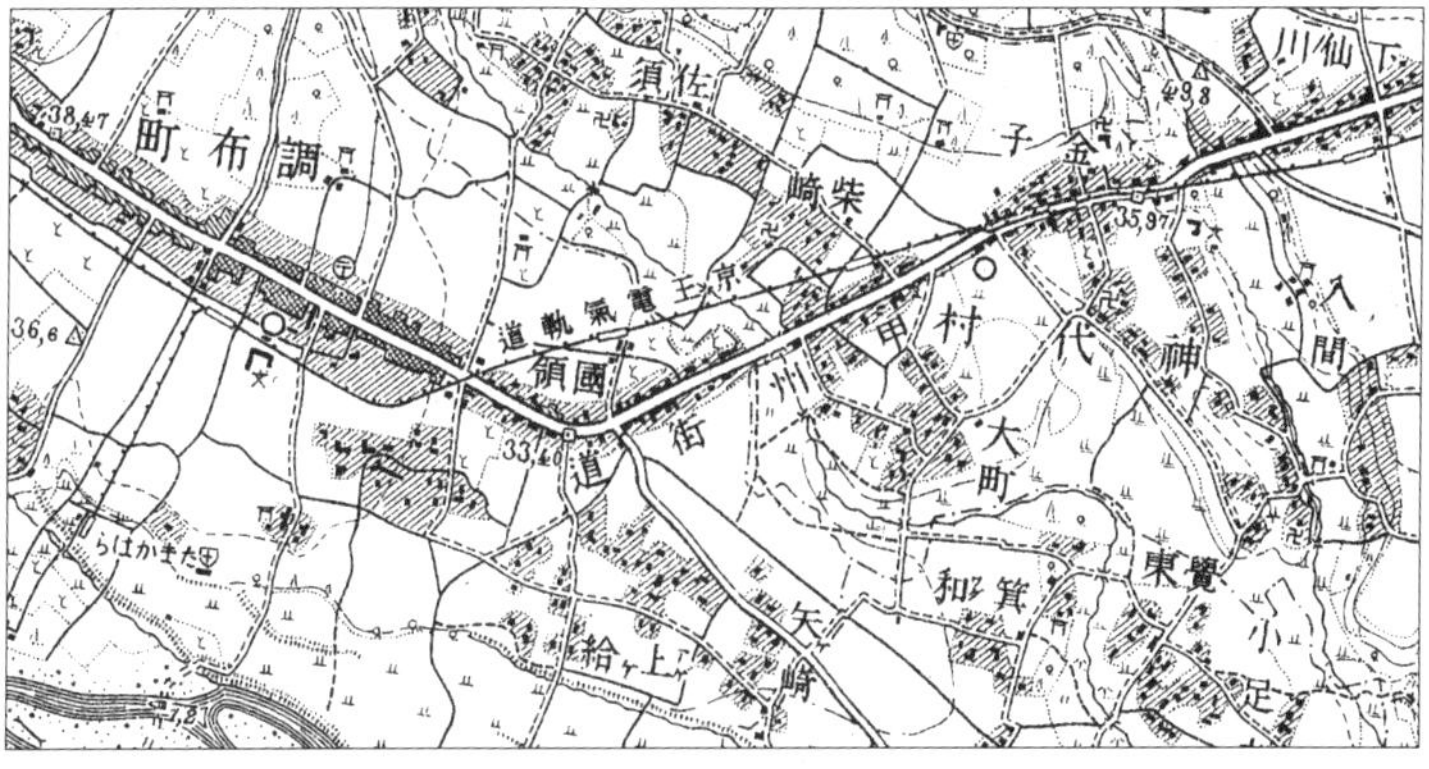

図5　1:50,000「東京西南部」大正11年部分修正（路線変更部分）

を合わせて一つの宿駅機能を果たす「合宿《がっしゅく》」が多く、ここでは国領、下布田《ふだ》、上布田、下石原、上石原のいわゆる「布田五宿」が一か月を六日ずつに分けて宿場の仕事を分担した。

図3と**図4**をよく比較すると、現在の調布駅は開業時よりだいぶ新宿寄りにあったことがわかる。当初は現調布駅ホームの西端から測っても約二〇〇メートル西側にあり、多摩川原《たまがわら》（現京王多摩川）への支線はここから路面電車のように直角に曲がる急カーブで南へ向かっていた。近代的な大型電車がカーブできる半径に緩和するためには調布駅を現在地まで移動しなければならなかったのだ。

調布から多摩川原に至る一駅だけの支線が完成したのは大正五年（一九一六）六月のことで、調布から府中への本線より三か月早かった。もとは多摩川の砂利を運搬するための支線であり、砂利は貨車で天神橋（初台《はつだい》付近）まで運ばれ、そこから自動車輸送で東京市内へ向かったという。

京王では昭和二年（一九二七）、多摩川原駅前に「京王閣」と称する五・三ヘクタールの敷地をもつ大遊園地を開園した。「ローマ風呂」の大浴場や演芸場、当時は珍しかったメリーゴーラウンドなどの遊具を擁する大規模なもので大変賑わったそうだ。鳥瞰図画家として知られる吉田初三郎が当時描いた京王電気軌道の沿線案内図（表紙および、見返し参照）では、この京王閣がおそろしく巨大に描かれている。その京王閣も敗戦の年に東京都に売却され、現在では京王閣競輪場（東京オーヴァル京王閣）にその名をとどめるのみとなっている。また昭和九年（一九三四）には日活の撮影所が進出、その後は大映も続き、少々大袈裟ながら「東洋のハリウッド」などと称されたそうだ。

東京五輪マラソン折り返し地点の飛田給

図3の中央に見える上石原駅は昭和三四年（一九五九）に西調布と改称されているが、現在も町名は布田五宿以来の上石原。なぜ改称したのだろうか。昭和四二年（一九六七）一二月には中央自動車道の調布インターが設けられ、八王子との間が開通した。中央道の始めの一歩である。

次の飛田給《とびたきゅう》も古い村名だ。中世に飛田某の給分であったとする説や、困窮者救済のための「悲田《ひでん》所《しょ》」の給地だった、つまり悲田が飛田となり、読みも変わったという説がある。最近になって米軍住宅・関東村の跡地に東京スタジアム（現味の素スタジアム）が誕生、その名がカッコ書きで入るようになった。飛田給は東京オリンピックのマラソンで折り返し地点となり、『調布市百年史』（調布市役所、昭和四三年）には優勝したエチオピアのアベベ選手が飛田給で折り返している写真が掲載されている。

次の武蔵野台駅は「車返《くるまがえし》」といった。車返村の由来は、かつて段丘上にあった古道がよく崩れて「車止めとなった」という説があるが本当だろうか。クルマという地名は河川が曲流している所に名付けられることが多く、多摩川にちなむ地名とも考えられる。しかしその地名も白糸台、朝日町、紅葉丘《もみじがおか》、多磨町などに変えられて昭和三四年（一九五九）には完全消滅、公団の「車返団地」などに残る程度となった。

図3の多磨駅は現在の多磨霊園駅で、開通した当時は多磨村役場の最寄り駅だった。「磨」の字

を使うのは霊園名と同様だが、右岸で境を接していた多摩村（現多摩市）と区別するための措置かもしれない。多磨霊園は当初「東京市共葬多磨墓地」と称し、大正一二年（一九二三）に開設された。一三三ヘクタール（現在）という日本最大の本格的公園墓地であった。多磨駅は京王線における最寄り駅だったので昭和七年（一九三二）に「市公園墓地前」と改称、その後多磨墓地が「多磨霊園」と改称されたのを受けて同一二年に現駅名に再改称されている。ここで京王線と交差している多摩鉄道は現西武多摩川線である。

府中町長が先頭に立って誘致した競馬場

図3には東府中駅の位置に駅はなく、少し西側に八幡前《はちまんまえ》という駅がある。現東府中駅は昭和一〇年に開業した「臨時競馬場前」駅が起源で、その後八幡前駅が統合される形で臨時競馬場前駅の位置に東府中駅が昭和一五年（一九四〇）に設置された。昭和三〇年（一九五五）にはここから分岐して府中競馬正門前駅まで〇・九キロの競馬場線が開通、文字通り正門の前に電車が横付けされることとなった。現在ではワンマン電車がひと駅区間を折り返す乗客の少ない路線であるが、競馬の開催日には新宿へ直通する急行も運転されている。また、日頃「ヒマ」な性格を利用してテレビなどの電車シーンの撮影地として使われるなど、独特な顔を持った路線だ。

東京競馬場は、大正一二年（一九二三）に馬券発売が解禁になって競馬人気が上がり、手狭になった目黒から昭和八年（一九三三）に移転してきたものだ。いくつかの候補地の中から府中が選ばれたのは「水が豊富で景色が良い」ことに加えて、当時の府中町長を中心とした積極的な招致活動の成果とされている。水量豊富というのは、多摩川に沿った崖線下に武蔵野台地の地下水の出口である多くの湧水があるためだ。崖上から田んぼ越しに見る多摩川、その向こうの「多摩の横山」の眺望はさぞ絶景だったであろう。

京王線　府中～京王八王子／北野～高尾山口

律令制の昔から武蔵国の中心であった府中は、交通の要衝でもあった。分倍河原の古戦場で多摩川を渡れば、関所の設けられた「関戸」――聖蹟桜ケ丘である。京王線はここで西へ折れ、古くからその柔らかな風景で愛された「多摩の横山」の麓をゆく。しかしその丘陵地は、首都圏ゆえに高度成長期に入って次々と宅地に変貌していった。新旧の地形図を見比べてみると、その変化の大きさのあまり、同じ地点を探すのに苦労するほどである。

昔は府中の東西で線路の幅が異なった

府中という地名は全国各地にある。古代の国ごとの行政庁（国府）の所在地であったことを物語っているので、国の数だけあってもおかしくないが、東京都の府中市も、やはり広い武蔵国の中心地であった。

律令制下の府中には広い官道が南北に貫き、人が集まった。鎌倉時代に入ってもやはり武蔵の中心であり続け、鎌倉へ向かう「鎌倉街道」は重要幹線道路であった。その道が多摩川を渡ると関戸であるが、この地名は建暦《けんりゃく》三年（一二一三）に設けられた関所（霞ノ関）にちなむ。

京王電気軌道は東京市と八王子町（当時）を結ぶことを目的に設立され、府中までは大正五年に順調に開通したのだが、その後の資金不足でなかなか延長ができなかった。しかし電車を待ち望む府中以西の沿線住民の熱望もあり、地元の出資も仰いで玉南電気鉄道という別会社が立ち上げられたのである。これは国からの地方鉄道への補助金を得るための方策として考え出されたもので、「地方鉄道」の要件を満たすために国鉄と同じ軌間を採用、大正一四年（一九二五）に府中〜東八王子間を開通させている。

線路幅が異なるので当然府中で乗り換えが必要だったが、背に腹は代えられない、ということだったようだ。しかし期待に反して当局から補助金が出なかったため、敷いたばかりの一〇六七ミリ軌間の線路を一三七二ミリに改築し、改めて京王電気軌道として開業している。

二つの砂利鉄道を越えて古戦場へ

高架化される以前は府中駅を出た電車は大國魂神社参道の欅《けやき》並木をゆっくり踏切で渡り、四季それぞれの風情を味わうことができたが、今は昔である。線路は府中の旧市街の北側から西側にかけてぐるりと回るように通過していくが、61ページの**図3**（または25ページの**図2**）を見ると、この時代の線路北側には、広大な畑と雑木林が広がっていたようだ。今は高架上から見ても市街地がほとんど途切れない。

この旋回で南を向いた電車は分倍河原駅に停まる。南武線（旧南武鉄道）との乗り換え駅だが、開通は京王線の方が三年ほど早く、最初は現在地より約二〇〇メートル北の旧甲州街道の踏切近くの屋敷分《やしきぶん》という駅であった。その後は南武鉄道と連絡するため移転、改称している（当初は南武線も屋敷分駅）。屋敷分は明治初期までの旧村名で、六所神社（大國魂神社）の神職の屋敷が置かれたことに由来するという。

南武線は南武鉄道という私鉄であったが、設立当初の「多摩川砂利鉄道」という社名からもわかるように、砂利運搬を主目的に敷設された鉄道であった。しかし西多摩の石灰鉱山や、軍都立川と工業地帯の川崎を結ぶ重要性から第二次大戦末期の昭和一九年に買収されて国鉄南武線となった。

分倍河原の字はいろいろに書かれる。現在の町名も駅名と違って府中市「分梅町」となっている。古くは「分配」などとも書かれたことから、六所神社を分配して祀った六所分配宮が起源、という説もあるそうだ。分倍河原駅前には新田義貞の像があるが、このあたりで元弘三年（一三三三）、鎌倉攻めの合戦があった。この地は府中から南方の鎌倉へ向かう鎌倉街道の経路にあたり、昭和一二年（一九三七）に関戸橋が完成するまでは、関戸渡で多摩川を渡っていた。72ページの**図6**は関戸橋開通以前であるが、渡船場所に破線で橋が描かれているのは、水の少ない冬季間に仮橋が架けられることを示している。このような箇所は多摩川には多かった。また渡河地点に記された〇・七や〇・八という数字（線の下）は水深で、軍需の側面の大きかった地形図では川における重要情報だ。

61ページ**図3**の左端でJの字を描いて河原まで南下してくるのは国鉄下河原線であるが、開通は明治四三年（一九一〇）と古く、もとは東京砂利鉄道という、こちらも多摩川の砂利運搬を目的とする貨物鉄道であった。ここで積み込まれた砂利が東京～上野間の高架線工事に使われ、多摩川の砂利は現在も山手線や京浜東北線の電車を下から黙々と支えている。また昭和九～四八年の間は中央線の国分寺から焦茶色の電車が東京競馬場前までの区間を走っていた（28ページの**図3**）。廃止後の線路跡は遊歩道となっている。

「聖蹟」は明治天皇お気に入りの場所

図6の京王線はほぼ真南を向いて鉄橋を渡っているが、これは橋の長さを最短にするためだ。図ではすべて複線となっているが実際には橋梁部分だけがずっと単線で、ようやく複線化されたのは戦後も昭和三九年になってからだ。大鉄橋を架けるのは鉄道会社にとってそれほど負担が重いのである。

多摩川を渡ると**図6**では関戸駅、現在は聖蹟桜ヶ丘駅である（**図7**）。駅の所在地は今でも多摩市関戸なのだが、昭和一二年（一九三七）に改称された。「聖蹟」とは天皇に関係する遺跡・史跡を指すが、ここでは駅南東方の連光寺村一円の丘陵地が「御猟場」に指定され、明治一四年（一八八一）以来明治天皇が何回か兎狩りなどを行ったことにちなむ。

このあたりは今でも奥多摩から丹沢の山々を背景にして眼下に多摩川の流れが堪能できる眺め

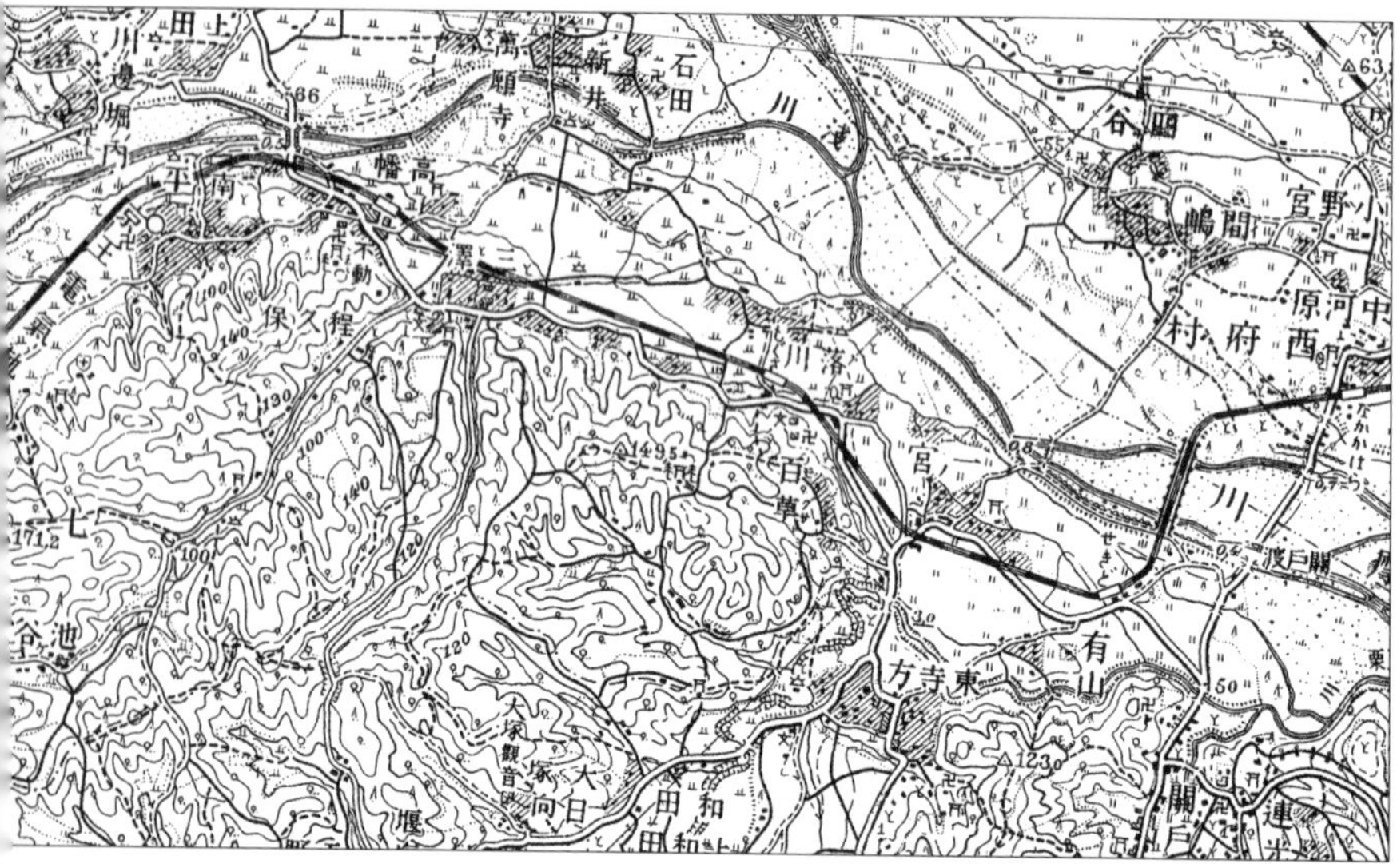
大塚観音

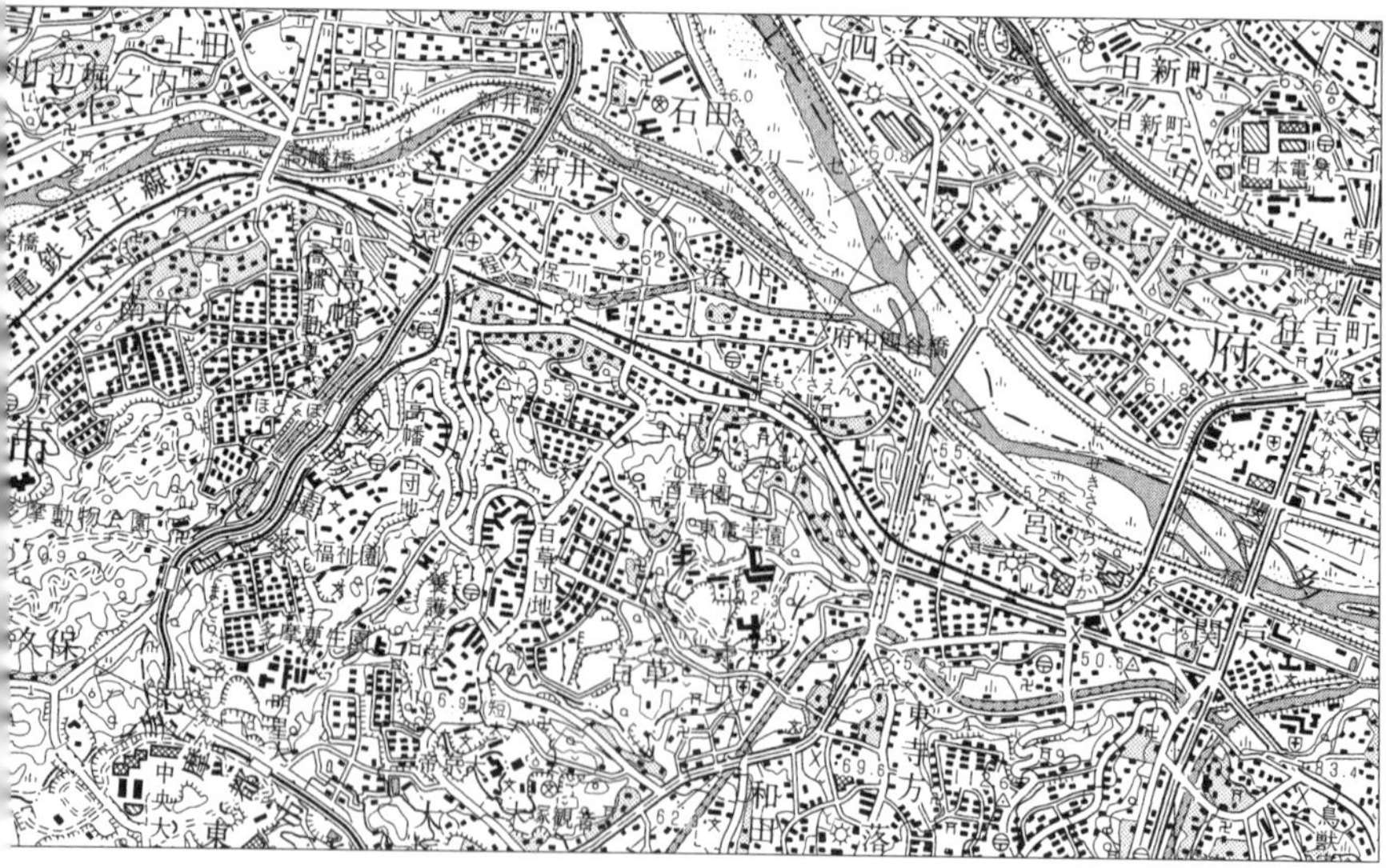
京王線
多摩動物公園
百草団地
高幡台団地
四谷
日新町
日本電気
府中四谷橋
一ノ宮
関戸
大塚観音

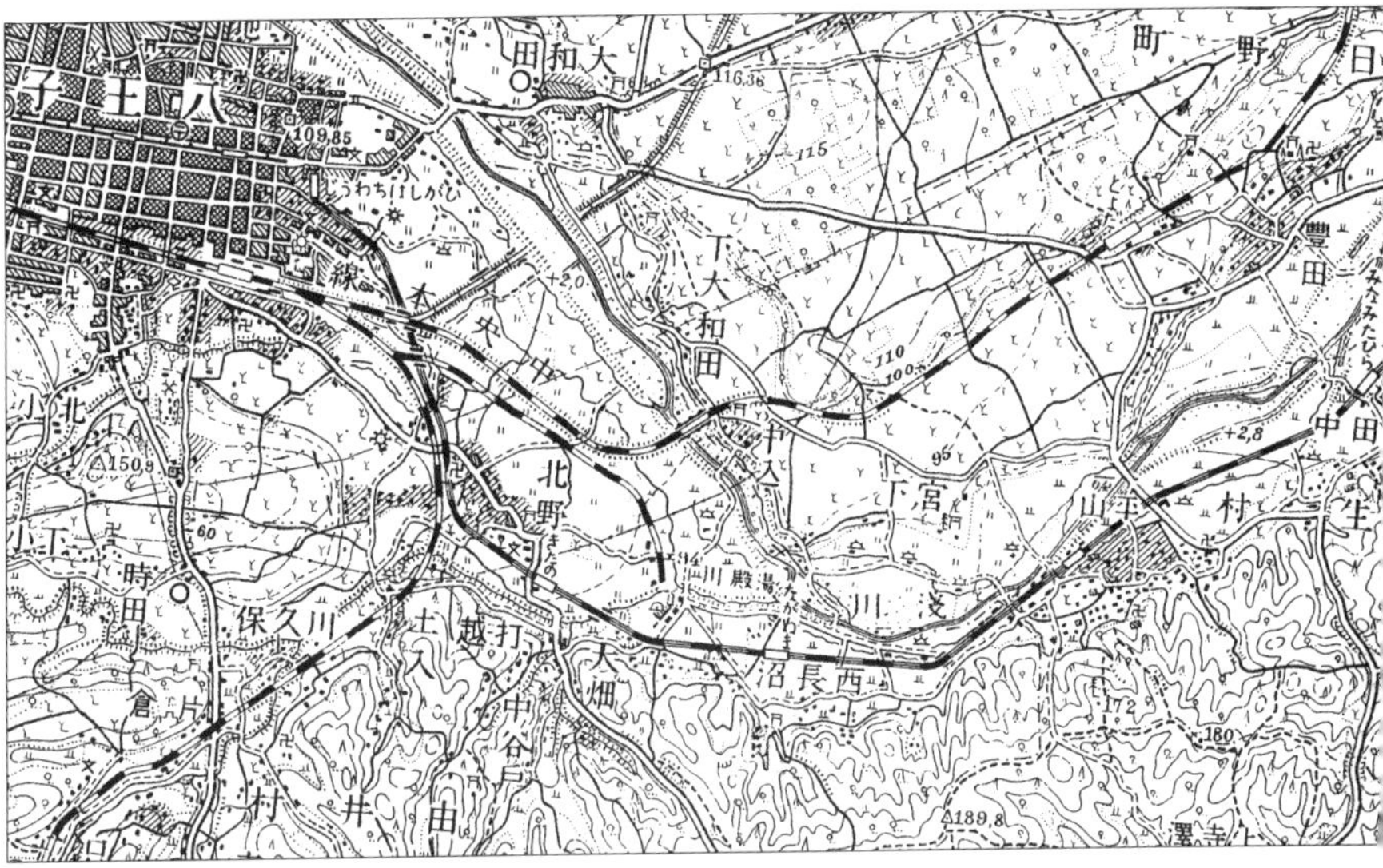

図 6　1:50,000「八王子」昭和 4 年鉄道補入

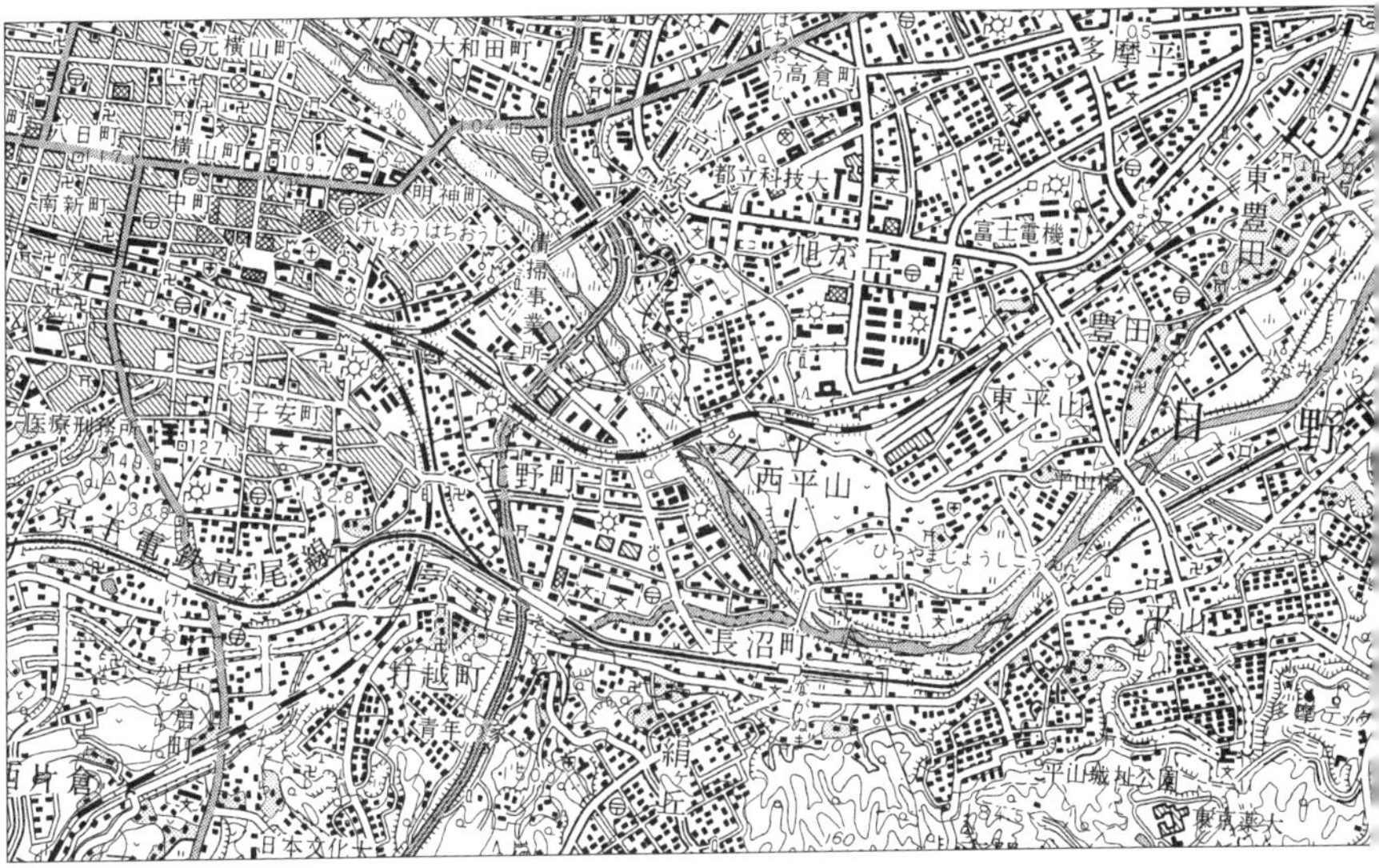

図 7　1:50,000「八王子」平成 12 年修正

の良い場所で、聖蹟をからめたハイキングコースは戦前から人気を博していたそうだ。昭和五年（一九三〇）には見晴らしの良い「御野立所《おのだちしょ》」にスペイン風の今でも斬新な印象の「聖蹟記念館」が建てられている。駅名改称は日中戦争が始まった年であり、皇室礼賛の文脈から捉えることもできるだろうが、電鉄会社の本音からすれば「観光誘客のための改称」であろう。

多摩横山の麓をお不動さんへ

関戸（聖蹟桜ケ丘）駅を出た電車は浅川の南側を丘陵の麓に沿って西へ向かう。多摩丘陵北縁は古くは「多摩の横山」と呼ばれてきたひと続きの低山であるが、丘陵地の開発が急激に進んでしまったため、この丘陵斜面は今や貴重な緑である。**図6**と**図7**を比べると、どこが同じ地点か比較が難しいほど根こそぎ地形が変わり、宅地化されたことがわかる。春先など、それでも白い木の花と若葉の浅緑が霞むように色づいて見事な眺めになるが、昨今の規制緩和のためか、斜面を利用したマンションがじわじわと進出し、「最後の砦」も失われつつあるのは残念だ。

図6の時代、高幡駅のすぐ近くには古刹の高幡不動金剛寺があり、駅から山門の間は小規模ながらも門前町として賑わっていた。昭和初期には「カフェー」が何軒も集まり、八王子の織り屋の旦那や立川飛行聯隊《れんたい》の兵士、地元日野の農家の客などで賑わったそうだ。このあたりの詳細は「日野の昭和史を綴る会」が聞き書きを中心にまとめた労作『日野市七生地区の地名と昭和の高幡』に載っている。なお、当時の高幡駅舎は現在より一〇〇メートルほど西の大政寿司の目の前にあったと

いう。やはりカフェーをやっていた富士旅館は「駅前旅館」だったのだ。

高幡からは大正末に多摩川に日野橋が架かってから立川行きのバスが出ており、昭和五年（一九三〇）の時刻表によれば川崎街道を北上して日野宿の東端を通って立川駅までの六・三キロを一五分（運賃三〇銭）で結んでいた。ちなみに現在このルートで自動車を走らせたら、深夜でもない限りこんなに短時間では走れない。それだけ当時は道路が空いていたということだろう。

平山城址を仰ぎつつ

南平《みなみだいら》の集落の北縁を回り込むと南平駅。かつては平村《たいら》と称したが、明治一一年に南多摩郡に平村が二つあったため区別するため南北を付けた。ちなみに北平は八王子市内だが、現在は北を外して平町となっている。南平から南西へ進むと平山駅で、昭和三〇年（一九五五）に「城址公園」が追加されて現駅名となった。「多摩の横山」の尾根をたどる、当時人気のあつたハイキングコースを意識したものだろう。

コースのハイライトの一つである平山の季重《すえしげ》神社（平山城を築いた平山季重を祀る）の北側には玉南《ぎょくなん》電気鉄道開通の頃にオープンしたゴルフ場があった。東京近郊でもかなり早い時期のものであったが、戦争前に閉鎖されたという。ちなみに**図6**は鉄道補入こそ昭和四年だが、その他のデータはほぼ大正一〇年修正時点のものなので、ゴルフ場は記載されていない。

平山付近は浅川が間近を流れているが、**図6**では対岸の段丘下に田んぼが広がっており、「浅川」

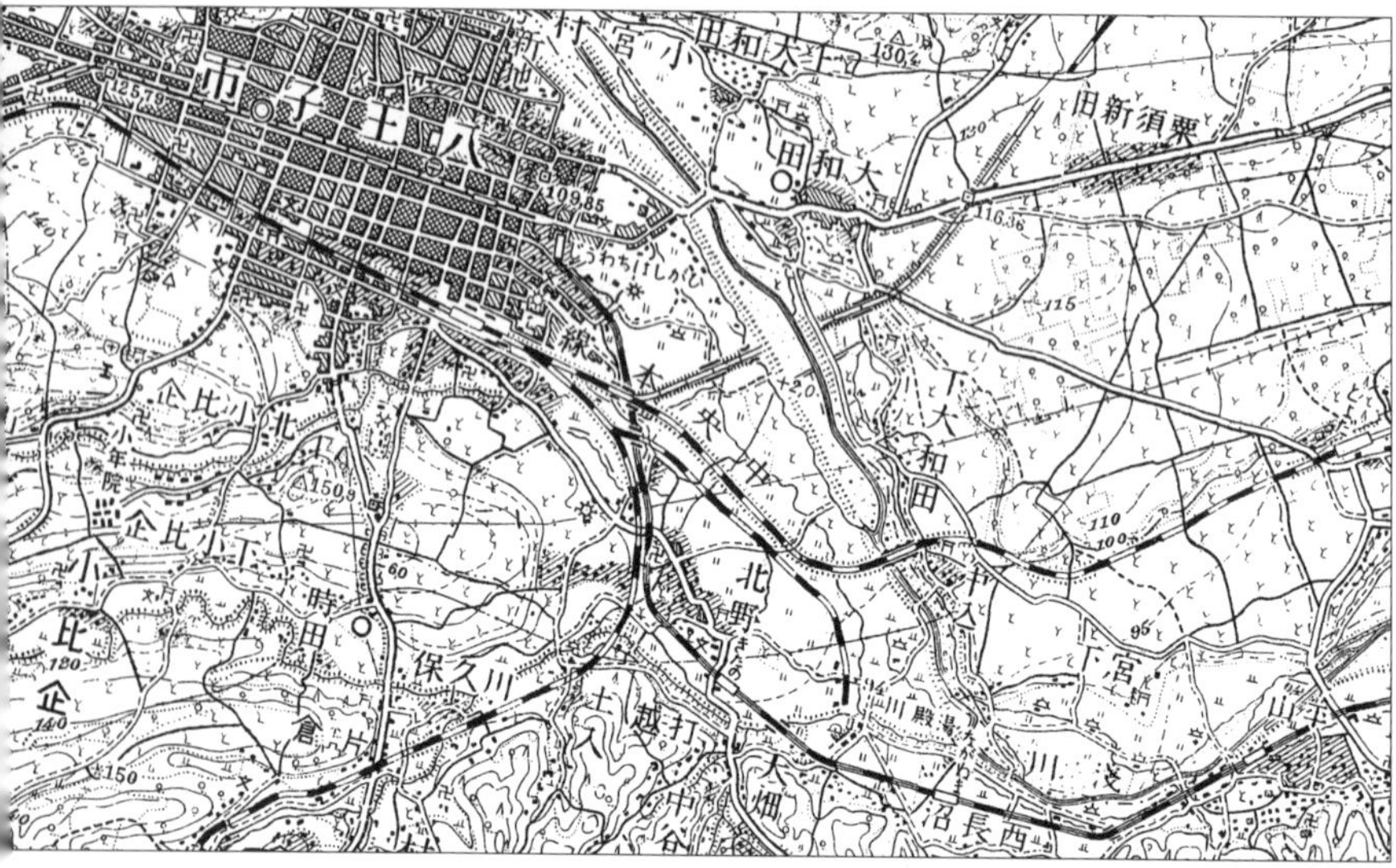

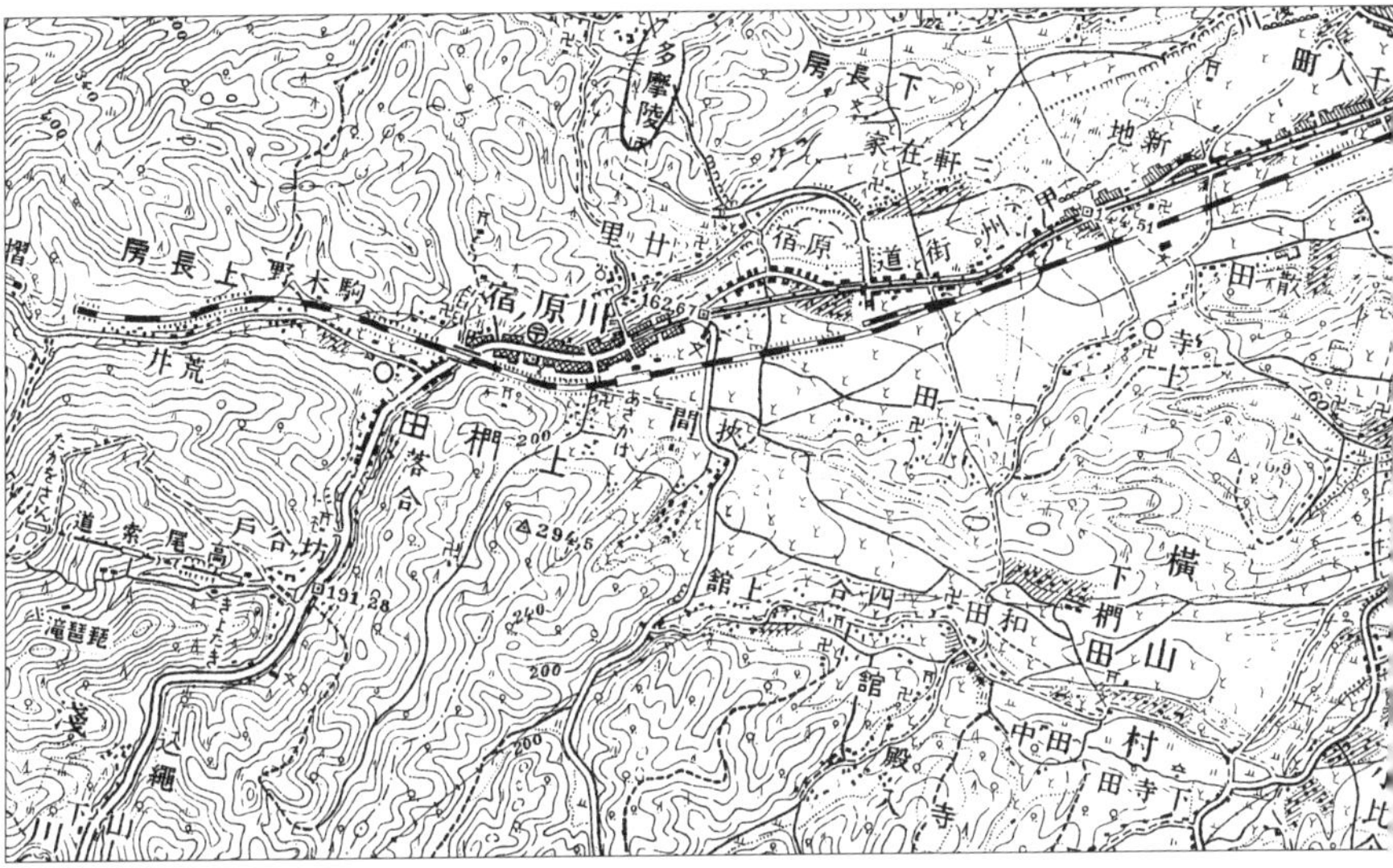

図８　1:50,000「八王子」昭和４年鉄道補入＋「青梅」昭和 10 年鉄道補入

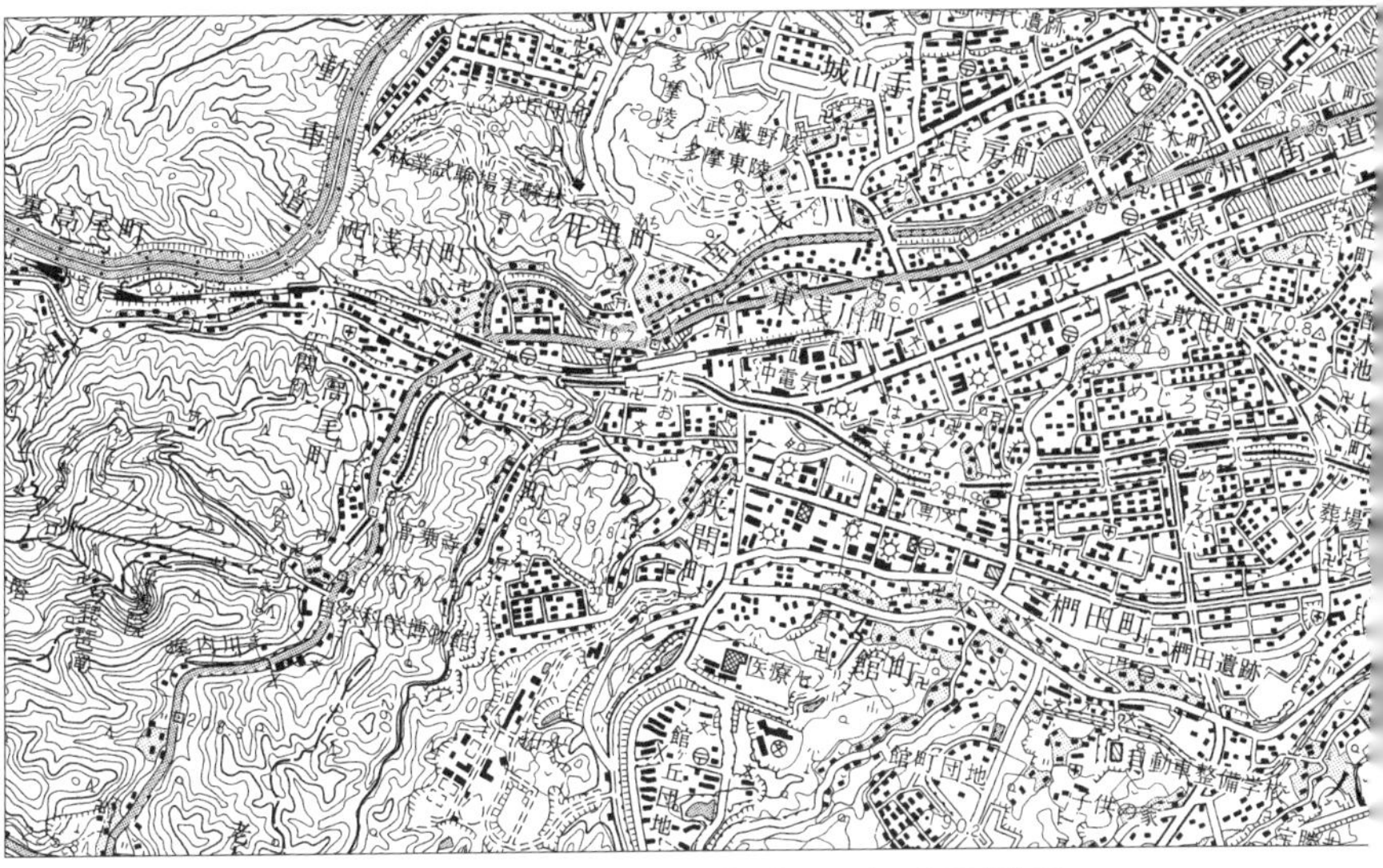

図９　1:50,000「八王子」平成 12 年修正＋「青梅」平成９年要部修正

の文字の上には浅川から引き入れた水路に水車がかかっているのがわかる。粉を挽いた水車小屋も描かれているが、現在も水車こそなくなったが昔の面影を濃厚に残している貴重な区域だ。北野天満宮にちなむ北野の集落からは南東に向かう府県道・野猿街道が見えるが、高幡から尾根伝いに進んできたハイキングコースは図の欄外少し南の野猿峠で交差する。今ではこのコースを全部たどるのは難しいが、住宅地の合間にわずかに残っている昔の風景を見つけるのも嬉しいものだ。

北野駅の東約六〇〇メートルには目玉のような形をした「煉瓦製造場及陶磁器製造場」の記号が見える。横浜線から一・五キロほどの専用線も伸びてきているが、記号の通りレンガ工場（大阪窯業八王子工場）であった。**図6**では京王線がこの専用線の下をくぐっているが、現在も同線の橋台だけが京王の線路際に残っている。

その交差地点を過ぎ、中央本線のガードをくぐれば間もなく終点・東八王子駅である。現在ではこのあたりで地下へ入るが、当初は**図8**のように地上を走り、終着駅は甲州街道に面していた。**図8**に見える駅前の学校記号は府立第四高等女学校で、現在の都立南多摩高校である。駅が移転したのは昭和三八年（一九六三）で、このときに京王八王子と改称された。さらに地下へもぐったのは平成元年（一九八九）のことである。

八王子が桑都《そうと》と呼ばれた機業地で……というプロフィールは多く語られているのでここでは省くが、**図8**の東八王子駅前から西へ向かっている路面電車は武蔵中央電気鉄道である。甲州街道上を現高尾山口駅付近まで走っていた路線で、所沢や大宮までの壮大な延長計画があったため「武蔵中央」

などと命名された。昭和四〜五年にかけて順次開通したもので、昭和五年の時刻表によれば京王駅前〜高尾（現高尾山口駅付近。図では浅川駅前まで開通）間を三三分で結び、日中八分間隔と結構な頻繁運転を行っていた。

高尾山への観光客や多摩御陵への参拝客を当て込んだものだが乗客は思ったほど集まらず、京王の傘下に入って間もなく、開通一〇年後に廃止された。ずいぶんと薄命な路面電車であった。もしもヨーロッパ的な現代的路面電車に生まれ変わり、今なお商店街を闊歩していたら、などと想像すると楽しいのだが。

御陵線が生まれ変わった高尾線

次ページの**図10**は昭和二〇年（一九四五）部分修正で、中央本線を跨いでいる線路は昭和六年（一九三一）に多摩御陵参拝者のために建設された京王電気軌道御陵線で、図の当時は昭和一七年の戦時の陸運統合のため「東京急行京王線」となっている。この路線は東八王子駅から市街地を通って浅川北側を通す計画だったが、当時の八王子市議会が「市街を分断する」と反対したため、急遽北野駅を起点として市街南側を通すことになったものだ。

当時にあっては天皇陵参拝は多くの乗客を見込める重みを持っていたので新線建設も可能だったのだろう。この時に開設された片倉・山田・横山（昭和一二年から武蔵横山）・御陵前のうち前二者がその後復活を果たし、高尾線の駅となっている。終点の多摩御陵前駅（地形図には昭和一二年

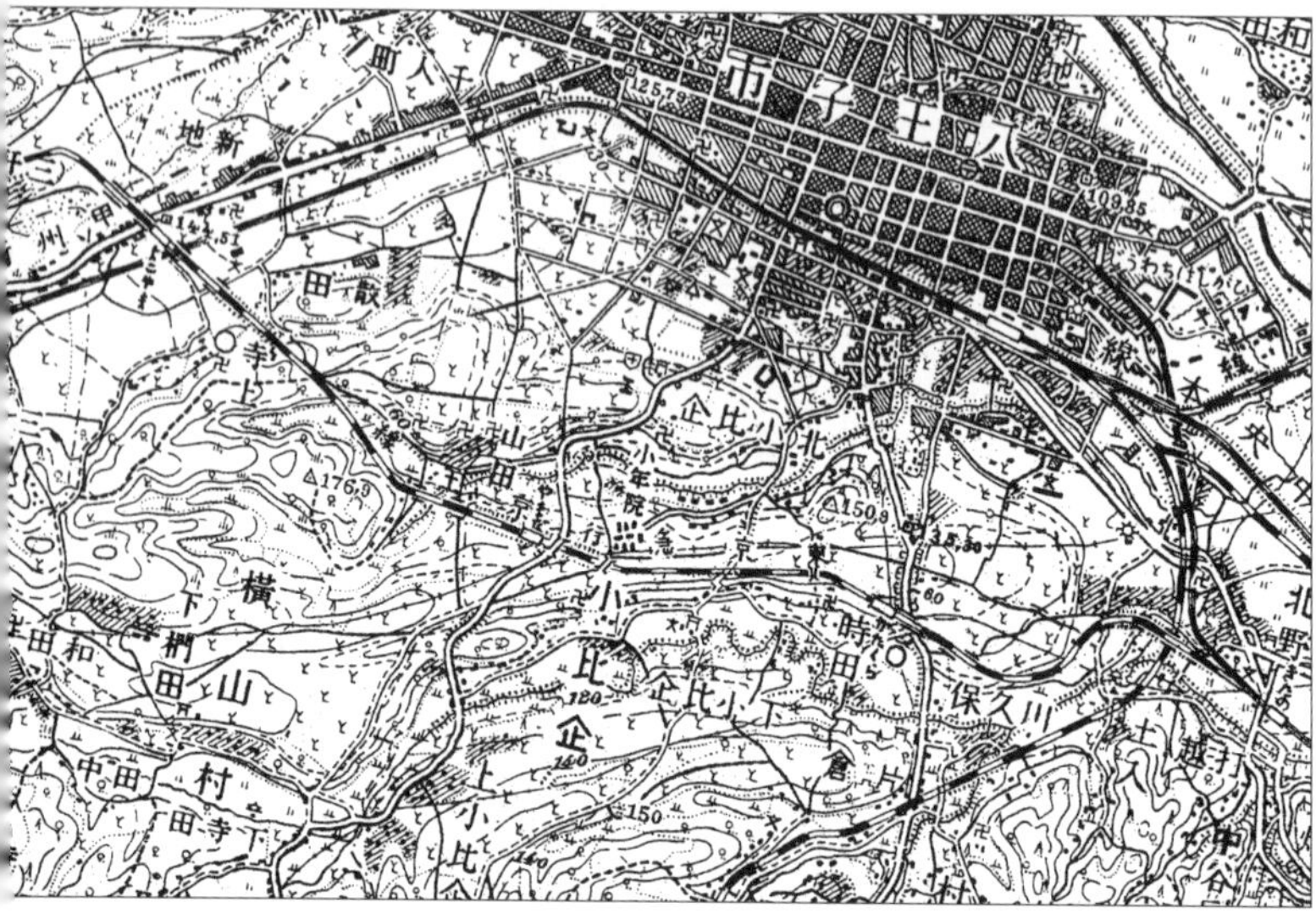

図10　1:50,000「八王子」昭和20年部分修正

までの旧駅名・御陵前で表記）は神殿造りの立派な駅舎であったが、戦争末期の昭和二〇年には「不要不急路線」とされて休止に追い込まれた。

御陵線の一部を利用して高尾線が開通したのは昭和四二年一〇月一日のことである。都民の身近な行楽地・高尾山への交通を、ケーブルカーの起点・清滝駅の間近に高尾山口駅を設けることで大幅に改善することになったが、それだけでなく京王帝都電鉄（現京王電鉄）の「田園都市部」が造成を進めていためじろ台住宅地への足として、さらに工場誘致が進められていた狭間工業地帯への通勤手段という、いくつもの期待を背負って誕生したのが高尾線であった。

図8と**図9**を比べてみると、山林・耕地で占められていた丘陵地がめじろ台の住宅地に変わったことがよくわかる。宅地開発は高度成長期に驚くほどのスピードで八王子市の姿を変貌させた。昭

和の大合併が一段落した昭和四〇年（由木町編入で現市域になったのが同三九年）に二〇万二〇〇〇人であった人口はその後激増し、平成二〇年（二〇〇八）六月には五四万六〇〇〇を超えた。ちなみに昭和一〇年（一九三五）の人口は旧八王子市域が五万九〇〇〇人、現在市域となっている旧浅川町ほか旧八村をすべて合わせても一一万に少し欠ける程度の人口であった。

高尾山にケーブルカー、高尾登山鉄道（現高尾登山電鉄）がお目見えしたのは昭和二年（一九二七）で、**図8**には今はなき中間駅「琵琶滝駅」も描かれている。大正から昭和にかけての時期は全国各地に鋼索鉄道が多数建設されており、特に大正一四年から昭和五年までの五年間には筑波山・摩耶山・比叡山・屋島・高野《こうや》山・信貴《しぎ》山など一八もの路線が開業した。市民層に観光旅行が広範に普及してきた時代を反映したものといえるだろう。第二次大戦中には「不要不急」とされて休止されたが戦後の昭和二四年に復活、戦時中に休止のまま廃止された朝熊《あさま》登山鉄道（三重県）なき後は日本最急勾配のケーブルカー（六〇八パーミル、三一度一八分）として現在に至っている。

西武新宿線　西武新宿～上石神井

西武鉄道の最も古い前身である川越鉄道は、国分寺から北上して川越（現本川越《ほんかわごえ》）までを明治二八年（一八九五）に開通、中央本線経由で飯田町（現飯田橋付近）から川越まで直通列車が約二時間半で結んだ。しかし大正三年には東上鉄道（東武東上線）に池袋～川越を直結されて大打撃を受ける。西武池袋線のもうひとつの前身・武蔵野鉄道も所沢～池袋を短絡した。これらに対抗すべく川越鉄道はいろいろな経緯の後に「西武鉄道」となり、昭和二年（一九二七）に東村山から高田馬場を結ぶ村山線を建設した。今の新宿線の誕生である。時あたかも震災直後、沿線は急速に都市化の波に洗われ始めた。

西武新宿は戦後にできた新しい駅

西武新宿から所沢を経て本川越に至る西武新宿線の中で、西武新宿駅は起点にもかかわらず、航空公園、新狭山に次いで三番目に新しい駅だ。駅ができたのは戦後の昭和二七年（一九五二）で、当初は国鉄新宿駅に接続させる予定だったが用地買収の困難などの事情で歌舞伎町一丁目の現在地になったという。それまでは昭和二年の開通以来、高田馬場が始発駅だった。**図1**は開通五年後の要部修正版なので高田馬場が起点となっている。

山手線の高田馬場駅は明治四三年（一九一〇）にできた古い駅だが、仇討ちで有名な江戸期の「高田馬場」（現西早稲田三丁目南東端）からは西に一キロも離れた付近に設置された。住民は上戸塚駅（東海道本線の戸塚駅と区別）を要望したが、鉄道院が旧跡を重視したのか高田馬場に決まったという。駅の所在地は当然ながら戦後まで戸塚町を名乗っていたのだが、駅名の発する力は強く、昭和五〇年（一九七五）の住居表示の実施でついに町名まで「高田馬場」に改められた。

図1の時代は駅の右下に見えるように、豊多摩《とよたま》郡戸塚町であった。一・八平方キロの狭さに三・二万人（昭和五年）が住み、人口密度は現在日本最大の蕨《わらび》市より三割も高く飽和状態であった。それが**図1**の修正が行われた昭和七年（一九三二）一〇月一日、東京市が戸塚町を含む周辺五郡八二町村を編入、現在の二三区とほぼ同じ領域の大東京市三五区が誕生した（同一一年にさらに北多摩郡千歳・砧《きぬた》の二村を編入）。このとき戸塚町は大久保・落合・淀橋《よどばし》の三町とともに淀橋区となっている（現新宿区）。

川が落ち合うから落合

高田馬場を出た電車は神田川を渡りながら山手線の下を急カーブでくぐり抜け、一路西を目指すが、各駅停車はスピードを上げる間もなく下落合駅に到着する。地名の通り、駅の三〇〇メートル

下沼袋
野方町
上沼袋
新井
薬師
落合
下落合
戸塚町
中野町
淀橋
射撃場
科学研究所
大久保町
ばばのたかだ
ひがしなかの
おおくぼ
なかの

豊玉南
江古田
丸山
野方
のがた
沼袋
松が丘
中落合
上落合
上高田
高田馬場
新井
あらいやくしまえ
東中野
ひがしなかの
百人町
しんおおくぼ
おおくぼ
大久保
新宿
歌舞伎町
せいぶしんじゅく
北新宿
中野区
高円寺北
大和町
中央
本町
東京医大病院
高円寺南
しんじゅく

図１　1:50,000「東京西北部」昭和７年要部修正

図２　1:50,000「東京西北部」平成 15 年修正

西で妙正寺川《みょうしょうじ》が神田川と「落ち合」っている。この合流地点付近は長らく水害多発地帯であったが、垂直のコンクリート護岸で川を囲み、また最近になってトンネルで妙正寺川を一キロほど下流まで導き、両河川の合流地点を高戸橋までずらしたことで、めったに溢れないようになった。神田川沿いの低地は以前から水田として利用されていたのだが、急速な都市化による無秩序な住宅の進出を許したのだから、豪雨で住宅が浸水被害を受けるのはある意味で必然だったと言える。

現在は市街地が途切れずに続いているが、**図1**の時代には中井（なかゐ）駅を出て七〇〇メートルほどで妙正寺川を渡ると両側に田んぼが現われた。現在は南側が中野区立五中、北側が東京電力の変電所となっている。住宅が進出する一方で、氾濫原は公共用地としてもよく利用された。現在、妙正寺川には水車橋という名の橋があるが、おそらくそこで粉挽き用の水車が回っていたのだろう。東京の小河川では水車があちこちで活躍していたが、橋の名は静かにそれを語っている。

新井薬師前《あらいやくしまえ》の駅は「子育て薬師」として昔から信仰された梅照院の参道に面して設けられた。西武線の開通で駅から薬師を通って中央線の中野駅に至る道の人通りが増え、商店街が形成されていった。野方《のがた》町時代は大字新井で、これが昭和七年の「大東京市」編入で中野区新井薬師町となった（現在は新井）。

小林多喜二も入った豊多摩刑務所

次は沼袋《ぬまぶくろ》駅。池袋に似た地名だが、「袋」の地名は川が蛇行して袋状になった地形に付けられることが多い。『中野区史』では「四方を台地に囲まれ、中央を妙正寺川が流れ、流域は低湿地であり、古来から沼地であったことよるという」とある。**図1**を見ると、なるほど川は曲流しているし、台地に浅く曲がって刻まれた谷は、いかにも水が滞留しそうだ。

駅のすぐ南には豊多摩刑務所（×に似た記号）があるが、ここには主に政治・思想犯が収容されていた。大杉栄、小林多喜二、荒畑寒村、埴谷《はにや》雄高《ゆたか》といった錚々たる顔ぶれが赤煉瓦の重厚な建物の中での起居を強いられていた。豊多摩は郡名だが、明治二九年に郡の統合で南豊島郡と東多摩郡が合体して誕生した「合成郡名」だ。なお刑務所は米軍の接収を経て返還後は中野刑務所となったが、周囲が住宅地となり移転を願う声が高まって昭和五八年（一九八三）には廃止、跡地は都下水道局の「中野水再生センター」および野球場のある平和の森公園として生まれ変わった。野方駅すぐ南の役場記号は野方町役場で、現在は同じ場所に中野区の野方地域センター（支所）がある。野方町は「大東京市」では中野町と合体して中野区になった。

図2には都立家政駅が見えるが、**図1**にはない。これは駅の開設が昭和一二年（一九三七）一二月であったためだ。東京府が都になるのは昭和一八年のことだから、当時は駅名も「府立家政」といった。中野の桃園から移転してきた東京府立高等家政女学校のことで、駅の南二五〇メートルほどにある現都立鷺宮《さぎのみや》高校の前身である。

駅の設置後は住宅や商店が急速に集まるものだが、府立家政駅前にも商店街が形成され、現在は駅前の踏切から南へ「家政銀座商店街」がある。学校名としてはとっくの昔に消えた「家政」の名が駅名と商店街に残っているのは、毎日利用する人が目にし、耳にする駅名のもつ力の大きさなのだろう。

三〇歳の若き井荻村長が断行した区画整理

鷺宮からの線路は、それまで妙正寺川の谷に沿って緩やかにカーブを描いていたのと対照的に一直線となり、下井草《しもいぐさ》、井荻《いおぎ》、上《かみ》井草と停車していく。街区は周辺に比べると明らかに整理されたことがわかるが、**図1**当時の旧井荻村では町制施行前年にあたる大正一四年（一九二五）に区画整理組合を結成、その後一〇年で完成にこぎ着けた。

これをリードしたのは三〇歳という若さで村長に就任した内田秀五郎である。急激に膨張を続ける東京近郊のスプロール化に早晩巻き込まれるであろう井荻村の将来に危機感を抱き、市街化が始まる前に一気呵成に区画整理を進めてしまったのだ。彼は土地の長老たちに推された逸材とのことだが、これほど若い人に任せる決断をした井荻村の先人の柔軟さには今も見習うべきものがありそうだ。

地形図でそれがはっきり見える。**図1**は農村に直線的な街区が出現した場違いな印象もあるが、**図2**の現状を見れば、その先見性がわかる。区画整理を逸してしまった旧杉並町の阿佐ヶ谷や天沼《あまぬま》の迷路のような現状は、市街化する以前の早期の都市計画の重要性を問いかけているようだ。図上で町村の境界（一点鎖線）を追うのは難しいが、整然とした区画の部分が井荻町だと思えばまず間違いない。ただ筆者の趣味としては、区画整理されていない道を歩く方が「昔」に出会えて面白いことも確かなのだが……。

下井草駅の北には、正保期に今川氏が幕府から拝領した土地に基づく正保《しょうほう》町、経典にちなむ橋名からきた八成《やなり》町など、それぞれに由緒を持つ地名が並んでいたが、残念ながら住居表示実施の際に失われている。ついでながら、井荻という地名は明治二二年（一八八九）の町村制施行の際に井草・荻窪の頭文字をつなげて合成された地名だ。

この間「練馬区」は人口が一六倍に！

上井草を通過すると間もなく練馬区に入る。区境はかつての千川《せんかわ》上水で、徳川綱吉の時代に玉川上水から分水、武蔵野台地をまっすぐ巣鴨《すがも》方面まで掘られたが、今では千川通りという名前がそれを物語るのみだ。ここも練馬区だったのかと、改めて区の広さを実感するが、広いだけに人口も六九・八万人（二〇〇八年三月）と多く、これは鳥取県の人口（五九・九万―同二月）を約一〇万人も上回っている。しかし**図1**の一年前にあたる昭和五年（一九三〇）時点では、現在の区の範囲である練馬町・上練馬村・中新井村・石神井《しゃくじい》村・大泉村を合わせて四万一千人余りと、現在のわずか一七分の一に過ぎなかった。

上石神井は高田馬場から二つ目の急行停車駅である。練馬区最南端の駅で、現在は車庫があるが、**図1**の頃はまだ設置されていなかったようだ。線路の南側を占める上石神井南町（図にはない）は昭和五九年までは下石神井一丁目の一部がはみ出したような形であった。住居表示を実施した時に変更されたのだが、上石神井駅の南にあるから、というのが根拠だという（練馬区ＨＰ）。いずれにせよ、下《しも》の付く地名が消えやすい傾向にあることは確かなようだ。

石神井という地名はとても古く、土地の神として石神を祀ったところに由来するという説がある。**図2**で上石神井駅の北七〇〇メートルほどにある高校の記号は早稲田高等学院だが、その北側を直線的に流れるのが石神井川の上流部で、ここから東北東へ流れて豊島園の中を通り、板橋の宿場を抜けて王子の音無渓谷を経て隅田川に注いでいる。王子製紙と国立印刷局（旧大蔵省印刷局）のどちらも発祥の地が王子であるのは、きれいだった石神井川の水が存分に使えたからである。

西武新宿線　武蔵関〜東村山

郊外電車の車窓を眺めていると、東京という都市がいかに巨大であるかが実感できる。密集した市街地がどこまでも続き、無数の家々にそれぞれ別々の喜怒哀楽があることを考えながら、地形図に描かれた密集家屋の斜線など見つめたら、酔ってしまいそうだ。西武新宿線、かつての村山線は昭和になって四か月も経たない昭和二年（一九二七）四月一六日に高田馬場（仮駅）〜東村山間が開通した。今では市街地にほぼ埋めつくされた沿線も、開通当初は雑木林や畑が広がる純農村がほとんどだった。そんな武蔵野の風景も、電車の開通により急速に変貌していく。

東京二三区の最高地点は練馬区関町にある

環状八号線と交差する西武新宿線の名物踏切のクルマの列が、環八の井荻トンネルが開通してあまり見られなくなった。このあたりから西へ行くと、車窓の市街地にも隙間が目立ってきて少しホッとする。車庫のある上石神井《かみしゃくじい》駅を出た電車は、平らな武蔵野台地の上を引き続き一直線に西進、一・四キロほどで武蔵関駅に到着する。いつの間にか駅の五〇〇メートルほど南にまで迫ってきた道路は青梅街道。もともと江戸城の白壁を作る莫大な漆喰需要を満たすため、現青梅市にある成木《なりき》郷の石灰を江戸へ運ぶべく整備されたものだ。

このあたりは上方《かみがた》から奥州への古い街道筋にあたり、関という地名は、武蔵の広い範囲に勢力を張っていた豊島氏がこの地に関所を設けたためというが、石神井川の堰にちなむとする説もある。**図4**の武蔵関駅の南、「むさしせき」のすぐ下を通る青梅街道を西へ進んだ富士見池の真南に練馬区と西東京市の境界があるが、そこが東京二三区内における最高地点である。海抜五八メートル。もちろん人工物も含めれば東京タワーの頂上なのだろうが。

西東京市へ入るとすぐに東伏見駅である。東伏見稲荷神社にちなむ駅名だが、実は西武鉄道の方が神社より先で、最初は所在地の大字《おおあざ》の名をとって上保谷《かみほうや》駅と称していた。開通二年後の昭和四年（一九二九）に京都の伏見稲荷大社の関東地方の信者のために分祀、東伏見稲荷神社が創建された年に駅名が改称されたのである。現在の東伏見という西東京市の町名はさらに新しく、昭和四一年（一九六六）にできた。

「ガード下」バス停を過ぎて田無へ

西武柳沢駅を過ぎると、まもなく石神井川の浅い谷を通るのだが、ここで青梅街道をガードでまたぐ。当時としては道路との立体交差が珍しかったのか、バス停名も「ガード下」となった。ガードが希少価値だからこそ場所を特定する役割を果たしたのである。このバス停は現存するが、ガードが珍しくない現在ではどことなく異彩を放っている。なお、**図3**でここが平面交差として描かれているのは誤りで、同時期の二万五千分の一は立体交差になっている。

田無市は小さな市であった。それが小さな保谷市と合併、西東京市となったが、その「大風呂敷風」の奇妙な市名に似合わず、ようやく周囲の市と並ぶくらいの面積になった程度（約一六平方キロ）である。田無は青梅街道の宿場として発達した町だ。このため昭和初期の段階でも小さいながら市街地を形成しているのがわかる。中央線の北側に市役所のある旧北多摩郡域の市は西東京市の他に武蔵野市・東久留米市・清瀬市・東村山市・小平市・国分寺市・東大和市・武蔵村山市・昭島市と多数あるが、このうち明治の町村制施行時から町であったのは田無だけで、あとはすべて村であった。

戦前の**図3**では、田無を過ぎると集落の密度がぐんと落ちているのがわかる。芝久保、永久保など「クボ」のついた地名は洪積台地のわずかな窪みを反映した地名だが、このような地名は武蔵野台地には非常に多い。また、このあたりから「新田」の地名が目立つが、おおむね江戸中期から開発された新田集落である。

「花見の名所」をアピールした駅名・花小金井

次の花小金井という駅名は、これも東伏見と同様、乗客誘致を意識した命名である。駅ができた場所は当時小平村（現小平市）の野中新田などにあたり、小金井村域から離れていた。もうお察し

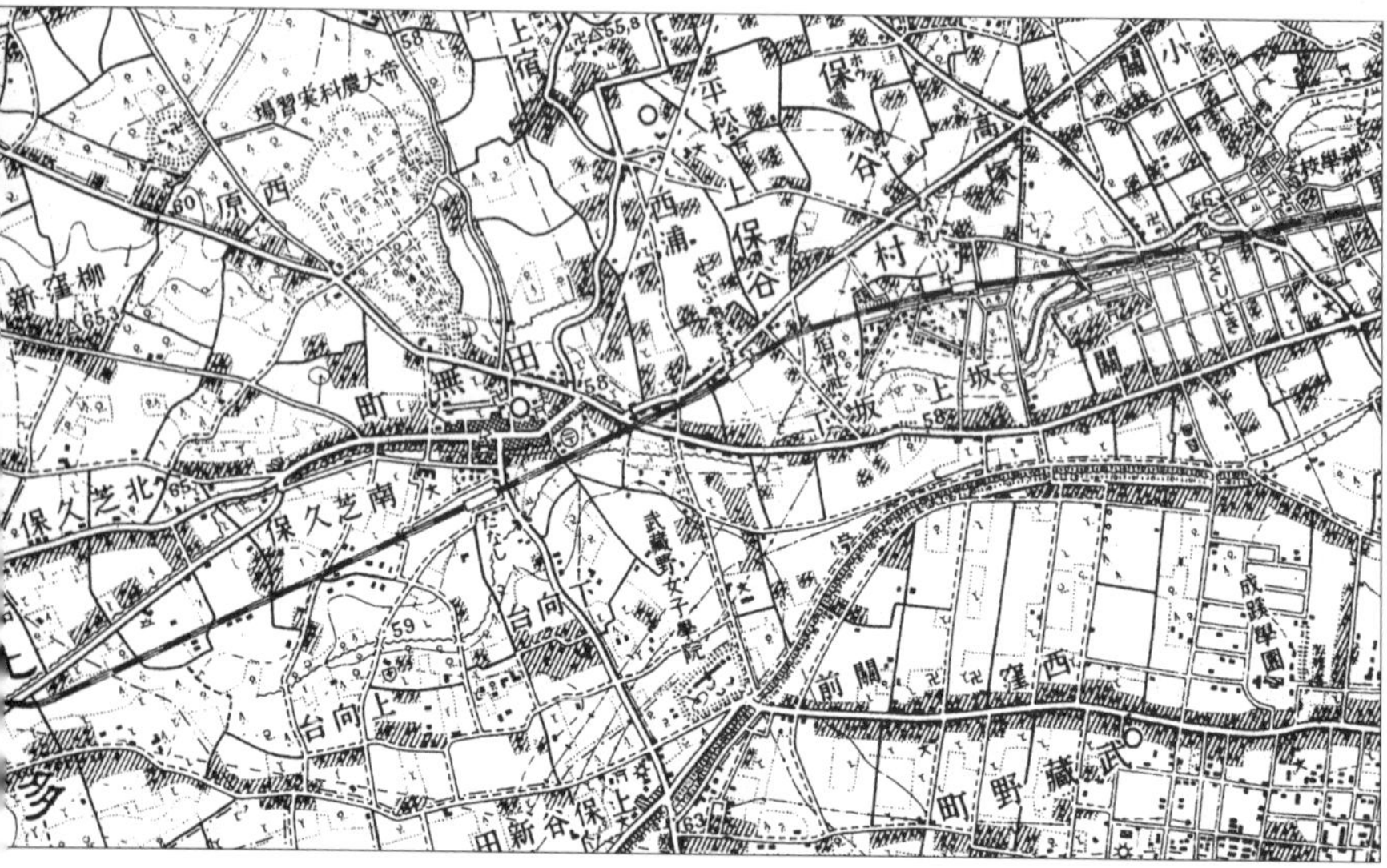
帝大農科実習場
西原
柳窪新
北芝久保
南芝久保
田無町
上保谷
保谷村
西浦
関前
西窪
武蔵野町
武蔵野女子學院
成蹊學園
上向台
向台
上保谷新田

住友重機
東大農場
緑町
西原町
北原町
西東京市
保谷町
富士町
東伏見
東伏見稲荷
関町北
慈雲堂病院
関町南
田無町
柳沢
南町
芝久保町
NTT開発センタ
中央公園
緑町
八幡町
吉祥寺北町
成蹊大
養護学校
向台町
石川島播磨重工
武蔵野女大
関前
新町
武蔵野市
吉祥寺本町
多摩湖自転車道

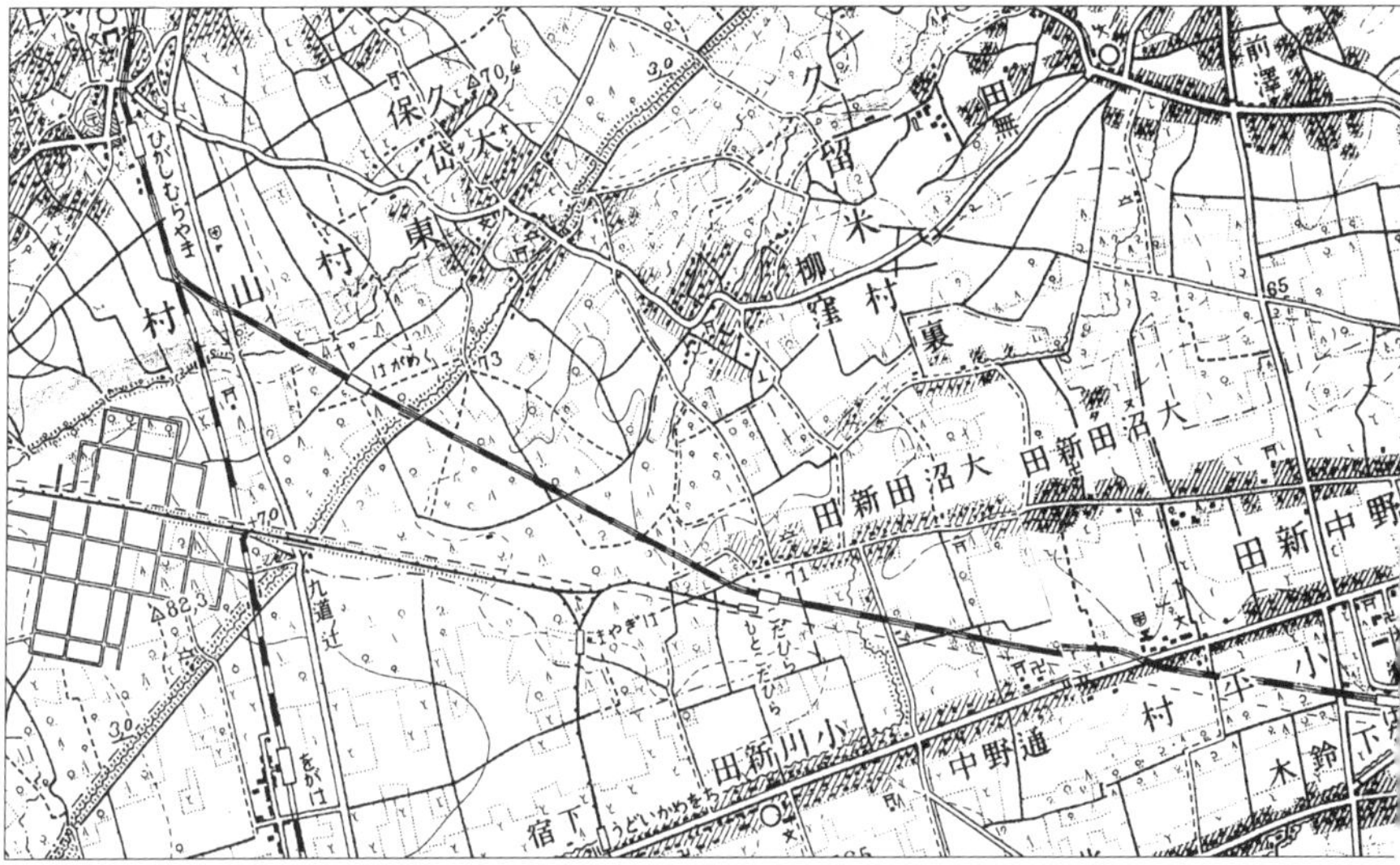

図３　1:50,000「東京西北部」昭和７年要部修正＋「青梅」昭和 10 年鉄道補入

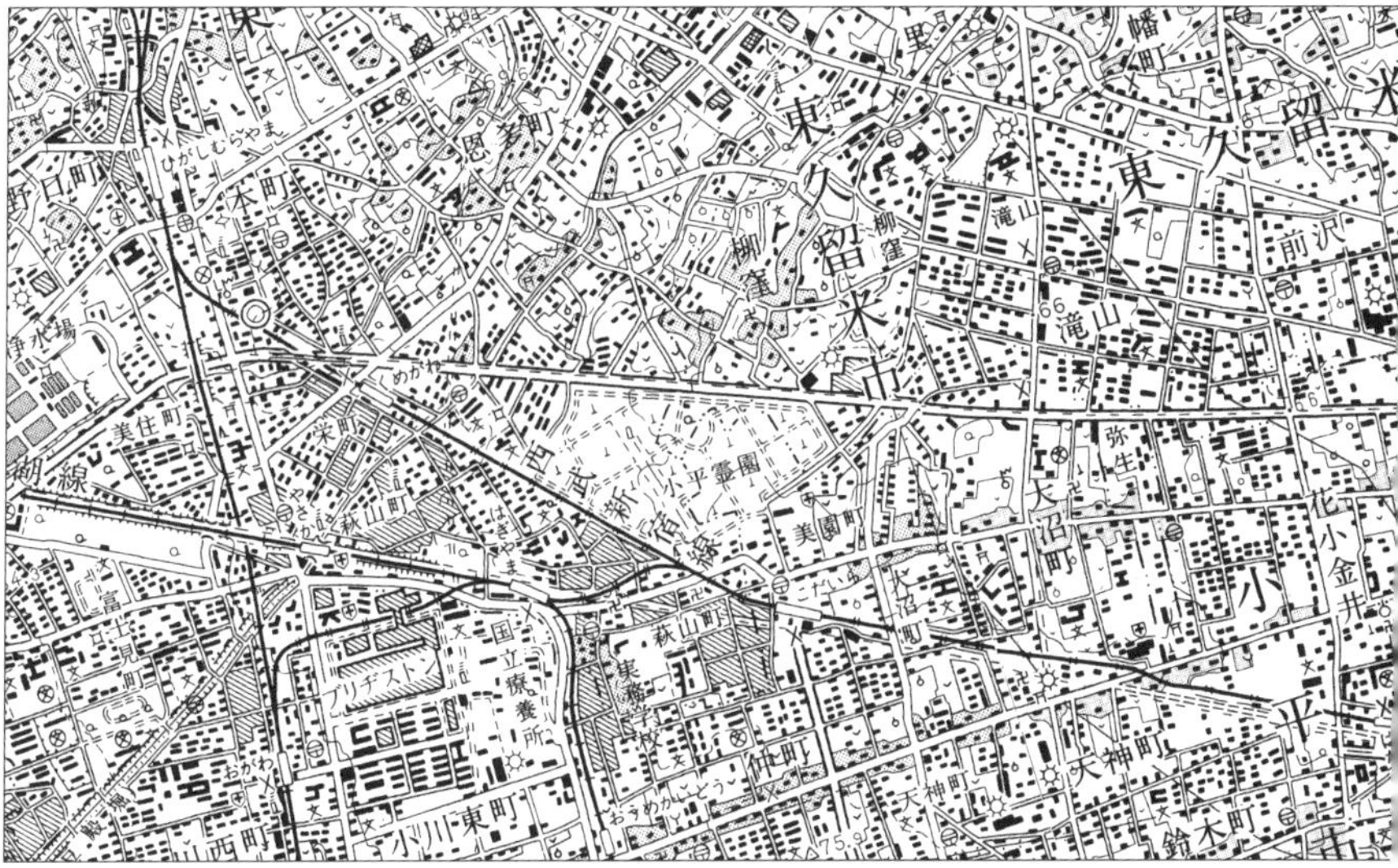

図４　1:50,000「東京西北部」平成 15 年修正＋「青梅」平成９年要部修正

かもしれないが、花小金井とは「花の名所・小金井の堤」ということなのだ。京王電気軌道が京王車庫前を桜上水と改称したのと同じ発想である。駅から多少遠いとはいえ一・七キロでその中心地たる玉川上水の小金井橋（図の欄外）に到達するから、当時としては十分徒歩圏だ。

小金井の桜は、江戸中期の元文・寛保年間（一七四〇年前後）に新田世話役の川崎平右衛門が玉川上水の堤に桜樹を植えたのが始まりとされ、以後遠くまで聞こえた花の名所として今日に至っている。明治三六年（一九〇三）の『汽車汽船《せん》旅行案内』（庚寅新誌社）の案内略記のページを見ると、まだ西武線はおろか中央線の武蔵小金井駅も未開業だったため、境駅（現武蔵境）の項に「境村より小川村まで、五十七町の間両岸の長堤一萬の桜樹花時には氏女織るが如く花を賞するもの輻輳す」と、花見の賑わいを記している。西武鉄道としても、これだけ客の集まる「小金井の桜」への客を中央線だけに独占されてなるものか、と駅名を工夫したのは納得できる。

やがて、花小金井も正式な町名となるが、もちろん小平市の町名である。名所がらみとはいえ、隣市の地名を正式町名にしてしまうとは思い切ったものだ。花小金井・花小金井南町は昭和三七年（一九六二）に誕生したが、それ以前の正式な大字名は非常に長く、野中新田与右衛門組、野中新田善左衛門組、鈴木新田となっている。いずれも新田開発者の名前が冠せられているわけだが、鈴木町となった鈴木新田はともかく、野中新田が今はどこにも残っていないのは悔やまれる。

花小金井の手前から、線路は西北西に進路をとるが、**図3**で線路の南側に並行している一直線の破線は大正一三年（一九二四）の完成から間もない東京水道である。これは羽村取水堰から同年に完成した村山貯水池（下貯水池は二七年）へ送られ、そこから境浄水場に至るもので、**図4**に示されたように現在では水道本管の上が多摩湖自転車道となっている。

大沼田新田は都会風に「大沼町」に

図3の小平駅付近は、まだ村山線が開通したばかりで、江戸時代以来の新田集落が道沿いに細長く連なった状態がよく残っている。この縮尺では表現されていないが、それぞれ道沿いの屋敷の背後に細長い短冊状の耕地が南北方向に伸びた独特の地割りが特徴である。大沼田新田というのは、実は北に離れた大岱《おんた》村の新田で、かつては大沼田と書いた。沼田の古い読み方はヌタで、オオヌタがオンタと撥音便化、ちょっとひねって大岱と字を変え、これが東村山が市制施行した昭和三九年（一九六四）に恩多と字を変え、現在に至っている（現東村山市恩多町）。

一方、大沼田新田の方もやはり小平市制施行の昭和三七年（一九六二）に大沼町と美園町に改称された。市になって「都会的」な地名に変更するケースはよくある。単独で大沼町という地名を見ると、かつて「大きな沼」があったと誤解されそうだが、実は大きなヌタ（沼田＝湿地）の、しかも新田であるから地名が移動しているのである。ついでながら、小平という地名も明治の町村制で新たに誕生したもので、小川村および大沼田新田を含む六新田が合併した際、小川の「小」と平坦地を表わす「平」をつないで新造された。

小平駅に隣接して本《もと》小平という駅が見えるが、これは多摩湖鉄道の駅だ。西武多摩湖線の前身で、箱根土地会社（現プリンスホテル）が自社の開発する小平学園都市の足と村山貯水池（多摩湖）観光のために建設したもので、**図3**にも明らかなように、当初は萩山から北に線路がY字に分岐、右が本小平、左が村山貯水池へ向かっていた。西武の小平駅からは目と鼻の先ではあったが、当時の詳しい地図によれば、一旦駅を出てから踏切を渡り、線路の南側の多摩湖鉄道乗り場へ歩いたようだ。

東村山に遷都計画？

小平を出てしばらく右の車窓には広大な小平霊園が広がっているが、昭和二三年（一九四八）の完成なので、**図3**時点ではまだ雑木林だった。電車はその中を一直線に進み、西武鉄道で最も古い国分寺線に近づいていく。現在ではこのあたりも宅地開発が進み小平霊園はぽっかりと空いた貴重なスペースとなっている。久米川駅の手前で小さな流れを渡るのは野火止《のびどめ》用水。現在の東大和市駅付近で玉川上水から分水、新座市の野火止を経由して遠く新河岸川まで続く全長二四キロの用水路（飲料・潅漑）で、水が得にくかった武蔵野台地の新田開発に大きな役割を果たした。当時の川越藩主・松平伊豆守信綱《いずのかみのぶつな》が計画したため伊豆殿堀とも呼ばれている。ただし現在は久米川付近が暗渠なので車窓からは見えない。

久米川駅の西方一キロほど、現国分寺線の線路の西側に大規模な住宅地の区画と思われる道路が整然と広がっているが、これはウソである。この地に東京土地住宅株式会社が一〇〇万坪の「郊外第一の大理想郷」と称して大々的に売り出しを開始したニュータウンが造成を始めたのは確かなのだが、結局は同社の経営悪化のため、久米川駅付近の一部を除いてほとんどが「幻の住宅地」となってしまった。しかしこの地形図に描かれた街区が『東村山市史』に載っている東京土地のパンフレットの街区完成予定図とはまったく異なっていることは、13ページで取り上げた。地形図といえども、記載事項がすべて正しいわけではないのである。

久米川を出た電車は間もなく右カーブして国分寺線に合流、東村山に到着する。東村山という地名は、かつて「武蔵七党」の一つである村山党の根拠地・村山の東部に位置することから、明治の町村制で野口村・廻田村・久米川村・大岱村・南秋津村が合併した際に名付けられた。ついでながら、現在の武蔵村山市はかつて村山村→村山町であったが、市制施行に際して山形県の同名の市と区別するため武蔵を冠したものである。

先ほどの大住宅地のことだが、「郊外第一の大理想郷」の広告は、この土地を次のように語っている。

「西北に秩父甲信の山脈を負い、北に防風林を、南に陽光を受けて冬暖く夏また涼しき清浄な住宅街等に区画整理して坦々たる道路を縦横に、水道・瓦斯・電気等の文化保健的設備をなしてある」

また、震災の恐怖がまだ生々しかった昭和五年（一九三〇）の住宅地売り出し広告には「本地は地質上第三紀層に属し、地震に対する不安絶対になく昨秋震災後本地へ遷都論の起った所以である」などともある。東村山遷都とは浅学の筆者には初耳だが、それにしても此の東村山、何んと素晴らしき理想郷でありませうか。

西武多摩川線　武蔵境〜是政

近代都市・東京は多摩川の砂利でできている、とは言い過ぎかもしれないが、都市の近化が急速に進んだ明治の後半から、多摩川に向かって相次いで建設された「砂利鉄道」の多さを見ると、それほど誇張でもないだろう。ビルを造るにも港湾や道路を整備するにも、骨材となる砂利は不可欠だ。そんな砂利鉄道のひとつ、西武多摩川線の沿線の変貌を図上観察してみよう。

砂利のついでに旅客も運ぶ

西武多摩川線は、おそらくＪＲからの乗り換えが東京でもっとも便利な私鉄だった。中央線の高架工事が進んだ最近まで、武蔵境駅の中央線下り線ホームからそのまま乗れたのだから。発車した電車はしばらくは中央線に寄り添って走る。まるで国鉄の支線のような路線の形であるが、それもそのはずで、この鉄道は府中付近の多摩川の砂利を中央線の駅まで運び、そのまま需要地である都心へ直行させるのが目的だったのである。

多摩川線の前身である多摩鉄道は大正六年（一九一七）にまず境（現武蔵境）〜北多磨間を開通

させた。明治四二年九月の『週刊多摩新聞』には同社が株募集の広告を出しているが、そこには「本社の目的は玉川砂利を採取して、東京に輸送販売し、並に旅客貨物の運輸にあり」と明記されている。旅客はどちらかといえばついでで、まさに「砂利鉄」なのであった。

武蔵境駅から線路に沿っていこう。**図1**は昭和七年の要部修正版であるが、このあたりは雑木林と畑、それに桑畑の広がる典型的な武蔵野の農村風景だったことがわかる。戦後にできた東小金井駅はまだない（昭和三九年開業）。家並みのある連雀《れんじゃく》街道の手前で新小金井駅に到着するが、実はこの駅、「新」が付いていながら、小金井市内の駅では最も古い。当初、中央線は武蔵境から国分寺まで駅がなく、ようやく大正一五年（一九二六）に武蔵小金井駅が開業するまで、新小金井駅が小金井村では唯一の駅であった。それでも新を付けたのは、東北本線にすでに小金井駅（栃木県）が存在していたからだろう。

この駅からは、線路東側へ砕石場に至る引込線が出ていた（**図2**参照）。当時の一万分の一地形図には「小金井砕石場」が描かれているが、おそらく多摩川の石をここまで運び、砕いて細かい砂利にしていたのだろう。現在は市立東中学校および住宅地になって跡形もない。一旦バックしないと砕石場に入れない線路形の奇妙さから考えて、戦時中はさらに先の中島飛行機（現富士重工および国際基督教大学）まで線路が伸びていたのではないだろうか。

墓地の真ん前に駅ができた

新小金井駅を出た列車が河岸段丘の中を掘り割って下っていくと、突然崖上から空中に躍り出る。ここは野川に沿った浅い谷間で、しばらく高い築堤を走る。現在では線路の東側が都立野川公園になっていて、春には野川の柳の若草色と桜の花が和して車窓に見とれてしまう。もちろん遠くには春霞の丹沢山地と富士。

線路はふたたび台地上にかかるが、先ほどの小金井の台地より標高は少し低い。この線が開通した当時はまったく雑木林と畑しかない平坦な台地だったので線路を曲げる理由がなく、北多磨駅（現白糸台）までほとんど一直線コースになっている。次の駅は多磨墓地前駅であるが、文字通り多磨

和 10 年鉄道補入＋「八王子」昭和 4 年鉄道補入

昭和 34 年部分修正＋「八王子」昭和 32 年編集

図 1　1:50,000「東京西北部」昭和 7 年要部修正＋「東京西南部」昭和 7 年部分修正＋「青梅」昭

図 2　1:50,000「東京西北部」昭和 36 年資料修正＋「東京西南部」昭和 36 年資料修正＋「青梅」

霊園の前にできた。この霊園は一三三ヘクタールという大規模な公園墓地で、東京市が大正一二年（一九二三）に開設したものだが、駅の開設は昭和四年（一九二九）であるから、図は開駅から間もない頃である。

駅は武蔵野を東西に横切る人見街道との交差地点に設けられ、すでに石材店や生花店が軒を連ねる「門前町」の萌芽が見られるようだ。このダイレクトな駅名は遠来の墓参者にはわかりやすかったが、宅地化が進んだことや、東京外語大キャンパスの進出で周囲が変貌したことから「時代にそぐわない」として平成一三年（二〇〇一）多磨駅に改称された。

図2では多磨墓地前駅の少し手前から線路が伸びているが、これは調布飛行場のためのものだ。もとは東京府が「帝都の空の玄関」として昭和一四年に着工したものであったが、戦争の激化で事実上の軍用飛行場となった。図の時代はすでに米軍の管理下で、この線路も「駐留軍専用線第１００９番」と名付けられていた。図1に見える「押立山谷《おしたてさんや》」の集落は飛行場の敷地にかかったため、その北側の人見街道沿いに移転となった。

米軍住宅跡がキャンパスに変身

つい先日、古書店で地図を漁っていたら、ちょうど**図5**のような調布飛行場の計画図が見つかった。藍焼きの小さな図で作成・発行年や作成機関がまったく記されていない謎の図であるが、押立山谷の集落一帯が立ち退きとなったことがよくわかる。ちなみに押立は多摩川沿いにある集落で、

「山谷」とは本村から離れた台地を開発した所に名づけられる、多摩地区では一般的な地名であった。**図2**で飛行場と西武線の間にある破線の道路で区画された所には米軍の水耕農場があった。昭和二〇年代の地形図には、先ほどの引込線より少し南側から分かれる別の引込線も見える。この農場で作った野菜が全国の米軍基地に運ばれたわけだが、米軍がなぜここで集中的に野菜を作ったかといえば、アメリカ人がいわゆる「下肥」で育てられた日本の野菜に抵抗感が強かったからだという。ついでながら、終戦直後の**図4**で「西武農業鉄道」となっているのは、東京の市街地で出た人糞を郊外へ運ぶ業務を大がかりに行っていたことにちなむ。区部にはそれ専用の駅も存在した。

黄金の話はともかく、飛行場西側の約一四ヘクタールの水耕農場には缶詰工場もあったそうで、きっとポパイが食べるようなホウレン草の缶詰も作っていたのだろう。おそらく**図2**の大きな建物（「たまぼちまえ」の字にかかっている）と思われる。ここには終戦直後、スガモ・プリズンに収容されていた多数の日本人戦犯たちが出役《しゅつえき》していたそうで、その様子が吉村昭氏の『プリズンの満月』に描かれている。

その後はここに巨大な米軍住宅地の「関東村」ができた。代々木の練兵場跡地にできた米軍住宅・ワシントンハイツの場所を東京オリンピックの会場用地とするための代替地がこの水耕農場跡地だったのである。昭和四七年（一九七二）にはこれも日本に返還され、しばらく雑草の中に廃墟が建ち並ぶ殺伐とした風景であったが、現在では**図3**のように東京外語大や警察大学校の立派なキャンパスに変身している。

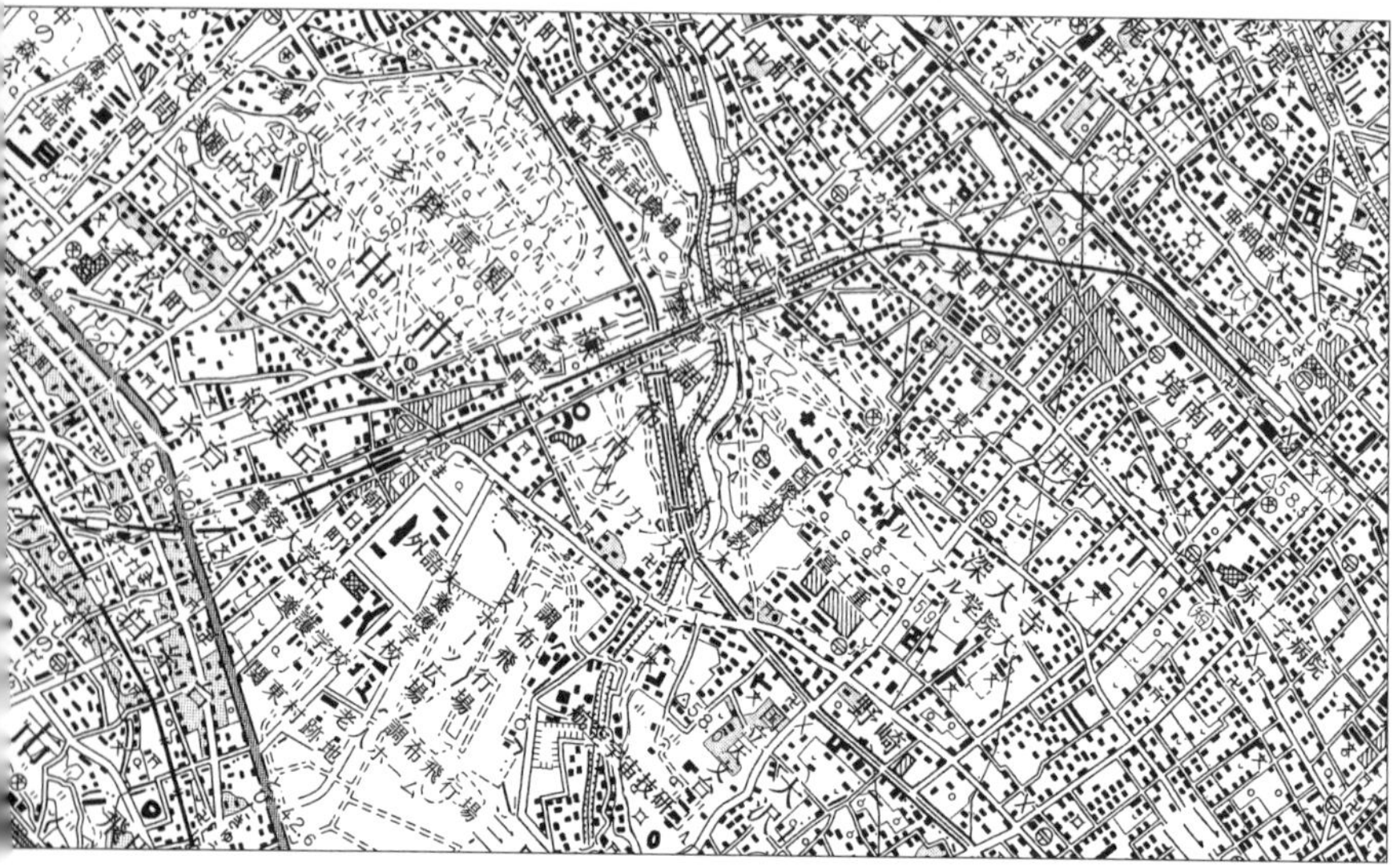

図 3　1:50,000「東京西北部」平成 15 年修正＋「東京西南部」平成 7 年修正＋「青梅」平成 9 年要部修正＋「八王子」平成 12 年修正

図 4　1:25,000「溝口」昭和 20 年部分修正同 22 年資料修正

北多磨駅あらため白糸台駅

図1に戻ろう。多磨墓地前駅を出た列車はふたたび雑木林と畑を抜けて進む。人家は一キロ以上まったくない。典型的な「街村」になっている旧甲州街道を踏切で渡ると北多磨駅だ。駅の西側には小学校と役場が見えるが、多磨小学校（現府中四小）と多磨村役場である。駅名の「磨」の字は村名に合わせたものだが、北を付けたのは、一足先に開業した京王線の多磨駅（現多磨霊園駅）と区別するためらしい。

ちなみに多磨村は「昭和大合併」で昭和二九年（一九五四）に府中町他と合併して府中市となった。また、長らく親しまれてきた北多磨の駅名も、多磨墓地前が多磨と改称された平成一三年（二〇〇一年）、その南なのに「北多磨」ではおかしいので、これを機に町名に合わせて白糸台と改称した。

図4は終戦直後であるが、右上端には調布飛行場が描かれている。その西端、多摩川線の線路との間にはマンガの「閉じた瞼」のような記号が見えるが、これは掩体壕だ。昭和一九年六月にサイパン島陥落で制空権を奪われた日本軍は、戦闘機を空襲から守るためにコンクリート製のシェルターを飛行場の周囲に多数設置した。掩体壕は戦後あらかた取り壊されたが、まだ数か所残っている。たとえば図上の矢印で示した掩体壕は国道二〇号の土手下に健在で、筆者も実際に見てきた。

その先は京王線をくぐって二度目の河岸段丘を下っていく。いかにも多摩川の旧河道と見られる川を渡ると右カーブして多摩川原のすぐ近くに到着するが、このあたりに常久《つねひさ》駅があった。現在の競艇場前駅であるが、**図2**でわかるように、駅からは引込線が川原へ通じ、砂利を盛んに積み込んでいた。

砂利採掘と競艇が共存

競艇場ができたのは戦後の昭和二九年（一九五四）のことだが、駅名も同年に変更されている。この競艇場は砂利を採掘した跡の大穴を利用したもので、水は川から入れたのではなく、崖線下なので自然に湧き水が溜まったのだそうだ。戦後になり、多摩川での砂利採取はさすがに限界が見えてくる。行き過ぎた砂利採取が原因で河床が低下、橋脚の洗掘や農業用水の取水不能などの悪影響が出たため昭和四〇年に禁止となるが、競艇場は採掘華やかなりし時代の「置き土産」である。競艇場の開場当初はまだ砂利採掘が同じ穴で行われており、レース中も浚渫《しゅんせつ》船やトロッコの姿が見えたそうだ。穴も今より西側に広がっていたという。

次が終点の是政《これまさ》駅。砂利線由来の線だけあって、どうしてここが終着駅なのかと不思議なほど素っ気ない場所だ。都市間を結ぶ線なら大きなターミナル、観光地目的の線ならそれなりの終着駅が待っているわけだが、砂利線が砂利をやめてしまうと、平凡な途中駅然とした場所で突如として線路が終わってしまうのだろう。

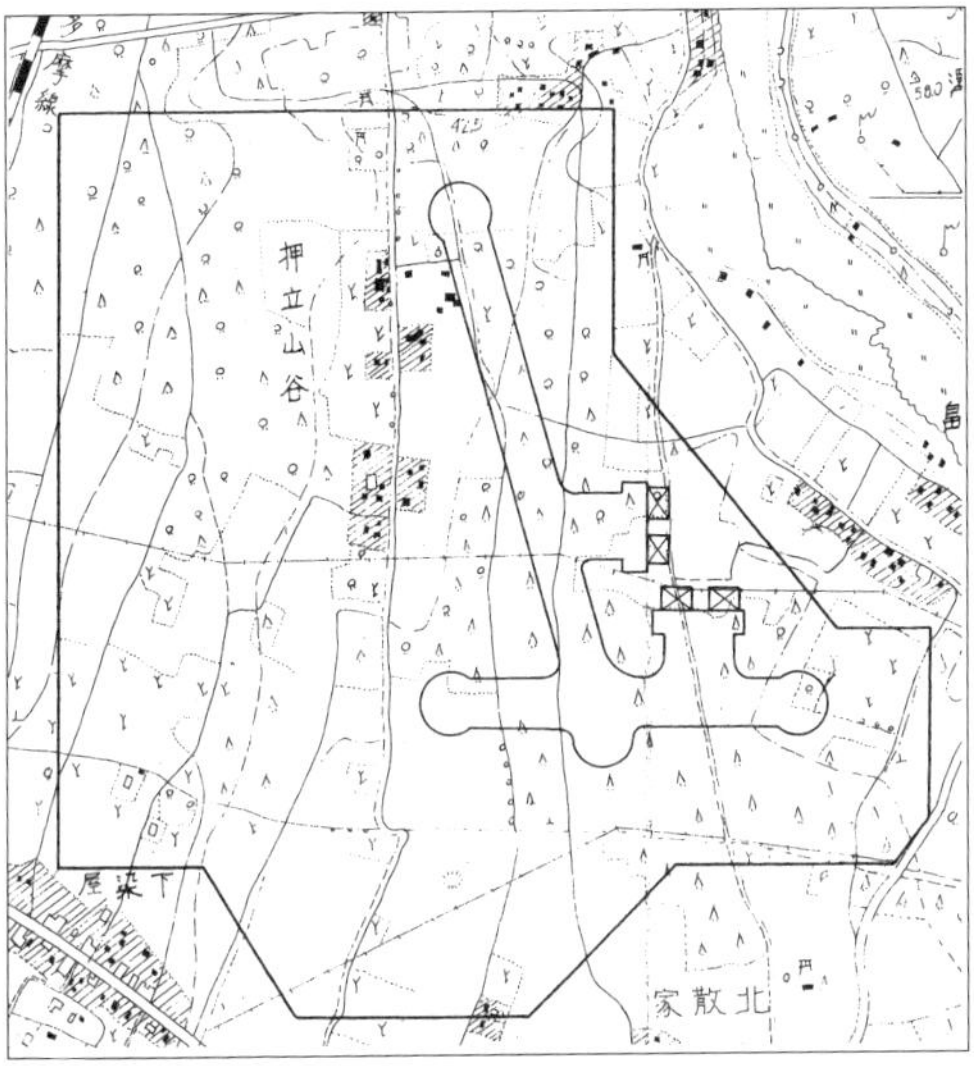

図5　昭和10年頃「調布飛行場計画平面図」1:10,000（40%縮小）

図1では多摩川にまだ橋が架かっておらず、是政の渡しが両岸を結んでいた。また南武鉄道（当時は私鉄）にはほど近い位置に是政多摩川という駅もあって、歩いて乗り換える人もいたことだろう。この駅は戦時中に国有化された際に廃止されている。

全線わずか八キロ、電車なら一二分の短い旅であるが、ここまで見てきた通り、大東京への砂利供給地、大東京市民の「終の棲家」たる大規模霊園、同じく「帝都」の防衛を担った飛行場、そして砂利時代のモニュメントとしての競艇場……。沿線には大都市・東京の周縁部ならではの重厚な近現代史がぎっしり詰まっているのだ。

京王相模原線　調布〜橋本

京王電鉄の前身・京王電気軌道が多摩川の砂利採取用に作った一駅だけの支線が発展、今や多摩ニュータウンと都心を結ぶ住民の大切な足となった京王相模原線。新路線だけに踏切がなくカーブも緩い高速運転仕様の路線だ。ニュータウンは昭和四六年（一九七一）の初入居から三七年が経過し、高齢化が進む一方で今も造成中の地区がある。地形図の新旧比較がこれほど難しい地区はない、というほどの大変化を図上にたどってみよう。

京王電鉄のルーツは大正二年（一九一三）にまず笹塚〜調布間の開業でスタートした京王電気軌道である。社名の通り東京と八王子を結ぶことを企図して徐々に路線を延長、大正一四年（一九二五）には別会社の玉南電気鉄道と合わせて新宿追分（現伊勢丹付近）から東八王子（現京王八王子）までを結んだ。

京王電気軌道は府中方面への延長より以前の大正五年（一九一六）六月という早い時期に、調布から多摩川の川岸近くまで一キロの支線を建設した。多摩川の砂利採取のためである。この時期、他にも玉川電気鉄道（後の東急玉川線）や多摩鉄道（西武多摩川線）などが同じ目的のために相次いで多摩川に向けて線路を延ばしていった。膨張する「帝都・東京」の旺盛な骨材需要をまかなうためである。

駅名はその名もズバリ、多摩川原。**図1A**は開通翌年の大正六年測図であるが、さすが砂利鉄道だけあって、周囲に人家はほとんど見られない。駅の西方に見える波毛という地名は文字通り河岸段丘の崖線（ハケ）の上にある。まだ南武線が開通していない時期だが、改修された堤防に稲田村民が総出で植えた「稲田堤の桜」は東京近郊の名所となり、多摩川原駅から渡し船で行ったという。**図1B**は昭和七年要部修正版。多摩川原駅前に「遊園地」とあるのは砂利採取跡地を利用した京王電気軌道直営の京王閣。演芸場や大浴場、小動物園などを備えていた（カバーおよび見返し参照）。現在の**図1C**と比べてみると、田畑ばかりの風景が住宅地として大きく変貌したことがわかる。

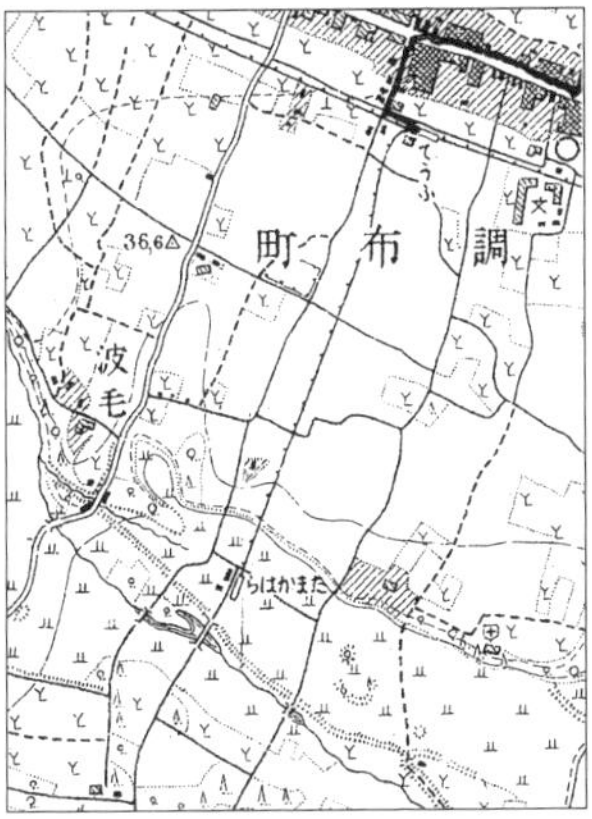

図1A　1:25,000「溝口」大正6年測図

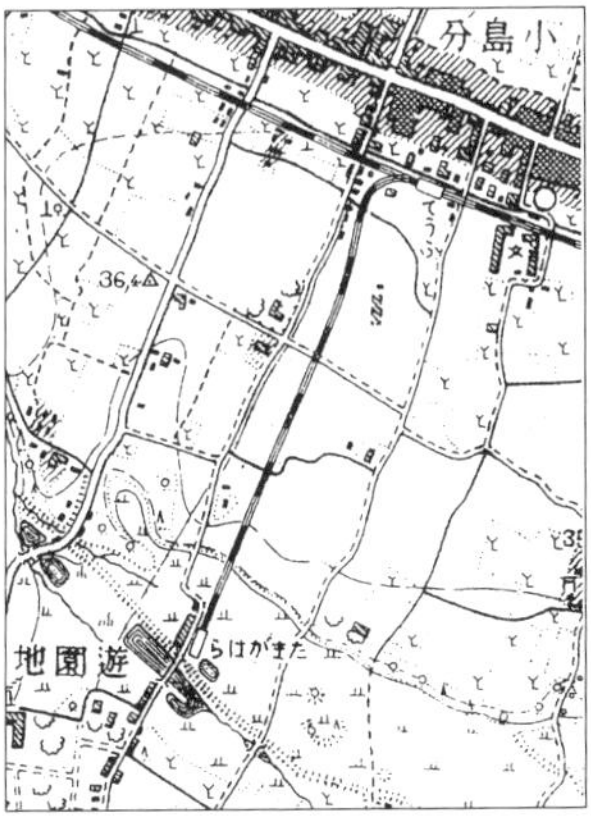

図1B　1:25,000「溝口」昭和7年要部修正

図1C　1:25,000「溝口」平成13年修正

京王の電車が鉄橋を渡って初めて神奈川県に入り、京王よみうりランドまで延長されたのは昭和四六年（一九七一）で、同四三年に都市交通審議会の答申で多摩ニュータウンへの鉄道として位置づけられていた。

図2と**図3**は調布〜京王永山間の戦前と現在を五万分の一地形図で比べたものだが、あまりに変貌が激しいために比較が難しい。どこまでも続く丘陵の典型的な農村風景の「表土」があらかた剥

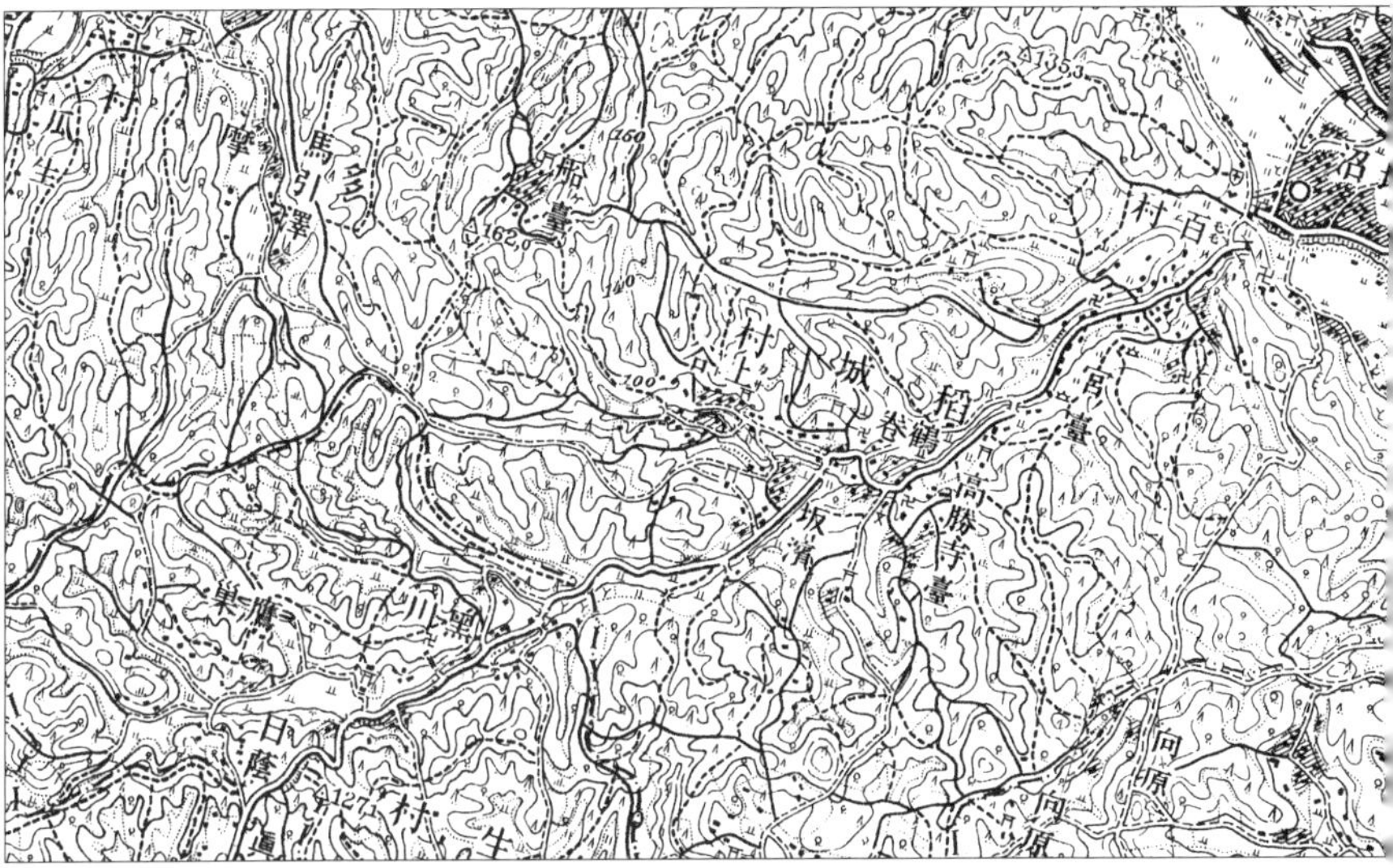

図 2　1:50,000「東京西南部」昭和 7 年部分修正＋「八王子」昭和 4 年鉄道補入

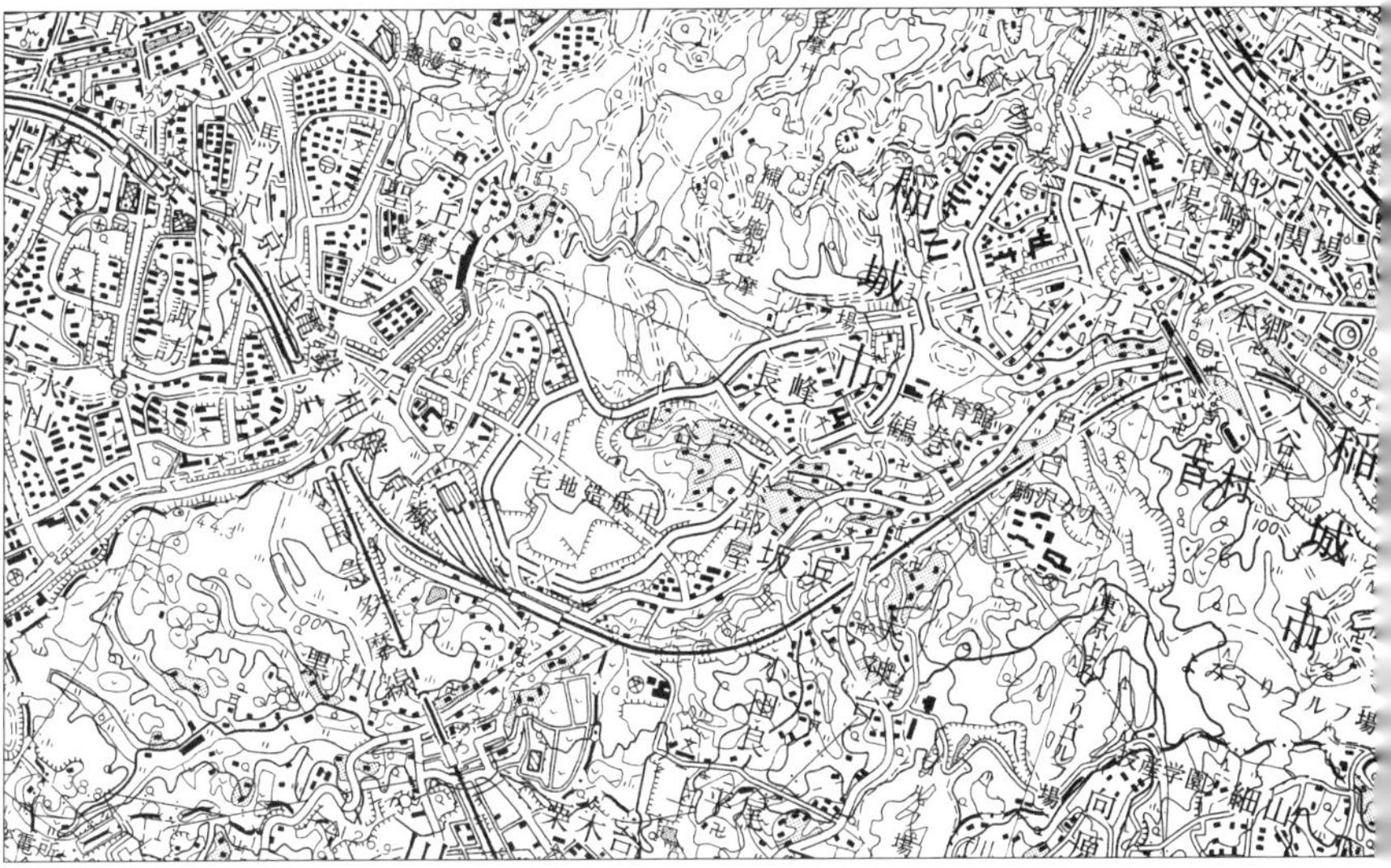

図 3　1:50,000「東京西南部」平成 7 年修正＋「八王子」平成 12 年修正

がされ、そこに六〇年代に構想された「未来都市」が大々的に載せられていったことがよくわかる。人里と自然が一体として長らく続いてきた多摩丘陵に、突如としてニュータウン開発が降りかかる時代を舞台にした「平成狸合戦ぽんぽこ」という宮崎駿企画・高畑勲監督のアニメ映画があるが、その丘陵がどれほど激変し、動物たちの住処がいかに消滅していったかが、この二つの図を見れば一目瞭然である。

二万五千分の一地形図で若葉台・永山・多摩センター・南大沢の各駅周辺のこの四〇年ほどの変貌を順を追って見ていこう。

若葉台駅付近

まずは若葉台駅付近。**図4A**は開発が始まる以前の昭和四四年（一九六九）修正版。若葉台駅ができたのは都県境のすぐ南側だが、この境界線が小さな雑木林の尾根だったことがわかる。多摩丘陵の典型的な細長い谷戸田が入り込んでいるが、前芹沢と呼ばれていた所だ。右下を斜めに横切る道は鶴川街道で、明治以前は相州道または大山道、あるいは江戸道と呼ばれていた。周辺の産物である木炭がこの道を通って東京方面へ運ばれていった。

図4Bは昭和五八年（一九八三）の修正。相模原線が開通、若葉台駅ができて九年後である。車両工場も設けられた。駅の北側では谷戸を埋めて尾根を削る造成工事が始まった。**図4C**（平成一一年修正）では宅地造成中の範囲が広がっているが、一六年間も経過したわりには進み方が遅い。

この間に襲ったバブル崩壊の余波だろうか。最新の地形図といっても九年も前の版（平成二〇年六月に新版が出た！）なのでその後の変化は見えないが、若葉台駅の北側には「若葉台」という町名が駅名に合わせて命名され、サンワなどの量販店、それに「若葉台ワルツの杜」「ワーズワース

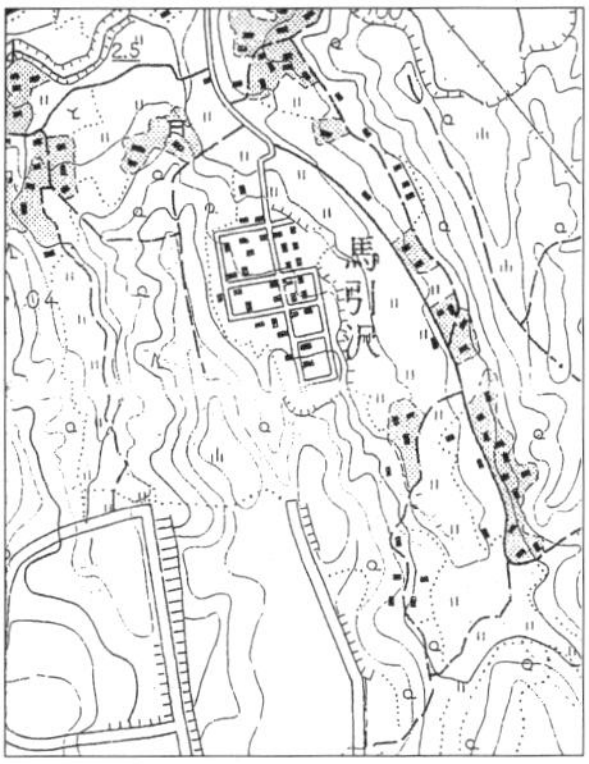

図 5A　昭和 44 年修正

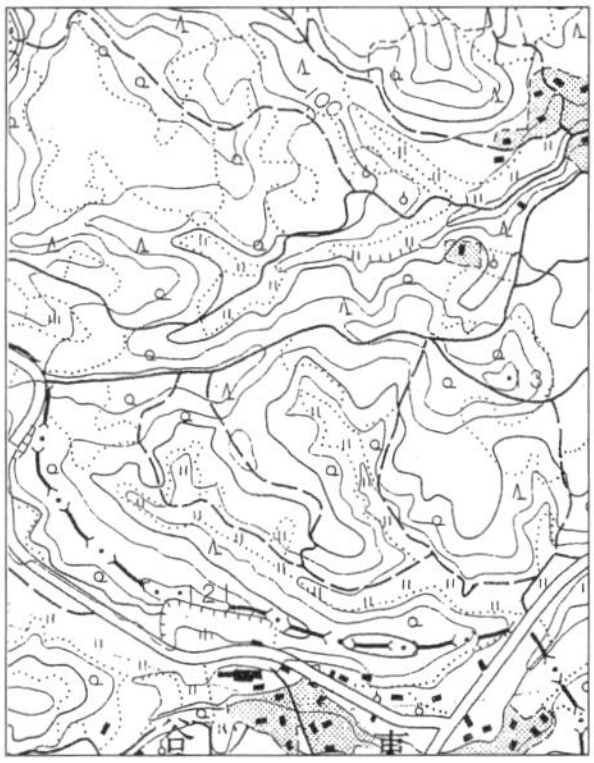
図 4A　昭和 44 年修正

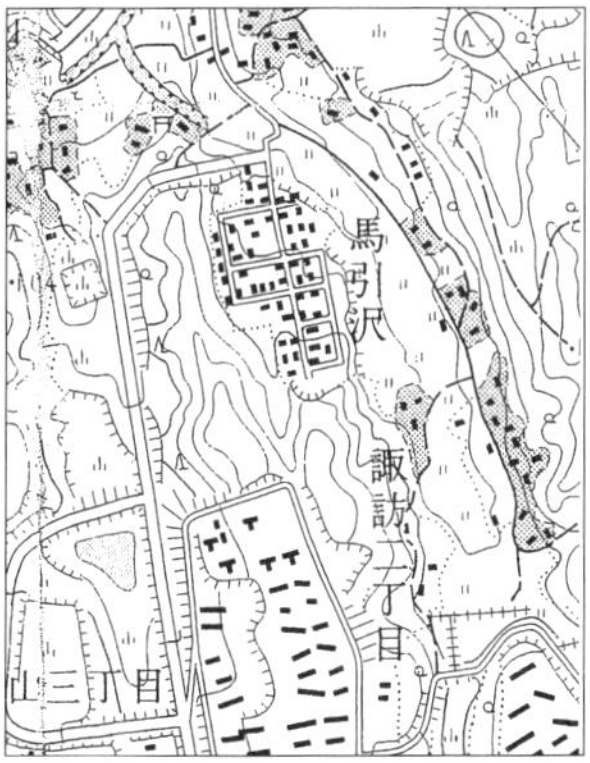

図 5B　昭和 46 年修正

図 4B　昭和 58 年修正

図 5C　平成 11 年部分修正

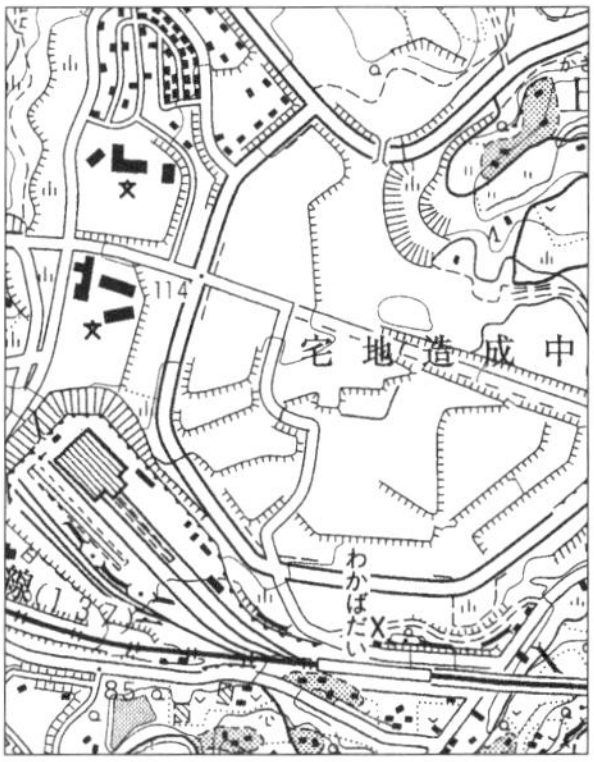

図 4C　平成 11 年部分修正

＊図 4 〜 7 はすべて 1：25,000「武蔵府中」

の丘」「ファインストーリア」といった、いかにもイマ風なネーミングの高層住宅地群が続々と誕生した。図中には開校した若葉台小と稲城六中が見える。

こんな風潮にいつも反発している筆者は『稲城市の地名と旧道』(市教育委員会編)で昔の地名を調べ、勝手に命名してみた。ワルツは「芹沢の谷戸住宅」、ワーズワースが「塔ノ腰観望荘」、ファイン…が「行仙谷戸楼」。欧米感覚に憧れる日本人には絶対に売れないだろうが。

京王永山駅付近

永山は若葉台と対照的に、ニュータウンの中でも最も早くから開発が進んだ。昭和四四年修正の**図5A**では馬引沢の地名の位置に戸建ての馬引沢《まひきざわ》団地があるが、農村風景もまだ健在だ。南半分の広い地域ではニュータウンの宅地造成が進んでいる。これが二年後の**図5B**(昭和四六年修正)となると諏訪二丁目などに団地ができ、一気にニュータウンらしくなってきた。この年がニュータウンの「入居第一号」で、ちょうど多摩町も市制施行した。当時は鉄道のない「陸の孤島」として有名で、バスで京王線聖蹟桜ケ丘や小田急線鶴川駅まで出るしかなく、朝の渋滞の激しさや常態化する夜のタクシー乗り場の長蛇の列は、マスコミによく取り上げられたという。

念願の鉄道がようやく開通したのは昭和四九年(一九七四)の六月、まず小田急多摩線の新百合ケ丘~小田急永山間であった。京王相模原線は京王多摩センターまでを同年一〇月に、さらに翌五〇年四月には小田急も小田急多摩センターまで延長開業するなど、陸の孤島状態は一気に解消されている。このあたりから開発が加速していった。

図5Cは平成一一年修正だが、**5A**の時代に三〇代で入居した住民はすでに七〇代、子供の数は必然的に減っていった。同世代が集中しがちなニュータウンならではの悩みだが、平成一七年の生徒・児童数はピーク時の半分を割っており、平成六年からの統廃合で小学校は四校、中学校は二校減少している。それに代わって、たとえば統合で廃校となった西永山中学校はデイサービスセンターやシルバー人材センターなどの入った「西永山複合施設」に生まれ変わった。

京王多摩センター駅付近

多摩センターはその名の通り多摩ニュータウンの中心たるべくして設計された都心である。駅前から南に伸びる広い幅の歩道「パルテノン大通り」は市民ホール・博物館などが一体となった「パルテノン多摩」にまっすぐ続いている（歩道なので破線表示）。**図6A**はまだ土地造成が少しばかり始まった程度だ。一四年後の**図6B**（昭和五八年修正）ではすでに京王・小田急の両線とも開通して駅の周辺も街らしくなったが、まだ空き地が目立つ。**図6C**（平成一一年修正）ではその空き地にイトーヨーカドーとパルテノン多摩、その南側には多摩中央公園が登場した。パルテノン北西にはそごう百貨店（その後大塚家具）、サンリオピューロランド（落合一丁目の「目」の字にかかる建物）も開業している。また平成一一年（一九九九）には多摩モノレールが開通、交通の結節点としての重要度は大きく高まった。

南大沢駅付近

南大沢地区は多摩ニュータウンでも比較的新しく開発が始まったところだが、**図7A**はそれ以前

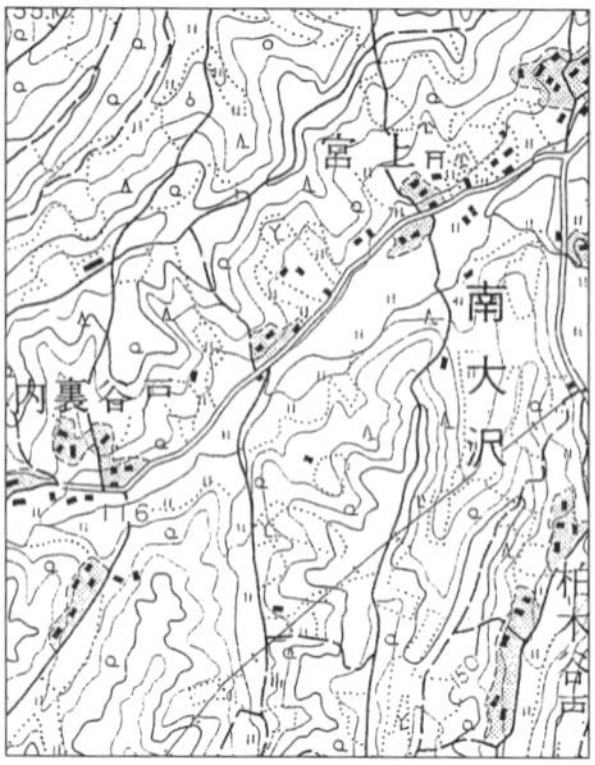

図 7A　昭和 44 年修正

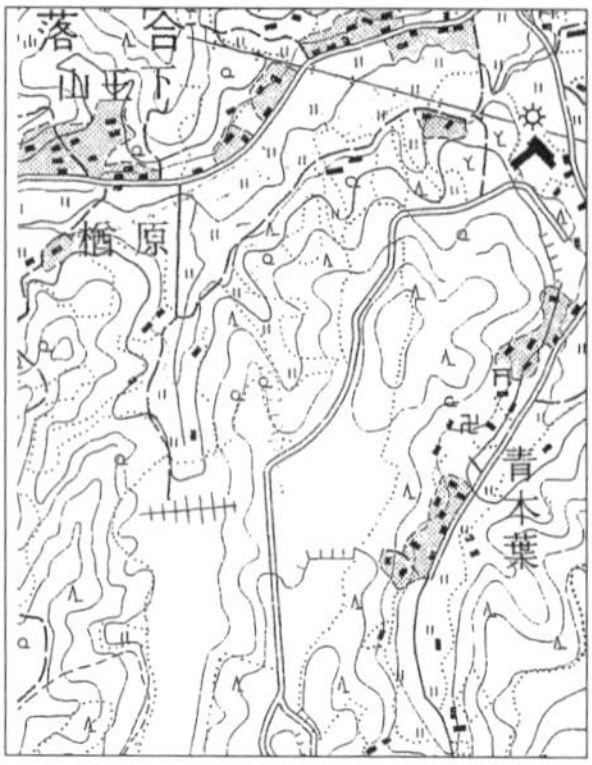

図 6A　昭和 44 年修正

図 7B　昭和 58 年修正

図 6B　昭和 58 年修正

図 7C　平成 11 年部分修正

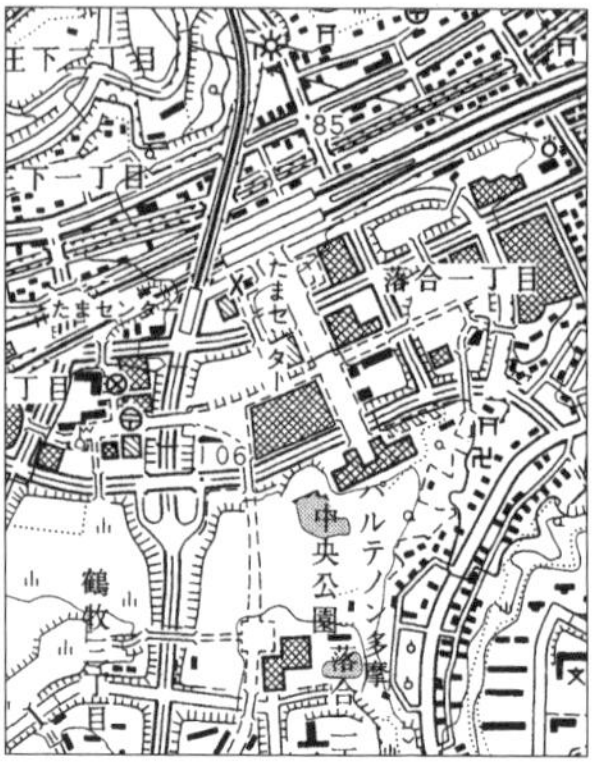

図 6C　平成 11 年部分修正

の農村状態である。**図7B**は昭和五八年（一九八三）で、駅はまだないが、一部で宅地化が始まった。この五年後には相模原線が開通、平成三年には都立大学（現首都大学東京）が目黒区から駅の北側に移転してきた。**図7C**（平成一一年修正）の最新版では駅周辺のブロックがおおむね集合住宅で埋まっている。駅の北側は空き地となっているが、平成一二年に「ラ・フェット多摩」という南仏プロヴァンス調のアウトレットモールが開店した。

図8・図9は五万分の一の永山～橋本間であるが、京王相模原線が南大沢から橋本まで延長開業したのは平成二年（一九九〇）であった。当初、南大沢～橋本間は四・四キロも駅がなかったが、開業翌年に多摩境駅が設けられている。駅名は地元の地名を採って「京王小山」案もあったが難航、結局は都県境に近いこと、かつて堺村であったことから（これも武蔵・相模の国境にちなむ明治期の命名だが）、多摩境に決定した。途中で多摩川水系と境川水系の分水嶺を南大沢トンネルで抜けるが、古くは武相国境はこの尾根線だった（このため相原という地名は東京・神奈川双方にまたがっている）。

以上、駅周辺を中心にざっと概観してきたが、初入居から三五年、すでに定年後の世代が多くなった地区がある一方で、最西端の鑓水《やりみず》地区（八王子市）や稲城市域では今も宅地造成が続いている。ついに人口減少社会を迎えた今日、これほど大規模なニュータウン開発が行われることは今後ないだろう。

万葉集には「多摩の横山」と詠まれ、大地に刻まれた無数の皺のような谷戸に満ちた多摩丘陵を

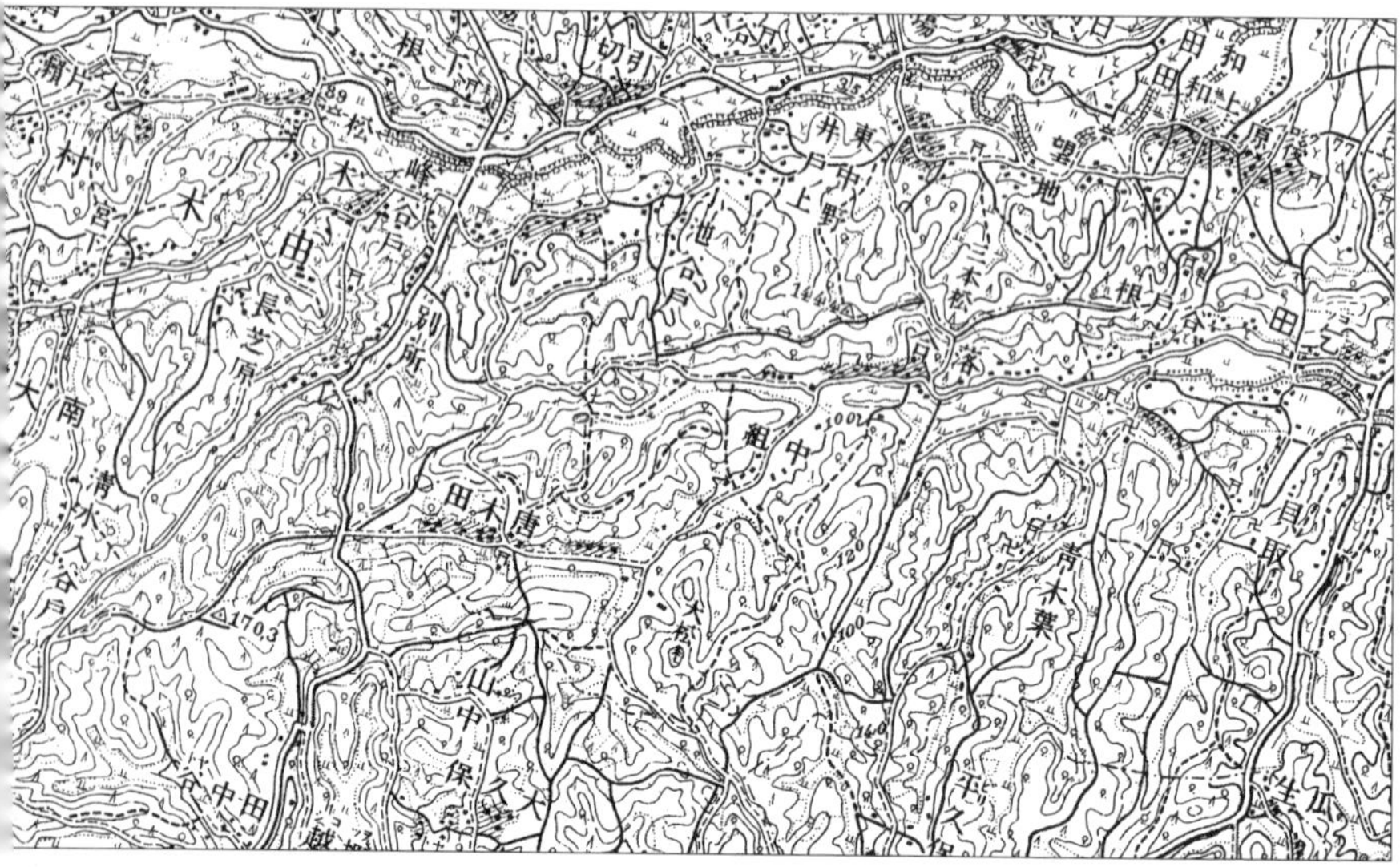

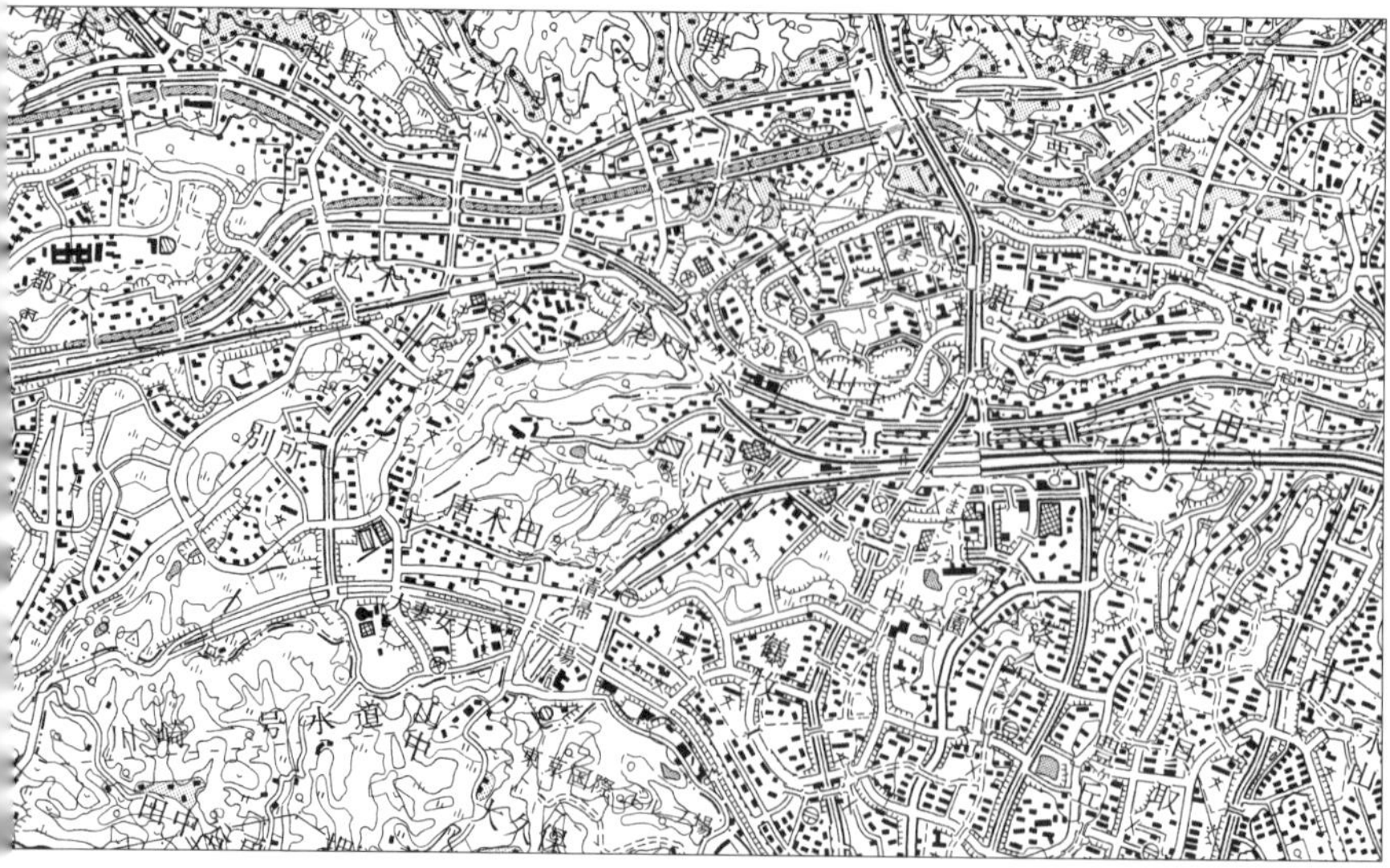

大改造したモデル都市はほぼ完成に近づいた。日本史にとってはまだごく一瞬の時間しか経過していないが、一〇〇年後にこの地はどんな姿になっていることだろうか。

図 8　1:50,000「八王子」昭和 4 年鉄道補入

図 9　1:50,000「八王子」平成 12 年修正

西武拝島線　小平〜拝島

西武鉄道拝島線は、小平駅で新宿線から分かれて西に進み、南北に通じる多摩湖線・国分寺線と交差、玉川上水駅を経て青梅線の拝島駅に至る一四・三キロの路線である。全線開通は昭和四三年と比較的新しいが、路線は旧多摩湖鉄道の一部とブリヂストンの工場引込線、それに戦時中に建設された日立航空機の専用鉄道をつないだ特異な経歴をもっている。奥多摩観光開発の一翼を担うかと噂されたこともあるが、現在では、開通当初に比べて格段に市街化が進んだ地域の住民の足となった。込み入った線路の歴史を図上で振り返りながら沿線を観察してみよう。

多摩湖鉄道本小平駅が開設

拝島線は戦後に全通した路線だが、もっとも古い区間は小平〜萩山間（後述）、次に小川〜玉川上水間が昭和二五年（一九五〇）五月一五日に開通。途中に一駅、青梅橋駅（現東大和市駅）が設けられた。昭和二五年の時刻表によれば気動車が一日一四・五往復していたことがわかる（昭和二九年に電化）。

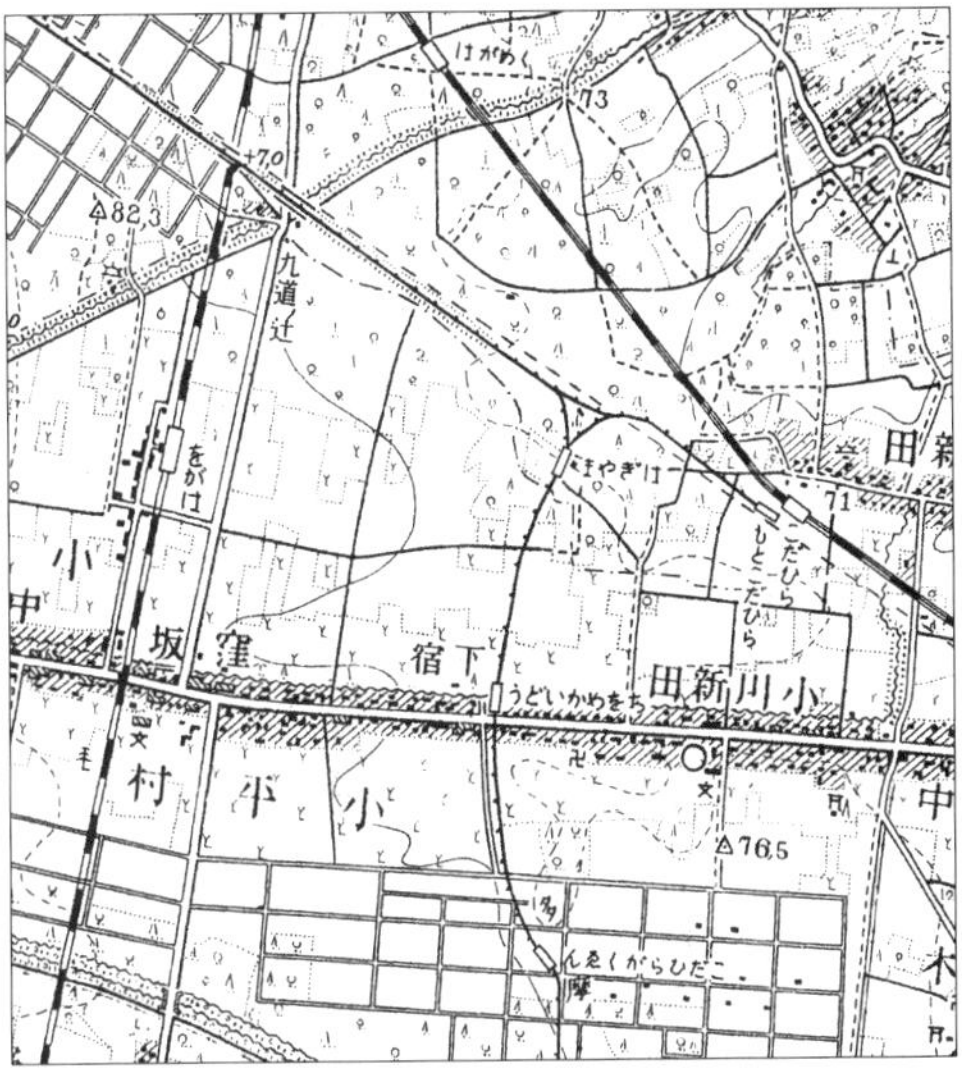

図１　1:50,000「青梅」昭和 10 年鉄道補入

戦前の地形図に「拝島線」は載っていないが、このあたりの複雑な路線網の形成史を簡単に説明するために昭和一〇年鉄道補入の**図1**を掲載する。図の左を南北に通っているのは現西武国分寺線だが、もとは川越鉄道と称し国分寺から北上、所沢を経由して川越（現本川越）までの路線であった。明治二七年に国分寺〜久米川（現東村山）間に汽車を走らせた古い私鉄である。それが大正一一年に西武鉄道（旧）となり、昭和二年（一九二七）に東村山から高田馬場に至る村山線（現新宿線）を一挙に開通させ、都心への交通が便利になった。右上部に斜めに通過しているのがそれだ。一方、まん中の多摩湖鉄道（細い「軌道記号」）は国分寺から北上して多摩湖（村山貯水池）に至る鉄道で、多摩湖観光と小平学園都市の足として敷設された。

多摩湖鉄道はまず国分寺〜萩山（**図1**中央）間が昭和三年四月に開通、本小平《もとこだいら》まで同年一一月に延長、萩山から村山貯水池（仮駅）までの「本線」は昭和五年に開通している。本小平駅は小平駅

とは隣り合っているものの、踏切をはさんで別々の駅であった。それにしても、萩山駅の周囲は雑木林だけで見事に何もない（鉄道補入版なので鉄道以外の修正が反映されていない可能性があるが）。また、小平駅の周囲も江戸期以来武蔵野の典型的な新田集落の姿だ。

図2は昭和三四年（一九五九）部分修正。路線網は現在と変わらないように見えるが、少しずつ異なっている。多摩湖鉄道は昭和一五年に武蔵野鉄道（現西武鉄道池袋線系統）に合併、その後武蔵野鉄道が旧西武鉄道を合併し、西武農業鉄道を経て昭和二一年から現西武鉄道となっており、昭和二九年には本小平駅も統合されて小平駅となった。

次の萩山駅は多摩湖鉄道時代のままだ。ただし小平から多摩湖方面へ直通できるようにデルタ線が設けられている。ホームも三角形だったという。これが昭和三三年には現在のように北西に〇・三キロほど移転し、新宿方面から萩山を経由して多摩湖行きの電車が走れるようになった。

日立航空機専用鉄道が上水線に

図2に戻ると、現在は小川から萩山へつながっている線路が当時は途中で終わっているのがわかる。これはブリヂストンの工場引込線で、同工場は昭和一八年にできた陸軍兵器補給廠小平分廠。同年測量の三千分の一実測図によれば戦時中のため分廠そのものは空白（秘匿）の表示となっているものの、小川駅から敷地に入る引込線はすでに描かれている。

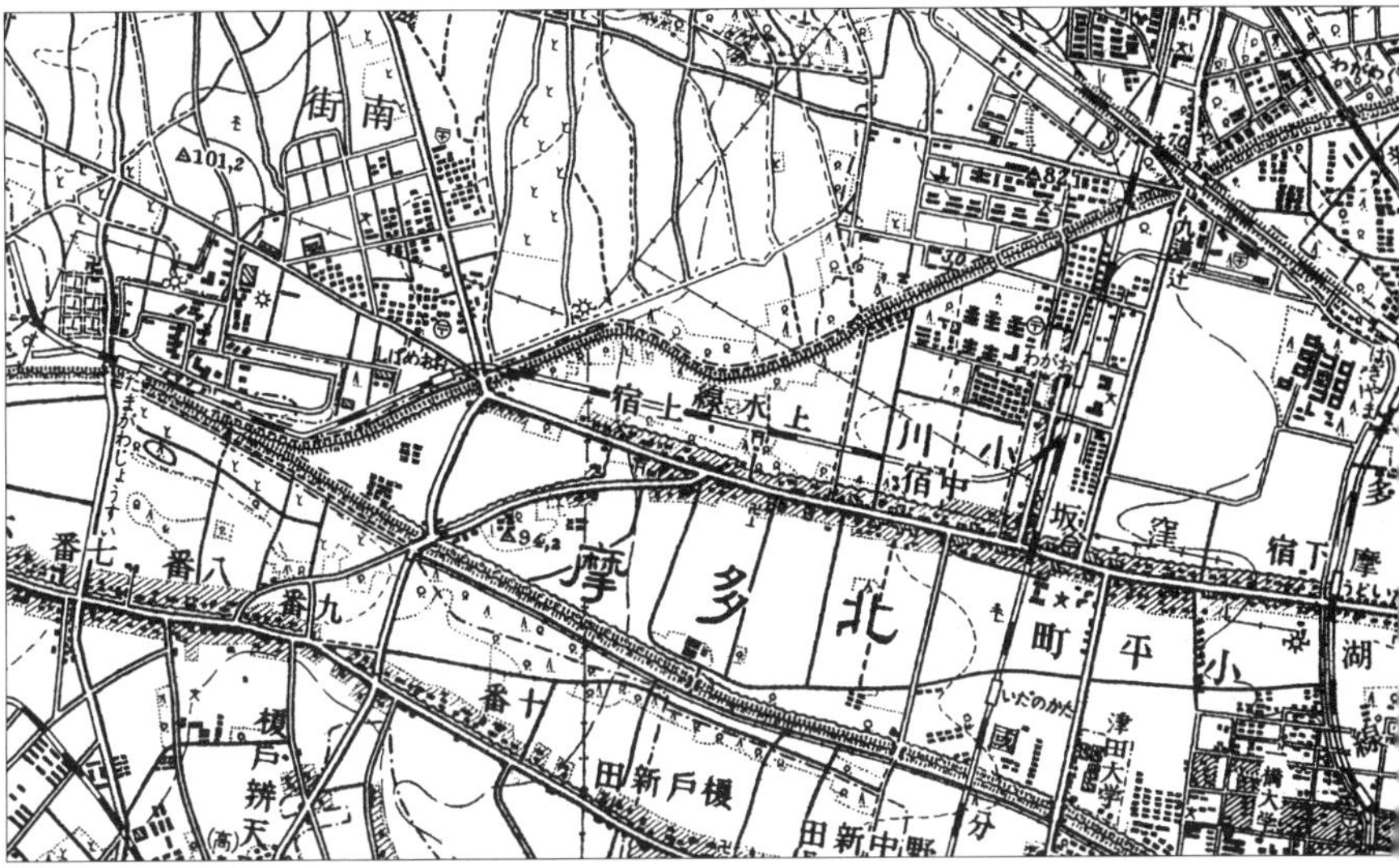

図２　1:50,000「青梅」昭和 34 年部分修正

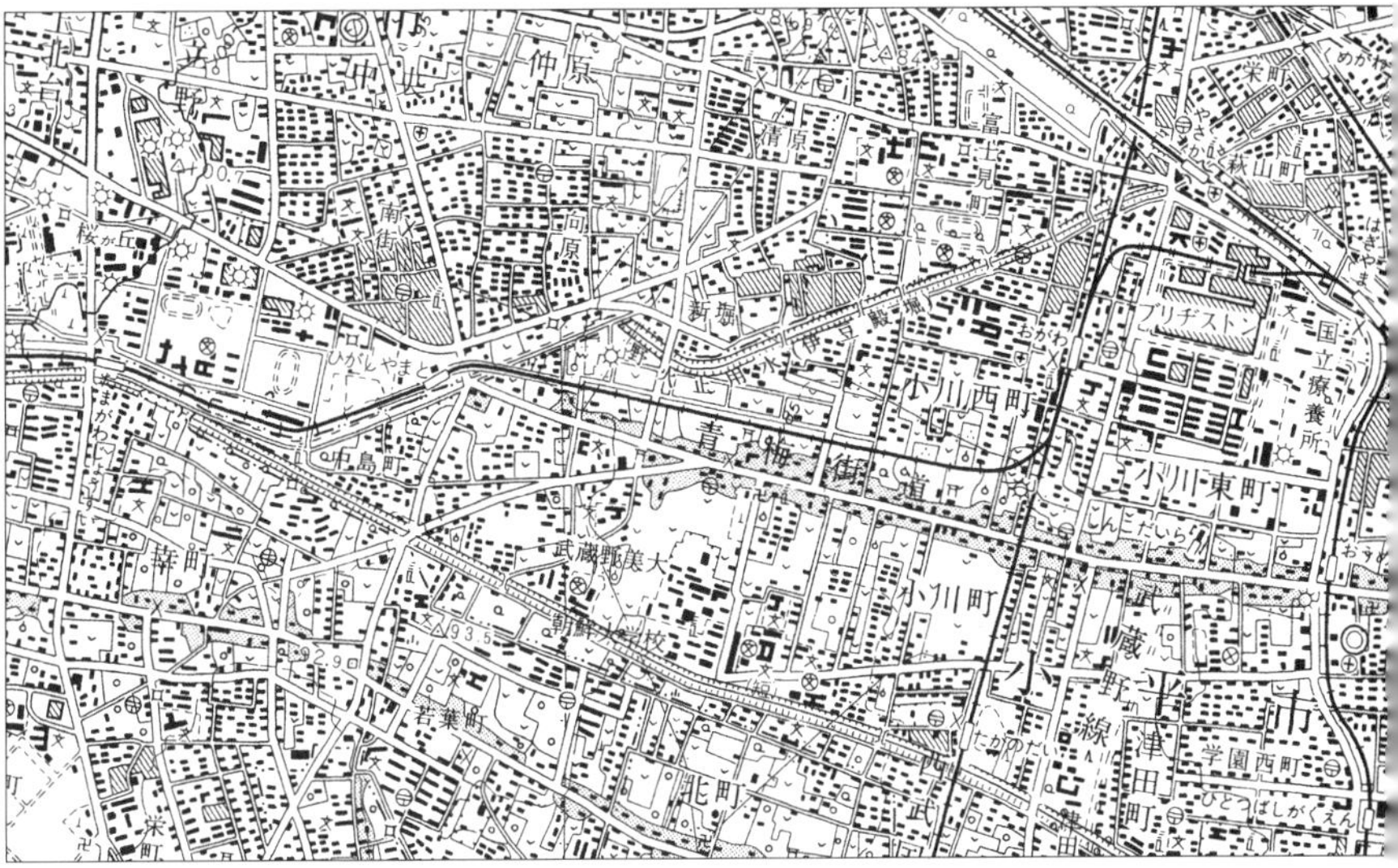

図３　1:50,000「青梅」平成９年要部修正

小川駅から西には「上水線」が見えるが、拝島まで全通する以前はこう呼ばれており、もとは日立航空機専用鉄道であった。同社は東京瓦斯電気工業が前身で、昭和一四年（一九三九）に日立系列に入り、戦争の激化とともに現東大和市〜玉川上水間の北側の広大な土地に立川工場を建設、航空機のエンジンなどを作っていた。敷地内には社員住宅もあった。この専用鉄道は敷設の免許申請から設計、運輸管理まですべて西武鉄道によって行われている。昭和一九年四〜五月に運転が始まり、資材の輸送だけでなく旧飯山鉄道(現ＪＲ飯山線)などから気動車を購入して工員輸送も行った。

戦争が終わると専用鉄道も休眠状態になったが、これを西武鉄道が譲受、上水線として生まれ変わらせたのである。その後は昭和三七年（一九六二）にブリヂストン工場への専用線を萩山駅まで延長する形で萩山〜小川間が開通、上水線は小平〜萩山〜小川〜玉川上水という経路となり、西武新宿から玉川上水への直通電車が運転されるようになった。

図2の小川駅の西に見える広大な施設は、野火止用水の北側が東京陸軍少年通信兵学校の跡地で、同校は昭和一七年（一九四二）にここに移転、一五〜一七歳の少年が通信技術を学んでいた。現在は団地や学校となっているが、この頃の建物はおそらく通信兵学校のままだろう。また用水の南側は東部国民勤労訓練所（軍関係施設）で、現在は職業能力開発総合大学校東京校になっている。小平に限ったことではないが、太平洋戦争開始後の武蔵野台地には、実に矢継ぎ早に軍の関連施設が建設されていった。

小川の次、**図2**の青梅橋駅は現東大和市駅で、昭和五四年（一九七九）に改称された。青梅橋は青梅街道が野火止用水を渡る橋の名で、街道はここで北北西に向きを変えて奈良橋（東大和市）方面へ向かう。ここから玉川上水駅までの線路北側は、**図5**の現在では各種グラウンドや学校、団地、病院などとなっているが、**図4**の頃はまだ米軍に接収されて「極東空軍大和基地」であったことがわかる。この三四ヘクタールの広大な用地が返還されたのは昭和四八年のことだ。青梅橋駅北側にある南街《なんがい》は日立航空機の従業員住宅として畑の中に忽然と出現した新しい住宅地であった。

上水を曲げた立川断層、フタをした戦争

玉川上水駅から先は昭和四三年（一九六八）に開通した比較的新しい路線で、玉川上水と並行して進むが、上水は西へ行くにつれて線路から離れてゆき、ある所で突然急カーブでふたたび線路に近づく。**図4**中央の矢印がその屈曲点だが、これは立川断層のためだ。断層は図上北西から南東の方向で走っており、断層の東側が西側より三〜四メートル高い。東流してきた上水はここで崖に突き当たるため南に迂回せざるを得なかったのだ。五万分の一レベルだと数メートルの段差を等高線で読むことはできないが、上水の屈曲が断層の存在を物語っているのは面白い。

電車はその少し先で武蔵砂川駅に到着するが、開通当初はなかった。この駅は地元から出されていた新駅設置の要望に応えて昭和五八年（一九八三）に開業したもので、玉川上水〜西武立川間の中間地点より少し西寄りにある。線路にほど近い所に最近まで日産自動車村山工場があったが、撤退後は広大な更地となった。**図5**にはまだ工場が描かれているが、現在は跡地の北端（掲載範囲外）

に三越とジャスコを中心とした巨大ショッピングセンター（イオンモールむさし村山ミュー）が誕生、街の姿は変貌し始めている。次の西武立川駅南側の玉川上水は一部分が暗渠になっているが、これは戦時中に南側にあった飛行場の滑走路を北に延長するためであった。言われなければ気づきにくい暗渠だが、これも戦争遺跡といっていいだろう。

　西武立川駅を出るとふたたび単線になり、間もなく昭島市内に入って玉川上水を短い鉄橋で渡る。その手前右側には雑木林が今も残っているが、このあたりは横田基地の滑走路の南端の延長上で、かつてはこの北側の現美堀町三丁目（以前は堀向といった）に昭和飛行機の社宅や都営住宅が軒を並べていた。商店が何軒か、それに銭湯もあったのだが、時期的におそらくベトナム戦争が激化した頃だろう、超低空で離発着する飛行機の轟音と墜落の危険から逃れるべく集団移転したという。その後は国有地となり、今は「立入禁止」の札があちこちに立つ森となった。集落がことごとく消えたことは**図4**と**図5**比べれば一目瞭然だ。

　線路は拝島で終点だが、一時期、西武鉄道はこの先の青梅線を買収して拝島線とつなぎ、さらに奥多摩駅（旧氷川駅）から先に伸びていた小河内ダム建設のための水道局専用鉄道を経由してダム

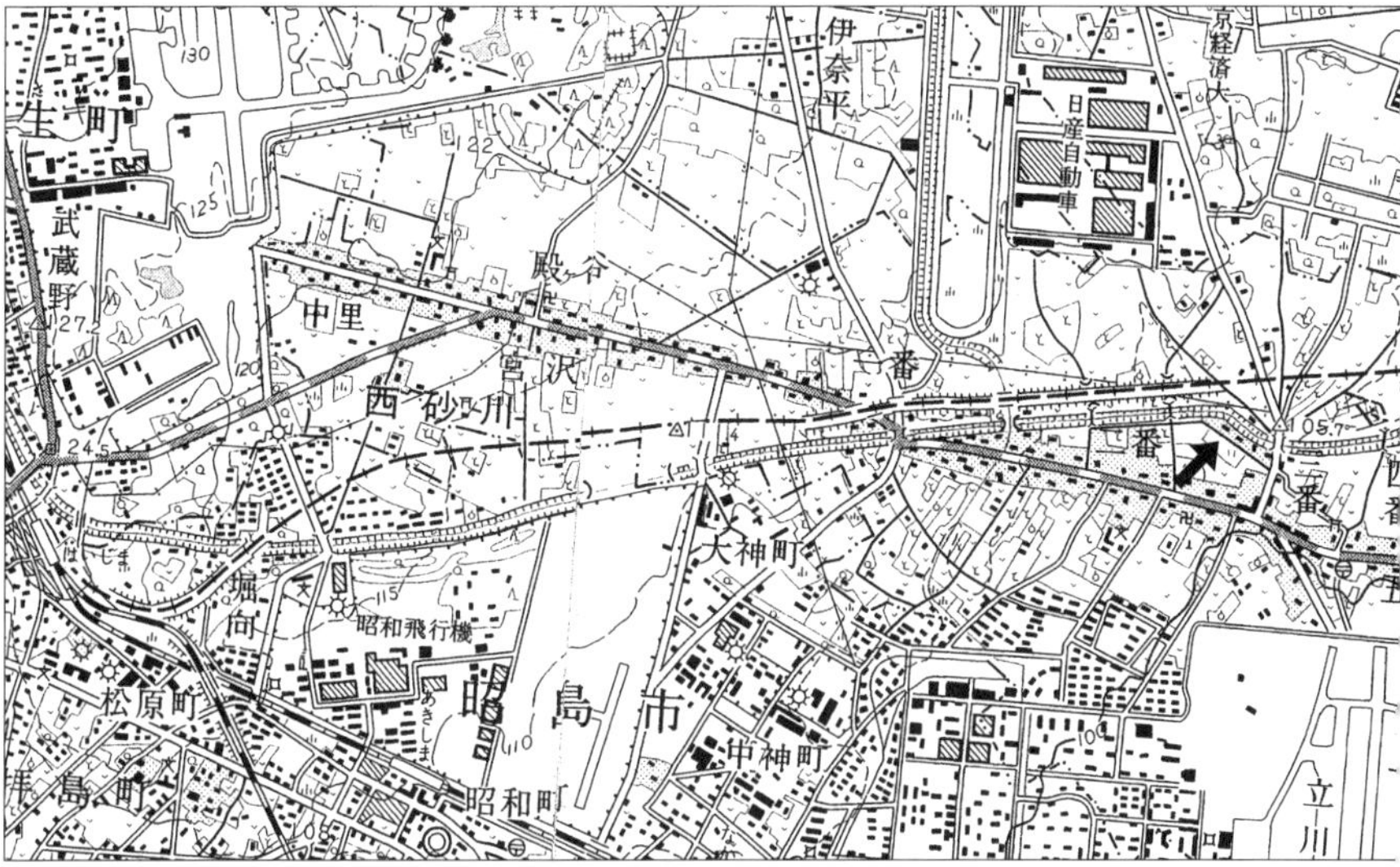

図 4　1:50,000「青梅」昭和 42 年編集

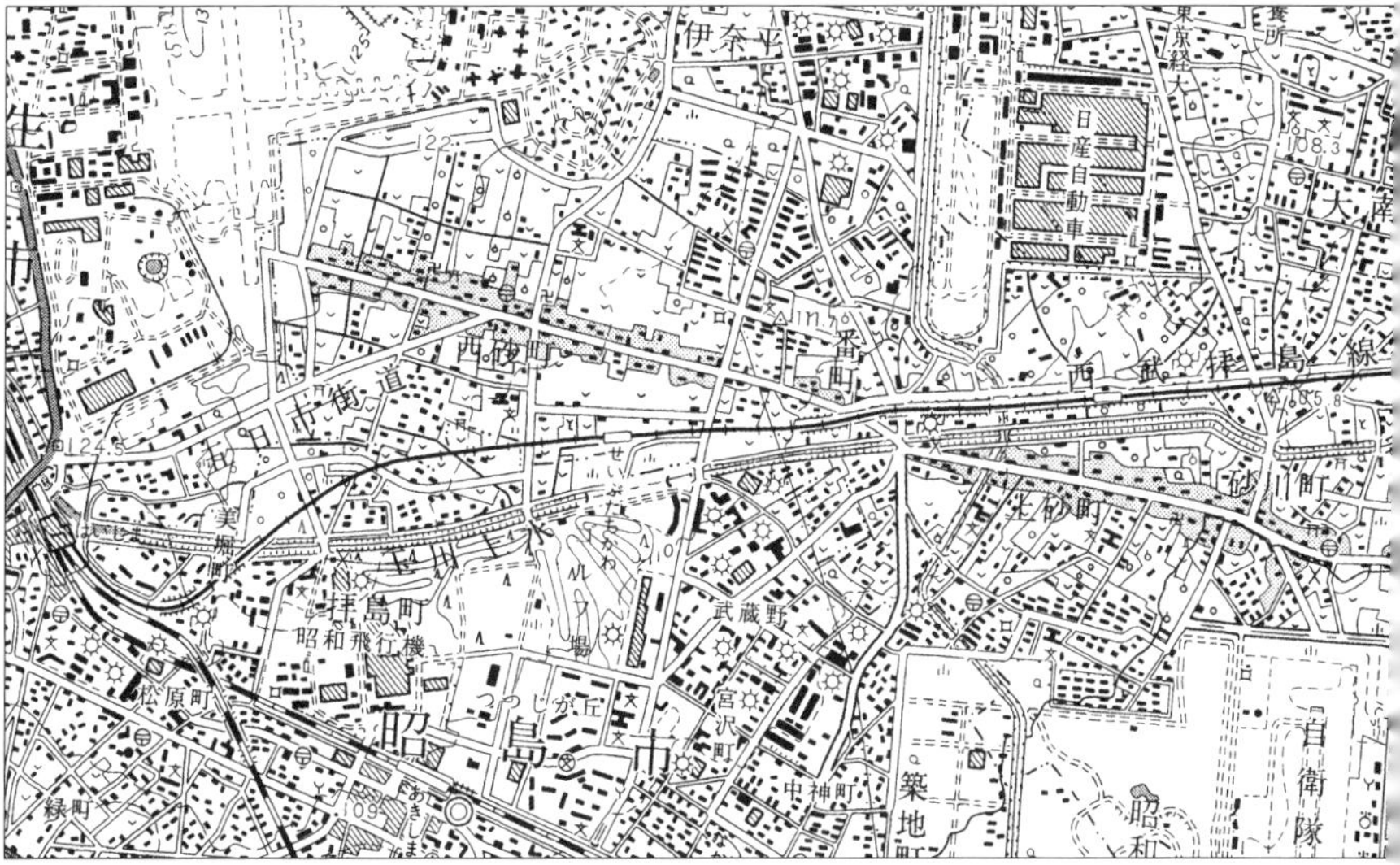

図 5　1:50,000「青梅」平成 9 年要部修正

サイトまで観光客を運び、さらに奥多摩湖を俯瞰する展望台としての倉戸山へケーブルで……という構想を描いていたらしい。青梅線の買収云々は別として、ダムへの専用鉄道を買収し（昭和三八年。その後奥多摩工業へ再譲渡）、ケーブルの敷設免許を取った（昭和三五年）ことは事実である。西武新宿駅からレッドアローが小河内ダムまでの奥多摩の渓谷を行く姿を想像するのは楽しいが、予想以上のスピードでクルマ社会が到来した今では、まさに「夢物語」となった。

小田急小田原線　新宿〜柿生

「シネマ見ませうかお茶のみませうか／いつそ小田急で逃げませうか…」小田急開通の翌年の昭和三年に発売され、大流行した『東京行進曲』の一節である。そんな風に取り上げられるほど、小田急は従来型の「路面電車に毛の生えたような電車」とはイメージを異にするモダンな高速電車だった。沿線は当時、東海道本線と中央本線の間の「鉄道空白地帯」で、都市は少なかったが、関東大震災後に強まった郊外志向を受けた住宅地の急増、昭和一二年の陸軍士官学校の相武台への移転を始めとする沿線への軍施設の進出、戦後は高度成長に伴う宅地化の急速な進展や箱根・江の島への観光客の増加により乗客数を伸ばし、平成一九年（二〇〇七）に開通八〇周年を迎えた。新旧の地形図を比較しながら高速私鉄沿線の変貌ぶりを眺めてみよう。

新宿〜小田原間が一挙に開通

小田急小田原線が開通したのは昭和二年（一九二七）四月一日。少しずつ延長開業を繰り返す当時の「常識」を破って新宿〜小田原間八二・八キロ（当時）を一挙に開通させた。しかも全線複線（開業半年後に完成）の高速鉄道である。二年後には藤沢を経て片瀬江ノ島に至る江ノ島線も全通させた。「新時代の電車」としてさぞ新鮮なデビューであったことだろう。

図1は昭和七年（一九三二）の修正だから、小田急小田原線開通から五年後の図である。新宿を出ると甲州街道をくぐるのは今も同じだが、当時は京王電気軌道（現京王電鉄）が路上を走っており、現在伊勢丹のある新宿三丁目（京王新宿）が起点だったことがわかる。なぜか現南新宿駅は載っていないが開通当初から千駄ヶ谷新田駅があった。この駅は昭和一二年に小田急本社前と改称（駅前に本社ビルがあった）されたが、その後戦時体制で昭和一七年に京浜・京王とともに東京急行に一元化されたため南新宿と改称、現在に至っている。

次の参宮橋《さんぐうばし》駅は、甲州街道からまっすぐに南下して新設された西参道が小田急の線路を越える橋の名である。**図1**に見える陸軍の練兵場は維新前は彦根藩の下屋敷だったところで、戦後米軍に接収されてワシントンハイツ（米軍住宅）となったが、東京オリンピックのため旧成増《なります》飛行場跡地のグラントハイツに移転、跡地に国立競技場が建設された。ついでながら南新宿駅との間にあった山《さん》谷《や》駅は昭和二一年に廃止されている（**図1**では千駄ヶ谷新田・山谷の両駅は描かれていない）。

丘を避けて南に迂回しながら代々木八幡駅を過ぎると代々木上原駅。現在では地下鉄千代田線が乗り入れる大きな高架駅だが、開通当初は田畑の広がる中の小駅で、代々幡《よよはた》上原と称した。豊多摩郡代々幡町（**図1**）にあったためだが、これは代々木と幡ヶ谷が明治二二年に合併した際の合成地名である。**図1**の下北沢駅にはまだ井の頭線が見えないが、開通は昭和八年（一九三三）のことだ。

世田谷中原駅（現世田谷代田）の踏切から府道を少し南下すると若林の世田谷町役場に至るが、北沢用水の流れと水田を渡る細道はその後四車線の環状七号線となった。「春の小川」の歌詞のような風景も今は昔、である。

図1の電車は北沢用水を渡り、その後昭和九年に梅ヶ丘駅ができる畑の中を豪徳寺駅へ向かうが、大正一四年（一九二五）に一足先に開通した玉川電気鉄道の下高井戸支線（現東急世田谷線）をまたぐ。経堂駅付近は**図1**でもまとまった家並みが見えるが、以前は荏原郡世田谷町の大字経堂在家《ざいけ》といった。経を納めた石室の上に小さな堂を建てたのが地名の由来とする説もあるという。この周辺から西側は戦後急速に宅地化が進んだが、**図2**は東京の連続市街地がちょうど経堂まで及んだ状況がよくわかる。当時は経堂止まりの各駅停車がかなり多かった。

多摩川を渡ると神奈川県

千歳船橋駅を通り、荒玉水道の一直線の水道道路と交差すると祖師ヶ谷大蔵《そしがやおおくら》駅。祖師ケ谷と大蔵の双方の顔を立てた連名の駅である。**図2**には成城学園前駅の南に東宝スタジオが見えるが、ここから調布市南部にかけては撮影所が多く、東宝のすぐ隣の円谷プロでウルトラマンが誕生したことにちなみ、最近駅前商店街が「ウルトラマン商店街」と命名されたらしい。

図1の成城学園前駅近くには牛込《うしごめ》区（現新宿区東部）から大正一四年（一九二五）に移転して間もない成城学園が見える。この頃はまだ住宅がそれほど進出していない。成城はもと喜多見《きたみ》村の一

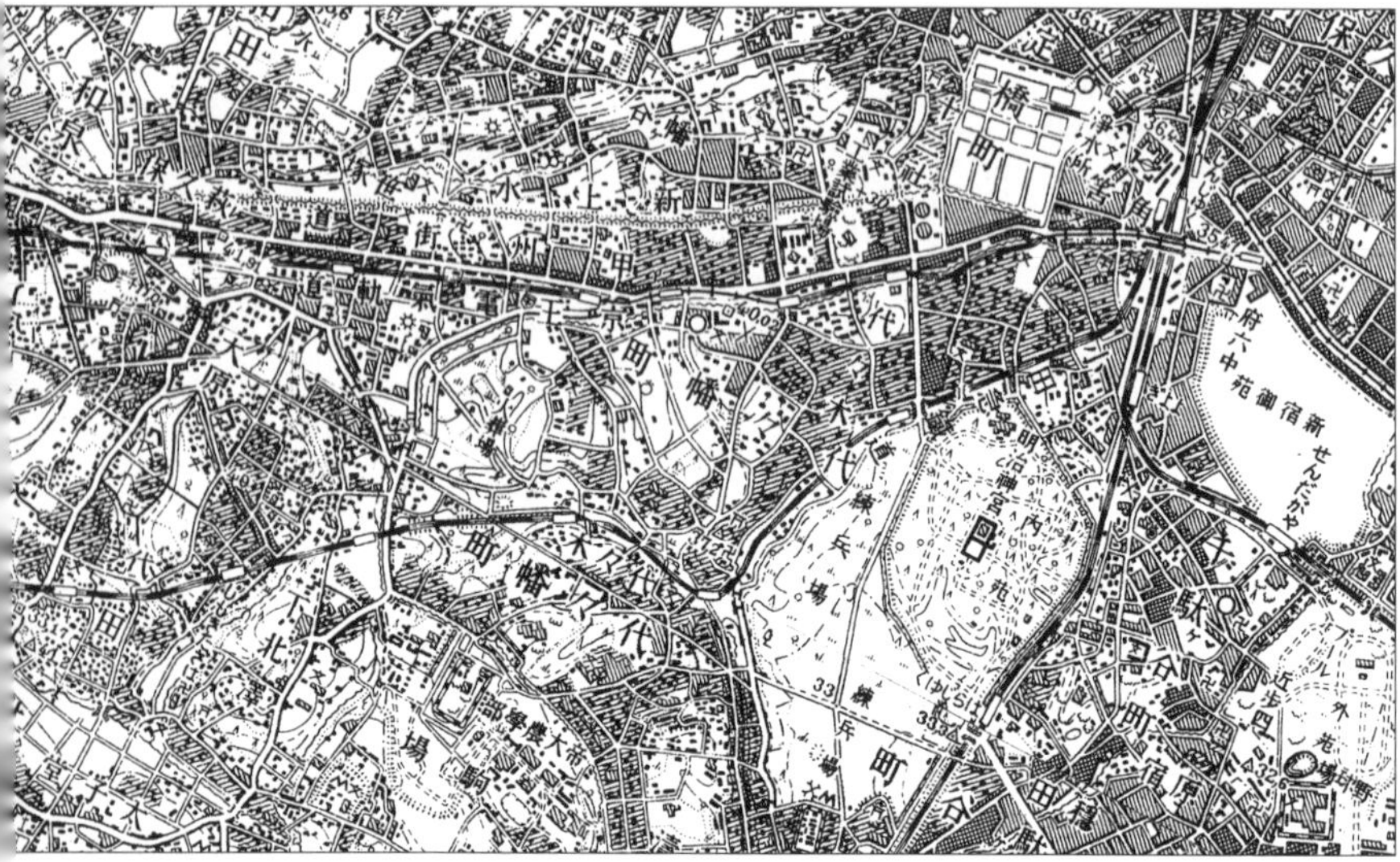
新宿御苑
明治神宮内苑
代々木練兵場
京王電気軌道

京王電鉄京王線
世田谷区
新国立劇場
甲州街道
代々木公園
国立競技場
東京体育館
首都高速四号線
新宿御苑
千駄ヶ谷
神宮前
渋谷区

図 1　1:50,000「東京西北部」昭和 7 年要部修正＋「東京西南部」昭和 7 年部分修正

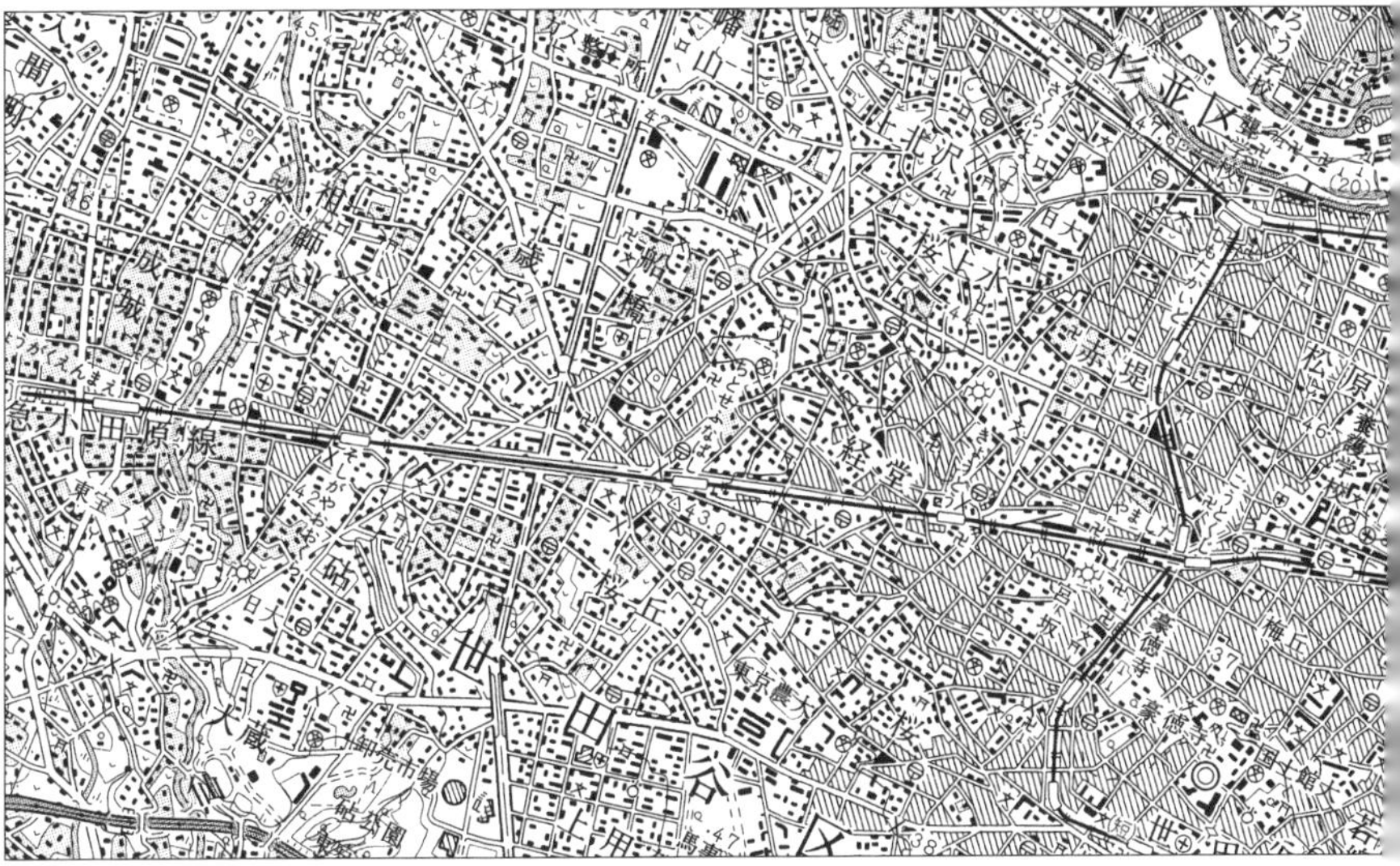

図 2　1:50,000「東京西北部」平成 15 年修正＋「東京西南部」平成 7 年修正

部であったが、昭和五年に砧《きぬた》村大字喜多見成城と改称、同一一年の東京市編入とともに世田谷区成城町（現成城）となった。その先は野川の谷を渡って間もなく喜多見駅。現在はその谷に沿った形で車庫がある（**図4**にはなし）。この喜多見村には中野と同様、第五代将軍・徳川綱吉の時代に犬小屋が建てられた。駅付近の旧字名を野屋敷といったが、まさに「お犬様」の屋敷の名残である。

明治の町村制施行以来、一度も合併したことのない小さな狛江《こまえ》市の中心・狛江駅の手前で久しぶりにカーブして和泉多摩川駅を過ぎる。駅の手前で平面交差していた世田谷通りは**図2**では小田急の上を通っているが、現在は小田急の高架複々線化に伴って上下交代し、地上に降りた。高架化反対運動もあって、長い年月をかけて高架工事は進められ、現在ようやく梅ケ丘〜和泉多摩川間の複々線化が完成している。**図2**ではまだ地上を走っている状態だが、現在では成城学園前付近が地下、その他は高架となっている。

多摩川を渡った先は神奈川県。現在は川崎市多摩区だが、開通当初は橘樹《たちばな》郡稲田村であり、**図3**には表記がないが現登戸駅は稲田多摩川と称した。南武鉄道（現南武線）の開通は小田急開通の三週間あまり前の三月九日だが両者の駅名は異なり、小田急側はその次の駅名を稲田登戸（現向ケ丘《むこうがおか》遊園）とした。稲田多摩川駅はその後昭和三〇年（一九五五）に登戸多摩川と改称、同三三年にようやく南武線と同じ登戸駅に揃えられている。

稲田登戸駅が向ヶ丘遊園と改称したのは昭和三〇年のことだが、遊園地そのものは小田急の直営で、昭和二年の開通と同時に開園している。駅前から遊園地まで「豆汽車」が二ヶ領用水沿いに運転されていたが、昭和四一年には当時の「未来の乗物」的なイメージのあったモノレール（**図4**）に代わった。しかし車両の不具合と利用減で平成一二年（二〇〇〇）に運行を停止（翌年二月廃止）、遊園地そのものも平成一四年に閉園となった。

阪急の宝塚、近鉄のあやめ池遊園地、東急の多摩川園など、電鉄会社が沿線に遊園地を経営するのは戦前から「お決まり」のように行われていたが、最近相次ぐ電鉄系遊園地の撤退はその構図がすでに崩れたことを示しているようだ。ついでながら、かつては向ヶ丘遊園から南武線への連絡線（昭和二一年開通）があったが、これは私鉄・南武鉄道時代に小田急と相互に車両を融通したり、相模川の砂利を川崎へ輸送する貨物列車の通行に利用されたが、昭和四二年に廃止されている。

急速に宅地化が進んだ丘陵地

向ヶ丘遊園を出ると電車は五反田《ごたんだ》川の谷に沿って西へ向かう。小田急では当初、生田《いくた》村内に駅を設ける予定はなかったが、地元が駅の用地を負担することで設置が決まった。しかし広い村内のどこに設けるかが決まらず、結局は東生田・西生田の二か所に設置することになったという。昭和三九年（一九六四）には「よみうりランド」の開園を機に西生田駅を読売ランド前、東生田駅を生田とそれぞれ改称した（**図4**）。ちなみに生田の地名は古そうに見えるが、明治八年に川の名に残る五反田村と上菅生《かみすがお》村が合併した際の合成地名である。

沿線を見ると、**図3**では五反田川とその支流に沿った細長い谷戸に農村の家々が見える程度だが、

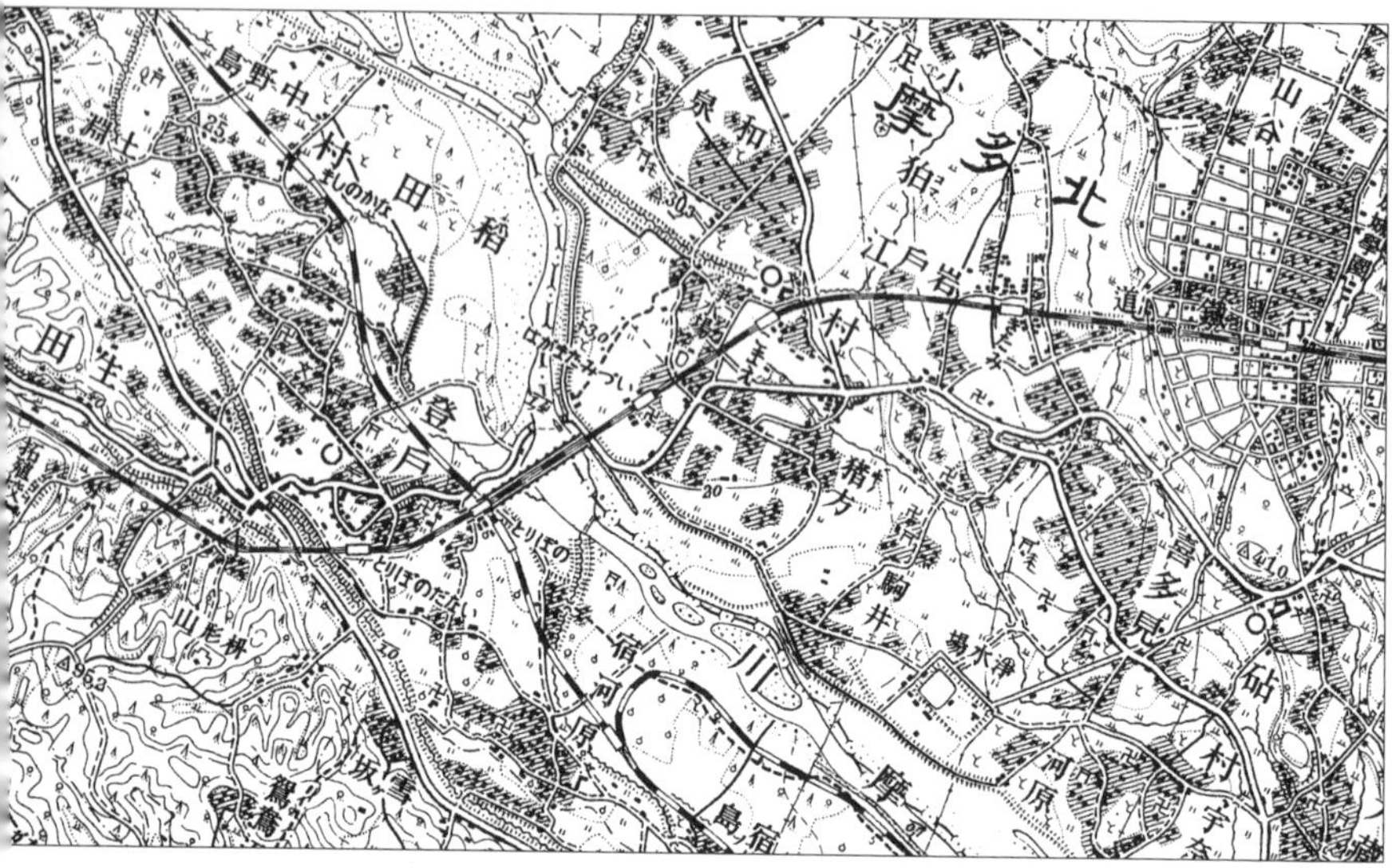

中野島
狛江市
小田急小田原線
宿河原堰堤
喜多見
成城
猪方
駒井町

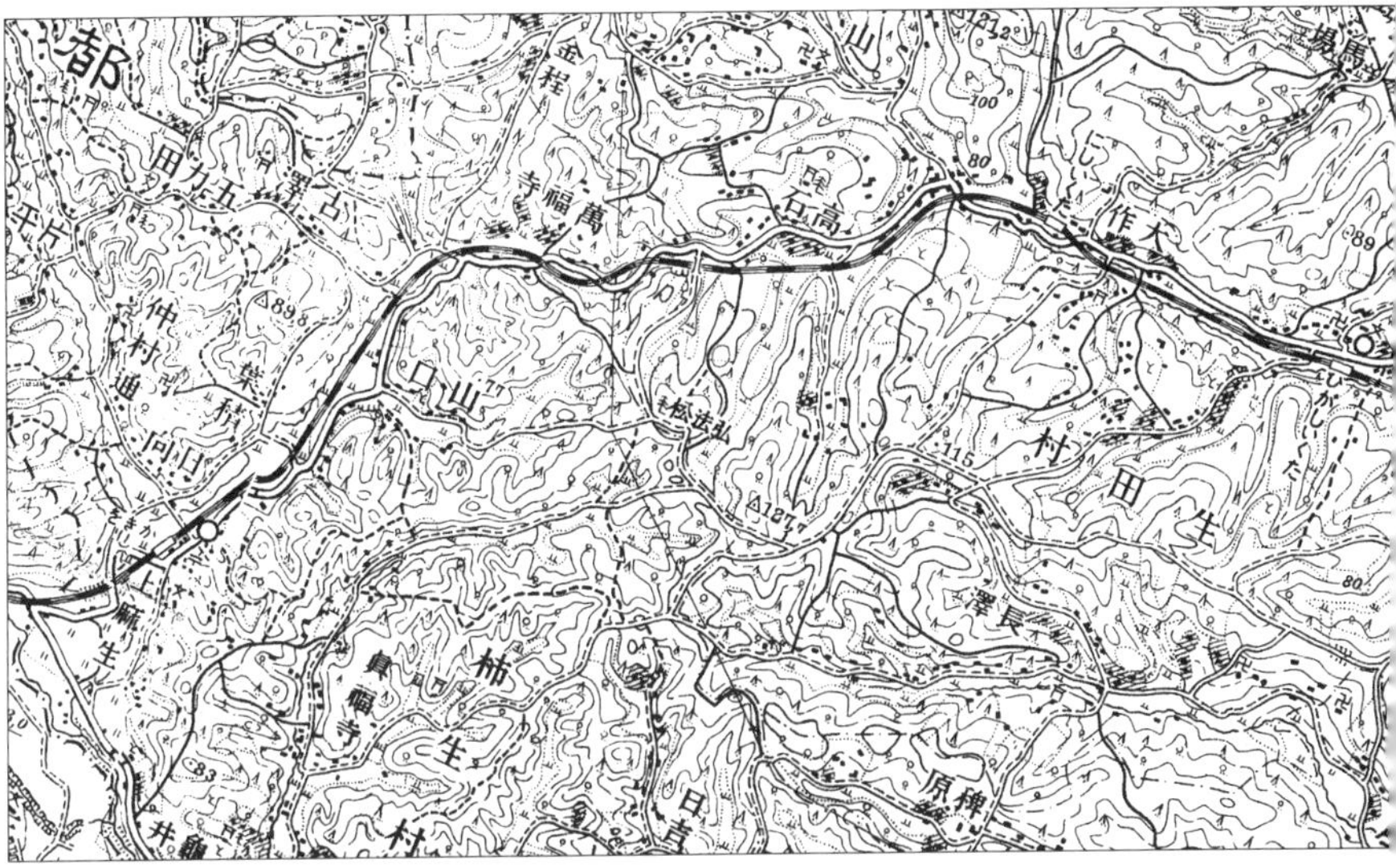

図３　1:50,000「東京西南部」昭和７年部分修正＋「八王子」昭和４年鉄道補入

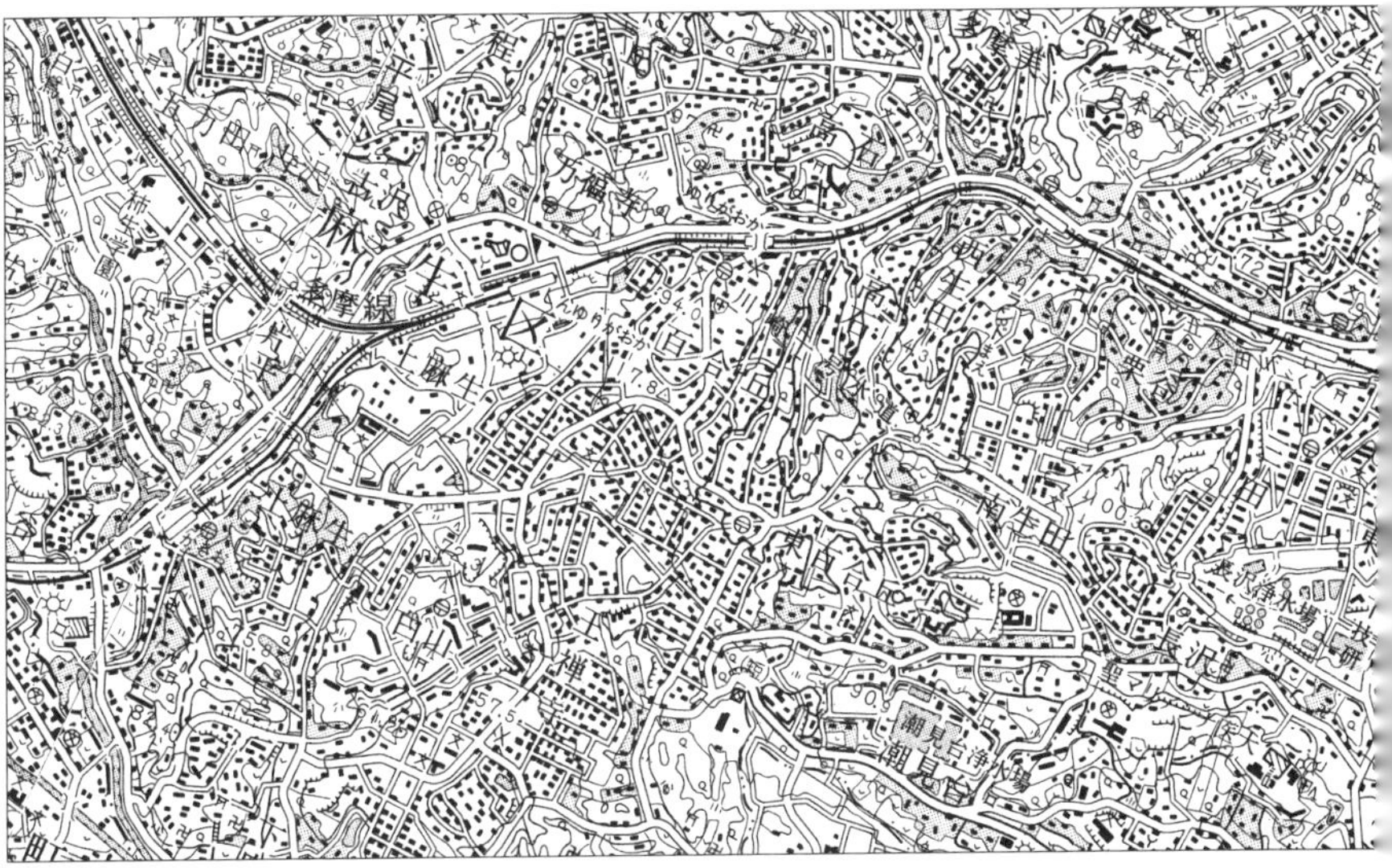

図４　1:50,000「東京西南部」平成７年修正＋「八王子」平成 12 年修正

図4では丘陵地に住宅が至る所に進出したのがわかる。その先駆けとなった百合ヶ丘団地（旧日本住宅公団）が昭和三六年に入居開始したのを始め、同四〇年代の宅地化の進行は実に急速で、**図4**では等高線がほとんど読めないほど丘陵地一面が住宅地となった。また上向きの経済と進学率上昇に伴って規模を拡大していった大学は都心から相次いで移転していくが、生田駅の南側には明治大学と専修大学、読売ランド前駅北側には日本女子大学がそれぞれ移ってきた。

百合ヶ丘～柿生間には新百合ヶ丘駅ができ（駅前後の経路を変更）、多摩ニュータウンへの足として建設された多摩線との分岐駅になった。現在では前後の「諸先輩」の駅をさしおいて快速急行までもが停車する拠点駅として、また駅前には麻生《あさお》区役所や大規模ショッピングセンターなどが集まり、川崎市西部の中心的な顔も持つようになっている。

次は柿生《かきお》駅で、川崎市麻生区にあるが、区内に柿生という町名はない。なぜかといえば、柿生とは昭和一四年に川崎市に編入される以前の行政村名であり、この村名は明治二二年（一八八九）に町村制が施行され、王禅寺・上麻生など一〇村が合併した際に、この地域が「禅寺丸柿」の名産地であることにちなんで新村名としたものだ。駅の所在地は神奈川県都筑《つづき》郡柿生村大字上麻生であったが、川崎市への編入とともに川崎市上麻生（その後多摩区を経て麻生区）となり、柿生の名は行政の地名から消滅してしまったのである。

小田急小田原線　鶴川〜本厚木

新時代の高速鉄道として、ちょうど八〇年前の昭和二年に新宿〜小田原間を一気に全線開通させた小田原急行鉄道（現小田急電鉄）は、多摩丘陵の雑木林を過ぎると相模野台地を一直線に駆け抜ける。今は政令指定都市も視野に入る大都市・相模原も当時の人口は二〇分の一以下。三角測量の基線が設けられるほど遮るもののない平地が続いていた。しかしその広大な土地には昭和一〇年代に入ると軍都計画に基づき、陸軍の施設が次々と進出する。時局は急を告げ、座間の遊園地構想は泡沫のごとく消え、「防諜のため」に駅名も改称させられた。新旧の地形図を比較しながら、激変した沿線を観察してみよう。

都県境越えを繰り返し相模大野へ

柿生《かきお》から次の鶴川駅（町田市）までの間で小田急は都県境を三回も越える。このあたりは蛇行した鶴見川旧河道の影響もあって境界が複雑だ。鶴川という駅名は柿生と同様に明治町村制時の行政村名で、駅のある能ケ谷《のうがや》をはじめ、大蔵・三輪など計八村合併で誕生したが、一帯が鶴見川流域であるため「鶴川村」と命名された。

図5では鶴川から先しばらく雑木林の広がる中を進むが、まだ玉川学園前駅はなく、鶴川〜新原町田（現町田）間はひと駅で五・七キロもあった。この自然豊かな丘陵地に玉川学園および駅ができるのは昭和四年（一九二九）のことであるが、今でも五九ヘクタールにおよぶ学園の広大な敷地は緑が多く、美しい公園のようなたたずまいを見せている。成城学園もそうだが、中央線・国立の東京商科大（一橋大学）、東横線の青山師範（学芸大学）など戦前から学校を核とした宅地開発は各地で行われており、いずれも文化的・高級住宅地という開発戦略は功を奏し、今に受け継がれている。昭和四二年には「玉川学園」も町田市の正式町名になった。学校の名前が地名になると具合の悪いこともある。以前読んだ新聞記事に「玉川学園で執筆した遠藤周作氏」とあったのだが、地名を知らない人が読めば学校の中で執筆したと誤解するかもしれない。

玉川学園前駅から緩いカーブを描きながら恩田《おんだ》川の谷を築堤で渡れば、境川との間の台地上にある町田駅に着く。小田急全線では新宿に次ぐ乗降客数を誇る駅だが、昭和五一年（一九七六）まで新原町田と称し、横浜線の原町田駅は現在地よりだいぶ南に離れていた(昭和五五年現在地に移転)。両駅間にある商店街を抜ける通称「マラソン道路」では毎朝、両線の乗り継ぎ客が集団で走る姿が見られたものである。

町田を出るとすぐに横浜線をまたぎ、境川の鉄橋を渡るが、この川が文字通り武蔵・相模の国境を成し、現在もここで東京都町田市から神奈川県相模原市に入る（多摩川から数えれば七回目の都県境越え)。

次の相模大野駅は全線開通時の昭和二年にはなく、また小田急相模原駅も後年の設置なので新原町田～座間（現相武台前）間はひと駅六・一キロもあった。地形図によればこの間は桑畑と雑木林が続く中をほとんど一直線の線路が続いていた。今では相模原市内最大の乗降客数を誇る相模大野駅付近も当時は桑畑のまん中で、最寄りの集落・谷口新開でも五〇〇メートル離れていた。昭和四年に江ノ島線が開通した際にここに分岐点として信号所が設けられたのが相模大野駅のルーツである。

駅名変更は「時局の要請」

その後は陸軍の通信学校がほぼ現在の相模女子大の敷地に昭和一三年（一九三八）に完成、信号所は同年に通信学校駅として開業した。しかし同一六年には相模大野と改められている。もちろん学校がなくなったわけではなく、「時局の要請」である。この時期は日中戦争が拡大して泥沼化しており、アメリカが対日石油禁輸措置を行ったのに伴い、情勢は緊迫の度を増していた。たちまちガソリンの供給は制限され、小回りの利く身軽な車両として当時盛んに使用されていた気動車の運行もままならなくなり、全国の気動車専用駅が相次いで廃止に追い込まれていたのもこの時期である。そんな情勢下にあって軍機保護・防諜の観点から軍事施設を名乗る駅名の改称が全国的に行われるようになっており、相模大野への改称もその一環だったようだ。

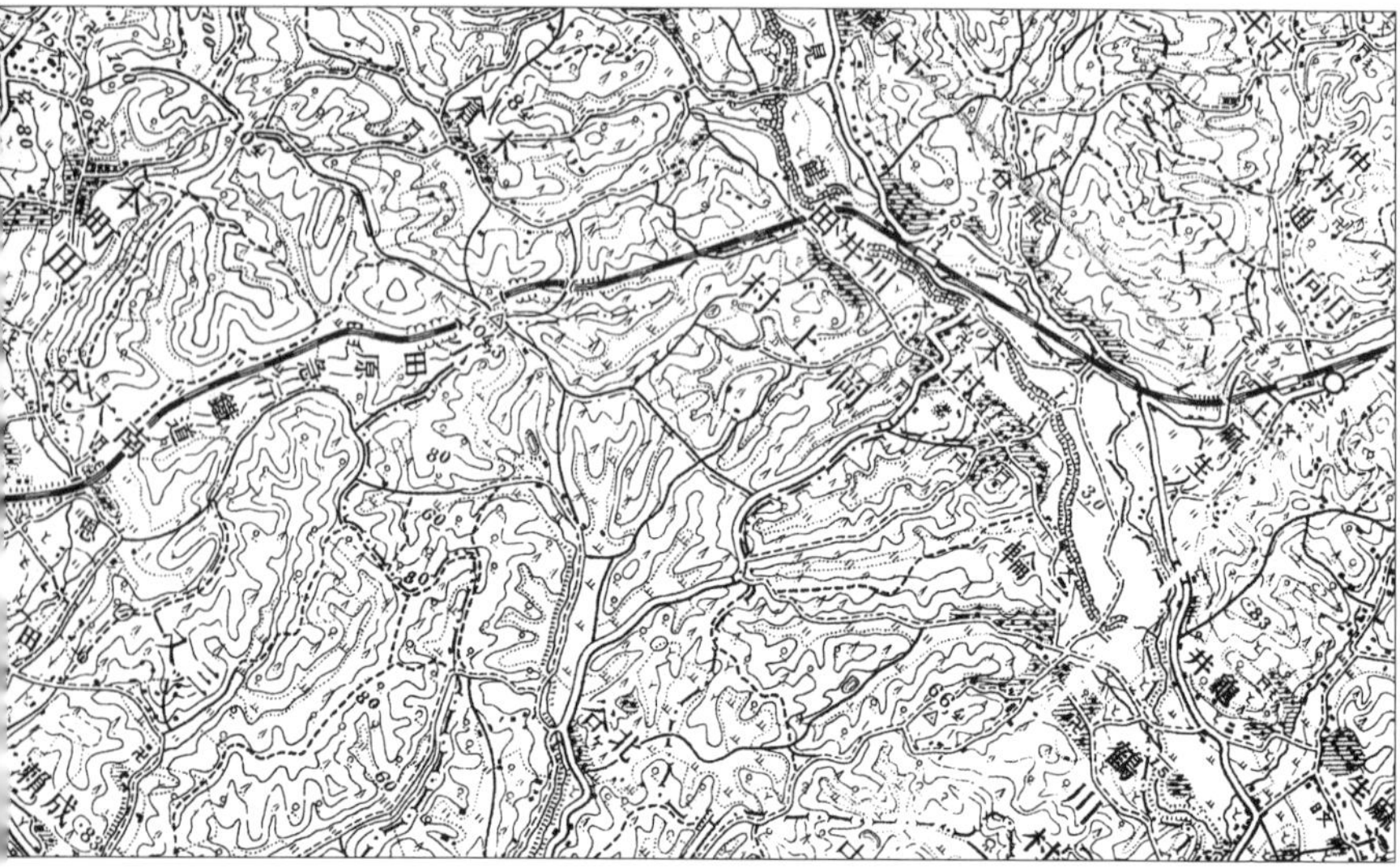

図５　1:50,000「東京西南部」昭和７年部分修正＋「八王子」昭和４年鉄道補入

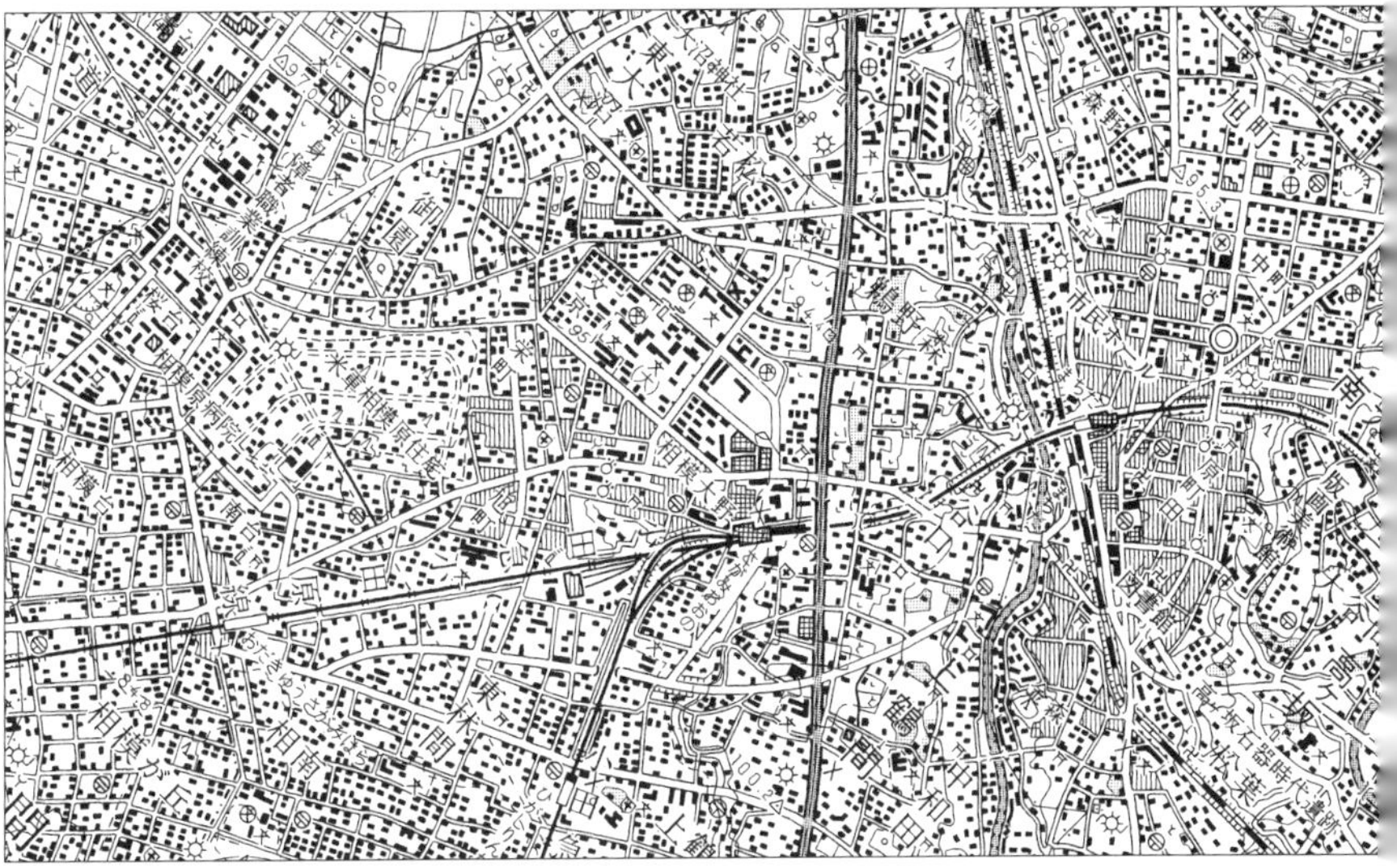

図６　1:50,000「東京西南部」平成７年修正＋「八王子」平成 12 年修正

さて、大野の地名も行政村名だから明治二二年（一八八九）以降の比較的新しい地名だ。大野村は淵野辺《ふちのべ》・鵜野森《うのもり》・上鶴間・矢部新田・上矢部の五村が合併し、広大な相模野をイメージして「大野村」と名付けられた。通信学校が進出する前の、まだ純農村だった昭和一〇年（一九三五）の国勢調査では大野村の人口は五七九八人、上溝町《かみみぞ》および大野を含む六村を合わせた現相模原市域の人口はわずか三万四六四人であった（最近編入された津久井郡域は除く。当初成立した相模原町には現座間市域も含む）。現在のわずか二〇分の一以下であるが、このことは**図5・6**を比べてみれば一目瞭然だ。

図5で江ノ島線を分岐した電車は雑木林の中を快走するが、間もなく交差する直線的な道路は横浜水道の本管が通る水道道路だ。明治二〇年（一八八七）に完成した横浜水道は相模川上流の現津久井湖の位置から取水し、はるばる四〇キロの鉄管で横浜港を結んだ。水質改善に伴って横浜市内の伝染病が激減するなど、近代的水道の威力を市民に見せつけた画期的な事業だったのである。

その左に見える中和田新開の集落が現小田急相模原駅のある所で、昭和一三年の開業時は単に相模原駅といったが、その後、横浜線に相模原駅が開業した時に「小田急」を冠せられた。その先で「基線中間点」の脇を通過するが、これは相模野基線（約五・二キロ）の中間点にあたるもので、北端点はここからほぼ北北西、南端点はほぼ南南東の方角にある。基線とは全国の三角測量の「最初の一歩」となる基礎の辺で、可能な限りの精密な長さの測量が行われた。それだけ土地が平らで障害物がなく好都合だったのである。

図7の座間《ざま》駅は村の中心から相当に離れているが、これは現在の相武台前駅で、現座間駅は開通から三か月弱遅れて開業した新座間駅だ。旧座間駅は昭和一二年（一九三七）に市ヶ谷から移転してきた陸軍士官学校の最寄り駅として、同年に士官学校前と改称されている。「相武台」とは陸軍士官学校に対して昭和天皇が与えた呼称とされており、その後、通信学校駅と同じ日におそらく同じ理由で相武台前に改称された。その時に単に相武台駅ではなく、「前」が付けられたのは、相武台が地名ではなく士官学校を指していたからに違いない。しかし戦後は同校が消滅（現米軍座間キャンプ）したため「学校の異称」から「地名」に変わり、現在では相模原市・座間市の公式の町名となっている。ついでながら相武台前駅近くに両市の境界が通っており、どちらにも相武台という町名があるため混乱しやすい。特に両者バラバラに丁目を設定したため、たとえば相模原市の相武台二丁目は駅の西、座間市相武台二丁目は駅の東にあるので要注意だ。ちなみに相模線の相武台下駅も陸士前駅から改称されたものである。

線路はこの先で南に向きを変え、現座間駅に至る。開通当初は駅がなく集落のまん中を通過していたが、ここに新座間駅ができたのは開通からわずか四か月足らずの七月二八日。**図7**は昭和四年の修正なのに新座間駅が描かれていないのは不思議だ。小田急は開通当初からここに遊園地を作る計画を持っていたというが、なかなか実現しないうちに昭和恐慌や日中戦争などで頓挫してしまった。現在の入谷《いりや》四丁目あたりだが、昭和一二年（一九三七）に座間遊園と駅名を改めたものの、やはり実現せず同一六年に座間と改称している。

厚木駅の前身は三鉄道の三駅

次の駅は**図7**では海老名《えびな》国分《こくぶ》駅だが、現在は一キロほど厚木寄りの海老名駅で相模鉄道に連絡している。ここは相模国分尼寺のすぐ近くだ。近くには前年（大正一五年）に開通した神中《じんちゅう》鉄道（現相模鉄道）の相模国分駅があった。同鉄道の始発駅は厚木駅（現在地より三〇〇メートルほど北）で、ここから茅ヶ崎へ行く旧相模鉄道（現ＪＲ相模線）につながっていたのが**図7**から読み取れる。相

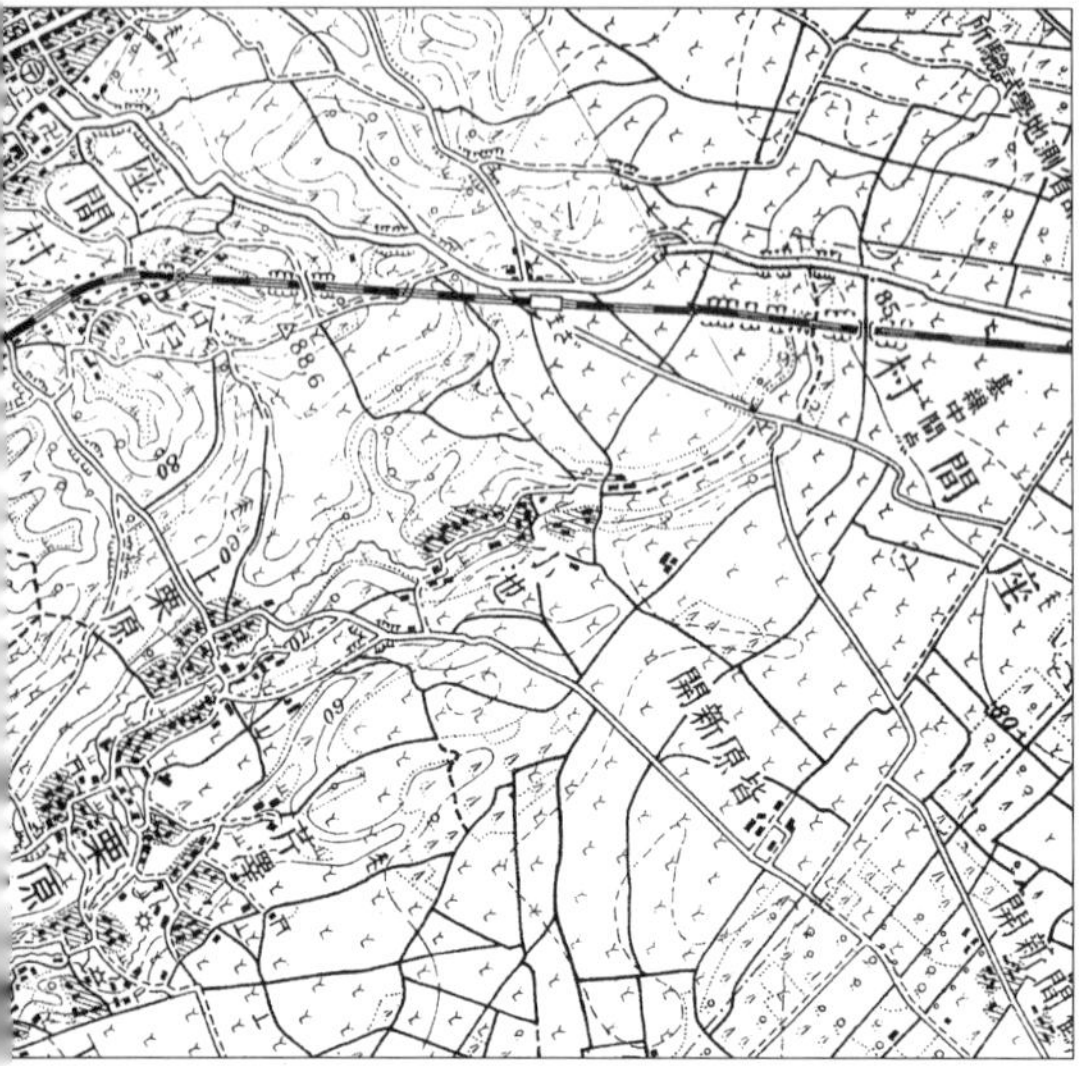

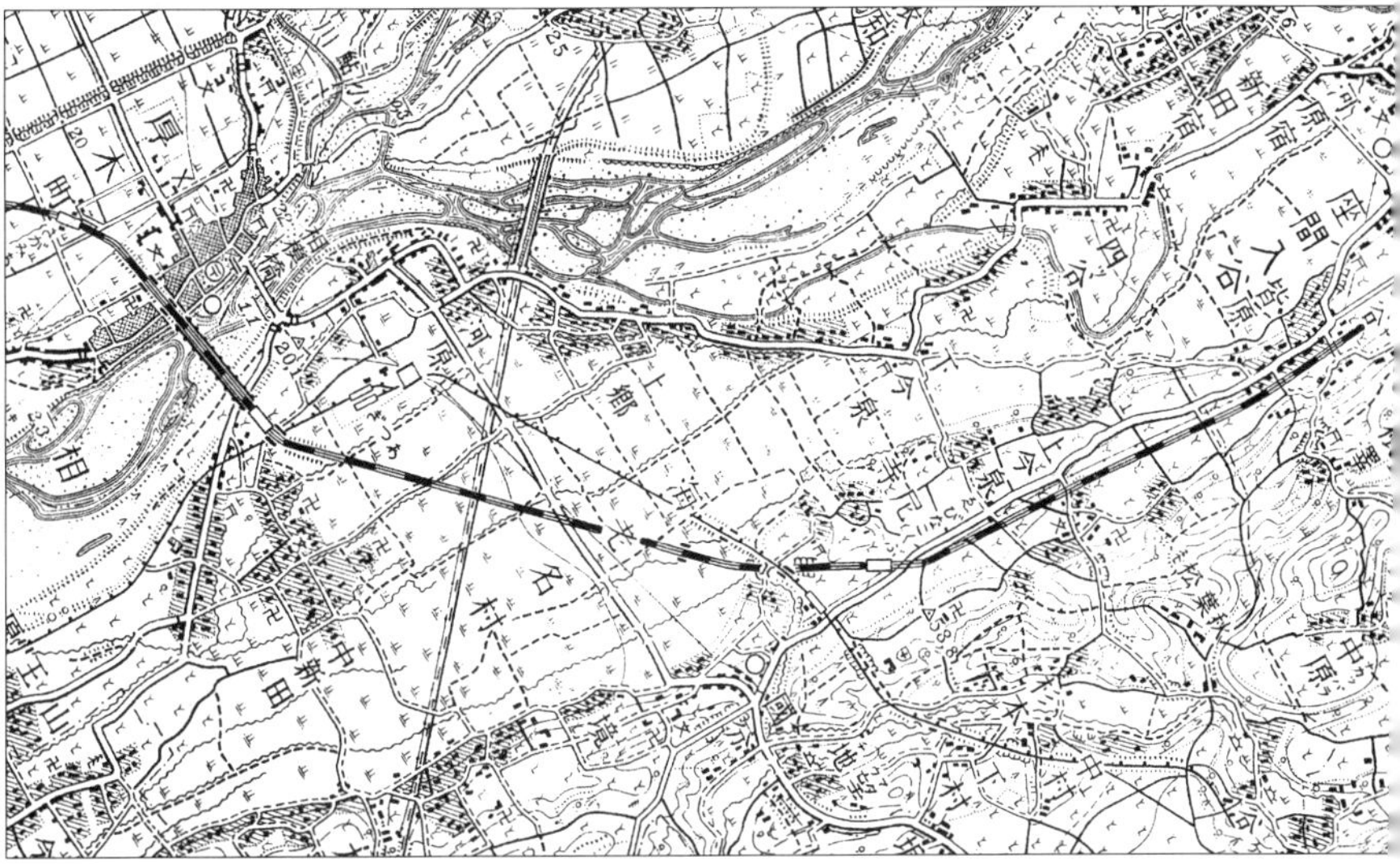

図７　1:50,000「八王子」昭和４年鉄道補入＋「藤沢」昭和４年鉄道補入

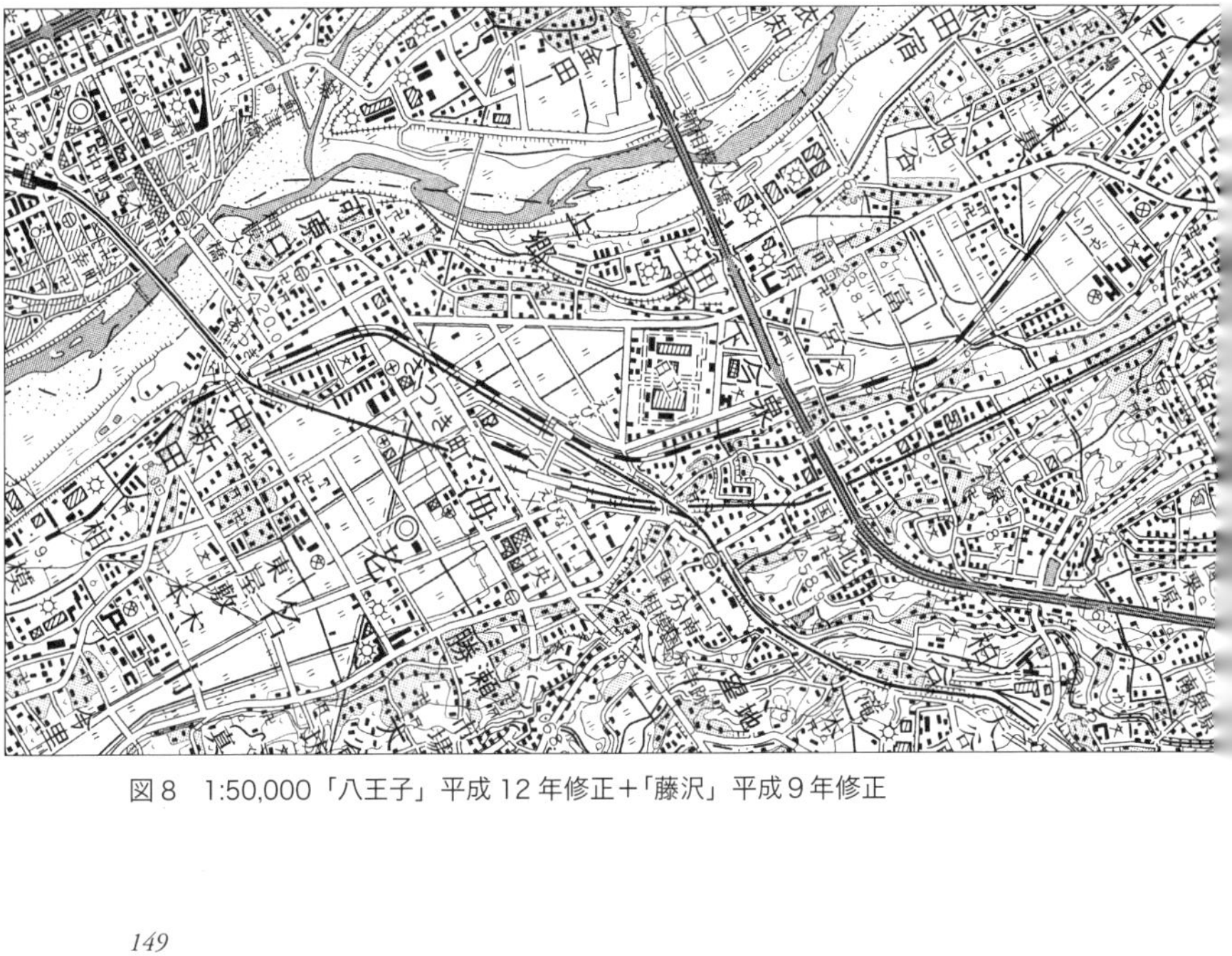

図８　1:50,000「八王子」平成 12 年修正＋「藤沢」平成９年修正

模・神中ともにいわゆる「ジャリ鉄」で、相模川の砂利運搬が主目的の鉄道だった。

その後、神中鉄道は昭和一六年（一九四一）に相模国分駅から小田急の線路際まで五〇〇メートルほどの線路を新設、海老名駅を開業した（相模国分駅の旅客営業は停止）。当初小田急側に駅はなかったが、この地点から小田急の相模厚木駅まで神中鉄道の気動車が乗り入れることになった。一方小田急でも昭和一八年四月一日には海老名国分駅を廃止して海老名駅を開業、神中鉄道の乗り入れは廃止されたが（神中は同日に相模鉄道に吸収合併）、横浜方への連絡は改善された。なお、相鉄の小田急乗り入れは戦後間もなく復活し、昭和三九年まで横浜発本厚木行きの直通電車が走っていた。一方、相模線の方にも遅ればせながら昭和六二年（一九八七）三月に海老名駅が設置され、ちょっと遠いながらも連絡通路が設けられて相模線沿線の住民は横浜方面への移動が便利になった。

海老名～厚木間は長いこと田んぼが広がっていたが、最近になって建物が増えてきた。ここでほぼ直角に交差している一直線の目立つ線が横須賀水道だ。かつては横須賀海軍水道と称し、艦船への給水を目的として明治四五年（一九一二）から一〇年をかけて工事が行われ、丹沢山地の麓、現愛川町の半原《はんばら》で取水してはるばる相模平野を横切って五三キロ、横須賀・逸見《へみ》の浄水場までを結んでいる。

次の現厚木駅は**図7**では駅名が記されていないが、当時は河原口《かわらぐち》駅といった。小田急の駅が離れているので、神中鉄道では小田急開通二年後の昭和四年、小田急との交差地点近くに中新田口《なかしんでんぐち》という駅を設けた。中新田も現海老名市の地名である。一方、旧相模鉄道でも昭和七年に中新田駅を設けたので、この地点には厚木（小田急）、中新田口（神中）、中新田（相模）の駅名の異なる三駅が集まっていたことになる。しかしその後相模鉄道（現ＪＲ相模線部分）が国に買収された昭和一九年六月一日、厚木駅が現在地に南下し、それに伴って中新田駅は廃止されて厚木駅として統合された。ただし厚木駅は開設当初から厚木町内ではなく、現在も海老名市河原口にある。

　堤防のすぐ東に位置する厚木駅を出ると、相模川の長い鉄橋を渡り、両側に旧市街を見て本厚木駅に着く。厚木は相模川水運の拠点であり、また大山街道（矢倉沢《やぐらさわ》往還）の宿駅として発達した町である。東海道本線、横浜線などの開通で重要度が低下していたが、小田急の新宿直結で相模厚木（現本厚木）駅付近には**図7**以降、新市街がにわかに発達していく。

旧版地形図の読み方

地域の歴史を詳しくたどるのに旧版の地形図は不可欠だ。しかし古い版なので横書きの地名を右から読むことはもちろん、記号の体系たる「図式」も現在とだいぶ異なるため、地形図に載ったメッセージを読み違えてしまえば大変な誤解のもとにもなる。今回は旧版地形図の読み方について、実例を挙げながら説明していくことにしよう。

二万分の一迅速測図は「あぜ道」に注意！

関東地方では最も古い時代の地形図としてよく登場するのが「迅速図」である。西南戦争は終わったけれど明治憲法が発布される前、ようやく近代国家が形をなしてきた時期に、文字通り急いで整備した地図だ。明治一三〜一九年（一八八〇〜八六）に作成されたが、三角点などの基準点の整備される以前のものなので、経緯度の表示がないのが特徴である。

また、図式もその後の地形図とは相当に違うので要注意だ。植生の記号もことごとく異なり、これを詳述していると原稿が尽きてしまうほど注意点があるのであまり立ち入らないが、たとえば今

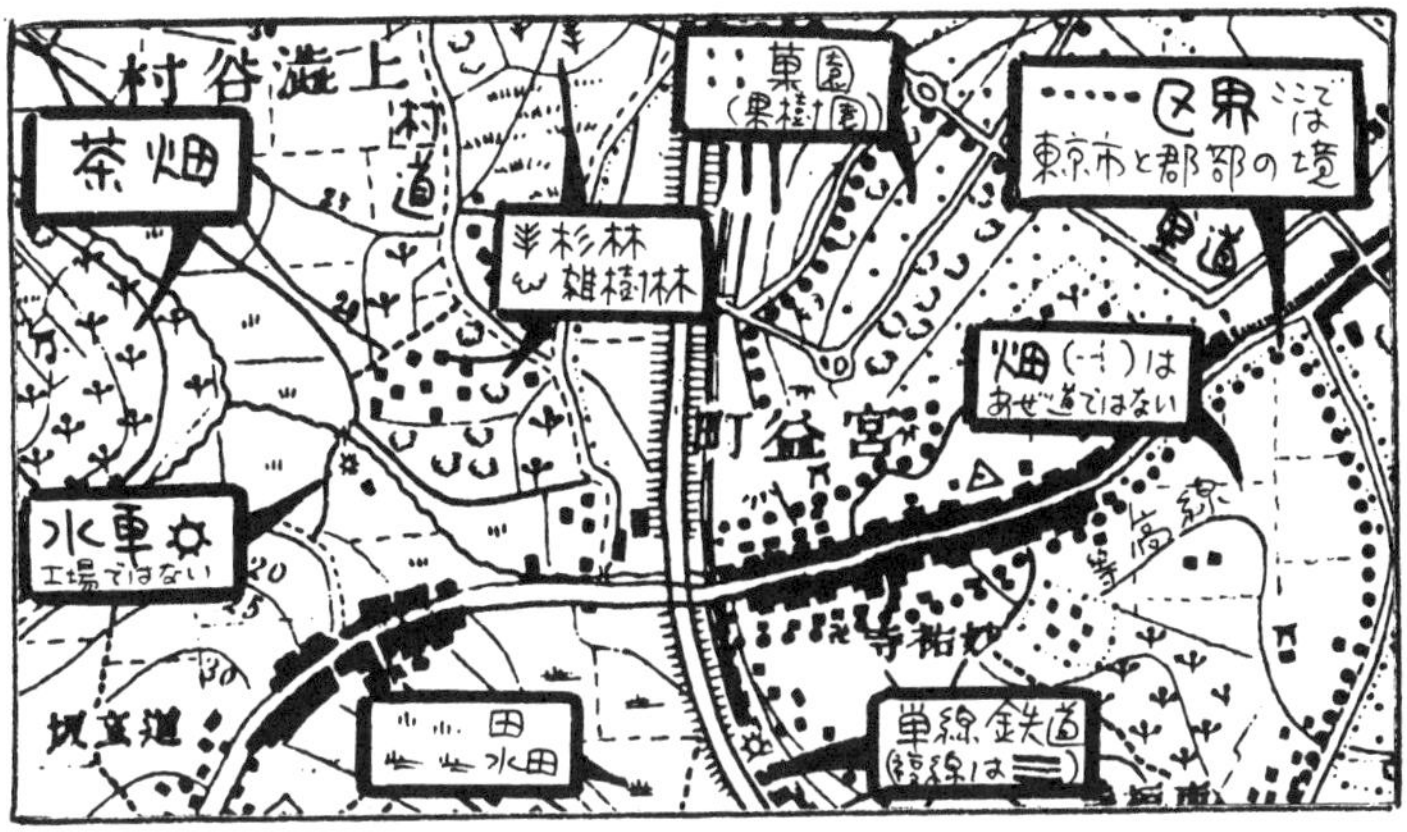

図１　迅速 1:20,000「内藤新宿」明治 30 年修正（190％拡大）

なら針葉樹林や広葉樹林と分類されている森林も「杉林」「檜林」「雑樹林」などと、記号の図柄も雰囲気も大きく異なっている。

ひとつだけ重要な注意点を挙げると、水田や畑に描かれた「あぜ道のようなもの」がある。破線が縦横に描かれていて耕地を区切っているので、あたかもそこに小径がありそうに見えてしまうが、これは「地紋」のようなもので、実際のあぜ道とはまったく関係ない。「耕地のイメージ」を表わすための絵の一部なのだから、この「あぜ道」をもとに昔の鎌倉街道などを探そうとしてはいけない。

また、一般の建物関係の記号も以後と違うものが多く、たとえば水車など、その後の工場の記号にそっくりだ。「一〇〇年前あそこに水車があったんだなあ」と解釈すべきところを「工場があったのか……」と読み誤ると歴史認識の前提が最初から崩れてしまう。他にも鉄道の記号からしておなじみのハタザオ記号ではなく二条線だし、併記された線名にしても鉄道国有化前の明治三〇年なので、迅速図には「自赤羽至品川鉄道」などと起終点を示す線名となっているのがふつうだ。「迅速」だけあって測量の精度もだいぶ落ちるのだが、線的な測量であった伊能忠敬の作った地図に比べて、面としての測量が初めて中縮尺で本格的に行われたわけで、精度の限界を知り、図式をきちんと把握すれば、近世から近代初期にかけての国土の状態が面白いほど読めるから貴重なのである。

精緻な表現の二万分の一地形図（正式図）

同じ二万分の一でもこちらは「正式図」。三角測量に基づいて測量され、図の四隅には経緯度の数値が記されている。図式も何回かの改訂を経て明治四二年図式では、その後の二万五千分の一や五万分の一のものに限りなく近づいた。

図に挙げたのは渋谷駅の西側、道玄坂から西の地域だが（明治四二年測図「世田谷」）、迅速図に比べて市街化が驚くほどの速さで進んでいることもあるが、描写が非常に詳細になっている。たとえば道玄坂の文字の左にある天理教会の敷地と道路の境目は生垣だが、衛戍《えいじゅ》監獄（陸軍の刑務所。現渋谷公会堂および区役所あたり）はコンクリートまたは煉瓦の塀だったことがわかるし、スペイン坂下近くの交番あたりには水車がゴトゴト回っていたこともわかる。

二万分の一正式図はこのように迅速図にくらべて非常に精度が高く詳細な地図なので、農村部なら迅速図よりむしろ明治末の正式図の方が、「風景描写」は江戸時代を忠実に映していると言える

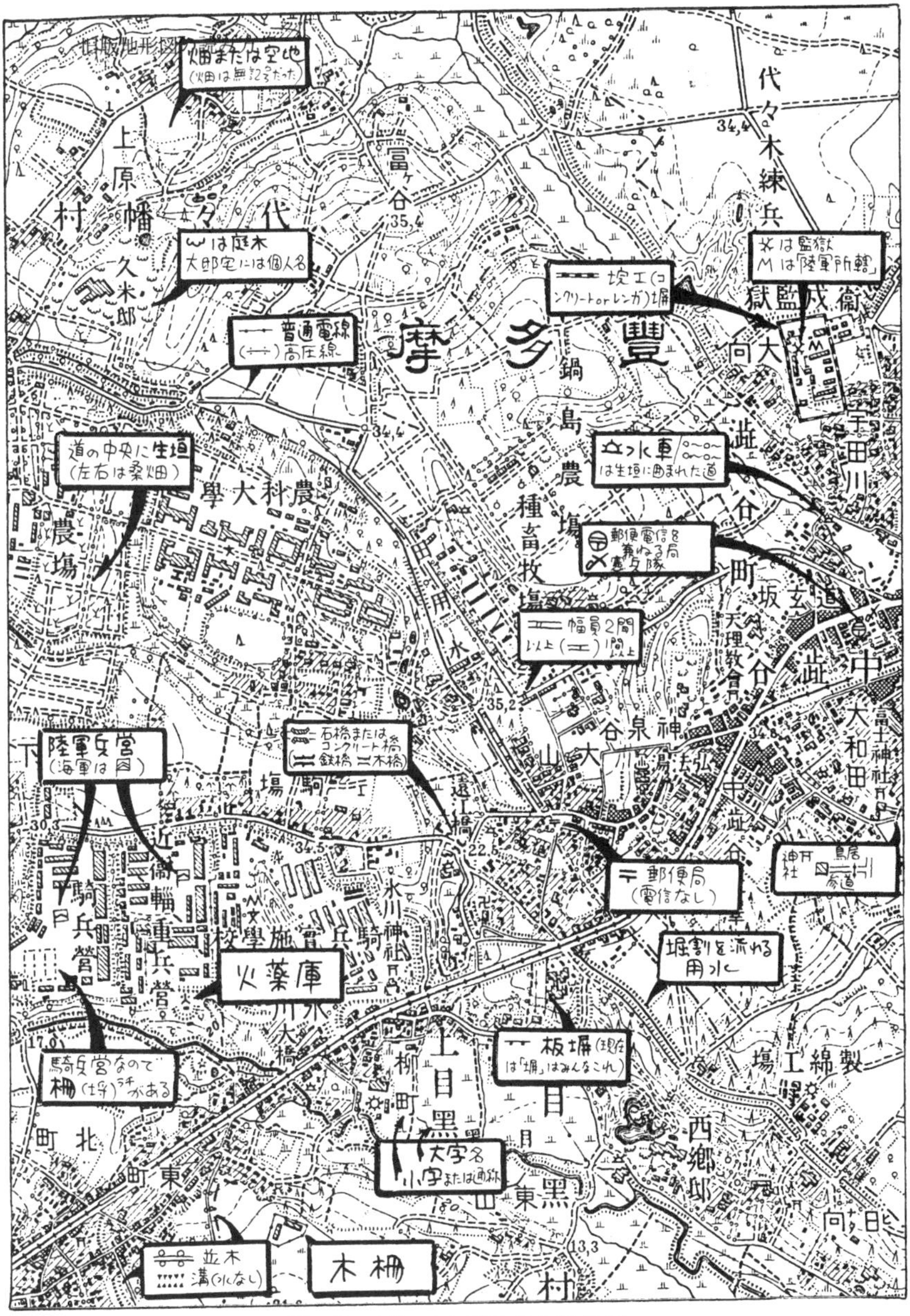

図２　正式 1:20,000「世田谷」明治 42 年測図（124％拡大）

のではないだろうか。

道路の記号は、戦前の図式にほぼ共通していることだが、現在のように幅員で区別しているわけではなく、道の両側が太線の「国道」、片側だけ太い「府県道」、そして両側が細線の「里道（達路）」、片側が破線の「里道（聯路）」、そして両側とも破線の「里道（間路）」、そして破線一本の「小径」に分けられていた。

二万五千分の一と五万分の一（大正六年図式）

当初は二万分の一で全国を覆う予定であったが、予算が削減されたことと地形図全国整備の完成を急いだため、明治二三年には基本図の縮尺を二万分の一から五万分の一に変更、明治末からは主要部分について二万五千分の一を整備することに決まった。

大正六年式は「大六式」として地域によっては、昭和五〇年（一九七五）ごろまで親しまれた息の長い代表的図式である。上記「正式二万」と相違する点として目立つのは、水路が一直線でなく波線になったことだ。だから「太めの実線」は明治四二年図式までは水路を表わし、大正六年図式以降は道路（幅員は半間以上一間未満—約〇・九〜一・八メートル）を示しているので要注意だ。特に沖積低地などで田んぼの用水が縦横に引かれている地域など、道路と水路を取り違えやすい。

道路といえば、大正六年図式までは道路の種別（国道、府県道など）とは別に幅員の記号も併記されていた。あまり知られていないが、よく見ると図の端にかかる部分や、幅員の変化する所で道

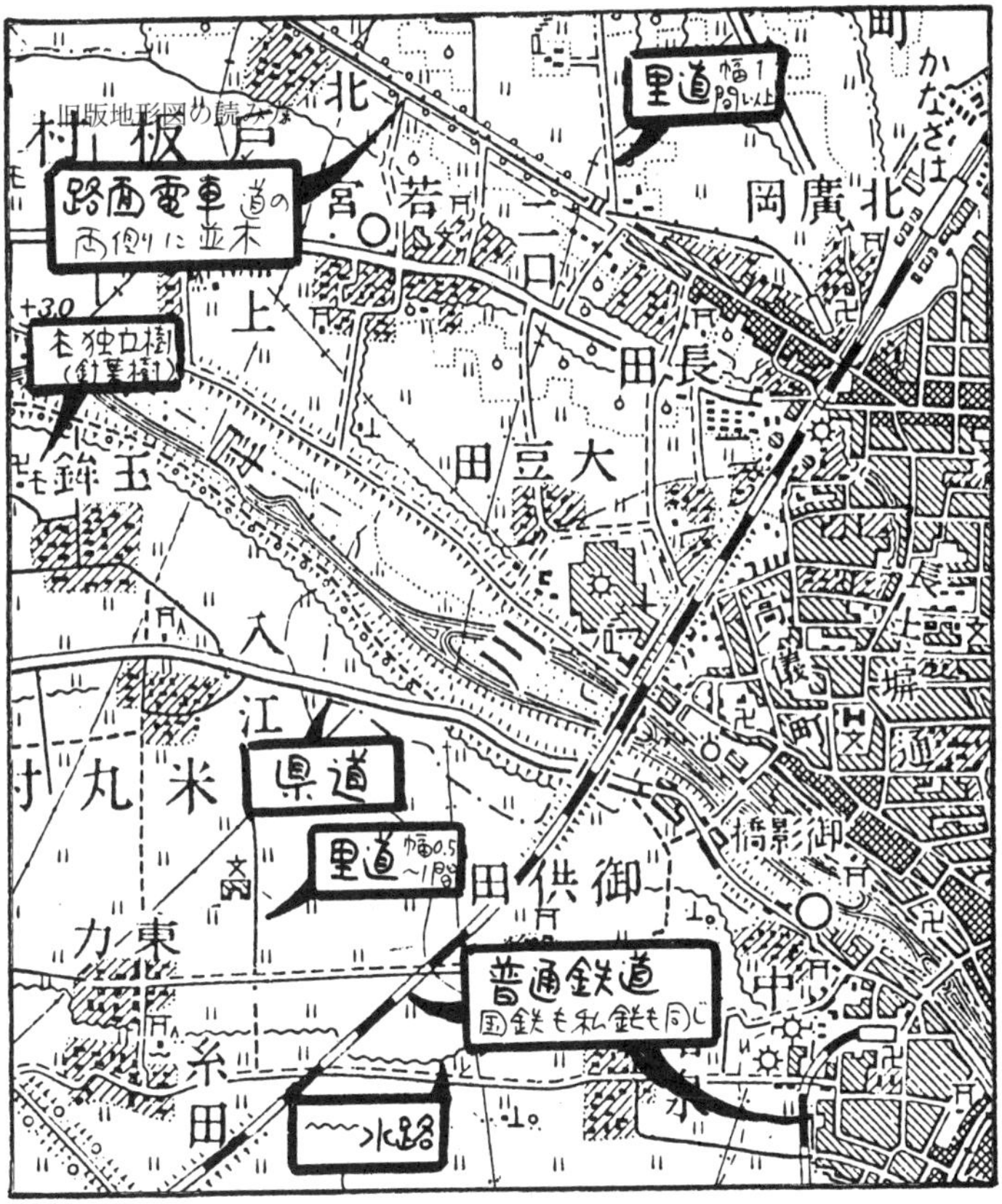

図３　大正６年図式　1：50,000「金沢」昭和６年修正（185％拡大）

路を塞ぐような印が付けられているのがわかる。これは一条線が一間（約一・八メートル）以上、二条線が二間（約三・六メートル）以上を表わしている（上図の上部）。

橋についても区別があった。欄干部分が太線なら鉄橋、細い線は木橋、二条線はコンクリートまたは石橋、冬季など渇水期に架けられるような仮橋は両側欄干が破線、また「脆弱なる橋」には片側が破線の記号が用いられた。また橋の中央などに小さな点がひとつ打ってあれば「部分的に一間以下」だから、橋の部分だけ狭かったことがわかる。ゴミと間違えてはいけない。

ゴミといえば、鍼葉（針葉）樹林や濶葉（広葉）樹林の記号がランダムに配置されたところは森林であるが、旧版図ではこの記号の合間に記号とほぼ同数の点が打たれていることがある。これもゴミと間違われやすいのだが、「通過困難の部」（明四二式・大六式）というレッキとした記号であり、歩兵部隊を通過させられるか否かの目安になっていた。

ついでながら植生の記号の並び方がランダムだと自然的な植生、規則的（斜めの正方形の格子形）に配置されていれば人工的、という目安がある。残念ながら森林は人工林も自然林も区別されていないが、果樹園や田畑の記号は必ず格子状になっているはずだ。もちろん荒地はランダムだ。また枯木（及び焼木林）という記号もあった（明四二式、大六式）。

なお、いつの図式が使われているかは図左下の凡例の最下段に「符号ノ詳細ハ明治四十二年式地形図々式ニアリ」などと記されているが、「〇〇年式」の記載のないものは大正六年式である。

今はなき記号あれこれ

旧版図の記号数は現行図よりかなり多いため全部を紹介するわけにいかないが、現行地形図にはないが比較的よく見かけるものを思いつくままに挙げてみよう。

▽渡船とイカダの記号

鉄道が普及するまで、河川は特に貨物輸送の主流を担った交通路であり、旅客用の川船も明治時代には多数運航されていた。それがだんだんに鉄道や自動車に役割を交替し、川の両岸を結ぶ渡し船を中心に細々と生き残ってきた。しかしそれも戦後は道路橋が相次いで架けられたことで活躍の場は失われ、今では珍しい交通機関となってしまっている。

そんな川船も地形図から読みとることができる。大正六年図式で川船関係の記号を拾ってみると、①汽船渡（）、②人馬渡（）、③人渡（）、④綱渡（）、⑤汽船による通船（）、⑥舟楫《しゅうしゅう》による通船（）と六種類もあった。

このうち多摩川や荒川あたりに見える渡船といえば②と③がほとんどで、荒川の下流あたりでは⑤や⑥の通船記号が見られる。通船とは両岸を結ぶのではなく、川を上り下りして沿岸の河港を結ぶ交通路としての航路なので、その川が途切れる図の端に記されるものだ。

④の綱渡はサーカスに登場する「つなわたり」ではなく、両岸にあらかじめ渡した綱を手繰って対岸へ渡る船である。現在も浅川に夏期だけ設置されている日野市民プールと対岸を結ぶ小舟がこれだ（残念ながら現在の地形図には記載なし）。

筏の記号＝下筏（）もあった。これは木材の輸送手段としてかつて全国の主要な河川で行われていたもので、多摩川でも行われていた。記号は筏流しが行われている川が図の端で切れる所に描かれている。筏師たちにとっては農民が薪取りに対岸へ渡るために架ける低い仮橋は邪魔で、筏は橋の下を、筏師は橋の上を飛び越えるなどという芸当をやったらしいが、この橋をめぐって農民たちとよくトラブルにもなったという。

ちなみに現在の船運関連の記号としては、フェリー（つまり自動車も運ぶ船）と渡船（人のみ）の二種類だけとなっている。

▽警察署・郵便局・病院・高圧線

旧版図と現行図では、同じ記号なのに異なる内容を示す場合もあるので厄介だ。たとえば警察署は現在⊗、交番・駐在所が×となっているが、大正六年式では警察署のみの表示で、しかもこれが×記号だった。また郵便局は明治三三年式まで角封筒形の記号で、電信を兼ねる「郵便電信局」だけが〒だった。ところが明治四二年式からは〒が郵便局となり、郵便電信（電話）を兼ねる局が〶（現行と同じ）に変わったのである。さらに昭和三〇年式では電報電話局と記号が分けられたため〒が無集配局、〶が集配局と区分が変わり、昭和四〇年式で集配の有無の区別をなくして現在に至っている。病院にしても、現行の病院記号（⊕）はかつての「避病院および隔離病舎」の記号であり、いわゆる一般の病院は⊞という記号だった。

また誤解しやすいものに「送電線」がある。現行図では二万ボルト以上の送電線のみを表示しているが、大正六年式では同記号の高圧電線の他に普通電線（―•―•―）もあった。それだけ電線に希少価値があったということだろうが、コピーではわかりにくい。送電線に限らない話だが、旧版図の特にコピーだと細部がつぶれて見にくいため、誤解のないよう細心の注意を払う必要がある。

記号など図式の変更は、細かいものも含めれば非常にたくさんあるが、旧版図の場合は図式の年代によって表現内容が微妙に、あるいは大幅に異なる可能性があるので、図の左側にある凡例をよく確認することが必要だ。

また、旧版図は記号が多いこともあって全記号が凡例欄に網羅されていないので、ここに掲載されていない記号については『地形図記号のうつりかわり』（日本地図センター刊）などを参照すれば間違いがないだろう。

最後に、旧版図の年表記についても注意が必要だ。最近の市街地図などでは図の内容と発行年のズレがそれほどないのが当たり前だが、地図の修正に長い時間がかかった戦前などの版では図上の状態と発行年に一〇年単位のズレが生じることは珍しくない。図の測量・修正などの履歴を図歴というが、これを正しく見極めることは旧版地形図を読む際の重要事項である。

図歴に記された用語はおおよそ次の通り。測図・測量＝初回の測量。改測＝（精度を上げて）測量し直したもの。修正＝図の全範囲において経年変化を修正したもの。部分修正＝図の一部についての変化を修正。これは二万五千分の一の用語で、五万分の一では「要部修正」と称する。更新＝平成一四年図式で新たに導入された用語で、「修正」と同じと考えてよい。鉄道補入＝前回測量・修正図に鉄道のみ（原則として）を描き入れたもの。応急修正＝主に昭和20年代に米軍提供の空中写真等を用いて戦前版を応急的に修正、編集＝大きな縮尺の地図をもとに小さな縮尺の地図を作製すること。たとえば五万分の一地形図は二万五千分の一地形図を編集したもの。用語について詳細が知りたい場合は、国土地理院のホームページ（www.gsi.go.jp/MAP/HISTORY/yougo.html）を参照のこと。

■旧版地形図の入手方法

国土地理院関東地方測量部（〒102-0074東京都千代田区九段南1-1-15九段第2合同庁舎9F　電話03-5213-2051）ではパソコン画面で地形図が閲覧でき、謄本（コピー）も入手できる。1枚500円を収入印紙にて支払う。また国立国会図書館本館4Fの地図室でも閲覧、複写（1Fにて）ができる。また市町村の図書館などでも旧版図を所蔵しているところがある。

II

ＪＲ・モノレール編

立川と奥多摩街道

平成一九年（二〇〇七）三月に日野バイパスが開通するまでの甲州街道は、立川市の日野橋交差点で左折して日野市内に入るルートだった。それを知らないドライバーがうっかりと直進して入っていくのが新奥多摩街道であった。立派な四車線の直線道路だが、「新」があるからには、ただの奥多摩街道もある。日野橋交差点で斜め右折していく道がそれだ。甲州街道から分かれて拝島《はいじま》や福生《ふっさ》、羽村などを経由して多摩川左岸沿いに上っていく道は昔からあり、立川では拝島道、青梅道などと呼んでいた。この道の今昔をたどってみよう。

「旧旧道」もある奥多摩街道

奥多摩街道は「奥多摩」と称しているものの青梅で終わる道である。そもそも奥多摩という名称が使われ始めたのは大正末ごろというから、この街道名そのものはそれほど古くはないはずだが、

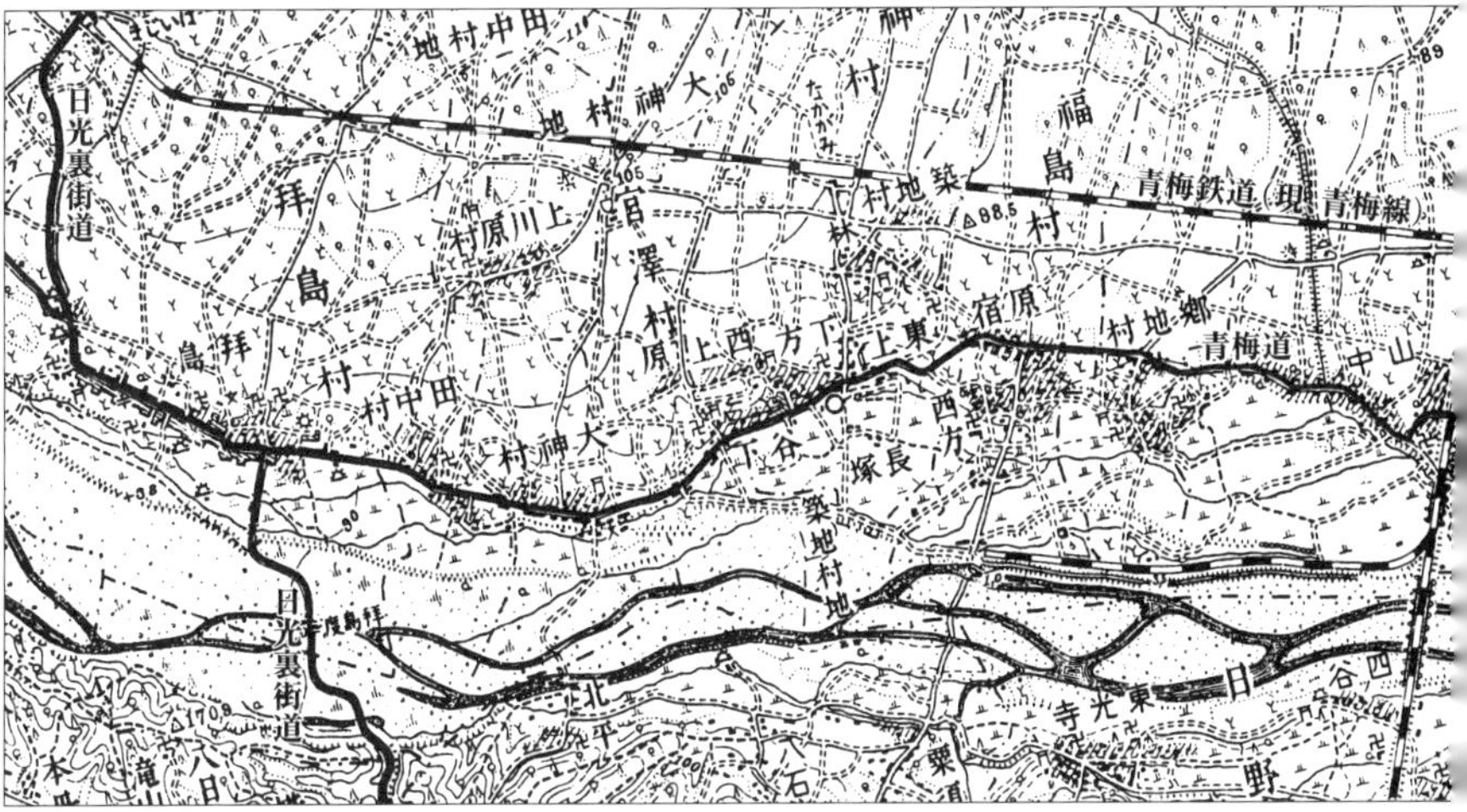

図１　1:50,000「青梅」明治 45 年部分修正（83％縮小に一部加工）

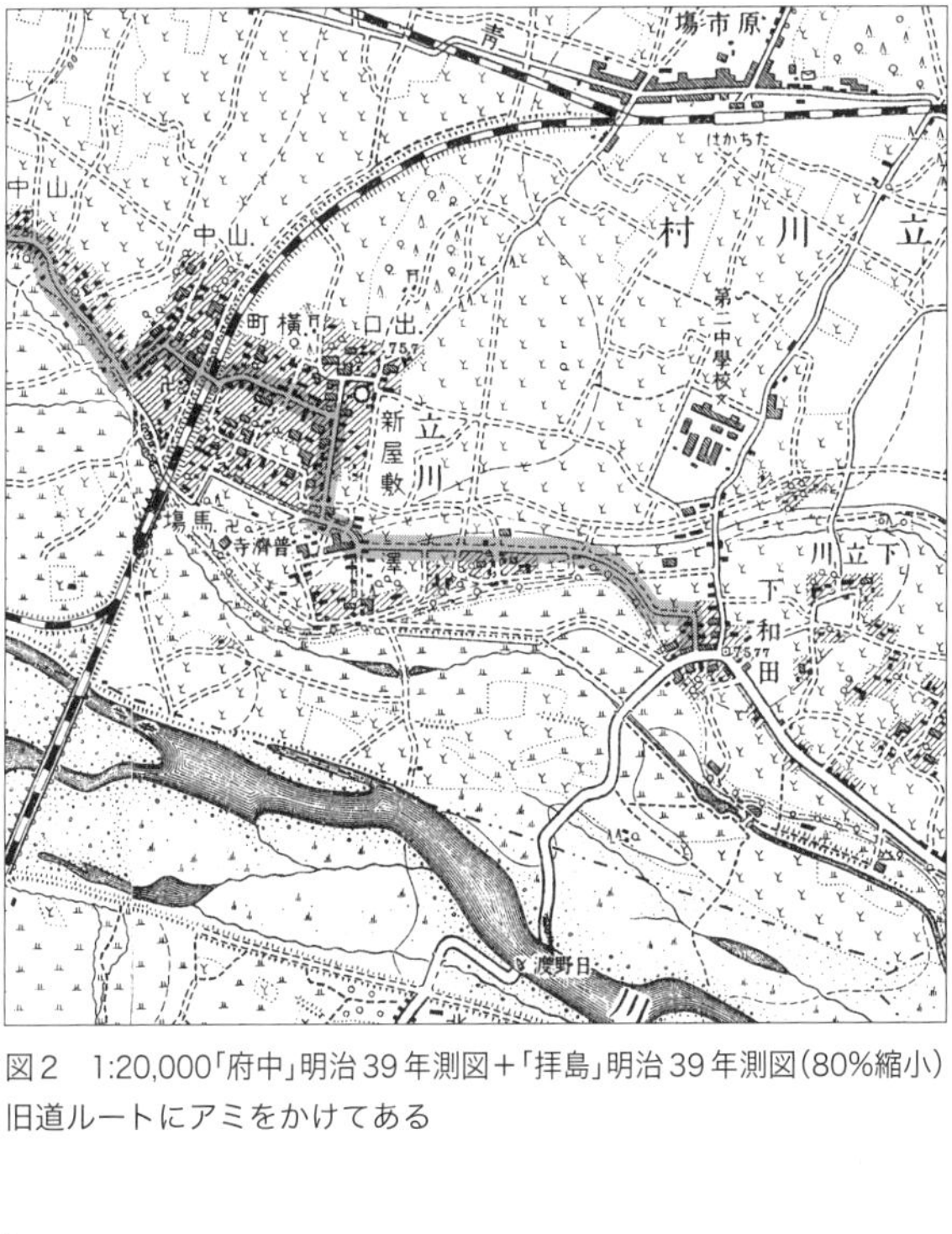

図２　1:20,000「府中」明治 39 年測図＋「拝島」明治 39 年測図（80％縮小）
旧道ルートにアミをかけてある

カタイことは言わずに明治末の地図を見ていただこう。

図1は明治四五年部分修正の五万分の一だが、甲州街道上にある七五・七七メートル（○印）の水準点のある交差点の少し西側から分岐していくのが後の奥多摩街道だ。この時代では片側が破線の記号で表わされた「里道（聯路）」なのでわかりにくい。そこで詳細を二万分の一で見よう（**図2**）。グレーのアミをかけた部分がその道にあたるが、現在この道を通ろうとすれば、ほとんど誰も昔の奥多摩街道などと気づかないほどの零細な道ばかりを選んで行くことになる（**図3**＝現況）。中央本線を渡る陸橋など、すでにだいぶ以前に南側に架け替えられたため、道が途切れてしまっているほどだ。それでも古道らしく、普済寺の山門のすぐ前を通っている。

唐突だが、昔の道というのは郊外より市街地の方が後世に残る。なぜなら、郊外だと障害物がないので道路の拡幅も自由自在だから。いざ工事となれば昔ながらの松並木などスッパリ切り倒し、風情も何もべらんめえで、自動車時代の要請にまっすぐ応えていったのである。

一方、市街地の中に残された昔の道はどうかといえば、人家が密集しているから拡幅がやりにくく、結果的に市街地の外れに新道を通すことになる。かくして旧道は市街地の中の落ち着いた小路としてずっと残されていくのだ。多摩地区もこのパターンが多い。

そんなわけで奥多摩街道の旧道は面白い。なぜなら立川市内の区間の明治の道は、今の奥多摩街道が昭和初年の**図4**の時点ですでに完成したことにより「大昔」の時点で時間を止め、今に至っている可能性が高いからだ。

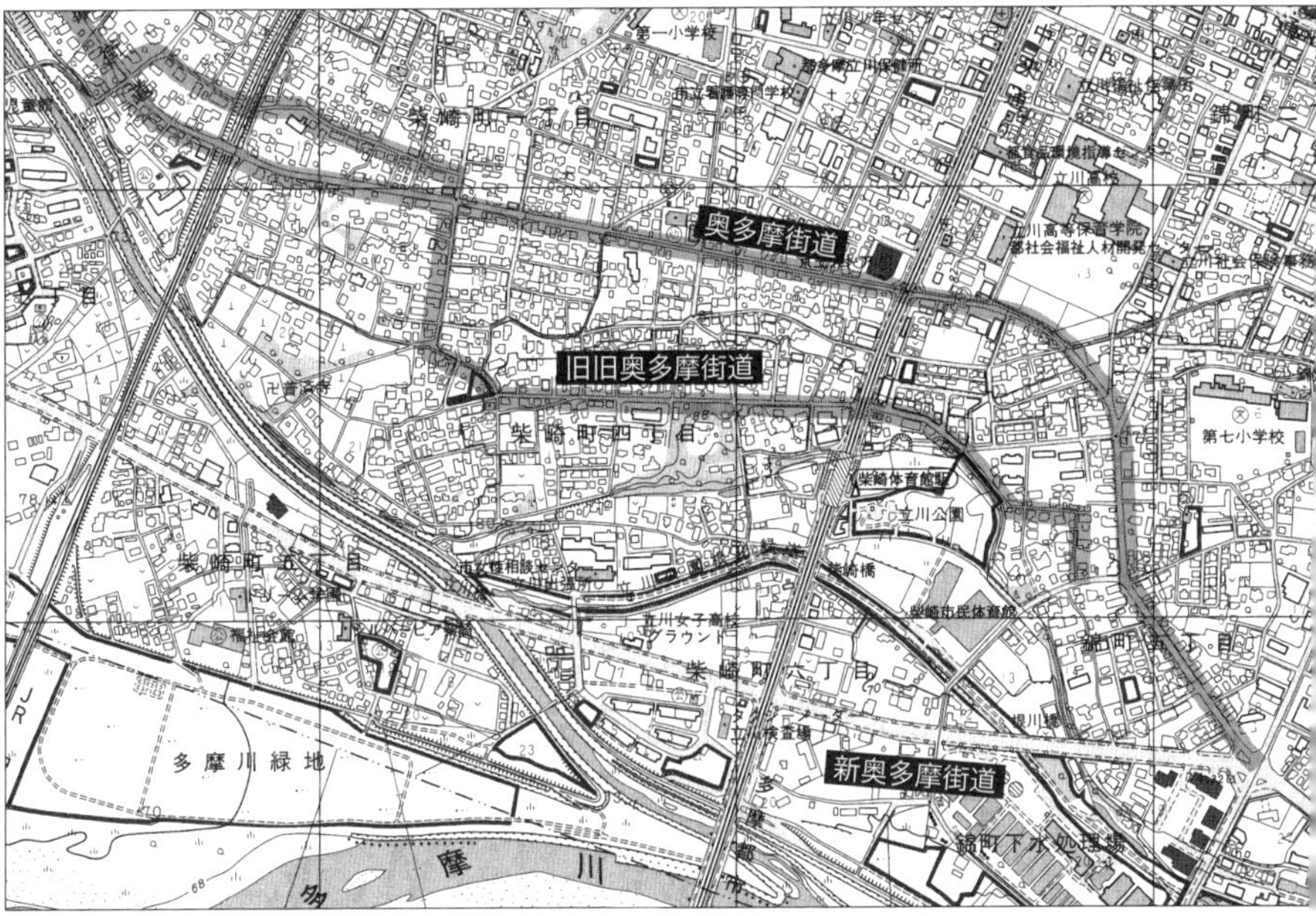

図3　1:10,000「立川」平成 11 年修正（77%縮小）旧道ルートにアミをかけてある

図4　1:50,000「青梅」昭和 10 年鉄道補入（83%縮小）

「日野渡」は多摩川の景勝地

図1と**図4**の比較でわかるように、日野橋開通前の甲州街道は、今の分岐点より奥多摩街道を三〇〇メートル入った、先ほどの水準点ポイントから南西に向きを変えつつ根川を渡り、ゆるゆると多摩川の河原に下って日野の渡しに到着した。大正二年（一九一三）の渡し賃は大人二銭、子ども一銭、自転車三銭、自動車は運転手付きで一五銭、貨物自動車が二〇銭だった。増水時は約五割増し程度に決められており、もし「増水四尺（約一・二メートル）以上」であれば運休となった。

図1・2に破線の橋が描かれている通り、冬の渇水期には仮の板橋が架けられたという。また、渡しの立川方には料理屋などが何軒か並んでいて、多摩川の景勝を楽しむ都人士がゆったりと時間を過ごしていたのだろう。『江戸名所図会』を見ると日野渡の様子を描いた絵もあり、筵で覆ったテントのような小屋掛けで男たちがキセルを吸って一服している。小さな舟は竿で川底を突いて進む方式だったらしい。

日野橋が開通した後に作られた「立川小唄」には「渡る日野橋お茶屋が見える／眺めなつかし秩父や青梅」などと歌われた。数ある多摩川の橋の中でも日野橋は昔から山岳展望の名所で、もちろん今でも中央線やモノレールの車窓から見る冬の快晴の山並みのすばらしさは変わっていない。しかし最近になって日野橋の南詰に約七〇〇世帯という巨大なマンションが建ってしまったため眺望は完全に失われた。マンションの住民がすばらしい眺望を享受する代わりに、橋を通過する多くの人にとっての「小さな幸福」は過去のものとなったのである。

図2ではかの水準点近くに東京府立第二中学校（明治三四年創立、現立川高校）が見えるが、校舎周辺はほとんど桑園で占められていることがわかる。日本の農家は、当時の大事な輸出産品である生糸の生産のため、畑や河川敷などを競って桑畑に変え、武蔵野には広大な「桑モノカルチャー」の景観が広がっていた。その重要性に鑑み、桑畑の記号は昔から独立した地形図記号を与えられているのである。奥多摩街道の周囲は特に桑畑が多く、昭和村（現昭島市）の生産する繭が東京府全体の三割を占めていたこともあったという。

旧旧奥多摩街道は幅三メートルに満たない道をたどりながら低い段丘崖の麓を西進、モノレールの柴崎体育館駅の下をくぐる（図3参照）。こんなケッタイな乗物が九〇年後に上空をするする走るなど、当時の立川村民の誰が想像しただろうか。もっとも、ドイツのヴッパータールではすでに世界最古のモノレール（懸垂式）が鉄輪の轟音をヴッパーの川面に響かせていたのだが（明治三四年開業）。

中央線をまたぐ奥多摩街道

やがて普済寺の山門前をかすめて北上、少し行って左折する。その直前で今なら奥多摩街道を横切るが、このあたり、まったく臆病なウサギのように細道を選びながらたどっていく。奥多摩街道は中央線をまたぐ「りくばし」を渡るが、ここから南望した多摩川と丹沢山塊、それに富士山に続

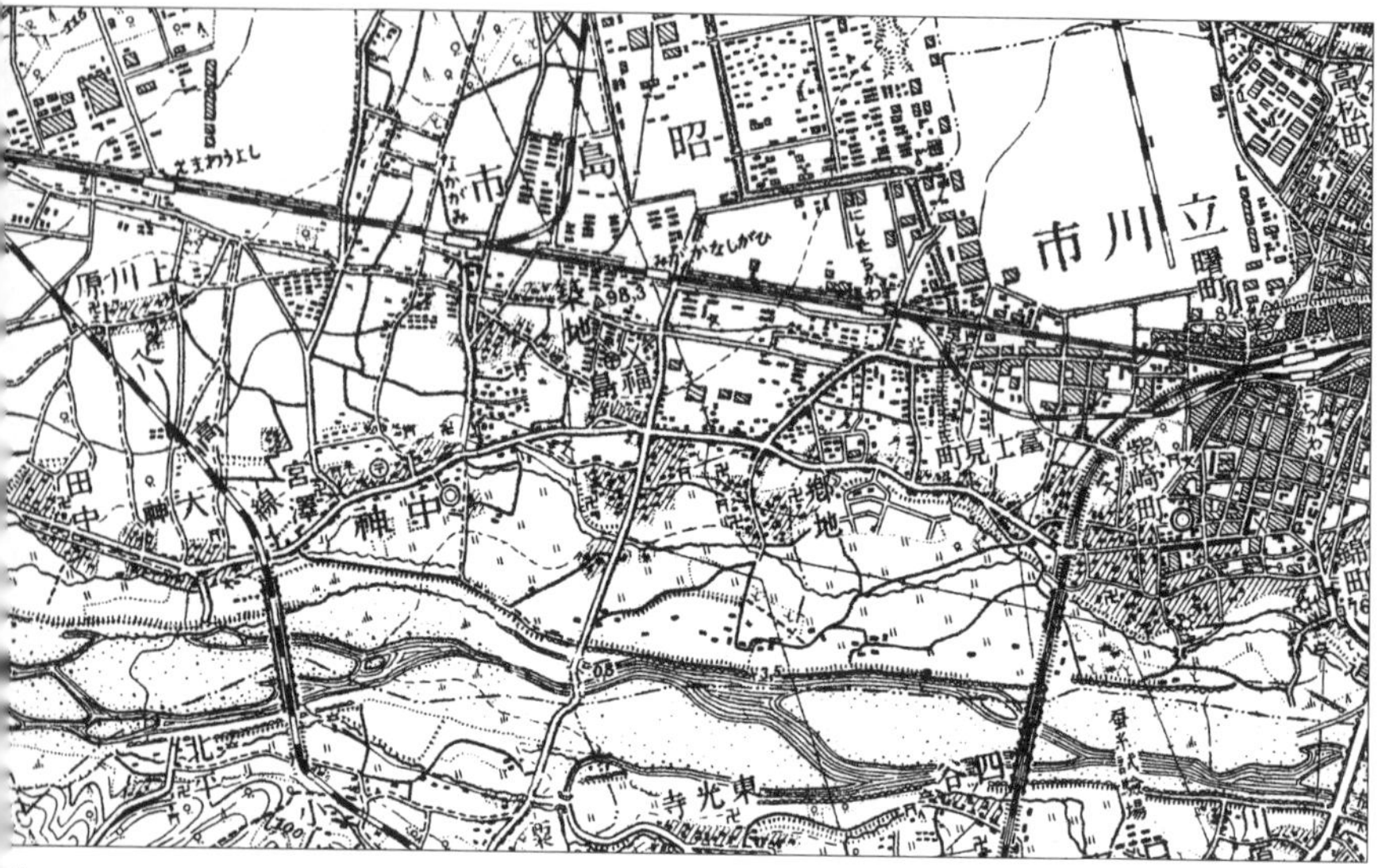

梅」昭和 28 年応急修正 29 年発行

図 6　1:50,000「青梅」平成 9 年要部修正（83%縮小）

図５　1:50,000「青

く景色は絵にも描かれた名所だ。

陸橋を過ぎるとまもなく奥多摩街道に合流、ここからはほぼ今のルートに一致している。立川村を過ぎると郷地《ごうじ》村、福島村、中神村、宮沢村、大神《おおがみ》村、田中村と相次いで農村集落を通るが、これらを含む八村が昭和三年（一九二八）に合併、当時の新元号にちなんで「昭和村」と名付けられた（のち町制）。さらに昭和二九年には隣村・拝島と合併して市制施行。その際に昭和・拝島から一文字ずつ採ってつなげたのがアキシマの地名起源である。

図1の当時、これらの村は奥多摩街道沿いにあり、青梅鉄道沿線にはひたすら畑や雑木林、そして桑畑が広がっていた。見ての通り立川～拝島間に駅は中神しかなく（明治二七年の開業時にはこれもなかった。今は四駅）、線路際に住宅が進出するのは軍用の飛行機やその部品工場である陸軍航空廠立川支廠や航空技術学校、陸軍病院などの軍事施設、それに航空関連の民間企業が相次いで進出するようになった昭和一〇年代になってからだ。これら軍関係の施設が敗戦で米軍にあらかた接収された状態が**図5**（昭和二八年応急修正、翌年発行）で、**図4**に比べて青梅線沿線の変貌が著しい。現在の昭島駅の名が「昭和前」になっているのは、昭和飛行機の工場前に昭和一三年に設置されたからで、その後昭和三四年に市名に合わせた改称を行った。

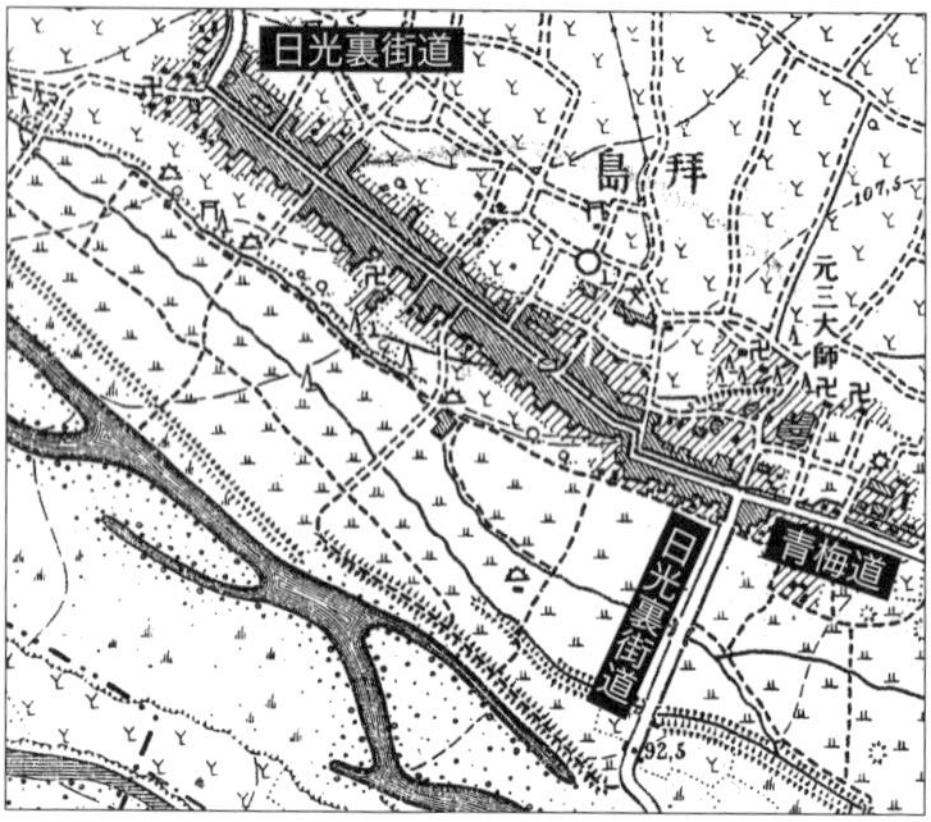

図7　1:20,000「拝島」明治39年測図

宿場町・拝島の風景

二万分の一で拝島の町をしげしげ観察してみよう（**図7**）。奥多摩街道沿いに長く伸びる典型的な宿場集落であるが、拝島大師（元三大師）あたりから街道のまん中に水路が一条走っている。道路のまん中の一条線は現在の図式なら「中央分離帯のある道路」であるが、この当時の図式では水路を示す。九州・島原の武家屋敷の写真でこのような風景を見かけるが、われらが拝島もそんな集落だったのだ。古い地形図はこんなにも昔の風景を再現する力がある。

段丘上には桑畑と宿場町、崖の下には水車小屋が何軒か見える用水堀、その南側は多摩川の手前まで田んぼだった。しかし堤は今のような連続堤ではなく、一部ずつ重なりながら切れて雁行した「霞堤」。古人が洪水の大きな流れを側面から田んぼに少しずつ逃がしながら破局的な水没を避けたこともわかる。

この地形図には、多摩川を渡って南から拝島の宿場町の東端へ合流し、西端で北上していく街道が描かれているが、これは通称日光裏街道である。徳川家康を祀る東照宮が日光に完成すると、甲州街道の武蔵の西端に位置する小仏峠などの守りを固めるべく八王子に置かれた千人同心が、はるばる日光勤番を果たすために通ったのがこの道であり、八王子〜拝島〜箱根ヶ崎のルートは国道一六号に並行している。多摩川は拝島の渡しで、ここに拝島橋が架かったのは戦後の昭和二九年であった。

日光裏街道と関東を代表する産業道路たる一六号とはルートがだいぶ異なるが、それでも今の一六号は拝島大師のすぐ東側で新奥多摩街道に合流、しばらく西進して小荷田で別れ、再び北上する方式は妙に明治時代と似たコース取りだ。そのためこの合流部分では渋滞がずっと前から常態化している。排ガスの常襲がなければ、河岸段丘地帯特有の緑豊かな農村風景が楽しめるいいエリアなのだが……。

やみくもに働いて村を埃っぽくする経済はその辺でひとまず休み、目の前で獲れた鮎を焼いてもらい、穏やかな多摩川の四季を愛でながらとりあえず一杯、という方をそろそろ選ぼうじゃないの、などと妄想してしまうのだ。昔の地形図を見ていると。

東京・神奈川の境界はこんなに蛇行していた！

多摩川の流れと大幅に違った府県の境界

176～77ページの地形図二点は、まったく同じ地域の今昔を比較したものだ。明治四〇年（一九〇七）前後と平成一〇年（一九九八）頃と八〇年以上の開きがあるが、トリミングは厳密なので間違いではない。ちょっと信じられないほどの変貌だが、もちろん、二〇世紀の最初と終わりがこれだけ違うのはここに限ったことではなく、日本の大都市近郊では一般的な姿かもしれない。

中央を流れる多摩川の河道は意外にも現在と大差ないが、東京都（府）と神奈川県の境界は大幅に違う。川の流れと境界線にどうしてこれほど食い違いが生じているかは、ご想像の通り。川が昔は境界線のところを流れていたからである。境界線は土地所有権の境界線でもあるわけで、洪水で流れが変わったからと簡単に「水に流す」わけにもいかないので自然の川よりも頑固に旧を守る傾向にあり、それを反映させた地図が昔の流れを巧まずして物語ってしまうのである。

日本の川は、勾配の急な地形と台風時などの豪雨の激しさが特徴で、欧米などと違い平時と増水時の水量が天と地ほども違う。今のように立派な連続堤防のなかったかつての多摩川もやはり全国各地の川と同様、洪水のたびに流れを変え、田畑を流し、時には集落をも襲った。江戸時代までは、まるごと流されて姿を消した村や、全戸が高いところへ移転したという村も珍しくない。

そんな多摩川流域と府県境の変化を上流側からたどっていこう。まず**図1**の左上から下りてくる電車の線路が見えるが、「玉電」として親しまれた路面電車の旧玉川電気鉄道（のち東急玉川線）である。**図1**は明治四〇年に開通したばかりの頃だ。

玉川駅は現在の二子玉川《ふたこたまがわ》駅にあたる。なぜ家もまばらなこの場所に終着駅ができたかといえば、この電車の主目的が「多摩川の砂利運搬」であったからだ。関東大震災の復興工事の際にも玉電の貨物電車が大いに利用された。

その二子玉川も、今やニコタマなどと呼ばれ、玉川高島屋ＳＣを中心に賑わいを見せているが、**図1**ではまだ江戸期の渡し場集落の域を出ていない。二子玉川が近郊の手軽な観光地として発展、料理屋が軒を連ねるのは大正の頃からだ。

境界変更で両岸に同地名が続々誕生

府県境は見事にＳ字を描いている。見るからに蛇行の跡だが、その中心にある瀬田河原《せたがわら》は細ゴシック体で、二万分の一では小字を意味している。所属大字は瀬田である。瀬田は今では世田谷区瀬田と川崎市高津区瀬田の二か所があって、世田谷区の方は北は砧《きぬた》公園から南は二子玉川駅近くまで

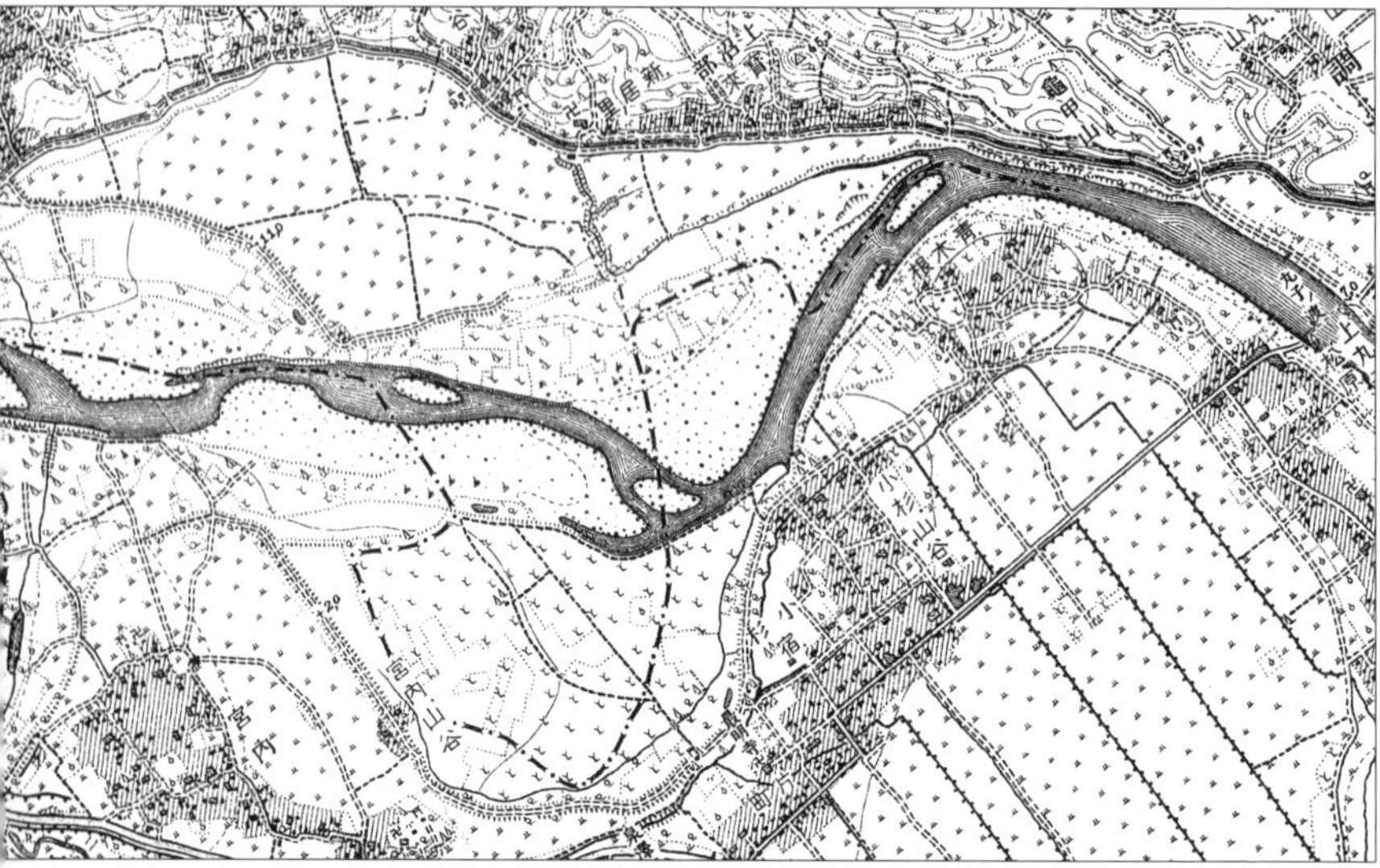

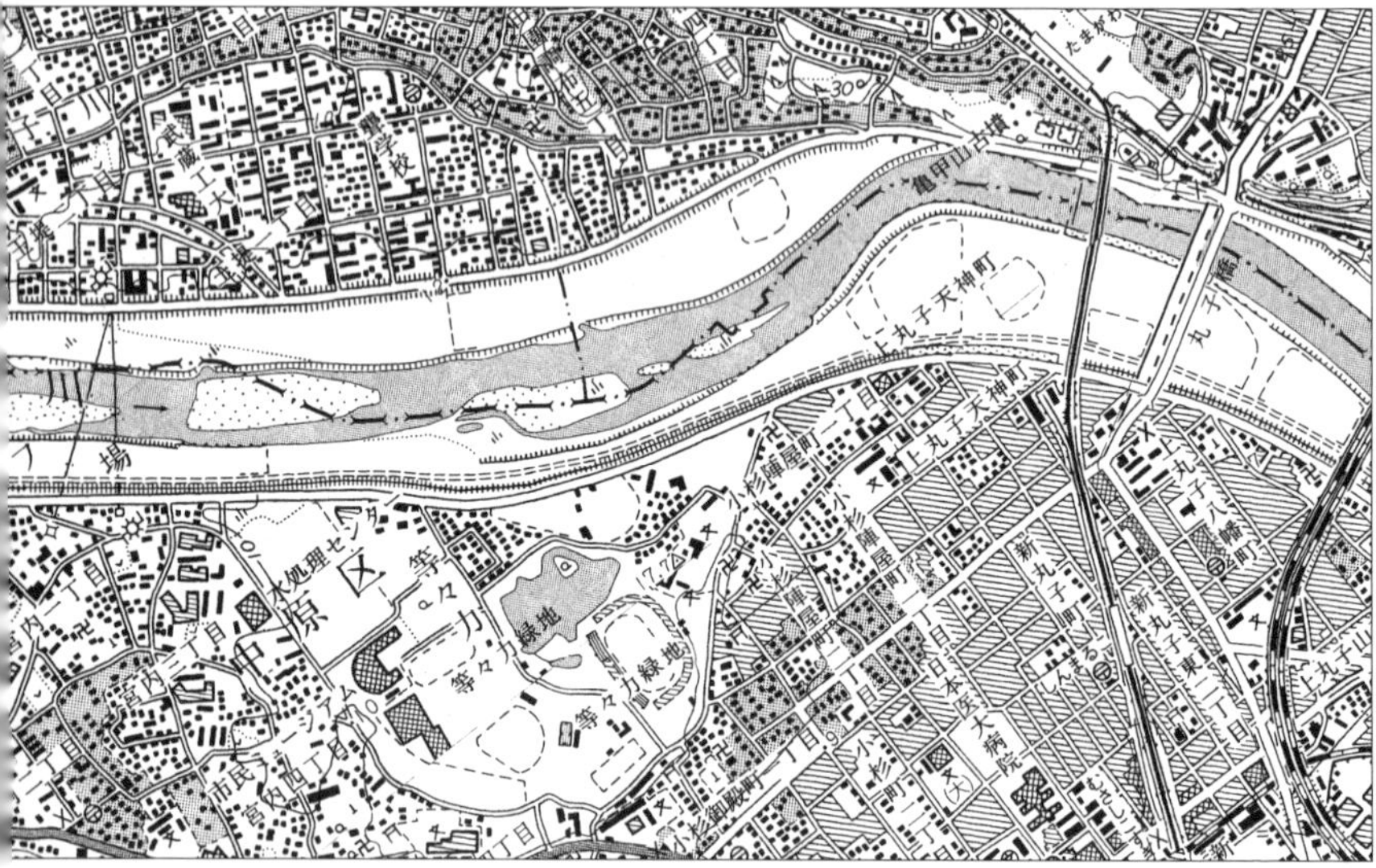

年修正

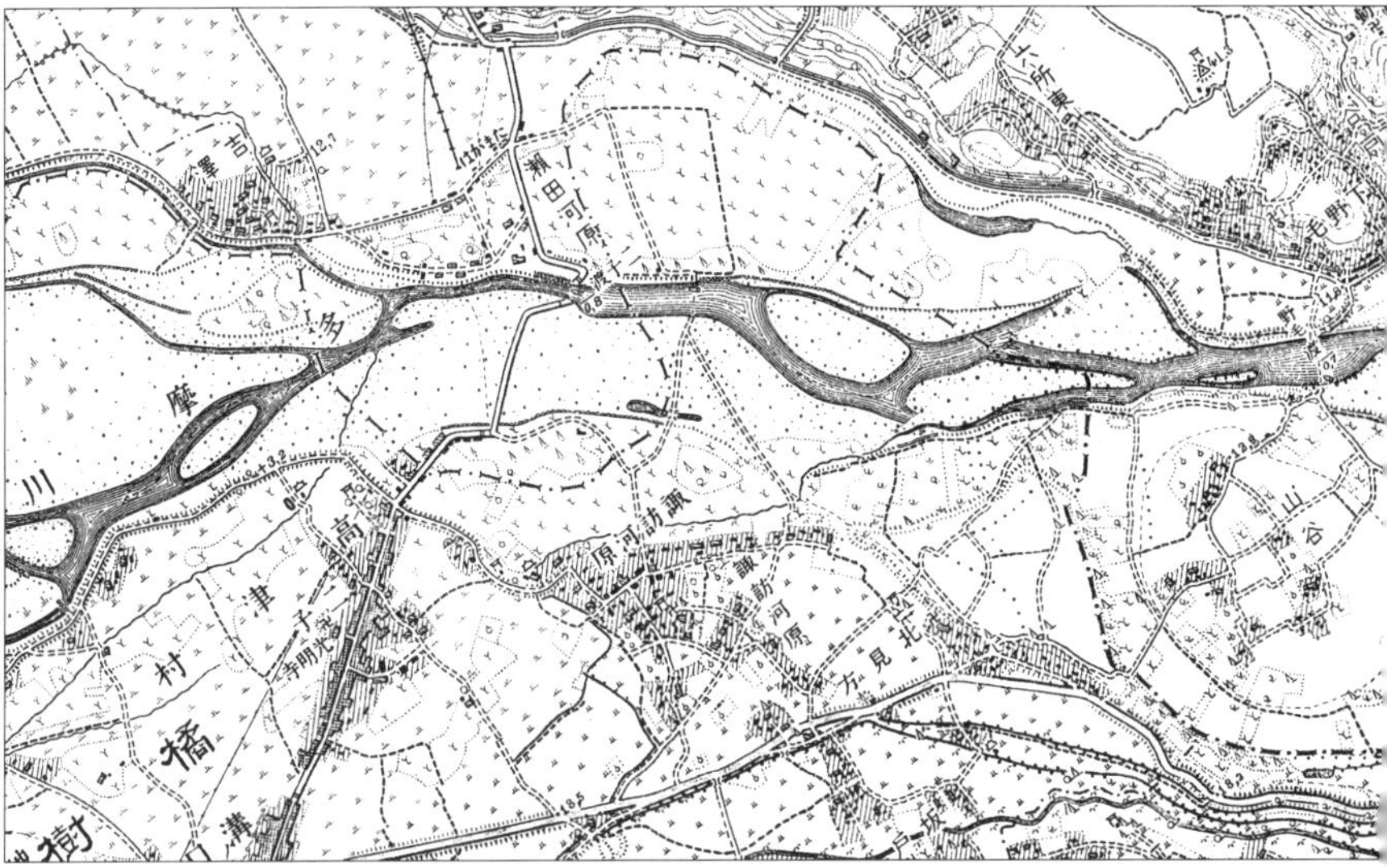

図 1　1:20,000「世田谷」明治 39 年測図＋「溝口」明治 39 年測図（80％縮小）

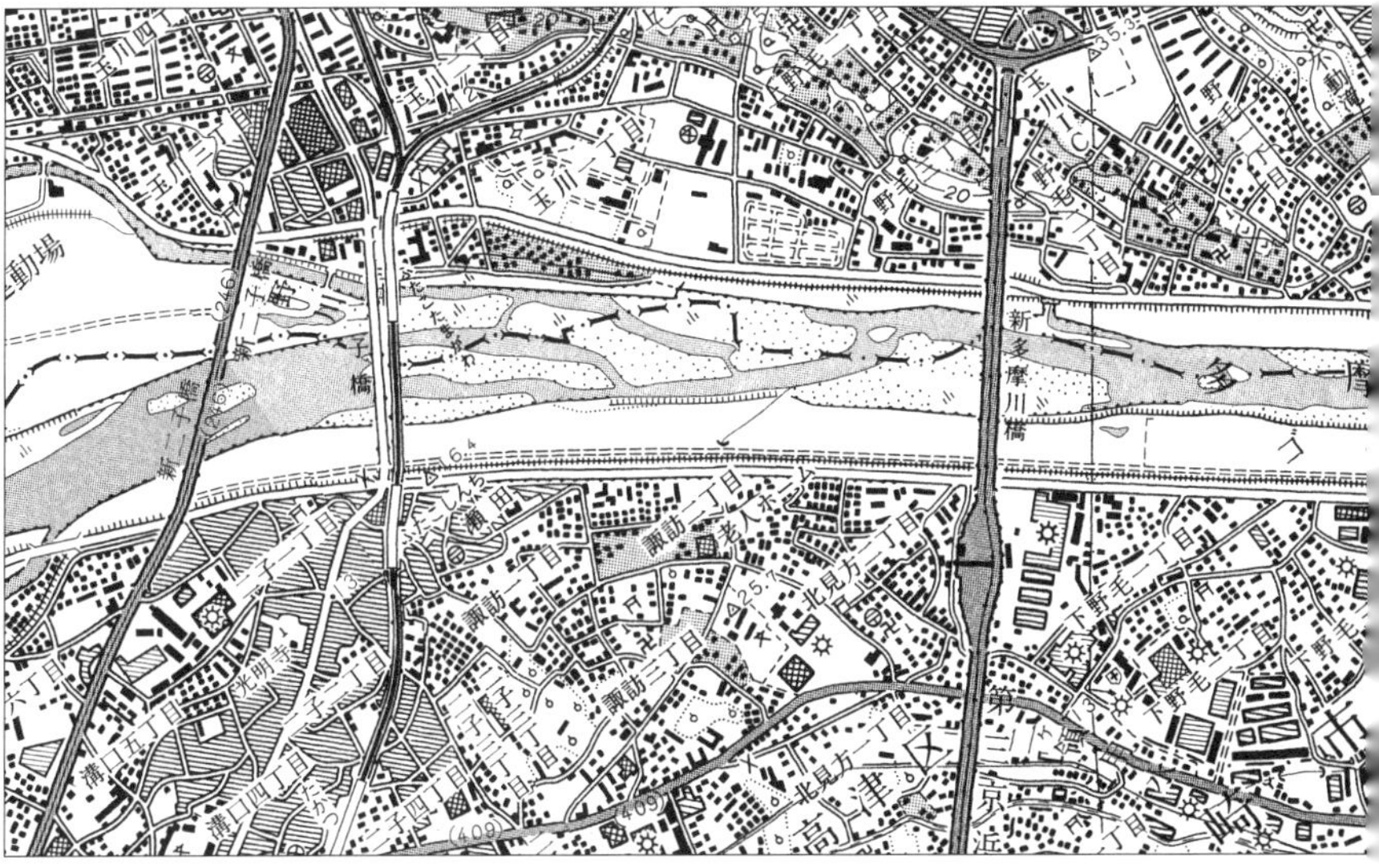

図 2　1:25,000「川崎」平成 10 年修正＋「東京西南部」平成 11 年部分修正＋「溝口」平成 1

と広く（一〜五丁目）、川崎市側の瀬田は狭い。**図1・2**を対照してみると一目瞭然だが、かつて瀬田村が右岸（南側）まで舌のように張り出しており、その先の部分が明治四五年（一九一二）の境界変更で神奈川県に所属替えとなったのである。

多摩川での東京・神奈川の府県境変更はこの年に各所で行われた。近代化が進むにつれて、一つの村（明治二二年以降は大字）がこれだけ大きな川の両側に分かれていては河川改修などにあたっていろいろと不便もあったようで、従来の蛇行した境界を実態に合わせた。その結果、同じ地名が所属市町村の異なる両岸に多く誕生したのである。瀬田の場合、右岸地区の住所は明治四五年に「東京府荏原《えばら》郡玉川村大字瀬田」から「神奈川県橘樹《たちばな》郡高津村大字瀬田」となった。

ただし地番は地租改正時に付けられたものをそのまま踏襲したため、川崎市側の大字瀬田の地番は戦後の住居表示の実施まで若い番号が使われていなかった（住居表示実施以前の一万分の一地形図で確認した限りでは二二九五〜二三八六番地）。ちなみに大字瀬田の一番地（旧地番）は世田谷区の砧公園に近い最北端で、そこから南下していくナンバリングであったため、最南端である川崎側の地番が末尾となったのだろう。さて、**図1**の「S字」の右側は逆に神奈川県側の「諏訪河原《すわがわら》」が東京府側に食い込んでいたところだ。こちらは境界変更の際に東京府へ移籍した。

S字の中心に二子渡が見えるが、これは東京・赤坂見附から西南西に下っていく大山街道（矢倉《やぐら》沢往還《さわおうかん》）の渡し場である。今の国道二四六号に相当する道で、その名の通り大山参詣の人々で賑わった道であり、また相模《さがみ》中部の物資を江戸へ運ぶ産業道路でもあった。

今も残る旧河道跡の道路

図1の中央にも垂れ下がった形の旧府県境が見えるが、これも玉川村大字下野毛《しものげ》の「飛地」であった。旧河道のU字型のラインがきれいに見え、しかも河道跡には桑細が点在している。右岸（川崎側）の下野毛は左岸の本村の作場《さくば》として畑が開かれてきたが、蛇行した河道が沿岸にたびたび水害をもたらす元凶として慶安年間の一六五〇年頃に早くも蛇行解消の河道短絡工事が行われたという。新河道によって分断された本村と耕地の間は「作場渡し」の小舟で行き来した。

下野毛の現在を**図2**で見ると、旧河道の跡がなんとなく弧を描いて見える。旧河道に沿って道路があり、またその低地ゆえに住宅地が建たなかった所に工場が進出したからだろう。第三京浜の料金所の隣から順に武田食品工業、名糖、クノール食品、日通倉庫、昭和薬品化工、キヤノン玉川事業所などの工場などがひしめいている。

この下流にも**図1**には同じような袋状の張り出しが見られるが、やはり荏原郡玉川村の大字等々《とど》力《ろき》であった。ここも明治四五年の府県境変更で神奈川県の中原《なかはら》村大字等々力となった。東京側の等々力は大井町線の駅もあり、高台の高級住宅地のイメージが定着してきたが、川崎側は蛇行していた旧河道に囲まれた「飛地の耕地」状態が続いていた。

さて、昭和三五年（一九六〇）頃からの地形図には旧河道付近に池がたくさん出現しているのだが、これは旧河道時代に堆積した多量の砂利を目当てに、戦後にわかに砂利採取が盛んになったためだ。特に東京に近い多摩川では砂利採取が急速に進み、深い穴が各所にできた。しかし乱掘がたたって河床全体が低下し、農業用水の取水不能、橋脚の洗掘などの被害が目立つようになったため、昭和三九年（一九六四）には多摩川での砂利採取が一切禁止されている。

池はそれらの採掘穴に水が溜まった姿だ。川崎市側の等々力にも一時は七つもの深い池ができ、「東横水郷」と呼ばれて釣り堀に使われたが、現在は**図2**にも見える五号池を残して埋め立てられ、周囲は陸上競技場や野球場、博物館などの公共施設が建ち並ぶ「等々力緑地」となった。

図2の右下端には新丸子駅が見えているが、このあたりは**図1**の明治期には見渡す限りの水田地帯だったことがわかる。水田の中をまっすぐ南北に走るトゲのついた（実は小さな○印）実線は、実は両側を並木に囲まれた水路だ。明治の地形図図式では実線は水路を意味している。

このあたり、**図2**ではびっしりと住宅地に変貌しているが、実は古代の条里制による区画が明瞭に残る土地として知られている。条里制では一区画一町（一〇九メートル、図上約四・四ミリ）の碁盤目が基本となっているので、それをあてはめると少し歪んだ街路から古代の方眼をかなり再現できるのが面白い。

図1では東西方向に街道が見えるが、中原街道である。現在は丸子《まるこ》橋を渡る道だが、当時は「丸子渡」であった（図の右端）。東京側の渡し場付近にあるのが現在の東急多摩川線（旧目蒲線）の沼部《ぬまべ》駅である（欄外）。現住所は田園調布本町《ほんちょう》だが、かつては下沼部であった。

町村制施行で「調布」が三か所に誕生

図3の左上に田んぼが広がっている部分は調布村であったが、「調布」の地名は明治二二年（一八八九）の町村制施行の際に下沼部、上沼部、鵜ノ木、嶺の四村が合併して新たに命名されたものだ。この時、多摩川沿いには「調布」を称する町村が合計三か所も誕生した。万葉集にも「多摩川にさらす手作りさらさらに…」と詠まれた布の産地であったことから「調布玉川（多摩川）」の呼称は定着しており、各所とも明治の大合併を機に合併新町村名に競って採用したのである。

ちなみにあと二か所は西多摩郡調布村（現青梅市）、そして布田宿を中心に八村合併で誕生した調布町（現調布市）である。

ここに大正期、渋沢栄一率いる田園都市会社が「理想的郊外住宅」を銘打って下沼部から上沼部にまたがる広い土地に放射状の独特な街路を設け、ゆとりのある住宅地として開発したのが田園調布である。地名の由来は「調布村にある田園都市」ということだ。

正式な地名も昭和七年（一九三二）には東京市大森区田園調布となり、下沼部・上沼部の地名は早くも消滅してしまった。**図3**の川崎側には前述の下野毛、等々力に似た蛇行境界線が見えるが、こちらは下沼部村の「飛地」であった。東京側の本村から見て多摩川の向こうにあるので通称「向河原《むかいがわら》」と呼ばれたが、この通称は南武線の駅名に今も残っている。**図3**では玉川向の地名が見えるが、これが正式な字《あざ》名であった。川崎市側となった下沼部は今でも地名が健在で、東京側で早々

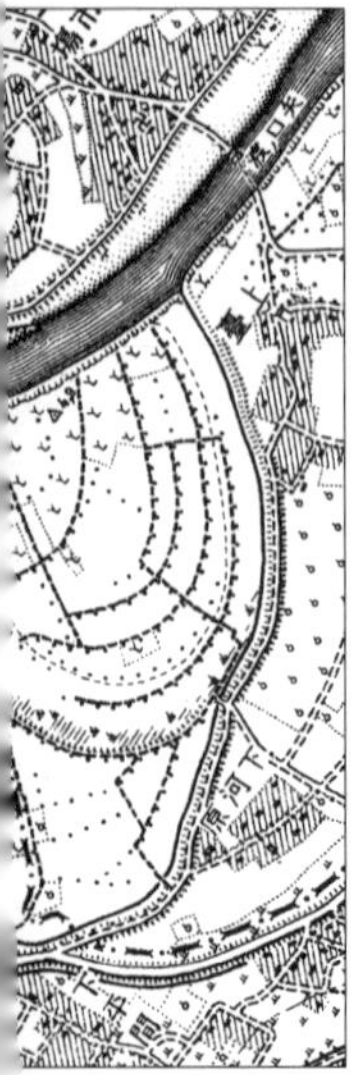

と「田園調布化」のため消滅した（かろうじて駅名に沼部が残るが）地名が、本村でなく対岸の「作場」だけに残ったのである。

最後に、**図3**で東京側に張り出した集落のない部分だが、これは川崎側の上平間《かみひらま》村の領域で、やはり明治四五年（一九一二）に東京府荏原郡矢口《やぐち》村（その後矢口町）に編入されたものである。しばらく上平間を称していたが、東京市蒲田《かまた》区になった際に下河原《しもがわら》町となった（その後下丸子町・矢口町を経て現下丸子二丁目付近）。こちらは先ほどとは逆で、右岸側の大字中丸子の飛地の小字・下モ川原にちなむ。

以上、明治四五年に行われた多摩川にまつわる境界変更箇所を見てきたが、かつての多摩川の暴れ方の激しさと洪水の頻発ゆえに肥沃な土地を作場として耕してきた沿岸の村々の歴史が、古い境界線を通じて見えてきたのではないだろうか。

一つの村が境界変更で離れ離れになり、所属自治体を異にした結果、地名によっては一方だけ存続するなど運命を異にすることにもなった。多摩川の両側に残る「ペア地名」は他にも多く存在するが、地図でこれらの地域の歴史を少し探るだけでも、橋の数こそ今より格段に少なかったけれど、はるかに深かった「川と人との関わり」を改めて感じることができる。

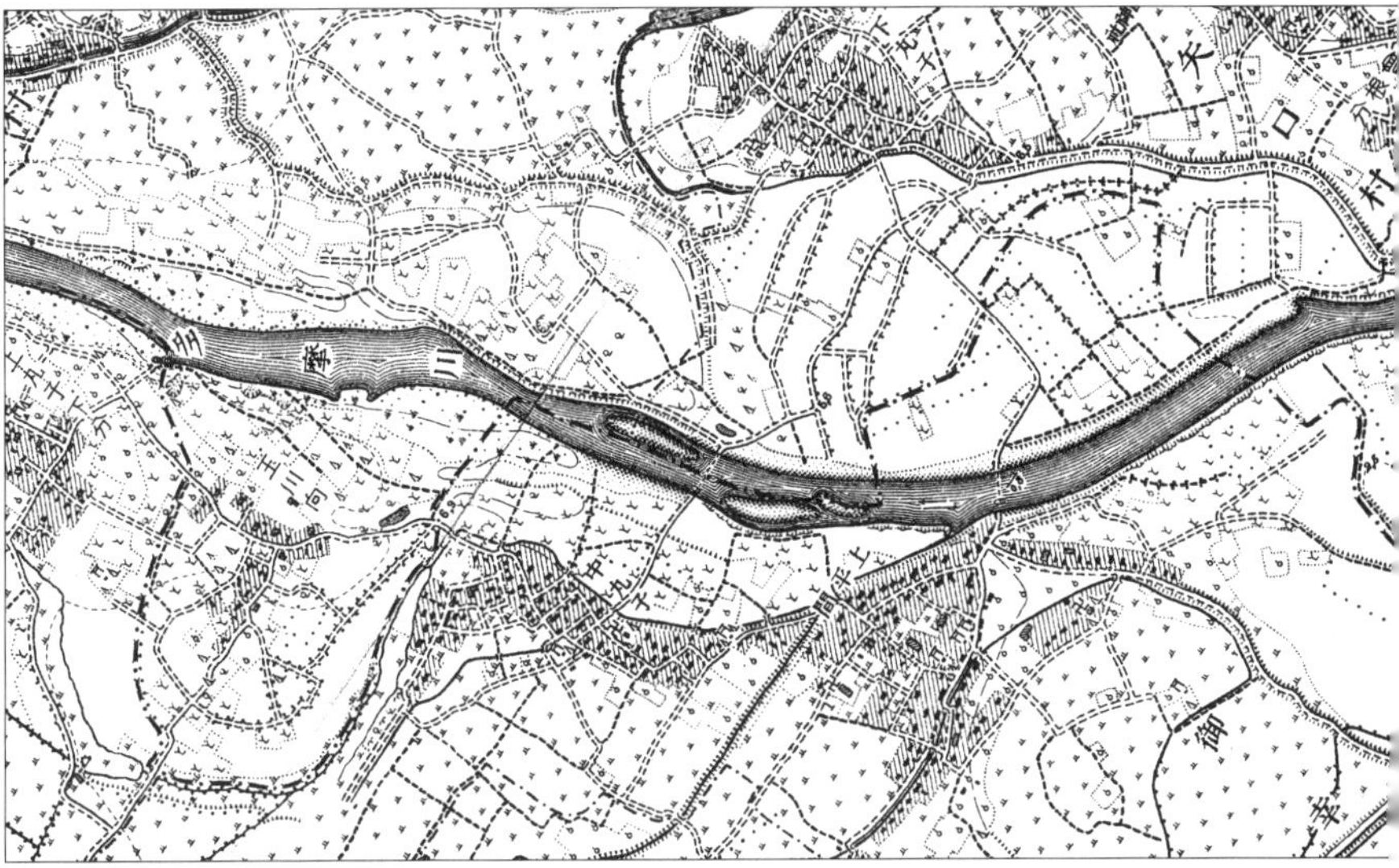

図 3　1:20,000「溝口」明治 39 年測図（80%縮小）

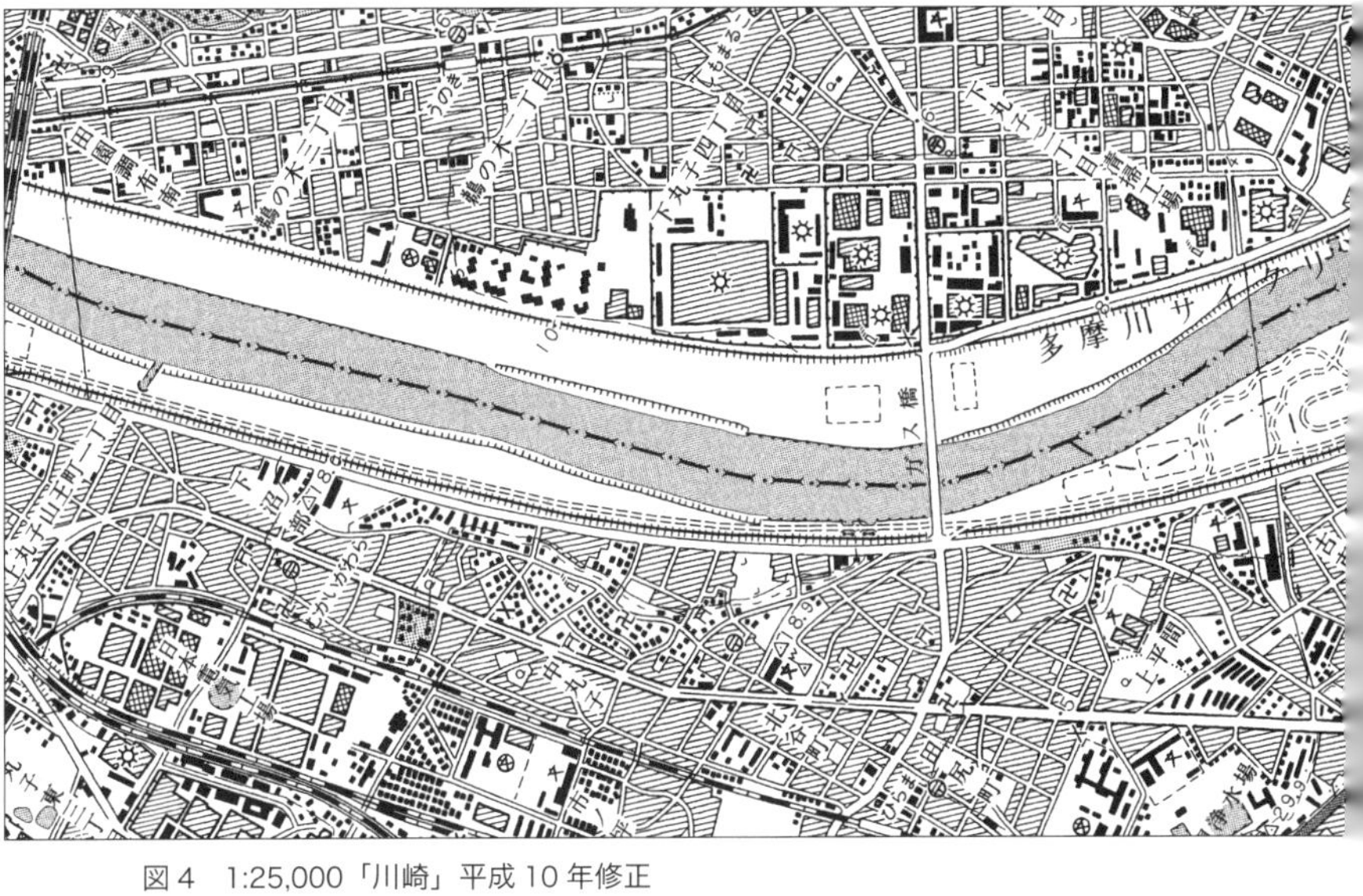

図 4　1:25,000「川崎」平成 10 年修正

すべての道は青梅に通ず

扇のカナメに位置する青梅

青梅街道といえば、新宿・伊勢丹近くの「追分だんご」で甲州街道と分かれ、大ガードをくぐっていくあの大通りであるが、さすがに小平《こだいら》あたりまで来ると、大きなケヤキが印象的な武蔵野のもと農村風景の面影だ。しかしファミリーレストランやクルマ屋さんも点在する典型的郊外でもあり、また奥多摩まで足を伸ばせば峡谷の中を走り抜ける山間の地方道の趣に姿を変える。

この道が現在知られている「青梅街道」だが、そもそも青梅へ向かう道は本来みんな「青梅街道」なのだ。実際に多摩川右岸を走る国道四一一号（滝山街道）も青梅街道と呼ばれていた。

まずは二〇万分の一の**図1**で青梅の位置を改めてご覧いただきたい。険しい峡谷を流れてきた多摩川（一〇〜数万年前の古多摩川）が突如として広い平野に投げ出される所に発達したのが青梅の町だ。谷を出ると川は流速を緩め、そこまで運んできた土砂を一気に堆積させていく。これが扇形を成すので扇状地というのだが、地図にもきれいに表われている。図でわかる通り、古多摩川は荒川方面へ流れていたこともある。最近の地図だと市街地が拡大していて見にくいので、ここでは昭和三〇年代のものを使ってみた。青梅が扇のカナメの位置にあり、そこから扇町屋《おうぎまちや》（入間市）、箱根ヶ崎（瑞穂町）、福生《ふっさ》の各方面へほぼまっすぐ道が向かい、少し遠いが所沢へも道が伸びている。これらのうち福生へ向かうのが現在の奥多摩街道（かつてはこれも青梅街道と呼ばれた）、箱根ヶ崎へ直行するのが青梅街道、入間市へ向かうのが根通り（主要地方道青梅入間線）だ。

扇のカナメには谷口（渓口）集落が発達する。なぜかといえば、山と里のモノが出会い、交易が発生するからである。人が集まればさらに各種のサービス業が引き寄せられていく。青梅では近世、木綿織物の「青梅縞」が遠くまで聞こえたブランドであった。その谷口集落たる青梅の近代の歩みを地図で振り返ってみよう。

入間川〜青梅間を鉄道馬車が走っていた

図2は明治四五年（一九一二）の部分修正をベースに大正四年に鉄道を描き入れたものだ。青梅線の前身である私鉄・青梅鉄道は明治二七年（一八九四）に開通したが、駅は立川〜青梅の間に拝島、福生、羽村、小作《おざく》の四か所のみで、ほとんど人家のない河岸段丘上の桑畑をひたすら直線ルートでたどるものであった。これは石灰運搬を第一目的に敷かれたことと無縁ではないだろう。

北方へ目を移すと扇町屋へ向かう街道に軌道の記号が載っている。（図中矢印）これは中武《ちゅうぶ》馬車鉄道の線路で、青梅旧市街西方の森下から扇町屋を経由して入間川《いるまがわ》（現狭山市）まで伸びていた。図

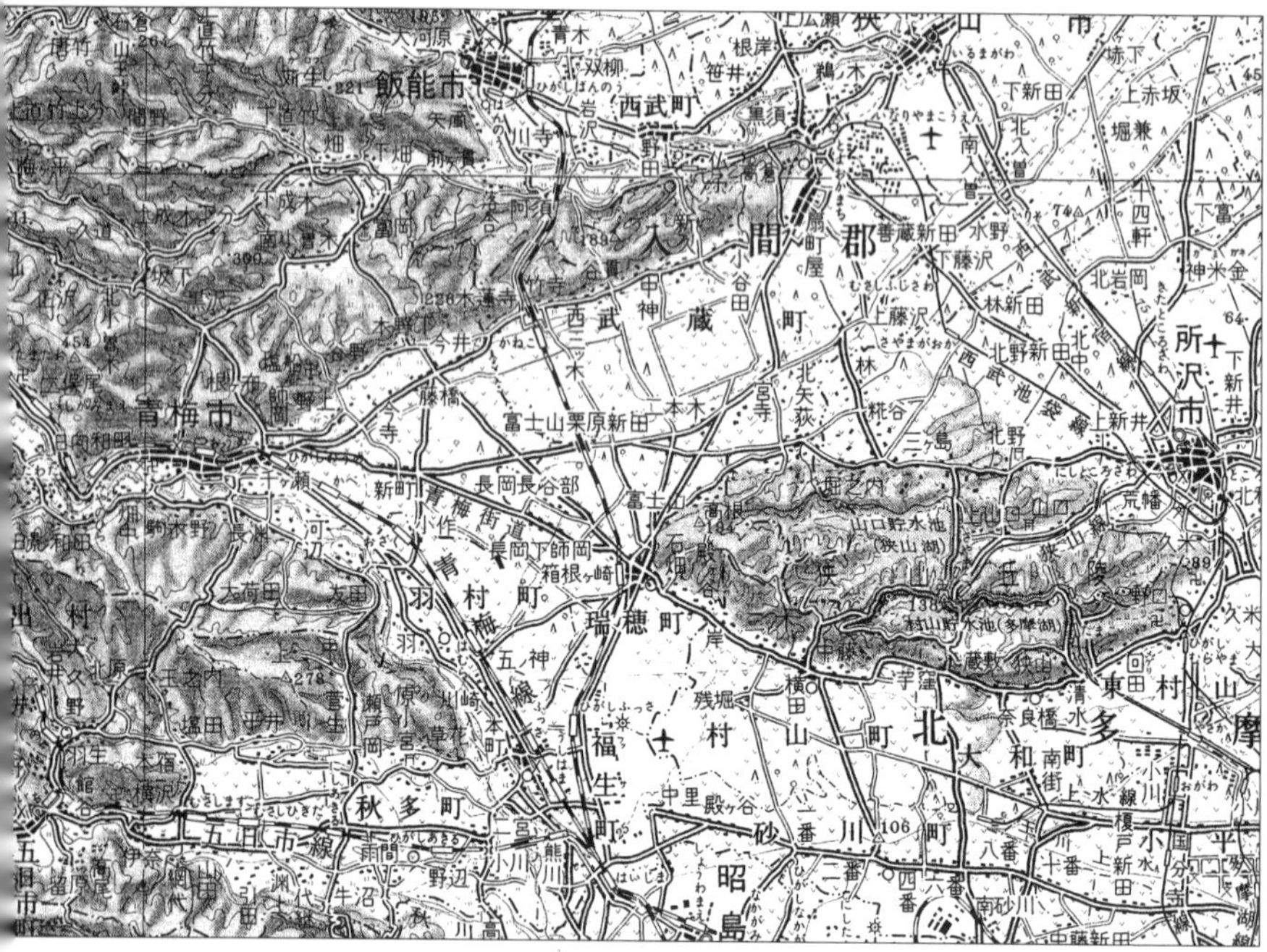

図１　1:200,000 地勢図「東京」昭和 34 年修正

式の都合により市街地での併用軌道の表示が省略され、青梅線の東側で線路が途切れているように見えるが、実際は青梅線と平面交差して市街の中央まで走っていた。

　馬車鉄道の開通は明治三四年（一九〇一）、一二人乗りの小さな客車を馬が引っ張るもので、所要時間は青梅から入間川までの一八・五キロを二時間二〇分、反対方向は上り坂なので二時間五〇分かかったという（『青梅歴史物語』青梅市教育委員会編）。平均時速六・五〜八キロだから、ちょっと小走り程度だろうか。

　この馬鉄は地元住民に大いに歓迎されたらしいが、当初から営業成績はふるわず、日露戦争後の織物需要の落ち込みや御岳登山者の減少などが追い討ち

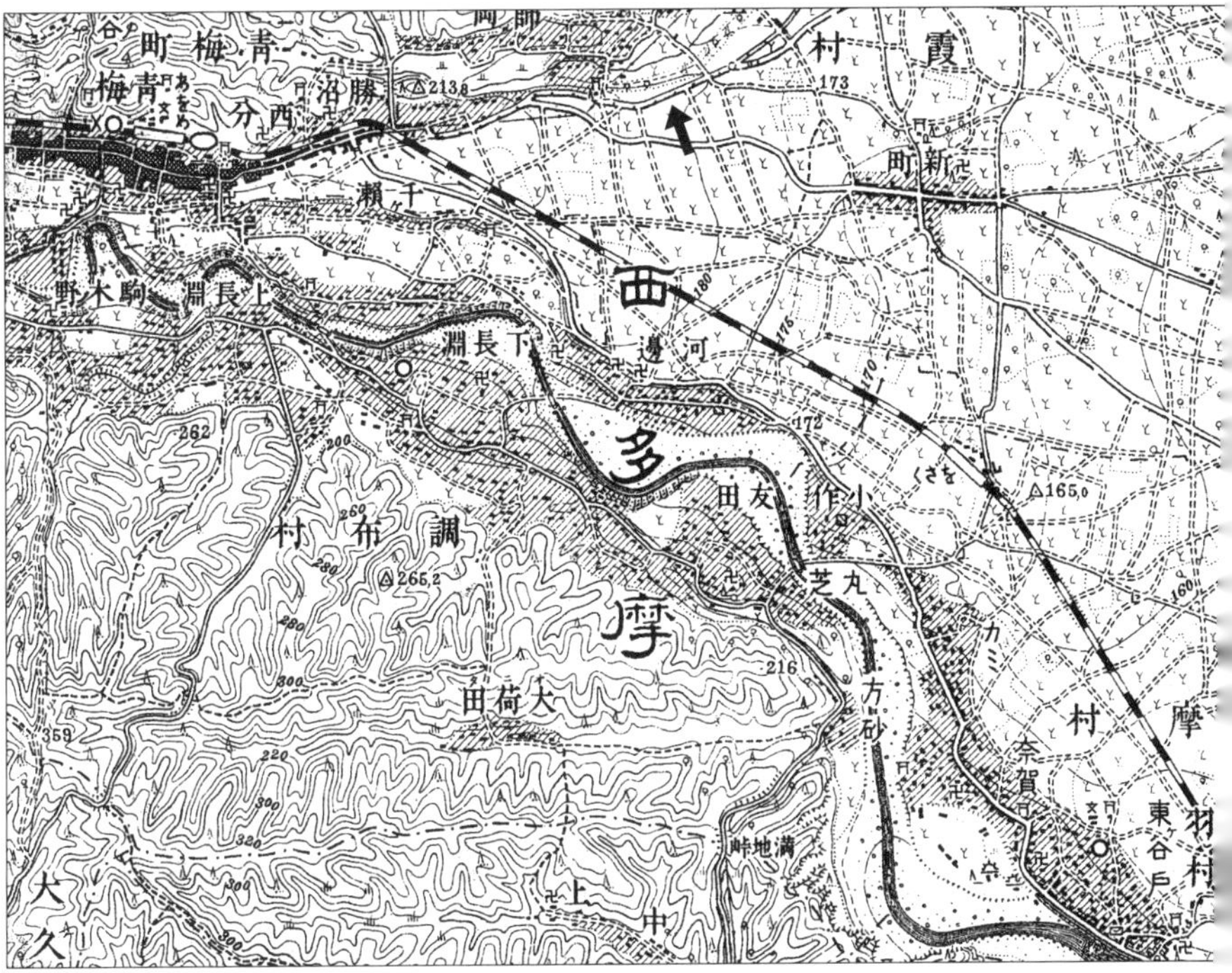

図２　1:50,000「青梅」大正４年鉄道補入

をかけ、早くも開通六年目にして師岡《もろおか》〜青梅森下の間を部分廃止、大正九年（一九二〇）には全線廃止されている。東青梅駅より東側の「旧馬《ば》鉄道《てつみち》」は今も生活道路として現存するが、こんな細道に線路が、と意外に思うかもしれない。もちろん、自動車のなかった時代の話だ。

　青梅の町は街道沿いに細長く、別名「甲州裏街道」の宿場町として発達したことがよくわかる。青梅駅（「あをめ」と表記）の右にある楕円の記号は郡役所であり、青梅が西多摩郡の行政の中心地であったことを示している。郡制は大正一二年（一九二三）に廃止されたが、旧版図でこの記号のついた町を探せば、その地域の中心地の目安がつく。多摩川に橋はまったく架かっていないが、当時は図の範囲外すぐ西側の万年橋より下流には、川崎の東海道に明治初年に架けられた六郷橋および鉄道の六郷川橋梁があるのみで、陸上交通はほとんど江戸時代そのままであったことがわかる。そのかわり渡船は各所で行われており、ここでは上長淵《ながぶち》、下長淵、友田《ともだ》あたりに渡船記号が見える。

図3はその二〇年後の昭和一〇年（一九三五）鉄道補入版であるが、目立った変化としては小作〜青梅間に二駅が開業したことだ。東青梅（昭和七）と河辺《かべ》（昭和二）である。この間に電化が行われ、青梅電気鉄道と社名変更した。また河辺付近の奥多摩街道（線路の南側）が直線の新道になり、砂利採取のための引込線が二か所、小作・河辺の両駅から分岐している。多摩川での砂利採取は各地で盛んに行われ、砂利専用鉄道や引込線が多数建設されていくのもこの頃からだ。参考までに昭和一〇年現在の青梅町の人口は一・二万、現市域の範囲を含めても三・八万人に過ぎなかった。

多摩川には橋も架けられている。上長淵の調布橋（大正一〇）、友田の多摩川橋がそれで、細身の記号から判断すると木橋であったようだ（初代多摩川橋は鉄線吊橋）。ちなみに石橋・コンクリート橋は欄干部分が太く斜線入りで、鉄橋は太い欄干となっている。『写真集・多摩川は語る』（けやき出版）によれば、調布橋の下には多摩川の水を利用した天然氷の採氷場があり、農閑期のいい稼ぎになったという。

四〇〇年近い歴史をもつ「新町」

扇状地の中央、青梅街道沿いの台地上には新町《しんまち》という集落が見える。この地名は現在まで続いて

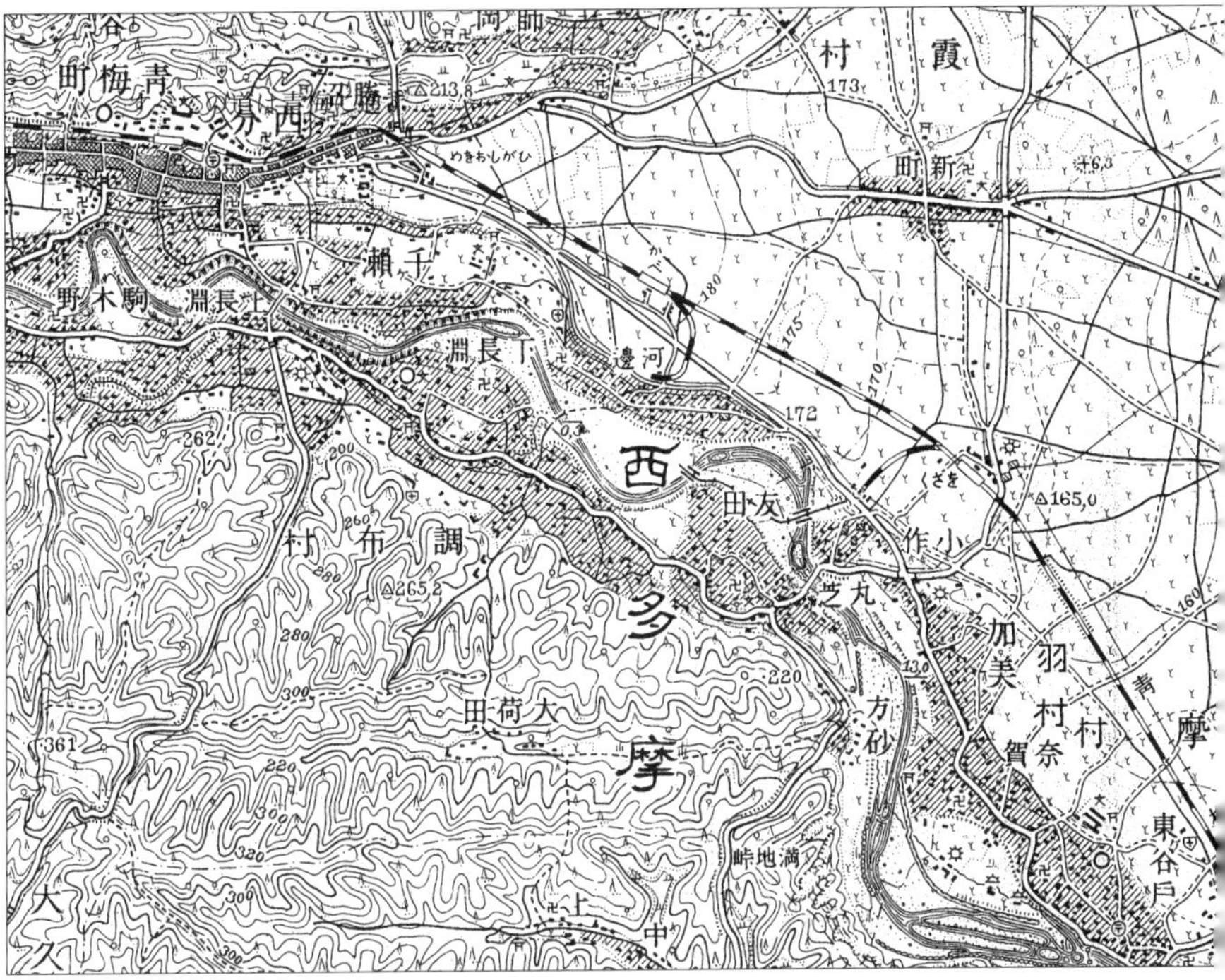

図３　1:50,000「青梅」昭和 10 年鉄道補入

いて、知らない人にはあたかも戦後に命名されたかのように思われがちだが、実は「新町」といっても四〇〇年近い歴史を持っている。

ことの起こりは慶長一六年（一六一一）、吉野織部之助という人が台地上の開拓を願い出て許され、六年をかけて建設した新田開拓村なのだ。青梅街道沿いに間口九間（一六メートル余）、三三軒の屋敷地が配され、防風林が植えられたという。

農村の新田集落なのに「新町」というのは、市場開設の意図があったからで、正式には新町村といった。後に月二回の定期市も開かれるようになって栄えたのだが、市の日取りをめぐって青梅町と九年間も争い続けた。結局は敗れ、市場は衰退して農村に落ち着いた。図上「新町」

の上に記された「霞村《かすみ》」とは、明治の町村制施行の際に新町を含む一二村が合体して誕生した新行政村の名で、扇状地の北縁沿いを東へ流れる霞川の名をとったものだ。戦後は青梅町が昭和二六年にこの霞村、それに調布村と合併して青梅市が誕生した。

高度成長で変貌すすむ町並み

図4は昭和四二年（一九六七）編集の新図式によるもので、多摩川には新たに下長淵に下奥多摩橋が架かった。その西側には調布橋の名が見えるが、これがかつての調布村の名を現在までとどめている。青梅市の人口は昭和三八年（一九六三）で五・九万を数えた。道路では青梅街道が東青梅の東側で蛇行していた区間を直線化、小作駅の東側では区画整理も始まり、この後たくさんの住宅や工場が建ち並ぶようになっていく。

多摩川西岸をずっと南へたどると滝山街道（吉野街道の続き）の満地峠の道が新たに東側に切り替えられ、満地隧道（トンネル）が開通した。以前の峠は標高二二六メートルまで登る細道だったが、勾配も大幅に緩和、道路は拡幅されている。橋も昭和の初期に架けられたものは架け替えが進んでいるはずだが、図上ではわからない。

そして**図5**が平成九年要部修正版である。**図4**から三〇年が経過したもので、大小の工場に加えて首都圏の郊外住宅地の拡大が青梅市東部の扇状地にも波及し、前図まではハッキリしていた新町の街村の形状は、周囲がほとんど「町」になってしまったため見分けがつかなくなってしまっ

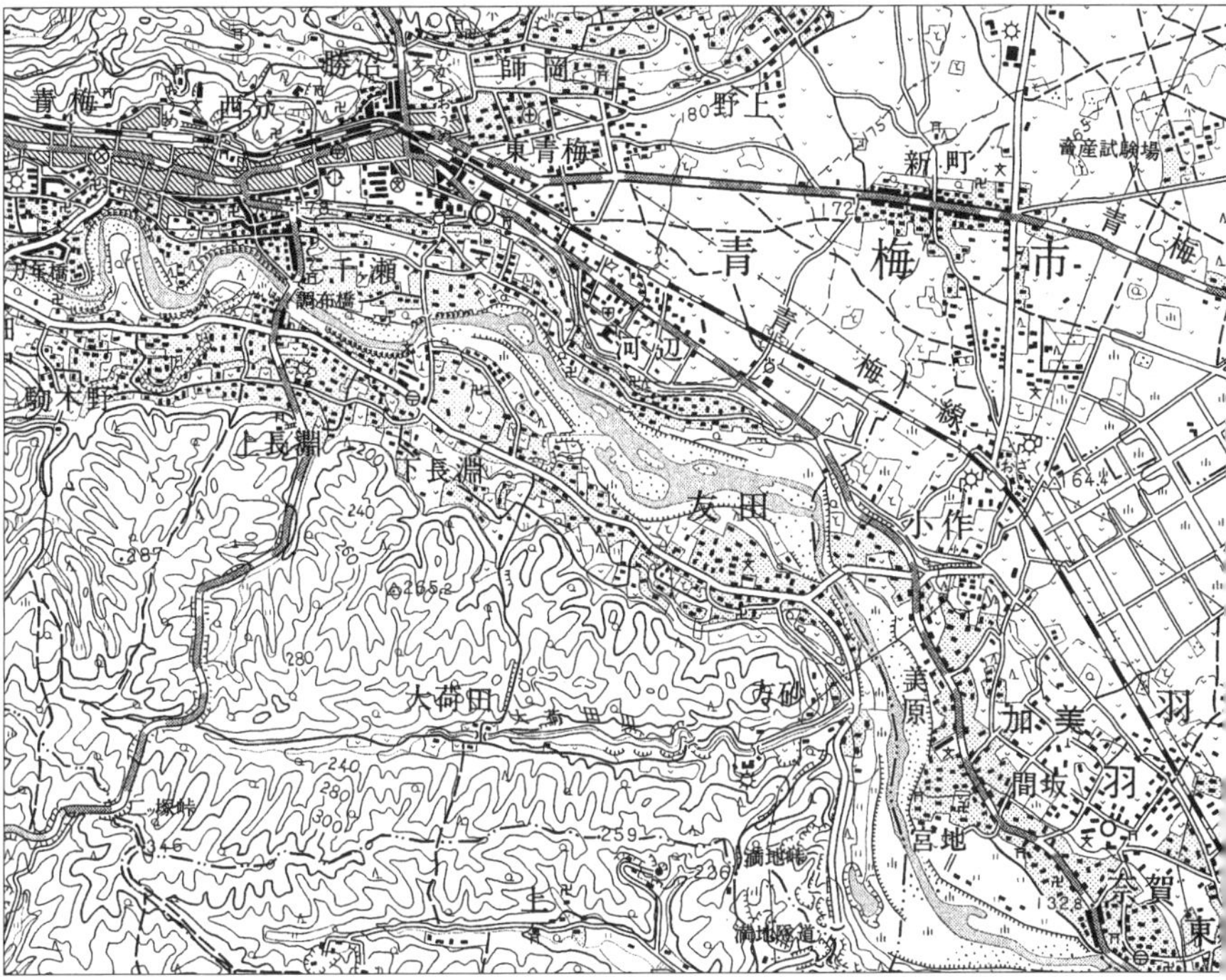

図4　1:50,000「青梅」昭和42年編集

た。市街地の拡大は人口増に反映されており、昭和四五年の約七・一万から平成二〇年の約一四万人へと倍増している。

　地名に目を向けると、**図4**まであった小字の地名がすべて「○○一丁目」といった形に変えられて消滅し（五万分の一では「丁目」は示さないが）、たとえば図の下方にある「大荷田」「方砂」という古くからの字名も図上から姿を消した。

　さらに滝山街道の満地峠では全長八九六メートルの新満地トンネルが平成三年（一九九一）に開通、この区間では三代目のルートとなった。旧満地トンネルを含む二代目ルートは、本図では表示がないが自転車・歩行者専用道路として再整備され、以前は歩道がなく危なかったトンネル内も安心して歩けるようにな

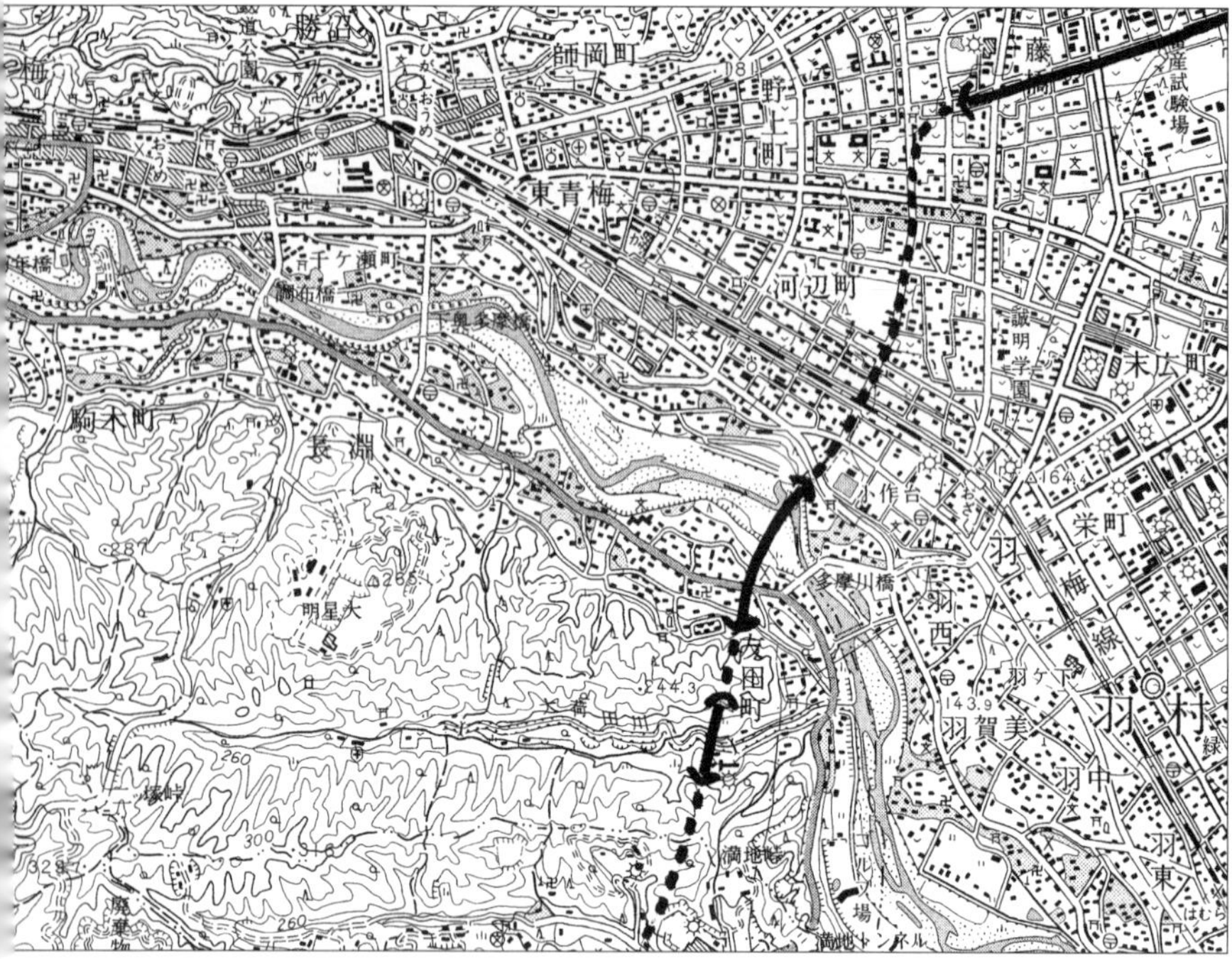

図５　1:50,000「青梅」平成９年要部修正　描き入れた線は圏央道

った。また、図に描き入れたのは平成一四年(二〇〇二)三月に青梅インターから延長開業した首都圏中央連絡自動車道(圏央道)で、平成一八年(二〇〇六)には中央道の高尾ジャンクションまで長いトンネルを何本も抜けて接続されている。

東部を中心に都市化の波が今も押し寄せる青梅市だが、一方で西側の渓谷方面は吉野梅郷などの景勝地が人を集めている。中心市街地は全国共通の沈滞ムードが隠せないが、それでも古い映画の看板が軒を飾る街おこしは成功しつつあるようだ。東京の近くゆえに膨張してしまった部分と、地方都市の側面を併せ持つ青梅市。今後どんな変貌を遂げていくだろうか。

ＪＲ青梅線　青梅〜奥多摩

三つのＪＲ線と多摩モノレールが集まる交通の要衝・立川。中央本線の前身である甲武鉄道に最初に接続したのが明治二七年開通の青梅線、当時は私鉄の軽便鉄道・青梅鉄道である。青梅街道が江戸への石灰運搬路として整備されたのと同じく、この鉄道も石灰石輸送を主たる使命としてスタートした。今では東京近郊の通勤線の色を濃くしながらも、青梅から先は奥多摩の渓谷に沿った観光路線の側面も併せ持っている。

ＪＲ青梅線の前身・青梅鉄道は、青梅の産物の代表格である石灰、それに加えて懐の深い奥多摩の木材を運搬することを主目的に計画された。地元資本による発足で、資金不足のためまずは軽便鉄道として明治二七年（一八九四）に立川〜青梅間を開通させている。しかしその後、立川駅での積み替えの不便を解消するため、明治四一年に中央本線と同じ軌間に改め、貨物列車が直通できるようになった。

石灰石運搬の使命を帯びて開通

この設備投資を可能にしたのが浅野セメント（現太平洋セメント）の資金である。開通当初から石灰輸送は売り上げの屋台骨を支えており、石灰石を運ぶ貨物列車は平成に入るまで青梅線のシンボル的な存在だった。当初は蒸気機関車牽引であったが、大正一二年（一九二三）には電化され、その後昭和四年に青梅電気鉄道と社名を変更している。

立川～青梅間の地域はすでに取り上げたので、青梅から先へ進もう。**図1**は昭和一二年修正版だが、多摩川の左岸には街道沿いに細長く発達した街並みが見える。「青梅町」の表示の下にある駅は駅名表示がないが青梅駅で、ここに青梅電気鉄道の本社もあった。今も現役のコンクリート駅舎である。戦前の旧版図には駅名表示のないものが目立つが、これは忘れたわけではなく、明らかに町名と同じ場合は適宜省略する、ということだ。

青梅市街の西端あたりで隣の昭和二三年資料修正版「五日市」につながっているが、御嶽《みたけ》～氷川《ひかわ》（現奥多摩）間の線路が追加された他は、それ以前の昭和四年要部修正版（御嶽まで延長された年の修正）からほとんど変わっていないようだ。線路は東青梅から単線になっているが、青梅を過ぎると電車の本数も三分の一ほどに減り、編成も短くなってローカル色が一層強まる。

青梅の次は宮ノ平《ひら》駅だが、明治二八年に開通した当初はこの三〇〇メートルほど南側に日向和田《ひなたわだ》駅があった。現在の和田乃神社のあたりだが、大正三年にトンネルの先の現在地へ移転、旧駅の近くに宮ノ平駅が設置された（当初は貨物駅）。

図1では日向和田の対岸に見える日影《ひかげ》和田の地名は、昔から「日向」とペアで存在していた。つまり多摩川の北岸は南斜面なので日向和田、南岸は北斜面なので日影和田なのだが、昭和四二年（一九六七）に日影和田は和田町と改められている。やはり「陽当たり重視」の時世ならではの改称かもしれない。「影」の良さも捨てがたいと思うのだが。

江戸期の梅の名所を「桜の吉野」に？

日影和田のあった多摩川右岸、**図1**では吉野村であるが、このあたりは江戸時代から梅の名所で、今も吉野梅郷として広く知られている。毎年三月になれば、河岸段丘の目立つ地形なので、沿線のあちこちに競うように梅の花が咲くと、その立体感もあいまって、梅ではあるが、まさに「桃源郷」を思わせる風景が現出する。

しかし吉野の地名の由来はなぜか「桜」。村名は全国に施行された町村制によって明治二二年（一八八九）に畑中・下・日影和田・柚木の四村が合併して誕生したものだが、梅の名所だけに飽きたらず、これからは桜を多く植えて桜の名所にも、という意気込みから、奈良県の吉野にあやかって命名したのだそうだ。その吉野の名も「町村合併促進法」を受けて昭和三〇年に合併で青梅市となった。

現在の梅郷という町名も、和田町と同じく昭和四二年からの新地名で、以前は大字下《しも》であった。

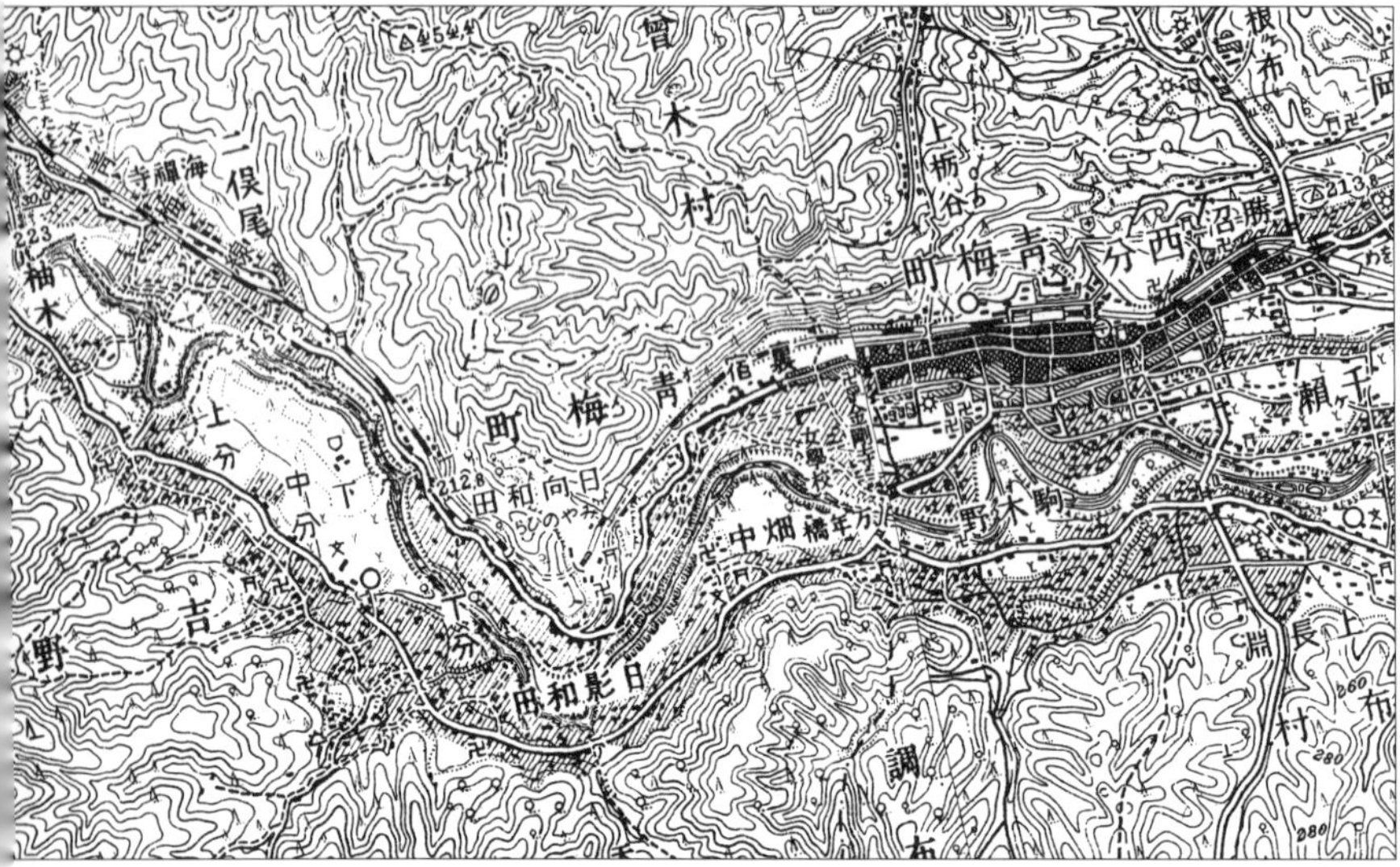
青梅町
西分
勝沼
根ヶ布
千ヶ瀬
駒木野
万年橋
畑中
日影和田
日向和田
裏宿
下分
中分
上分
吉野
柚木
二俣尾
海禅寺
曾木村
長淵村
調布

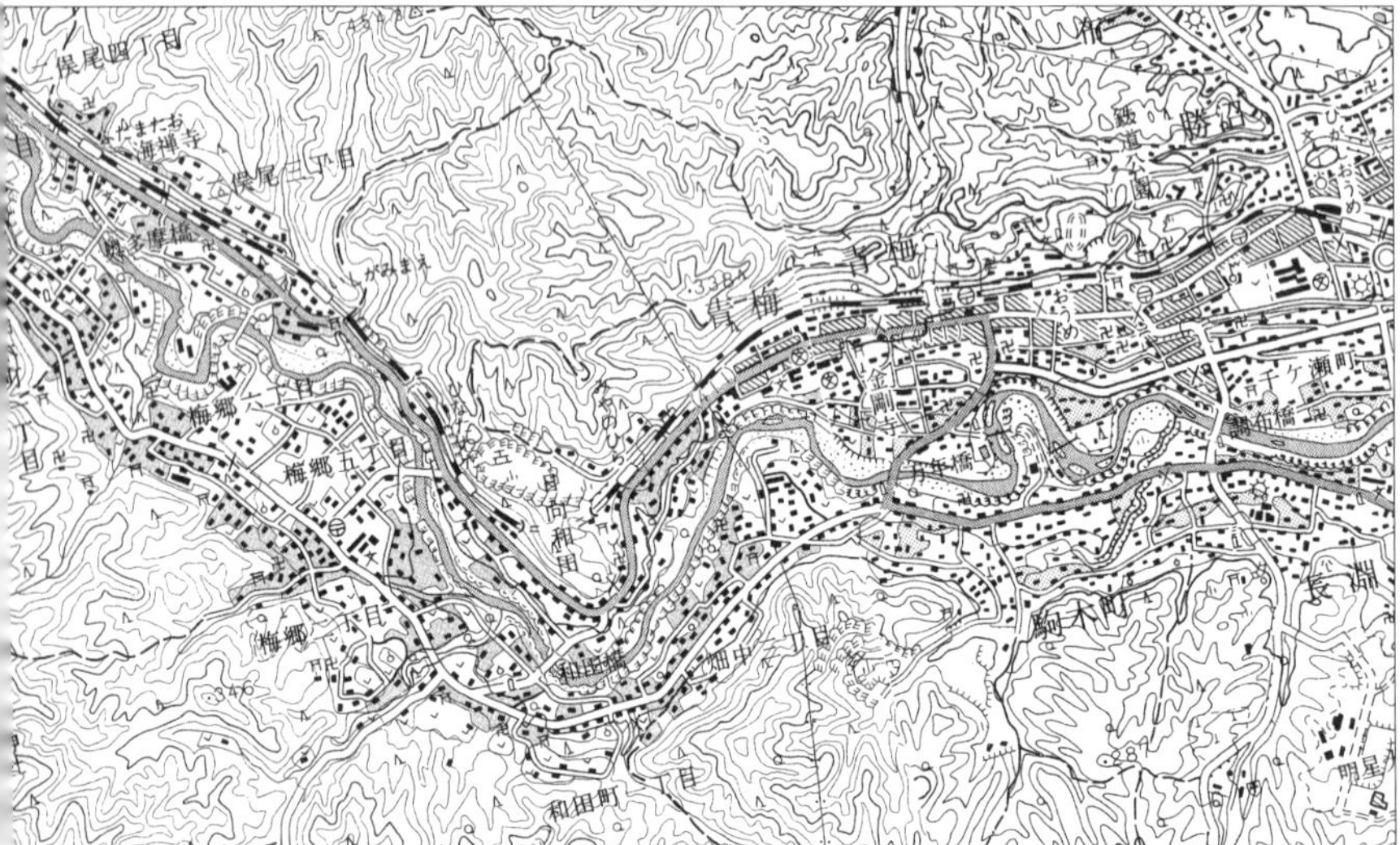
二俣尾四丁目
海禅寺
二俣尾三丁目
奥多摩橋
梅郷
梅郷五丁目
和田橋
和田町
畑中
駒木町
長淵
千ヶ瀬町
調布橋
金剛寺
万年橋
鉄道公園
勝沼
明星

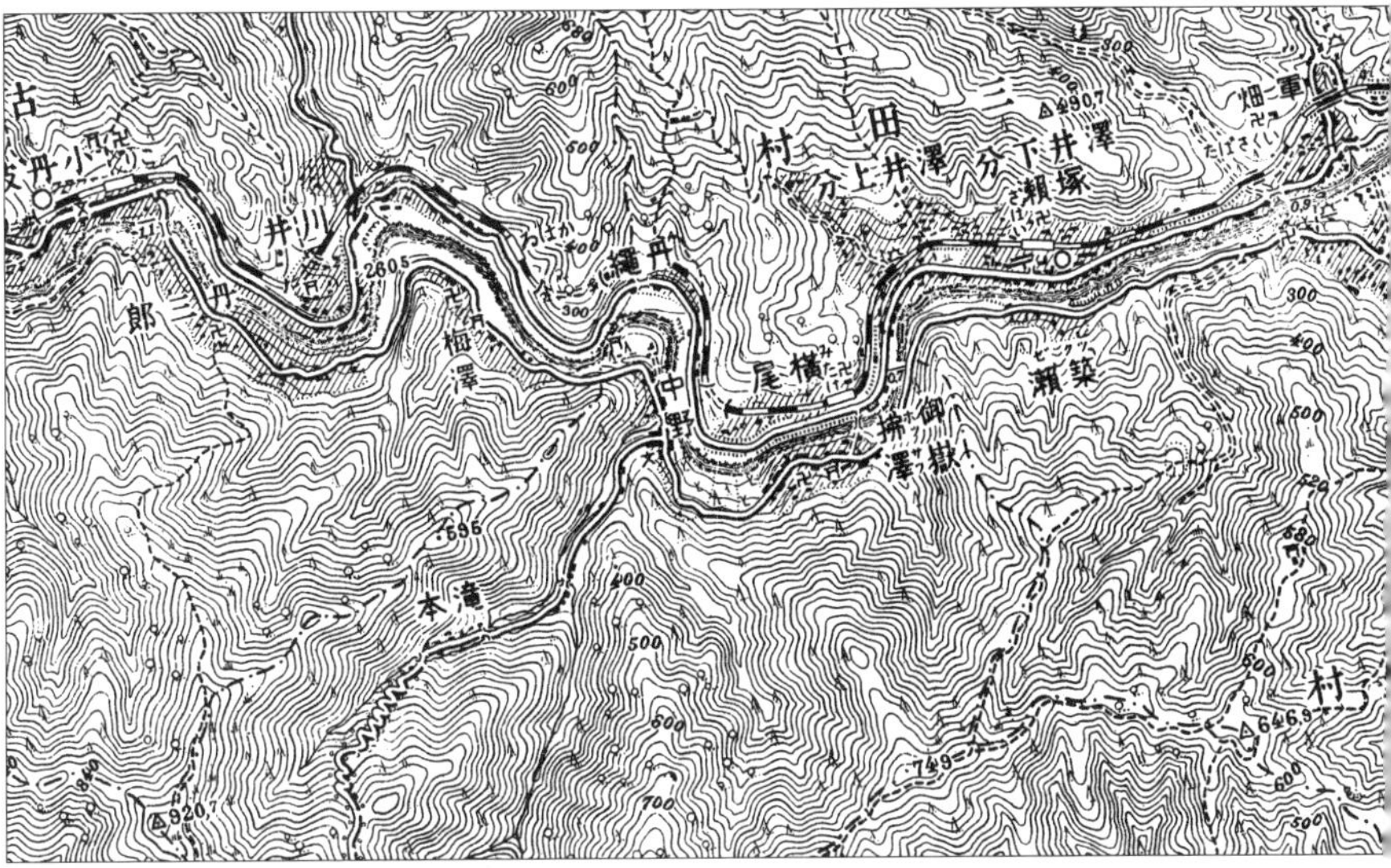

図 1　1:50,000「青梅」昭和 12 年修正＋「五日市」昭和 23 年資料修正

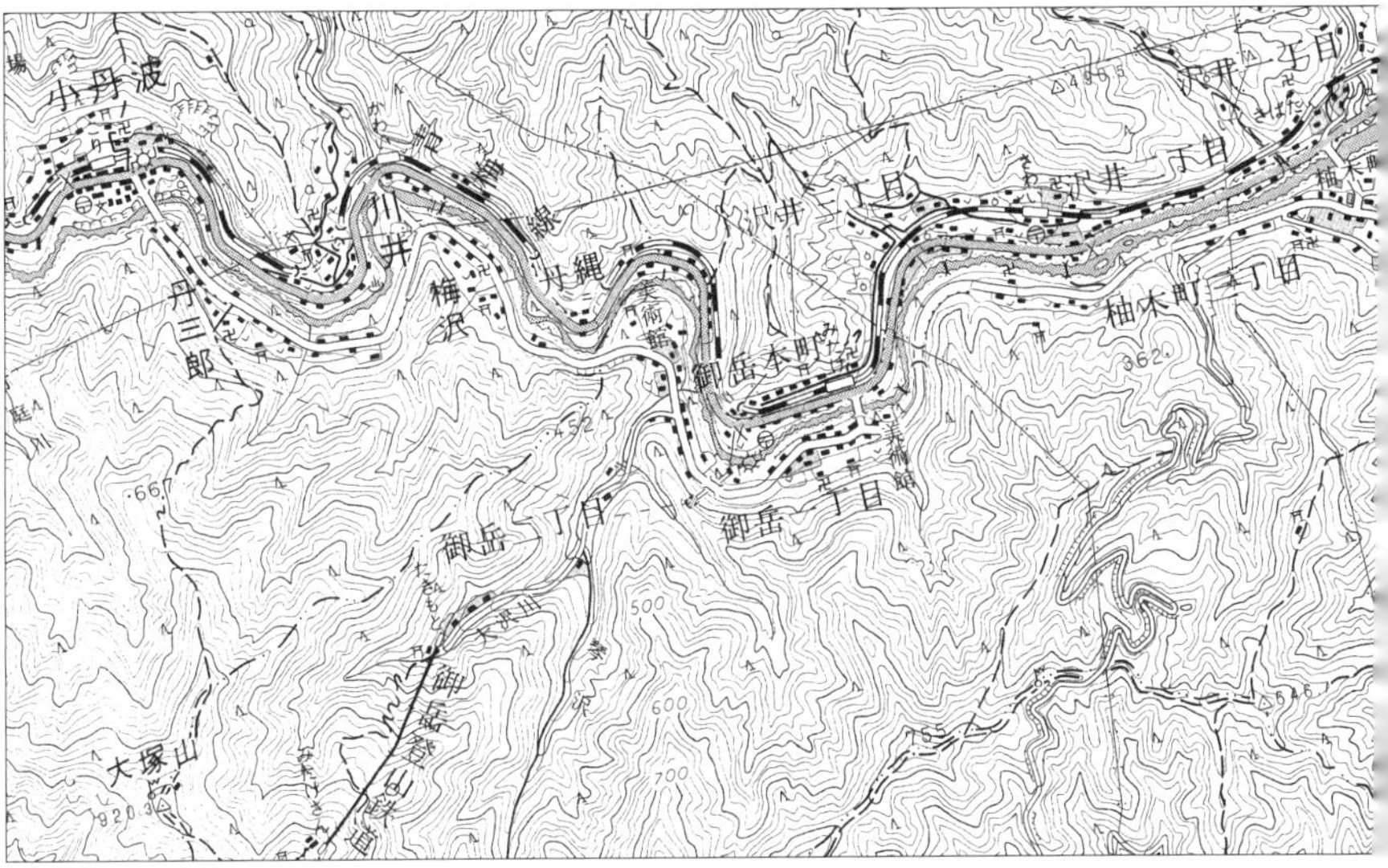

図 2　1:50,000「青梅」平成 9 年要部修正＋「五日市」平成 9 年修正

下村は戦国時代以前からの村名で、大きな村なので上分・中分・下分に分かれており、それが**図1**にも示されている。日影と同様、「下」もイメージ重視の昨今では全国的にあまり歓迎されない地名なのだろう。

図1の楽々園《らくらくえん》という駅は現在の石神前《いしがみまえ》駅である。青梅鉄道時代の大正一〇年（一九二一）にできた鉄道直営の牡丹園を発展させたのが楽々園で、動植物園や滑り台などを備えた小規模な遊園地であった。駅の開設は昭和三年だが、この時期は小林一三率いる阪急（当時は箕面有馬電気軌道）の宝塚や近鉄のあやめ池遊園地、東急（目黒蒲田電鉄）の多摩川園など、鉄道会社が経営する遊園地が大流行していた頃だ。その後、青梅電気鉄道が戦時中に国に買収された際に三田《みた》村と駅名が改められるが、三田は左岸側の村名であった。国鉄の駅が私設遊園地を名乗るわけにもいかなかったのだろうが、昭和二二年には駅近くの石神社にちなんで石神前と再改称して現在に至っている。

二俣尾から軍畑《いくさばた》まで来ると谷は狭まり、多摩川の流れも近づいてくる。次の沢井駅は近くに旧三田村の役場があり、**図1**にもそれを示す〇印と郵便局が見える。集落は図のように沢井上分《かみぶん》・下分《しもぶん》に分かれており、青梅市域にはこのような分け方が江戸期から行われてきたが、昭和三〇年に青梅市が誕生してからは「都会風」に沢井一～三丁目、御岳本町に改められている。

なお、昭和四年に御嶽《みたけ》駅（現在も「嶽」が正式）まで延長開業した後、しばらくはここが終着駅であった。氷川（現奥多摩駅）まではバスが通じており、昭和九年の時刻表では四〇分とある。現在の電車のちょうど倍かかったようだ。その年の暮れには御岳《みたけ》登山鉄道（ケーブルカー）が開通しているが、**図1**の昭和二三年資料修正時は、ちょうど戦時中からの運休時期にあたっているため、描かれていない。

戦時中に国策で開通した御嶽〜氷川間

御嶽駅から先、氷川までの区間はいよいよ左右の山が迫り、峡谷の中を多くのトンネルと鉄橋で貫く区間であるが、開通したのは戦争もいよいよ劣勢が明確になった昭和一九年七月のことである。もとは奥多摩電気鉄道が昭和一四年から建設工事を徐々に進めていた区間で、この会社は製鉄・セメント製造に不可欠な石灰石の運搬を目的として日本鋼管（現ＪＦＥスチール）、浅野セメントなどが共同出資したもので、氷川のさらに奥の日原《にっぱら》地区の石灰石搬出のための鉄道であった。これに加えて、東京市が計画しながら着工が延期されていた小河内ダムの建設が具体化したことも追い風になったという。

建設中のこの区間を含めて国が青梅電気鉄道もろとも買収したのが昭和一九年四月、氷川まで開通させたのはその三か月後である。資材が極端に不足していた戦争末期にあって新線建設は大幅に抑制されていたが、この区間は、鉄鉱石運搬のために突貫工事で建設された長野原線（渋川〜長野原〜太子間。現吾妻線）などと同様、国策により重要路線として優先的に建設された。

深い渓谷をたどる線路

御嶽から先の線路は川の屈曲にかなり忠実で、やむを得ない山嘴のみを短いトンネルで貫くという線形なので半径二〇〇メートル台の急カーブが頻出する。このためスピードも遅くなり、車輪がレールを擦るキイキイという音も目立つが、風景はいよいよ深山幽谷の趣を帯び、窓を開ければすでに山の空気だ。

川井・古里《こり》・鳩《はと》ノ巣と小さな駅が続くが、このうち鳩ノ巣は所在地の地名ではない。駅は奥多摩町棚沢にあるのだが、明暦の大火後に奥多摩の材木を筏で流送する拠点が作られ、そこに二羽の鳩が住み着いたことから鳩ノ巣の名で知られるようになり、それが駅名にも採用された。古里駅から先は渓谷もいよいよ深くなり、電車も急斜面にへばりつきながら、並行する青梅街道（国道四一一号）をはるかに見下ろしつつ、いくつもの短いトンネルを抜けて白丸駅に到る。見上げるような位置にある集落の家々は、周囲に比べれば少しは緩い程度の急斜面に畑とともに点在している。

ここから電車は青梅線最長の氷川トンネル（一二七〇メートル）に入り、出れば間もなく終点・奥多摩駅である。昭和四六年（一九七一）までは地元の大字の名をとって氷川駅と称したが、町名に合わせて改称した。奥多摩観光の拠点という意味合いも含んでいるのだろう。氷川は多摩川と日原川の合流点に発達した町で、この地名は各地の氷川地名の多くと同様、杉の大木に囲まれた歴史ある氷川神社にちなむ。

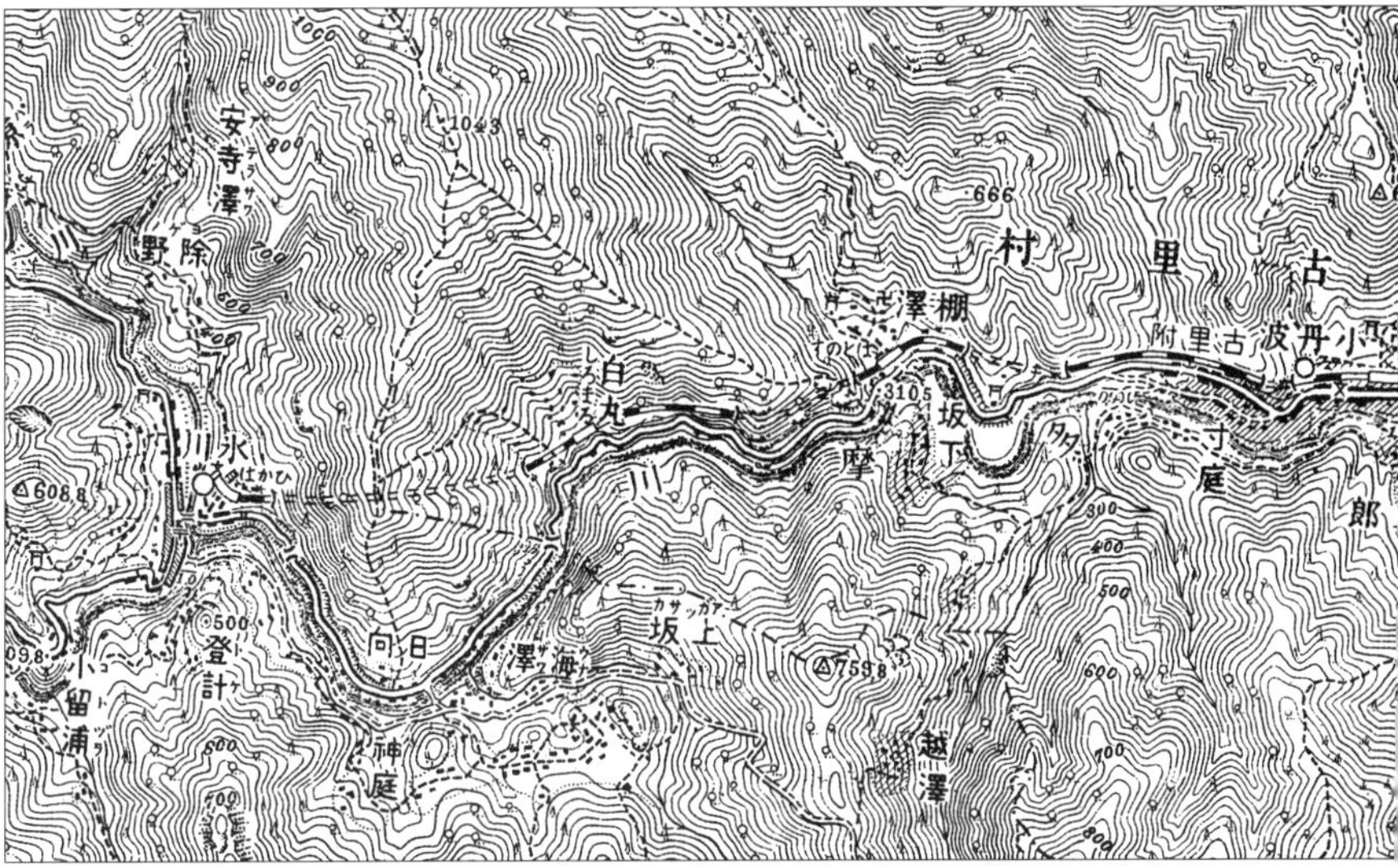

図 3　1:50,000「五日市」昭和 23 年資料修正

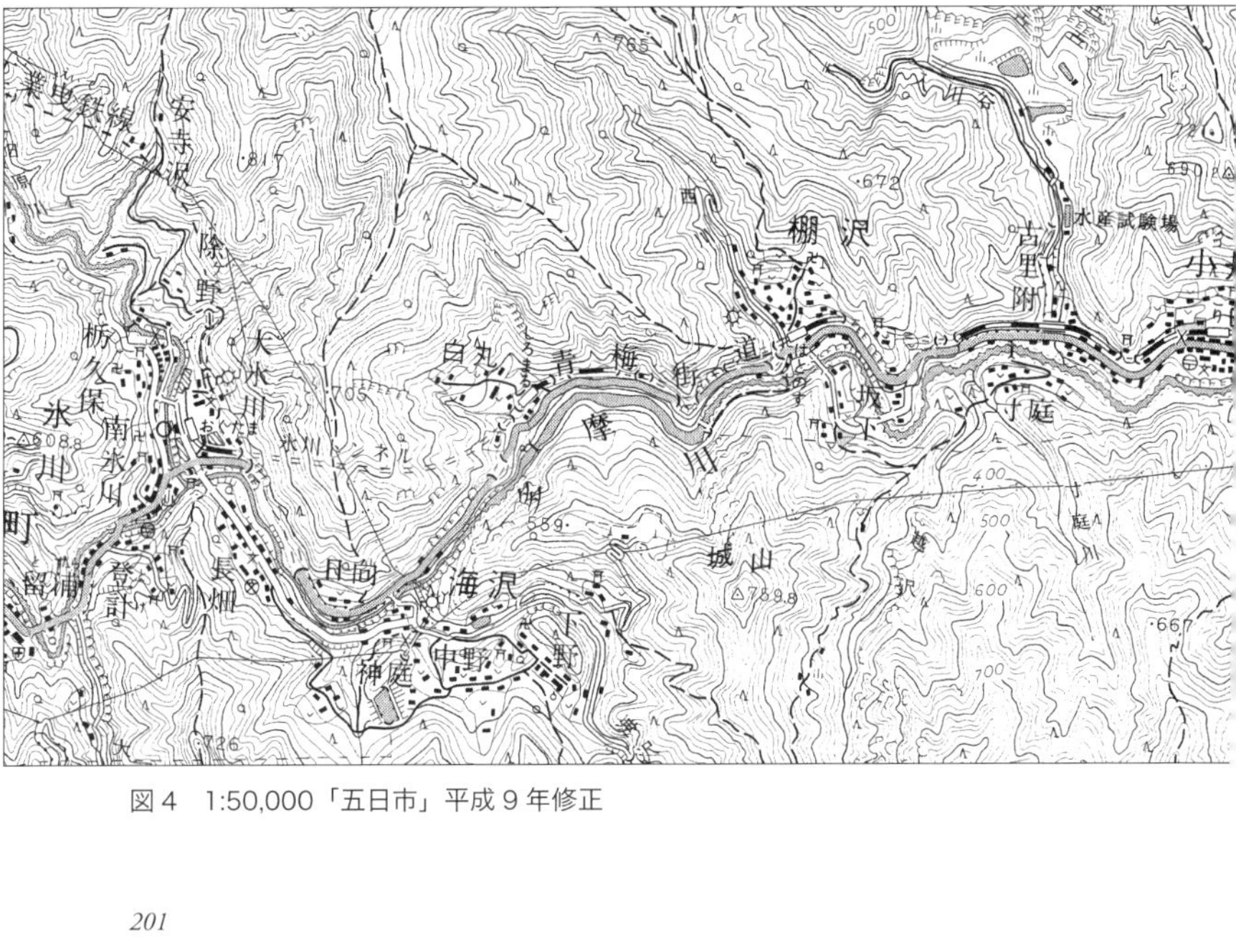

図 4　1:50,000「五日市」平成 9 年修正

図5　1:50,000「五日市」昭和47年編集

戦争中に完成した氷川駅へは、日原川上流の鉱山から索道で石灰石が運ばれ、貨物列車に積まれて立川、南武線を経由して浜川崎方面へ向かったのだが、その後は輸送力増強のため一種の「貨物ケーブルカー」に代わっている。これが奥多摩工業曳鉄線（**図4**左上）で、これは平成一〇年に青梅線の石灰石輸送がトラックに移行した後も現役で働いている。

観光列車が走らなかったレール

図5は**図3・4**の間にあたる昭和四七年編集の図であるが、奥多摩駅から小河内ダムに向けて線路が描かれている。この専用線は東京都水道局が昭和三〇年に敷設したもので、ダム完成後は昭和三八年に西武鉄道が買収した。観光列車を走らせる計画だったというが、その後は奥多摩工業（奥多摩電気鉄道の後身）に売却されている。

現在でも一応は「運休」扱いとなっているためレールも大半が残っているが、すでに長らく放置されたため草に埋もれており、数多く架けられた橋梁も劣化し、一部では線路が撤去され、地形図からも消えてしまった。今後も観光列車が走ることはないだろう。

奥多摩に限らず、山中への観光は改良された道路を自家用車で行くのが主流になった。かつての主力商品であった石灰石の輸送も今はトラックが担っている。それでも青梅線は地元住民の大切な足として、また奥多摩の峰々への登山者、青梅街道の旧道「むかしみち」などを散歩する人たちの交通機関として活躍し続けることだろう。

多摩モノレール車窓の旅　上北台〜多摩センター

多摩の鉄道は基本的に東京都心を向いて発達している。そのため、それぞれの東西向きの鉄道どうしを結ぶ「南北交通」は相対的に不便で、これを解消する交通機関として多摩モノレールが計画・建設された。最初に開通した上北台〜立川北間は平坦な武蔵野台地を進むルート、立川南〜多摩センター間は川を渡り山を越える起伏に富んだルートで、車窓からの見晴らしには定評がある。昭和の初めと現在の地形図を比較しながら今昔車窓の旅をしてみよう。

上北台—桜街道—玉川上水

モノレールの始発駅・上北台は今のところ中途半端な場所にあるようだが、駅の北東に都営の芝《しば》中《なか》団地（芝中は蔵敷《ぞうしき》の小字名《こあざ》）や西側の都営村山団地など、主に昭和四〇年代に登場した大規模な団地がいくつもある。長年バスに頼っていたこれらの団地住民にとっては、立川までわずか一二分で結ぶモノレールはまさに待望の交通機関だったことだろう。

上北台という地名は新しいようで古く、もとは大字芋窪《いもくぼ》の字上北台、中北台などであった（図中にはなし)。しかし下北台や中南台など似たような小字が多いことから、山林原野だった明治はじめの地租改正時にかなり適当に命名したのかもしれない。小字名は地租改正を機に激変している地域が多いのである。

旧大字の芋窪は南北に細長く、村山貯水池(多摩湖)の湖底に沈んでいる旧石川地区なども含めて南北四キロほどもあったが東西幅はせいぜい七〇〇メートル程度であった。これは芋窪に限らず東大和市の旧大字に共通しており、細長い村(のちの大字)が西から芋窪、蔵敷、奈良橋《ならはし》、高木、狭山《さやま》、清水と六村が並んでいた。細長さの理由は、もともと丘陵南麓に東西に連なつていた各本村が薪炭林として北の丘陵部へ土地を求め、さらに南の武蔵野台地へ耕地を開発していった結果である。

上北台駅から見ると狭山丘陵は本当に指呼の間で、直線距離なら西武ドームまで二・五キロ。この近さは意外かもしれないが、上北台駅から球場行きのバスは一五分ほどで着くし、多摩湖まで散歩しても大した距離ではない。

ここから南へは芋窪街道だが、**図1**の時代は桑畑の中をうねうね曲がる細道だった。当時はまったく人家のないところを通る寂しい道で、追い剥ぎが出たとか狐に化かされた話なども伝わっているという。昔は野原のまん中をまっすぐに続く道が多く、四角四面に区画整理された現在では消えてしまったところも多いが、探せばまだまだ旧道の断片はあちこちに残っている。その断片から想像をたくましくして、狐の出そうな背の高いカヤの中の、かつての武蔵野の一本道を思い浮かべるのも一興かもしれない。

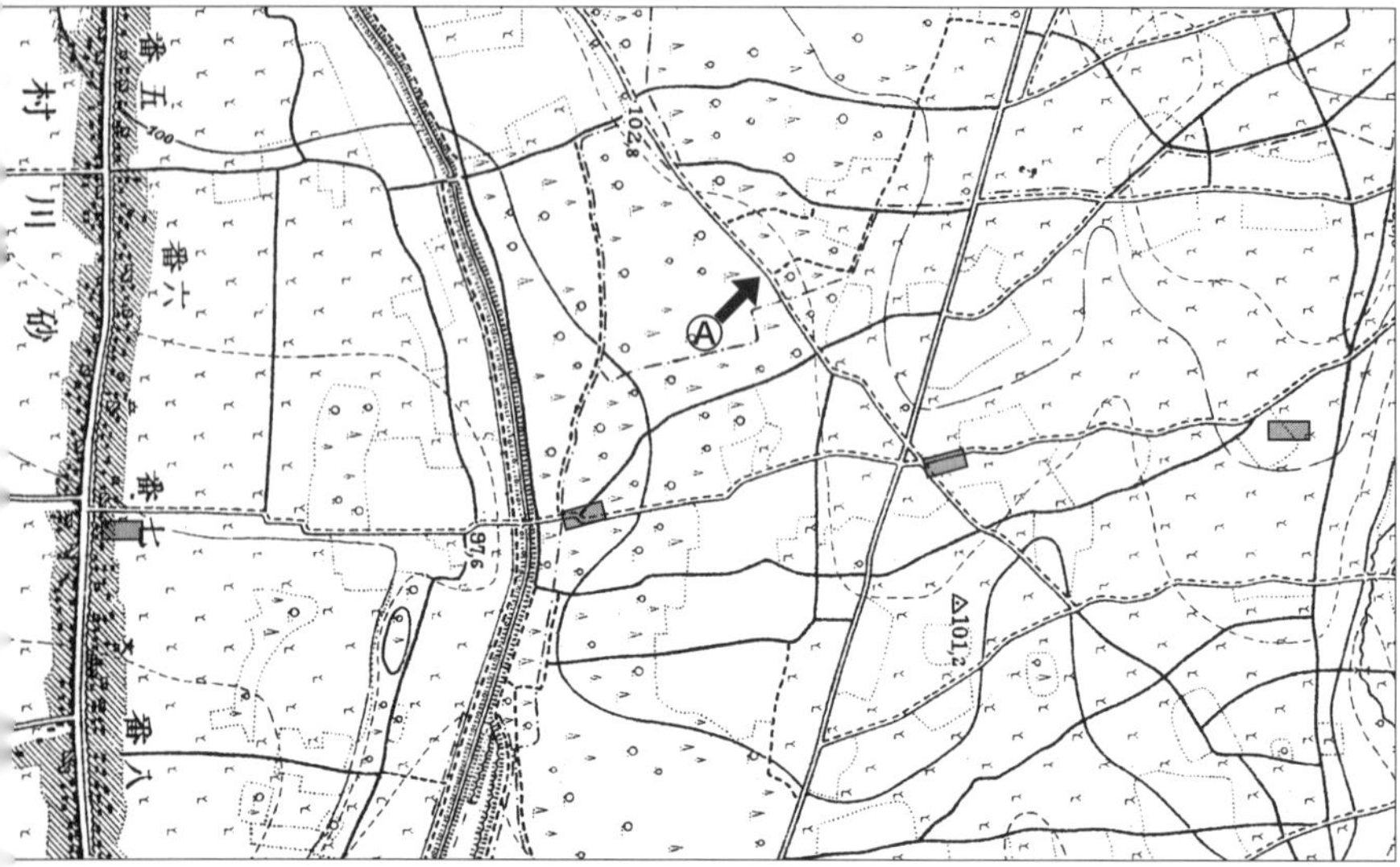
砂川村
五番
六番
七番
八番
102.8
97.6
△101.2

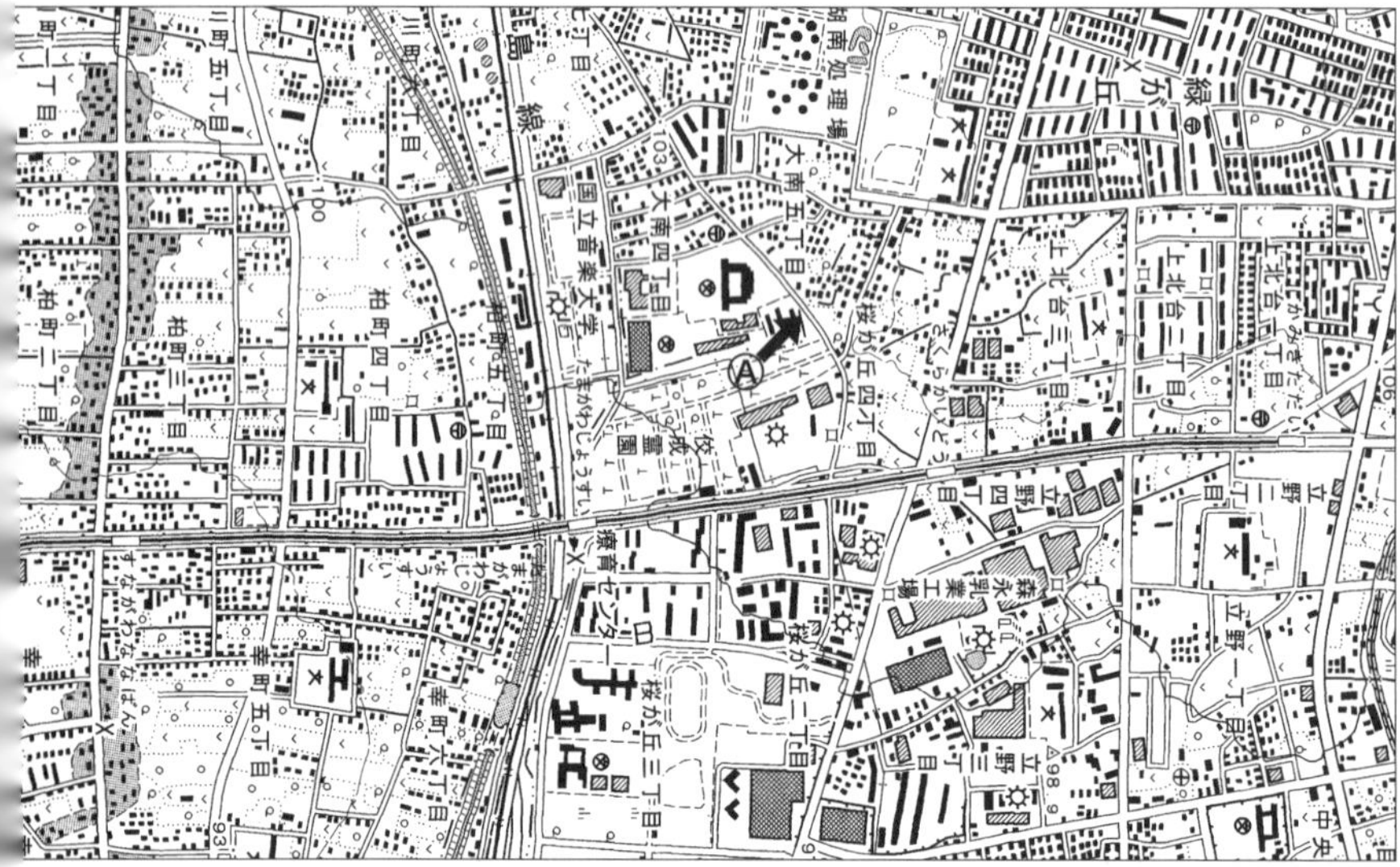
湖南処理場
緑が丘
大南五丁目
大南四丁目
国立音楽大学
上北台
桜が丘四丁目
柏町五丁目
柏町四丁目
柏町三丁目
柏町二丁目
川町五丁目
立野四丁目
立野三丁目
立野二丁目
立野一丁目
森永乳業工場
療育センター
桜が丘二丁目
桜が丘三丁目
幸町五丁目
幸町六丁目
中央
△98.9

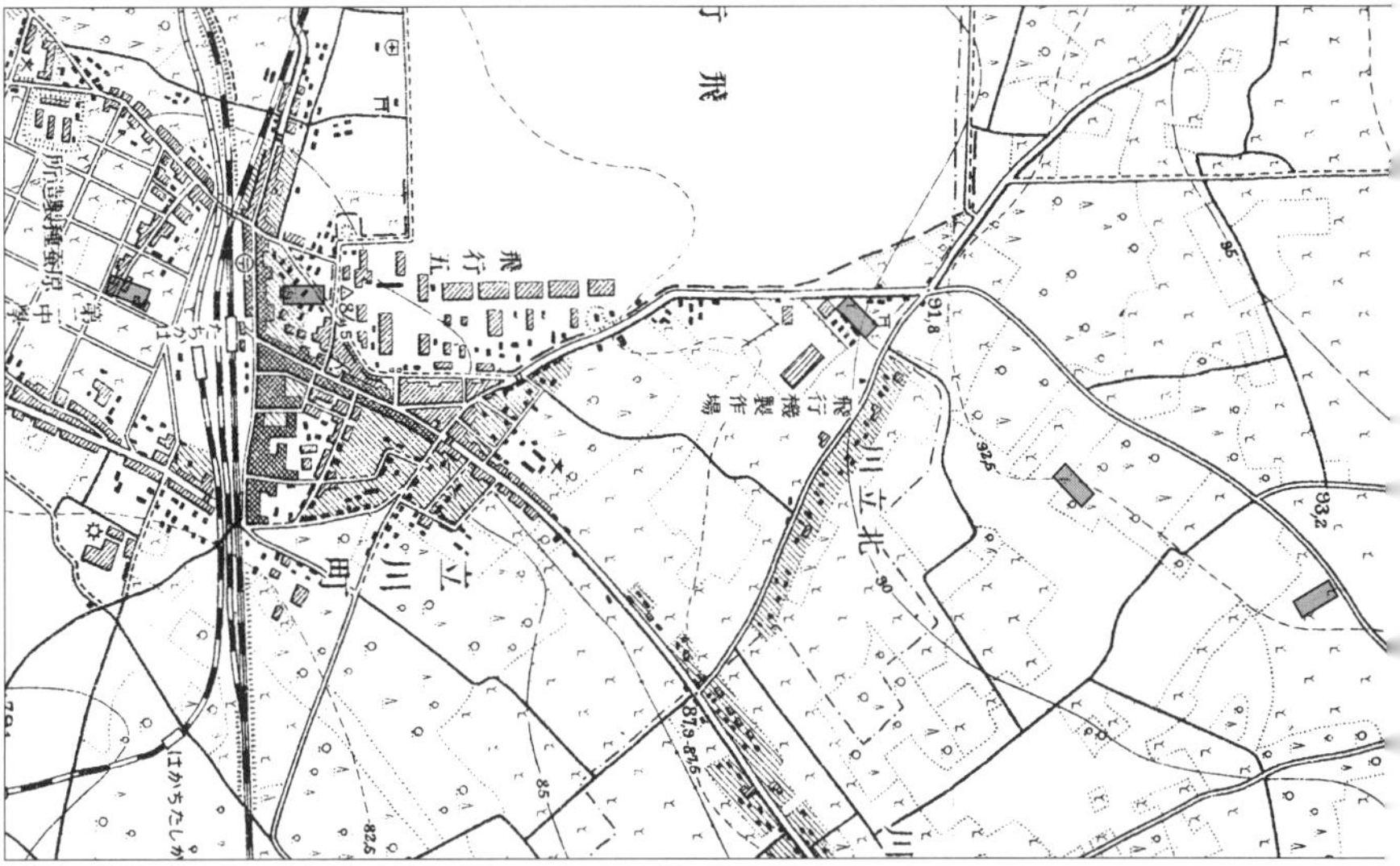

図１　1:25,000「府中」昭和５年部分修正（モノレールの駅の位置を ■ で表示）

図２　1:25,000「立川」平成 18 年更新

桜街道駅と交差しているのがその桜街道だが、まっすぐ東へ進めば青梅橋（東大和駅前）で青梅街道に合流する。あまりに一直線なので新しく見えるが意外に古い。徳川家康が江戸に入って早々、江戸城の白壁に必要とされた膨大な量の石灰を青梅の奥の上成木《なりき》などから運搬するための道路として、既存集落と無関係に武蔵野のまん中を通した幅広の道だったのである。青梅街道の「前身」ではあるが、結局は狭山丘陵南麓の集落を結ぶ現青梅街道のルートの方が実用的な庶民の道として広く使われた。桜街道の名は、広幅の道路の中央に桜の木が点々と植えられていたことにちなむが、幅員一一メートルは広すぎるとして、北半分が売り払われて畑になっていたこともある。

図2には駅の近くに森永乳業の工場が見えるが、これを貫く形で右下から左上に続く細道（矢印A）は「八王子道」といった。**図2**では市街地の中に埋没してしまってわかりにくいが、**図1**では鮮明に南西の八王子方向を目指している。

森永の工場から東（下）へ六〇〇メートルほど行くと「南街《なんがい》」という町に至るが、もとは日立航空機の社宅を中心に発達した戦時中からの住宅地であった。大和町（現東大和市）の中心から見て南に位置することからこう呼ばれ、それが正式町名になったものだ。当初は「みなみまち」と呼ばれていたという。その南街の最寄り駅が西武拝島《はいじま》線の東大和市駅であるが、昭和五四年（一九七九）までは野火止《のびどめ》用水に架かる青梅街道の橋名にちなむ青梅橋という駅だった。

モノレールに戻って桜街道駅から南下するとすぐ玉川上水駅。文字通り上水を見下ろす位置にある。一七世紀に完成したこの上水について説明は不要だろうが、ほとんど平らな武蔵野台地の、見てもわからないほど微妙な「尾根線」を通し、その両側に分水できるように設計されていた。このため玉川上水は江戸市街の上水をまかなうだけでなく、武蔵野の新田開発にも大きな役割を果たしたのである。

ここで交差する西武拝島線は、長らく玉川上水駅を終点とする「上水線」であった。開通したのは戦時中の昭和一九年（一九四四）、当初は日立航空機立川工場への専用線だった。これを戦後の昭和二五年（一九五〇）に西武鉄道が旅客線として再開させたものだ。当初は非電化だったので気動車が運行されていた。日立航空機の工場は空襲で徹底的に破壊された後にアメリカの極東空軍大和基地として使われたが、現在では返還されて東大和南高校や中小企業大学校などの学校、公園や企業のグラウンドなどさまざまな施設が並んでいる。

砂川七番《なな》―泉体育館―立飛《たちひ》―高松―立川北

図1には五日市街道沿いに、五番、六番、七番……と西から「番号地名」が並んでいる。これは玉川上水からの分水が認められた明暦三年（一六五七）以降に開かれた新田集落である。新田といっても畑で、街道沿いに連なった屋敷の奥に耕地が細長く割り振られた。今でもその地割りは残っていて、もっと大縮尺の地図で見ると、たくさんの細道が櫛の歯のように南北方向に並んでいる。

現在では「番」のついた正式町名は最西端の一番町だけだが、五日市街道のバス停は砂川一番から砂川十番までズラリと揃っている。通称地名としては今も健在なのだ。駅名となった砂川七番も正式な町名では柏町・幸町という新地名のちょうど境界線にあるが、それが幸いしてか、住民に馴染みのある通称地名が採用された。

砂川といえば忘れてならないのは「砂川闘争」である。立川飛行場が米軍管理下にあった昭和三〇年に滑走路の延長が要求され、日本政府は砂川四番から五番の土地を五日市街道もろとも接収してこれに応えようとした。しかし砂川町民が猛反対、法廷闘争のかたわら現地では体を張って工事を阻止した。その強い抵抗運動のため結局工事ができず、米軍は一三年後の昭和四三年、ついに基地拡張を断念したのである。

泉体育館の「泉」は駅の南西に広がる町名・泉町であるが、これは昭和四七年（一九七二）に命名された新しいものだ。町域のほとんどは立飛企業の敷地と学校用地なので人口は最近まで数世帯という状態が続いていたが、モノレールの車両基地にできたトミンハイムなどへの入居で平成一五年には一一〇〇人を超えている。

ここから急カーブで右折して立飛に向かうが、この間に引込線の跡地と交差する。かつては陸軍の飛行場への専用線で、これが米軍基地時代に延長されたものだ。最終的には立飛企業の専用線「立飛線」として細々と運行されていたが、昭和五一年（一九七六）に廃止され、現在ではその大半が自転車・歩行者道路（栄緑道）として活用されている。**図2**の立飛駅の下、栄町四丁目の「町」の字と交差する実線の道がそれだ。モノレールの立飛の駅名は**図2**に大きく表示されている「立飛企業」にちなむ。かつては立川飛行機という名で戦時中は軍用機を作っていたが、戦後は民需に転換、今では広大な敷地と巨大な倉庫群を生かしてこれを物流関係の会社などに貸し出している不動産会社である。

図1は陸軍立川飛行場が大正一一年（一九二二）に完成した八年後に部分修正されたものだが、飛行場造成以前の武蔵野台地の平坦地には畑や雑木林、それに桑畑が広がっていた。図が空いているので等高線の緩やかな間隔が、まさに飛行場適地であることを示している。

モノレールの駅は香川県の高松に配慮してか、工事中は「新高松駅」と仮称されていたが、結局は高松に落ち着いた。**図1**に高松の夕の字もないのは当然で、この地名は立川の市制施行（昭和一五年）に伴う町の新編成で曙町や羽衣町、錦町、緑町などとともに「瑞祥地名」として昭和一七年（一九四二）に選定されたからだ。ここから立川北までは、まだ空き地の残る再開発地を一直線に南下していく。

高松〜立川北間の線路の西側にあたる部分には、**図1**に「飛行五」の文字があるが、これは岐阜県各務原《かかみがはら》から移転してきた第五飛行大隊が大正一四年に発展した飛行第五連隊で、太平洋戦争の敗戦時まで重要な軍事拠点の中枢を担っていたのである。

軍隊だけではなく、戦前の立川飛行場には朝日新聞社の格納庫や御国《みくに》飛行学校、日本飛行学校なども進出し、周辺地域には航空関連の工場が集まった。関係者の住宅が建設され、開港翌年には町制施行、立川はその後「空都」と称される特別な都市として成長していく。

立川南―柴崎《しばさき》体育館

中央本線は明治二二年（一八八九）の開通当初は甲武鉄道という私鉄であったが、立川駅が開設された当初、村の中心が線路の南側にあるにもかかわらず、蒸気機関車への給水施設の水源の都合で北側に駅舎が設けられたという。**図1**ではすでに北口の方が発展しているが、明治期の地形図にはかなり寂しい駅前風景が描かれていた。

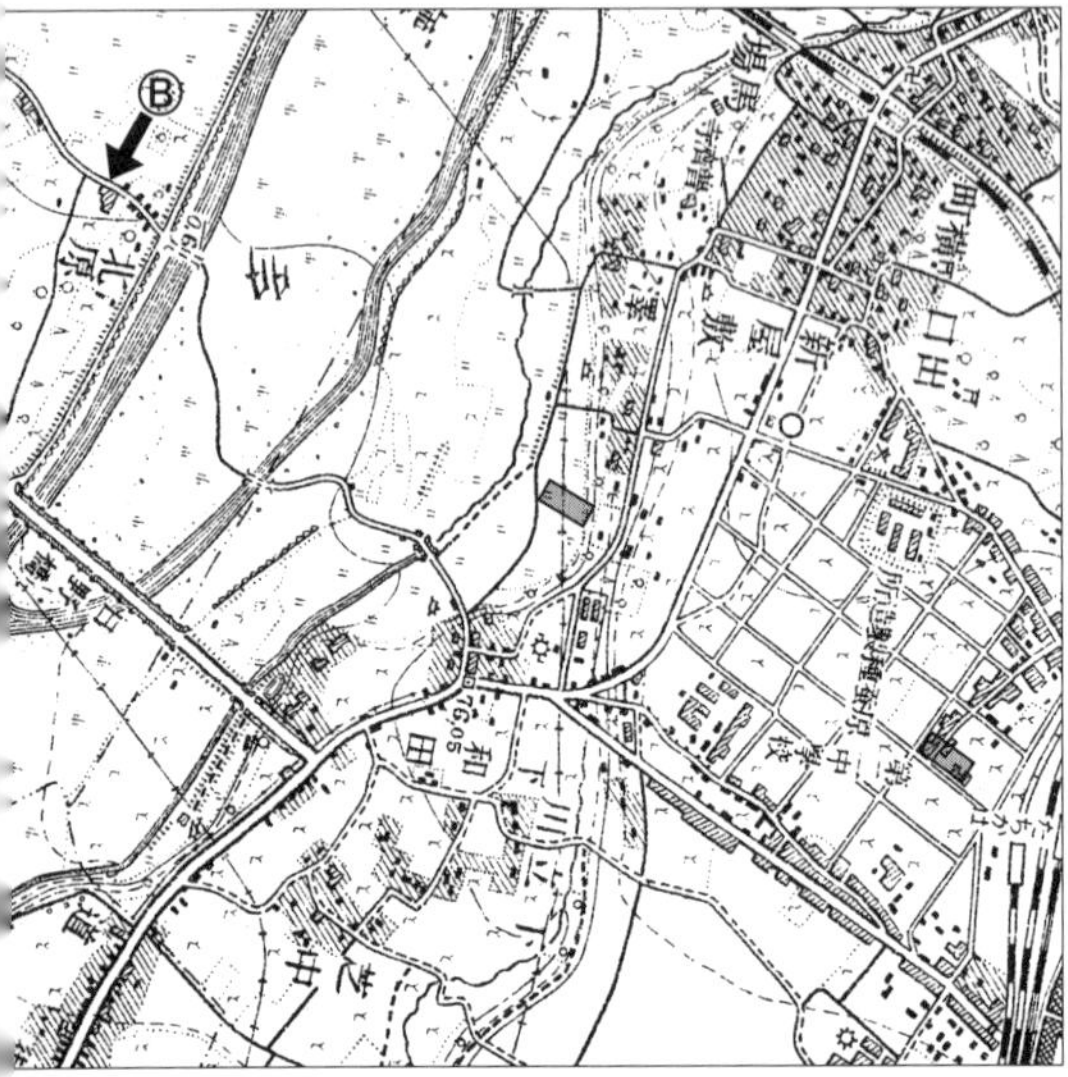

で表示）

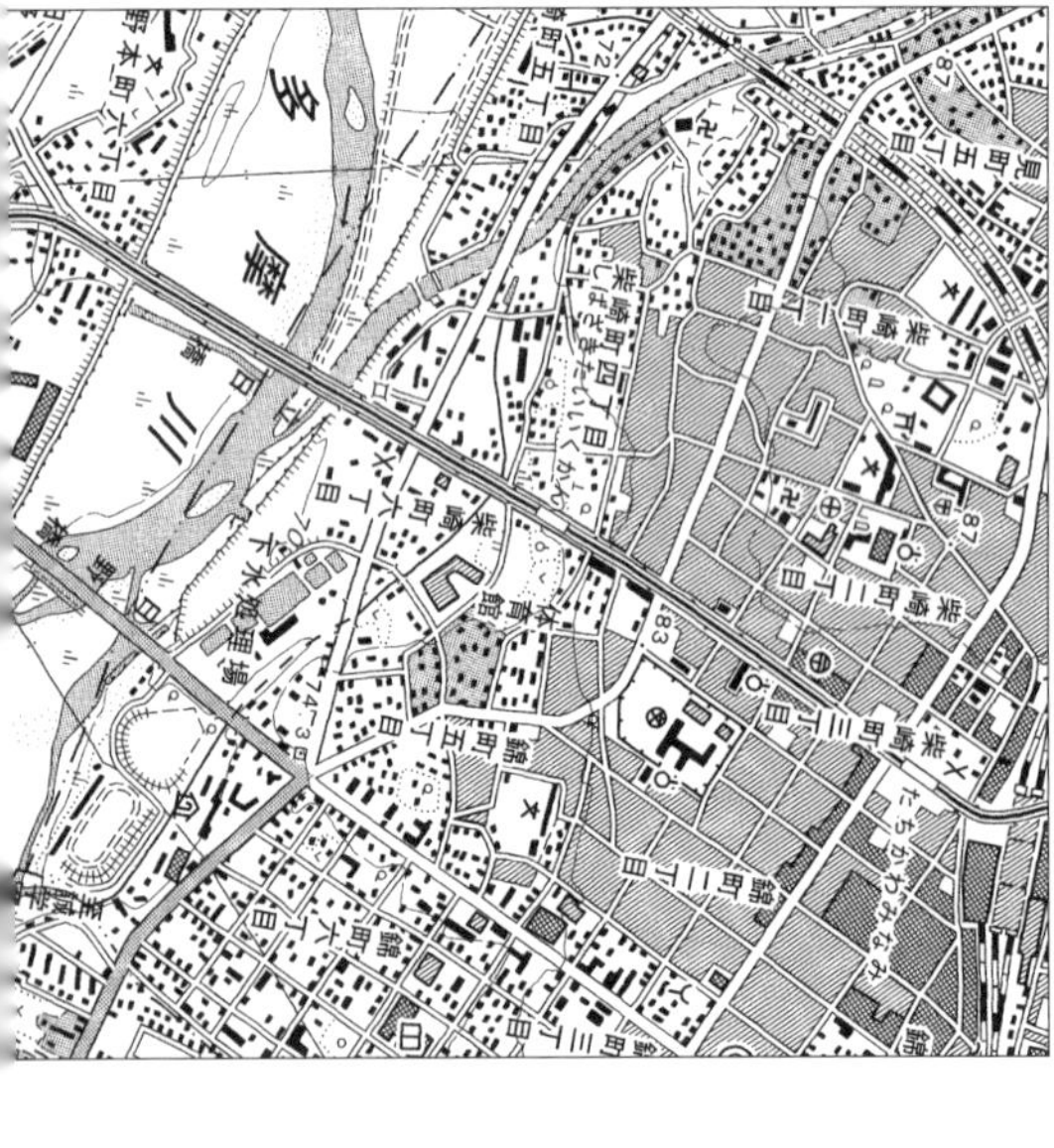

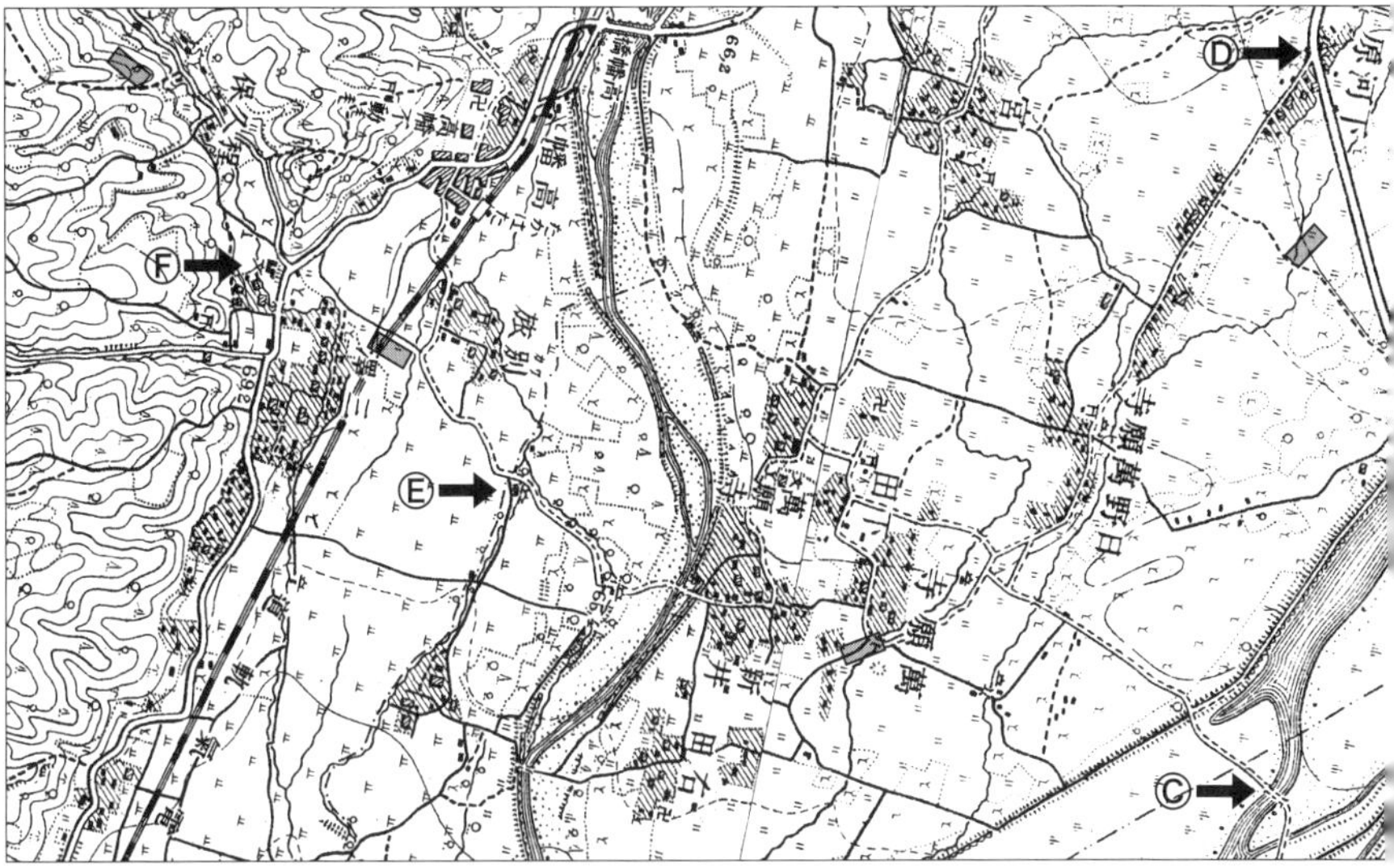

図３　1:25,000「府中」昭和５年部分修正＋「豊田」昭和４年鉄道補入（モノレールの駅の位

図４　1:25,000「立川」平成 18 年更新＋「武蔵府中」平成 11 年部分修正

ついでにもう少し鉄道に注目すると、立川駅から西北西（地図では北は右側）に分かれて画面右上に消えているのが青梅電気鉄道だが、中央本線の左側に並行して建設中の鉄道が五日市鉄道。この区間の開業はまさに地形図の修正年の昭和五年七月であった。南（左方）へ伸びているのは南武鉄道（現ＪＲ南武線）で、今はなき東立川駅も見える。こちらの開通は昭和四年の一二月だから、立川がこの時期相次いだ鉄道の開通で急速に交通の要衝になっていったことがわかる。

図3を見ると立川駅南側には桑畑が広がりながらも耕地整理が進んで道が碁盤目になっている。時期的には現世田谷区や杉並区などの地域と前後するだいぶ早期の「耕地整理」であるが、このおかげで立川の南口は戦後にスプロール化せず「迷宮」を形成しないで済んだといえるだろう。その区画の東にある府立第二中学校は同じ場所に都立立川高校として存続しており、モノレールの車窓からもビル越しに見える。

柴崎体育館駅あたりは河岸段丘のちょうど崖の位置にあたり、等高線からはっきり段差が読みとれるが、これが関東で言う「ハケ」だ。その崖上には桑畑、崖下には水田と、土地利用も明確に分かれている。**図3**に見える「原蚕種製造所」の文字は空都と同時に立川が「蚕都」でもあったことを示すものだ。

甲州街道―万願寺―高幡《たかはた》不動

駅名の通り、甲州街道と交差したすぐ先にあるのだが、この街道は大正一五年（一九二六）に日野橋が開通した際の新道で、旧道は矢印Bで示したモノレール寄りの細道がそれである。架橋以前は渡船だったが、**図3**に破線の橋が描かれているので、渇水時には仮橋が架けられていたことがわかる。モノレールの車窓風景で最も評価が高いのが多摩川を渡る西側の車窓だろう。道路よりひときわ高い橋の上からは、秩父、奥多摩をはじめ丹沢とその向こうの富士山まで、冬の晴天の日など実に見事な眺めだ。多摩川を渡れば日野市である。

次の万願寺までは区画整理地内をまっすぐ走る視界の広い区間だが、モノレールの開通でマンションが急増した。中央道の上を越えた少し先、**図3**の「日野万願寺」の万（萬）の字のあたりには一里塚が現在も保存されているが、この片側破線の道は江戸初期の慶安年間（一六四八〜五二）までの甲州街道の旧ルートで、現国立市青柳から多摩川へ出て万願寺渡（**図3**の矢印C）で渡って南下、直角に曲がってこの細道をまっすぐ西へ向かい、矢印Dで現甲州街道に合流する経路であった。この一里塚は日本橋から九里目（約三五キロ地点）にあたる。

付近には「下田」の地名が見える。江戸時代以前から下田村として数百年も続いてきたが、平成一五年（二〇〇三）三月の日野市議会で「万願寺土地区画整理地内」の地名を万願寺・石田の二つに統合する案がそのまま通り、翌年に下田の地名は消滅した。今どき大字レベルの地名を廃止するとは珍しいが、地名に敬意を払わない与党議員たちが市当局の決めた案を無批判に受け入れた結果である。学識経験者も皆無の状態でコトは粛々と進められ、数百年の歴史ある地名はいとも簡単に葬り去られた。

万願寺を出ると間もなく浅川を渡る。そのカーブの左側に**図3**では「右田」とあるが石田の誤りだ。新選組副長・土方歳三の出身地である。浅川を渡ると今も進行中の区画整理地の狭間に田んぼが残る所であるが、**図3**にはモノレールの線路に沿ったあたりに水車の記号がある（矢印E）。**図4**に比べて**図3**の高幡駅（現高幡不動駅）は西寄りにあったことがわかるが、旧駅舎があったのは現在の大政寿司のあたりだ。富士旅館も文字通り駅前旅館だったのである。駅の北に見える別《わか》旅《たび》という地名は大字高幡の通称地名であった（旧小字）。

程久保《ほどくぼ》—多摩動物公園—中央大学・明星大学

ここからは程久保川の谷を遡る上り勾配区間となる。**図3**では川崎街道にあたる道の旧道とモノ

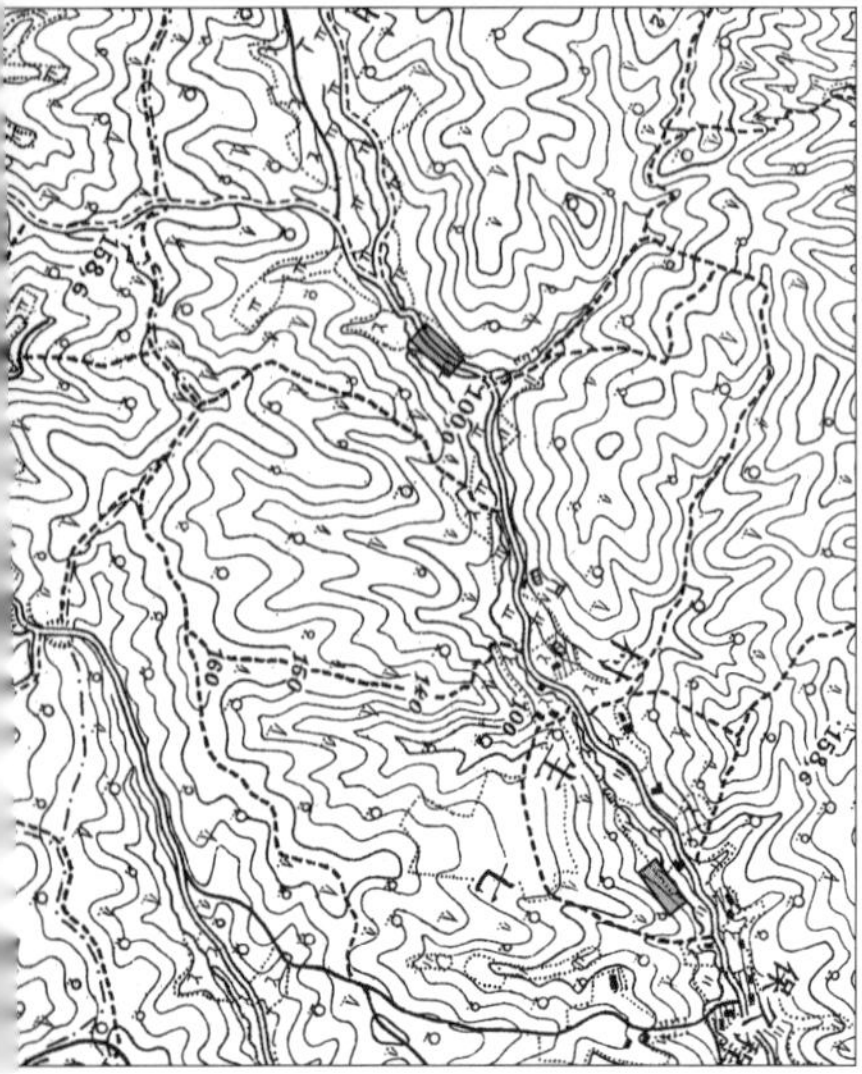

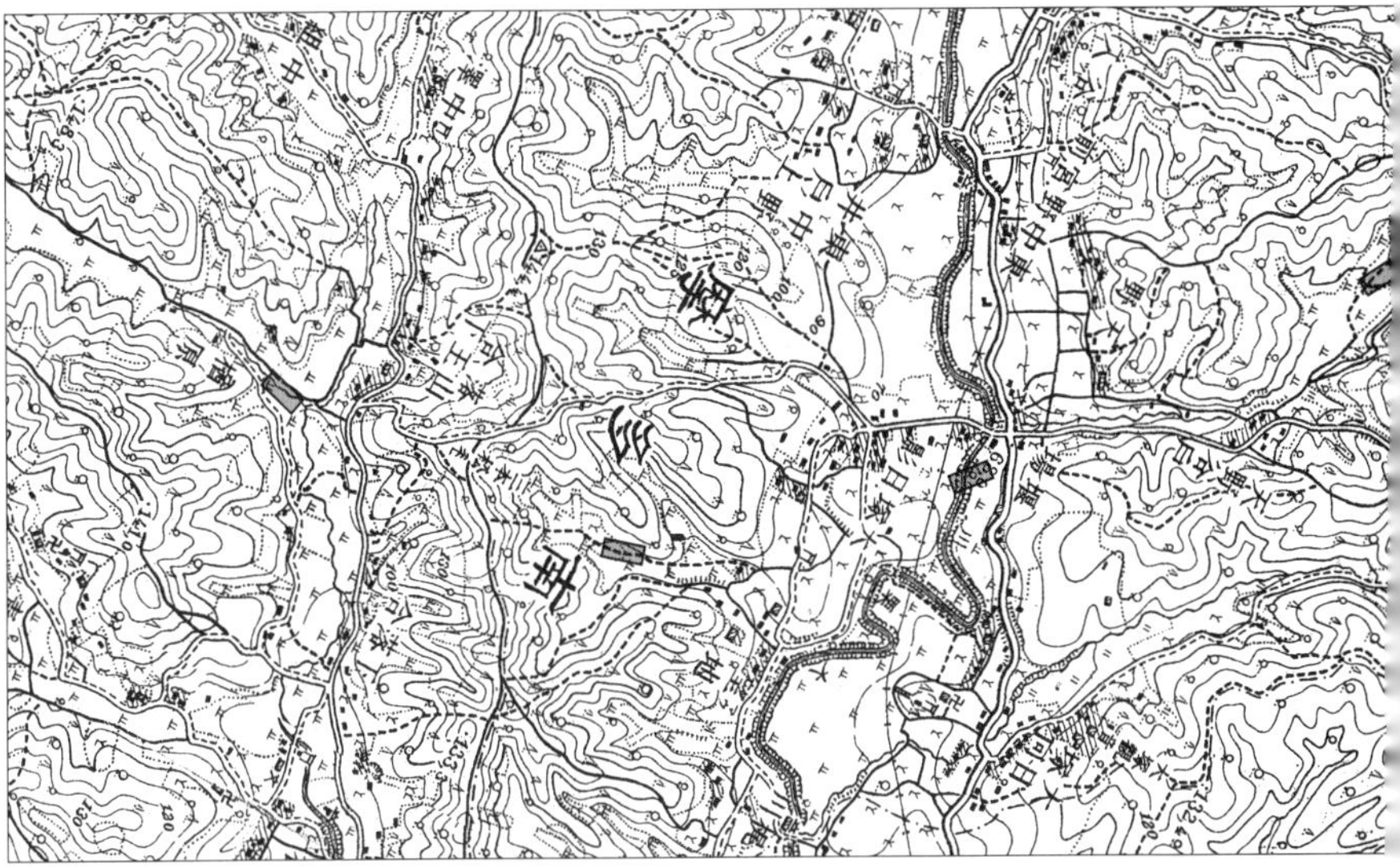

図５　1:25,000「豊田」昭和４年鉄道補入

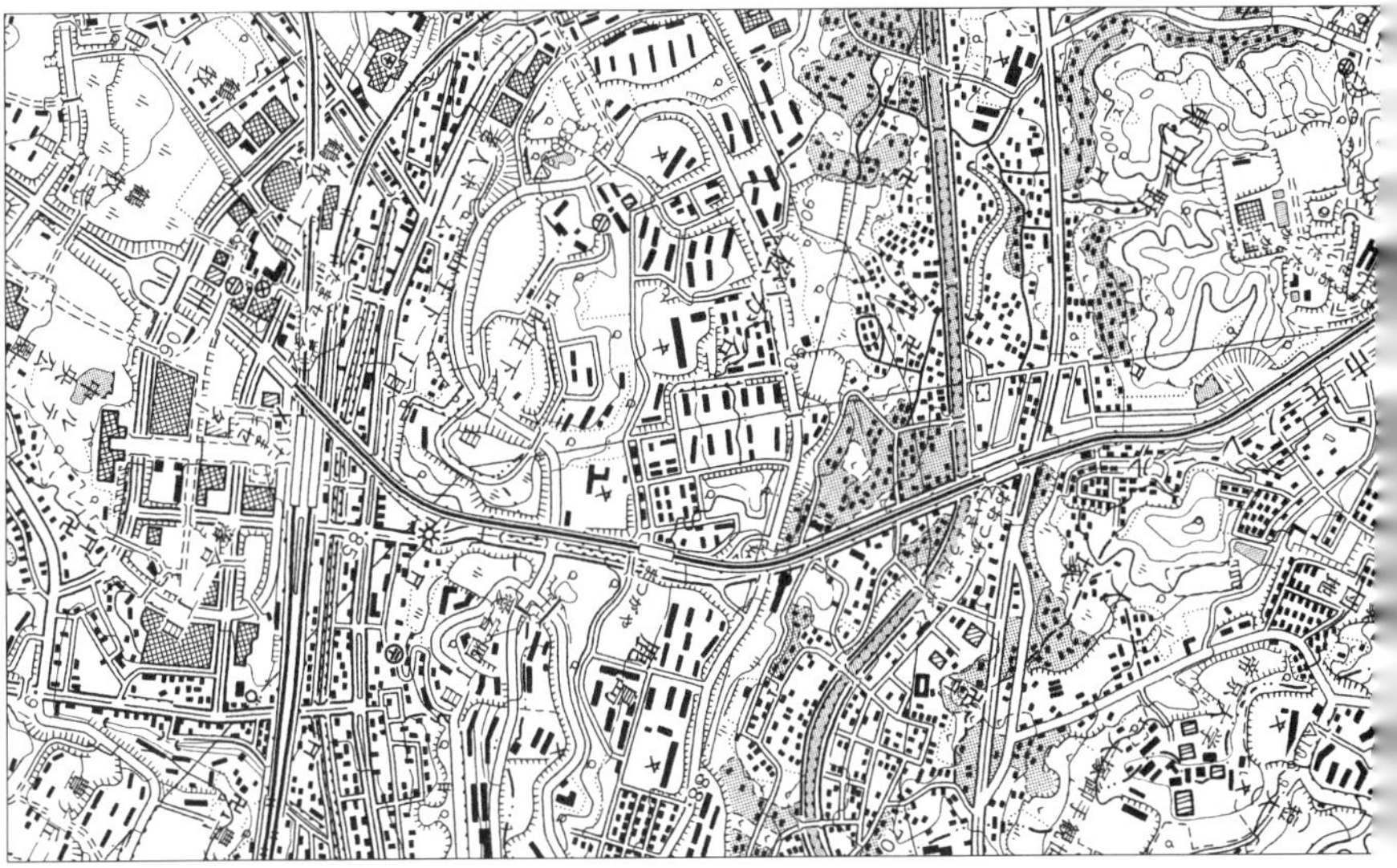

図６　1:25,000「武蔵府中」平成 11 年部分修正

レールが交差するあたりに学校記号（矢印F）があるが、これは昭和三五年（一九六〇）に移転する前の潤徳《じゅんとく》小学校だ。付近は昭和四〇年代から大規模団地など宅地造成が急速に進んだ地域で、その詳細は35ページに詳述した。

多摩動物公園は、日本では画期的な自然動物園タイプの動物園として昭和三三年（一九五八）に開園した。有名なコアラやチンパンジー、ライオンバスなど根強い人気があるが、最近はアフリカ象の子供など新しい「スター」も続々登場している。京王の動物園線が開通したのは開園六年後の昭和三九年のことであった。

多摩丘陵の雑木山と谷をうまく活かした自然度の高い動物園であることは地形図からも読みとれるが、開園当時に比べて周囲の市街化が大幅に進んだ現在、緑地そのものとしても非常に貴重な空間となっている。多摩動物公園駅の東側の区域は、**図5**では完全な「山」であるが、ここも**図6**では「日本電建団地」として開発された（35ページ**図2**参照）。その坂のてっぺんに昭和三九年に進出した明星《めいせい》大学には「この坂道を上れなくなった教授は定年」という話があるそうだ。なにしろこの「定年坂」は、それを裏付けるのに十分な急勾配なのである。定年間近の明星大学教授にもたらされた一番の「朗報」が、このモノレールの開通であった。非常に珍しい「連名大学駅」であり、跨座式モノレールとしては全国唯一の「山岳トンネル」を越えて日野市から八王子市に入る。

大塚・帝京大学―松が谷《や》―多摩センター

大塚・帝京大学までは大栗川の谷へ五〇パーミル（五％）を超える急勾配で一気に降りる区間である。箱根登山鉄道（八〇パーミル）には及ばないが、ふつうの電車では登場しないほどの勾配だ。下りきった所が大塚・帝京大学駅だが、バス停は今も小字の地名をとって「堰場《せきば》」と称している。大栗《おおぐり》川の流れも**図5**では細かく蛇行していたが、現在はかなり直線的に改修されて、どちらかというと「排水溝」のイメージになった。

多摩センターまでには、またひと山越えなければならず、すぐに上り勾配となる。松が谷駅はだいぶ上にある印象だが、かつては**図5**でわかるように「谷」であった。松が谷という地名も、大字東中野の小字「松ヶ谷戸《やと》」を採ったものである。多摩ニュータウンの造成にあたっては、旧来の多摩丘陵の襞《ひだ》の多い地形を根底から覆す「高度成長期方式」とでも呼ぶべきもので、山を削り谷を埋める工事が行われた結果、「定点観測」ができないほどの変化をもたらした。その変貌の詳細は企画・宮崎駿、監督・高畑勲のアニメ映画「平成狸合戦ぽんぽこ」をご覧いただきたい。

松が谷からはまた下る。モノレールの最前部座席に陣取ると、前方がぱっと開けて「昔の未来都市」然とした多摩センターの偉容が現われる。下車後は駅前から広い歩道を通って「パルテノン多摩」まで上り、多摩中央公園でひと休みしよう。そして、昔の地名「楢原」（**図5**にあり）のかつての谷戸の田んぼ風景をぼんやり空想しつつ、諸行無常を味わうのである。

ＪＲ八高線　八王子〜東飯能

かつての「桑都」八王子から日光裏街道に沿って北上、「リトル・アメリカ」を通り、狭山茶畑をめぐる。中央線から高崎線への連絡ルートとして建設されながら、首都圏にあってつい最近まで気動車が走っていたローカル線である八高線。その奥深い魅力を新旧地形図でたどってみた。

国防上重視された八高線

八高線《はちこう》という名称は、起点の八王子と終点の高崎（厳密には一つ手前の倉賀野《くらがの》だが）から一文字ずつとったものだ。多摩を走る鉄道には珍しく都心を起点としていないが、もともと中央本線から東京を経由しないで高崎方面へ直行するルートとして、大正一一年（一九二二）の改正鉄道敷設法に「東京府八王子ヨリ埼玉県飯能《はんのう》ヲ経テ群馬県高崎ニ至ル鉄道」と記された路線だ。八王子〜東飯能間が開通したのは昭和六年（一九三一）のことである。

太平洋戦争直前には途中の高麗川《こまがわ》駅から分岐して大宮に至る川越線と結び、「帝都に一旦緩急」あった場合の代替ルートとして国防上重視された路線でもあった。当初は八王子から東飯能までの部分開業で八高南《なん》線と称し、その後高崎方面（倉賀野）から南下してきた八高北線と接続、全線開通を果たしたのは昭和九年のことである。

全線九二キロのこの長いローカル線は関東平野の西縁をたどるルートで、下り列車に乗れば車窓左側は山、右が平地という風景が続く。長らく非電化で、最近まで朱色の気動車が活躍する首都圏では異色の存在だったが、平成八年（一九九六）、ついに八王子〜高麗川間が電化された。

図1の八王子付近は開通二年前の地図なので、まだ「建設中」だ。ここだけ空白になっている鉄橋で浅川を渡ると洪積台地の崖線にぶつかるが、八高線はこれを切り通しで抜けて徐々に台地の上面に上がっていく。西の大和田にある丸印は当時の小宮村役場だが、小宮という駅はここよりだいぶ北に設けられた。小宮は地元の地名というよりは、あきる野市から日野市にかけての広大な範囲が近世に「小宮領」と呼ばれたことにちなみ、明治の町村制施行時に命名された「復活地名」である（同じく旧小宮領内にもう一か所、現あきる野市乙津《おっ》・養沢《ようざわ》地区にも小宮村があった）。

図2の現在では付近の台地に住宅地や工場が建ち並んでいるが、**図1**当時は一面の桑畑だった。言うまでもなく八王子といえば「桑都」の異名をとった絹織物の大産地であった。その台地を一直線に進めば小宮駅だが、その手前にあるはずの北八王子駅は戦後の昭和三四年（一九五九）に設置された新しい駅なので**図1**にはない。

やがて台地を降りれば多摩川の鉄橋にさしかかるが、ここが昭和二〇年八月二四日、つまり終戦のわずか九日後に起きた列車正面衝突事故の現場で、少なく見積もっても一〇五人という多数の犠牲

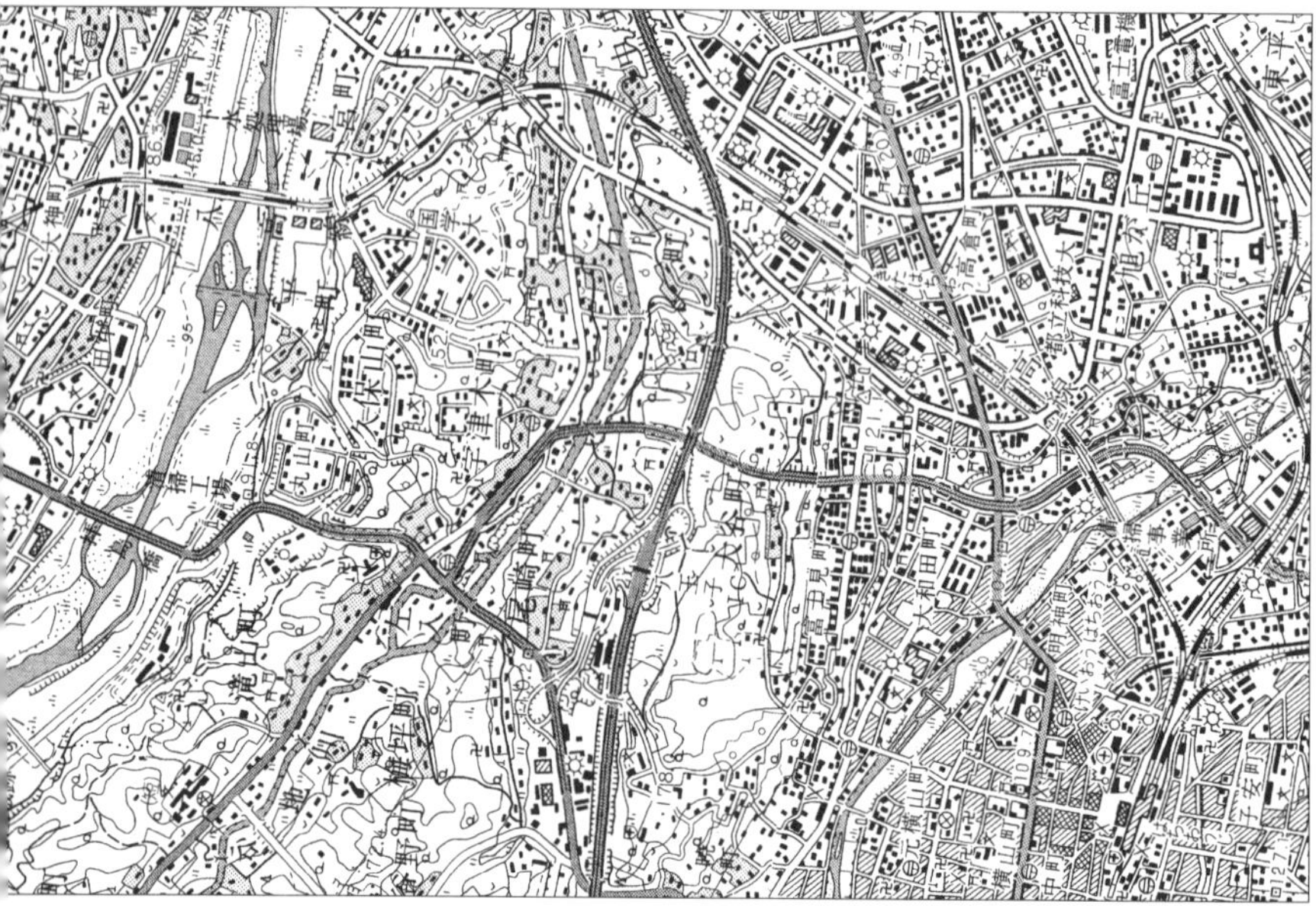

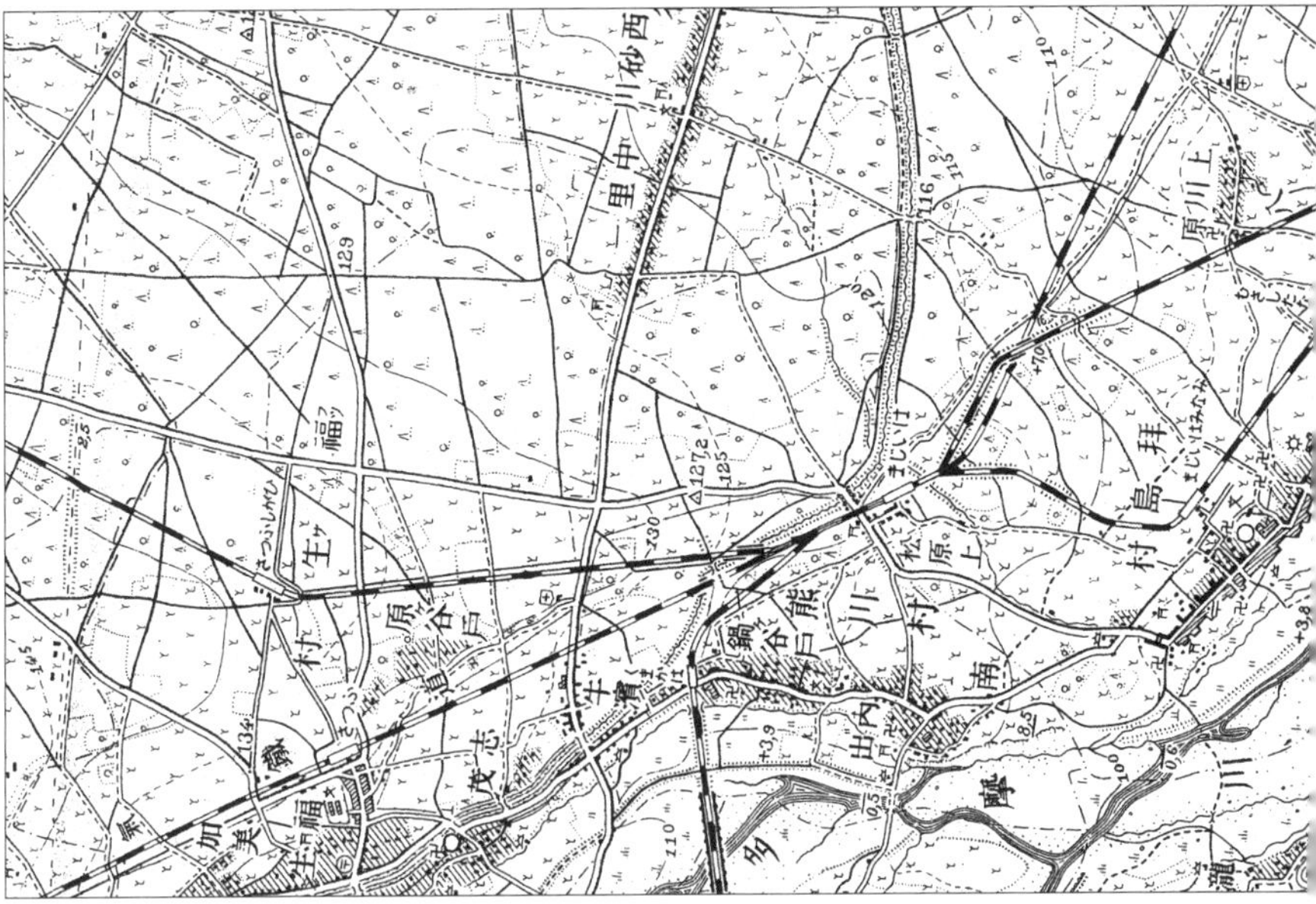

図１　1:50,000「八王子」昭和４年鉄道補入＋「青梅」昭和 10 年鉄道補入

図２　1:50,000「八王子」平成 12 年修正＋「青梅」平成９年要部修正

牲者を出した。豪雨で増水していたことが犠牲を大きくしたようで、多くは故郷を目指して復員してきた兵士や疎開先から帰る人たちだったという。車両・施設のいずれもが疲弊し、熟練した乗務員も兵隊に取られて極端に不足していた最悪の時期であった。

なお、鉄橋のすぐ西側（下）に「北平《きただいら》」という集落が見えるが、明治一一年（一八七八）の郡区町村編制法以前は単に平村と称していた。ところが同じ南多摩郡に平村が二か所あったため、こちらを北平村、もう一方を南平村（日野市内、京王線の駅がある）と改称したものだ。ただし八王子市内となってからは南北で区別する必要もなくなり、昭和一八年からは北を外して「平町」と改められている。

その一・五キロほど上流に見える「拝島渡《はいじま》」は日光街道の渡し船である。いわゆる「日光裏街道」で、八王子から千人同心が日光東照宮へ「火の番」警備に行くときに利用されたものだ。八王子から北上して川越—忍《おし》（行田市）—館林—日光例幣使《れいへいし》街道経由—日光というルートで、昭島市—福生《ふっさ》市—入間市と経由していくこのあたりの経路はちょうど国道一六号と重なっている。

「アメリカの飛び地」を抜ける

多摩川を渡ると河原近くに線路が見えるが、これは砂利運搬の専用線で、かつて多摩川に沿って多数見られたものである。現在の奥多摩街道を越えると間もなく五日市鉄道の線路をまたぐが、この線路も今はない。かつては青梅線と同様に私鉄で、どちらも沿線の石灰運搬を主目的に敷設された鉄道だ。両鉄道とも立川～拝島間に独自のルートを持っていたが、石灰運搬線として重視されたため戦時中に強制的に買収（直前は南武鉄道）、国鉄となって間もなく重複する旧五日市鉄道の方が休止（事実上廃止）されたのである。

三本の路線が集まった拝島を過ぎると東福生であるが、このあたりから線路と並行する国道一六号がおもしろい。横田基地のまっただ中を走り、また米軍住宅もあるので米兵とその家族を目にすることが多く、彼らのお下がりの軍服など各種の米軍グッズを売る店が軒を並べて独特の雰囲気を作っている。

フェンスの向こう側をのぞけば基地内を走るバスが見え、停留所はもちろん英語表記だ。ドルが使われるスーパーと米兵子弟のためのプライマリースクール（小学校）の間を八高線は走り抜ける。要するにここはアメリカの飛び地のようなものだ。基地の西側にある廃止された踏切を見に行ったことがあるが、消えかかった表示を見て仰天した。そこには「連合軍第一踏切」と書かれていたのだ（矢印A）。

それでは、一般の日本人が渡ることのできない基地内の踏切は何というのか調べてみたら、こちらは連合軍第三踏切だという（矢印B）。いかにも占領下の日本《オキュパイド・ジャパン》で名付けられた名称である。国道一六号側からは第12ゲートを入ったところで、国道から遠望はできる。ちなみに「第二」は現在欠番だが、きっとスーパーの付近にかつて存在したのだろう。

やがて**図4**で線路は蛇行するようにカーブを切って滑走路の北端を迂回していくが、**図3**によれ

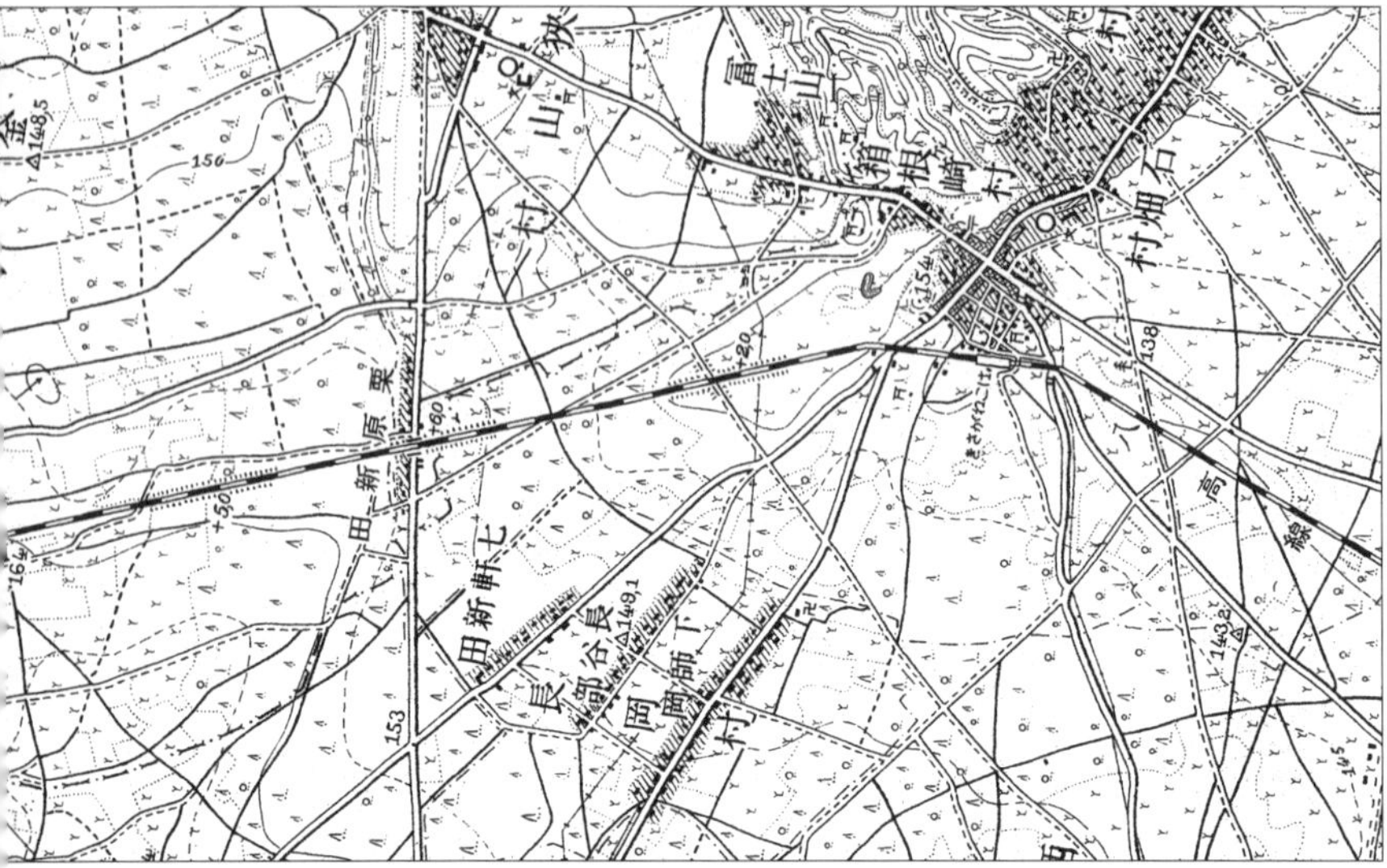

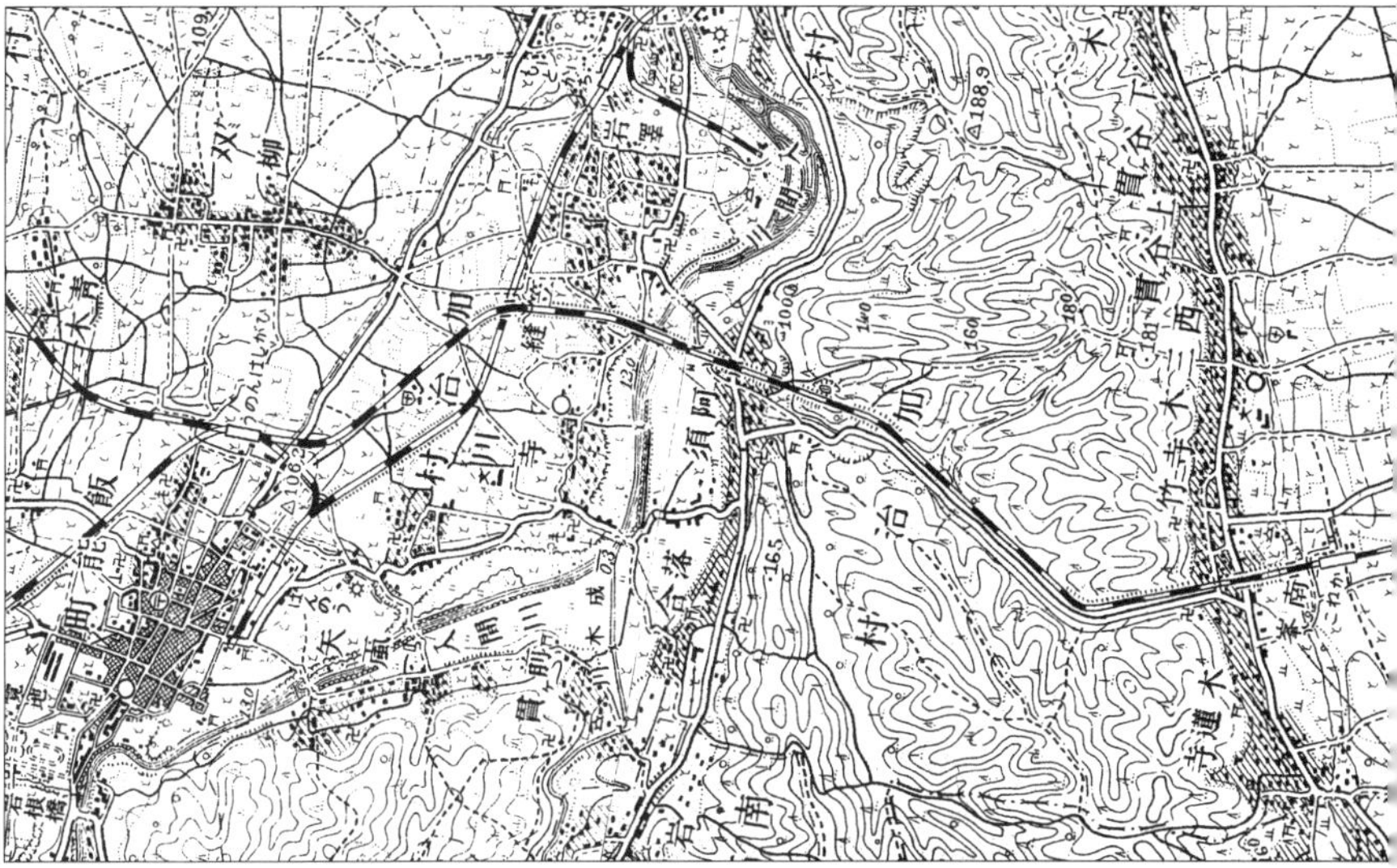

図 3　1:50,000「青梅」昭和 10 年鉄道補入＋「川越」昭和 14 年部分修正

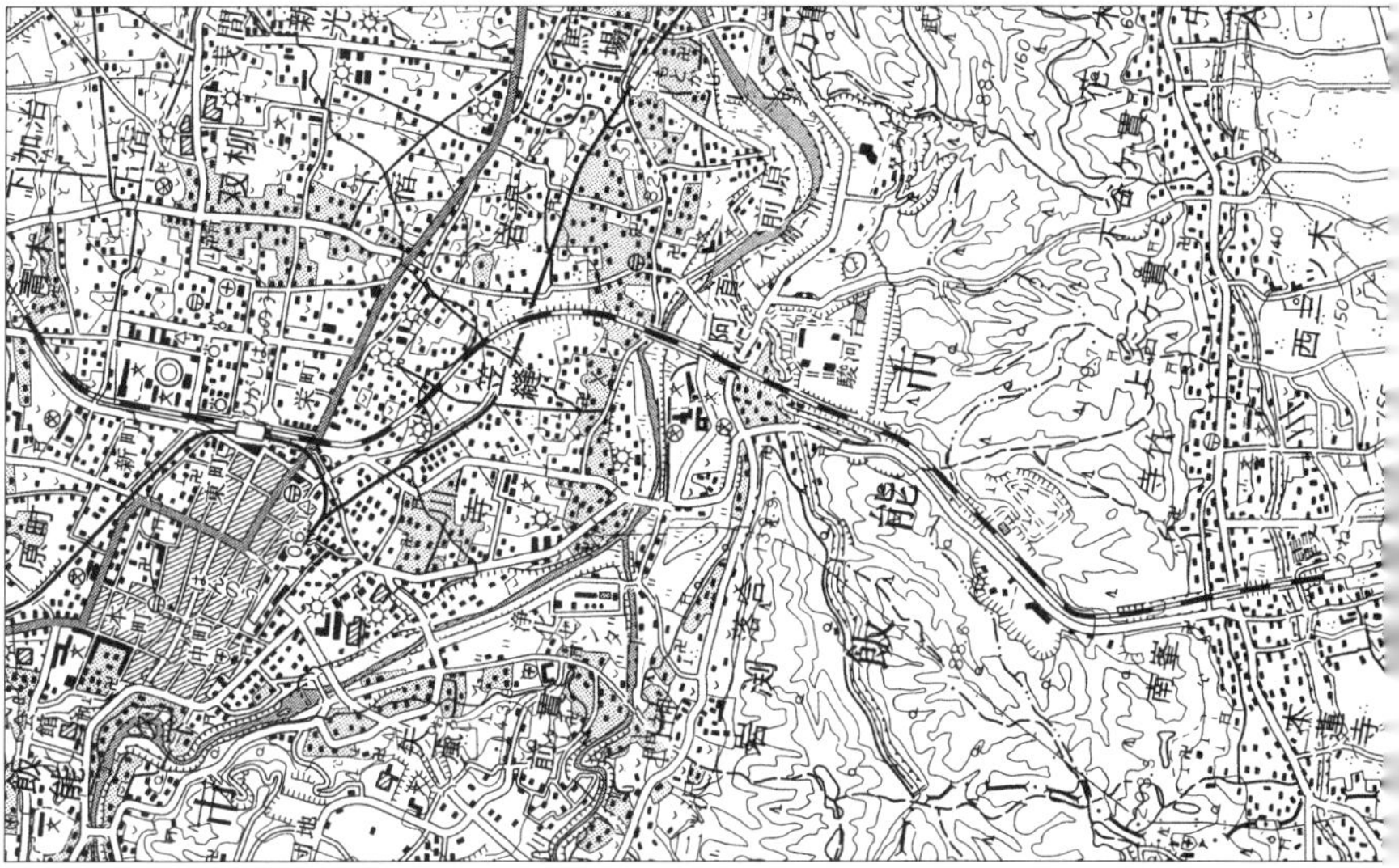

図 4　1:50,000「青梅」平成 9 年要部修正＋「川越」平成 8 年要部修正

ば戦前はここが一直線であったことがわかる。横田基地の前身は昭和一五年（一九四〇）に完成した多摩陸軍飛行場であるが、今の「ヨコタ・エアベース」に比べると格段に小さなものだった。戦闘機の試験飛行などが行われたというが、敗戦で米軍に接収され、その後何倍にも拡張されて今の姿になっている。同じように日光裏街道も横田基地の敷地となったので、両図を比較すれば国道一六号が日光裏街道よりだいぶ西側へ迂回しているのがわかる。

「狭山」と「入間」が混在

箱根ヶ崎の町は現在では瑞穂《みずほ》町の中心で町役場もあるが、江戸から西へ向かう青梅街道と日光裏街道の交差地点の宿場町として発展した。駅の少し北にある池は狭山池《さやま》というが、そもそも狭山という地名はこの東に広がる狭山丘陵（山口・村山両貯水池がある）を指したものだという。「狭山」といえば狭山市を思い浮かべるだろうが、この市名は「狭山茶」にあやかったものだ。茶の生産そのものではむしろ入間市域の方が多く、さらに紛らわしいことに狭山市の中心は「入間川」という。つまり狭山茶の入間市、入間川が狭山市ということで、まさに地名がねじれている。

その狭山茶の主産地のひとつが、**図4**の金子駅付近だ（旧金子村・現入間市）。車窓でも気づかないうちに埼玉県に入っているが、ついでながら、プラレール（トミーの鉄道玩具）の「いなかの駅」という駅舎のモデルになったのがこの金子駅だという話を聞いたことがある。それが肯けるこぢんまりした古い駅舎だ。

付近の茶畑記号の広がりを見れば、**図3**の戦前には桑畑だったところもだいぶ茶畑に変わったようで、農業を取り巻く環境の半世紀の変化が反映されている。圏央道（首都圏中央連絡自動車道）沿いには埼玉県茶業試験場もあり、その本場であることを物語っているようだ。

金子駅を出ると列車は丘陵部へ入っていくが、この麓のラインに沿って集落が帯状に連なっている。西へ行けば青梅、東は扇町屋《おうぎまちや》（入間市）から入間川（狭山市）へ向かう古くからの道で、麓―山の根に沿っていることから通称「根通り」という。八高線開通以前の大正九年（一九二〇）まではこの道を中武馬車鉄道が走っていた（公式の廃止年は大正六年）。

ちょっとした山越えを終えると入間川の鉄橋にさしかかるが、**図3**には西武線（当時は武蔵野鉄道）の元加治駅から引込線が河原まで伸びているのが見える。これは入間川で採掘した砂利を運搬するためのもので、昭和四〇年代の地形図まで「現役」として載っていたが、現在では大部分が道路になっている。

阿須という地名が線路の近くに見えるが、アズとは崖の崩れたところを示す地名用語で、古く入間川の洪水により崖が「数十丈の崖」となったことが『新編武蔵風土記稿』にも記されており、これが地名の由来とされる。駿河台大学の東側に「あたん」と記されているのは日本唯一という現役の亜炭鉱山・日豊鉱業武蔵野炭鉱で、亜炭は飼料や肥料の原料として使われる。

入間川を渡った八高線は見晴らしの良い高い築堤を走り、間もなく西武池袋線を越えて左カーブ、東飯能の駅に入っていく。もちろん西武の方が古く、大正四年（一九一五）に池袋から飯能まで一挙に開通している（その先スイッチバックで折り返して東飯能を通り、吾野《あがの》まで開通したのは昭和四年）。ここまで八王子からわずか七駅であるが、駅間距離が長いため二五・六キロ、所要時間は三八分ほどもかかる。

昔の武蔵野の面影を残す雑木林があり、なだらかな里山の向こうに秩父の連山を望み、手前に目を移せば畑にカカシ、茶畑に軽トラック。アメリカのまん中を通過したと思えば、突然近代的な大学が現われたりと変幻自在だ。現代と昔、都会と異国と田舎が妙な具合に同居している八高線。不思議に魅力的な路線である。

ＪＲ南武線　川崎〜武蔵溝ノ口

川崎から多摩川に沿って遡り、立川までの三五・五キロを約一時間で結ぶＪＲ南武線（他に尻手〜浜川崎の支線がある）。戦時中に国有化されるまでは南武鉄道という私鉄で、敷設免許申請時の社名が「多摩川砂利鉄道」であったように、その主目的は多摩川の砂利運搬であった。古くから人が住み、各所に多摩川の渡し場集落が発達し、また筏流しも盛んだった沿線を眺めつつ、この線路を川崎からたどってみたい。

東海道の宿場町から工業都市へ

川崎は東海道五十三次の宿場であった。**図1**は昭和七年の修正で、京浜工業地帯としての発展を見せながらも、まだ周囲に農村風景を残している状態だ。川崎駅付近の東海道本線と京浜電気鉄道（現京急）の線路はかつての河道の上に敷かれており、その東側の旧市街地つまり宿場の家並みは「自然堤防」の上にある。川が氾濫するとその周囲に泥が堆積して自然に微高地ができ、少しでも高い所で水難を逃れるために集落がそこに立地するのだ。その川崎市街地のまん中を緩くＳ字型で通り

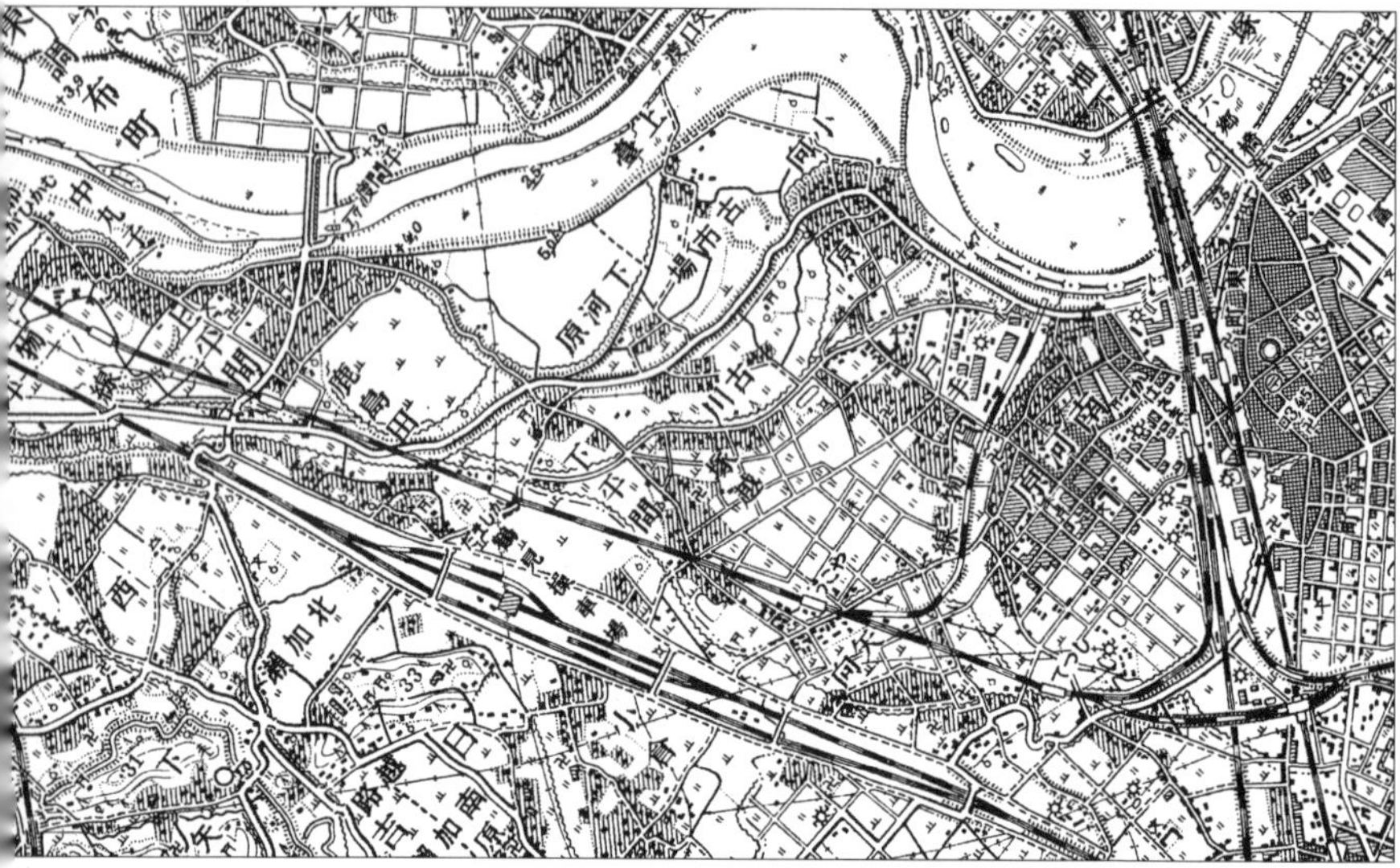

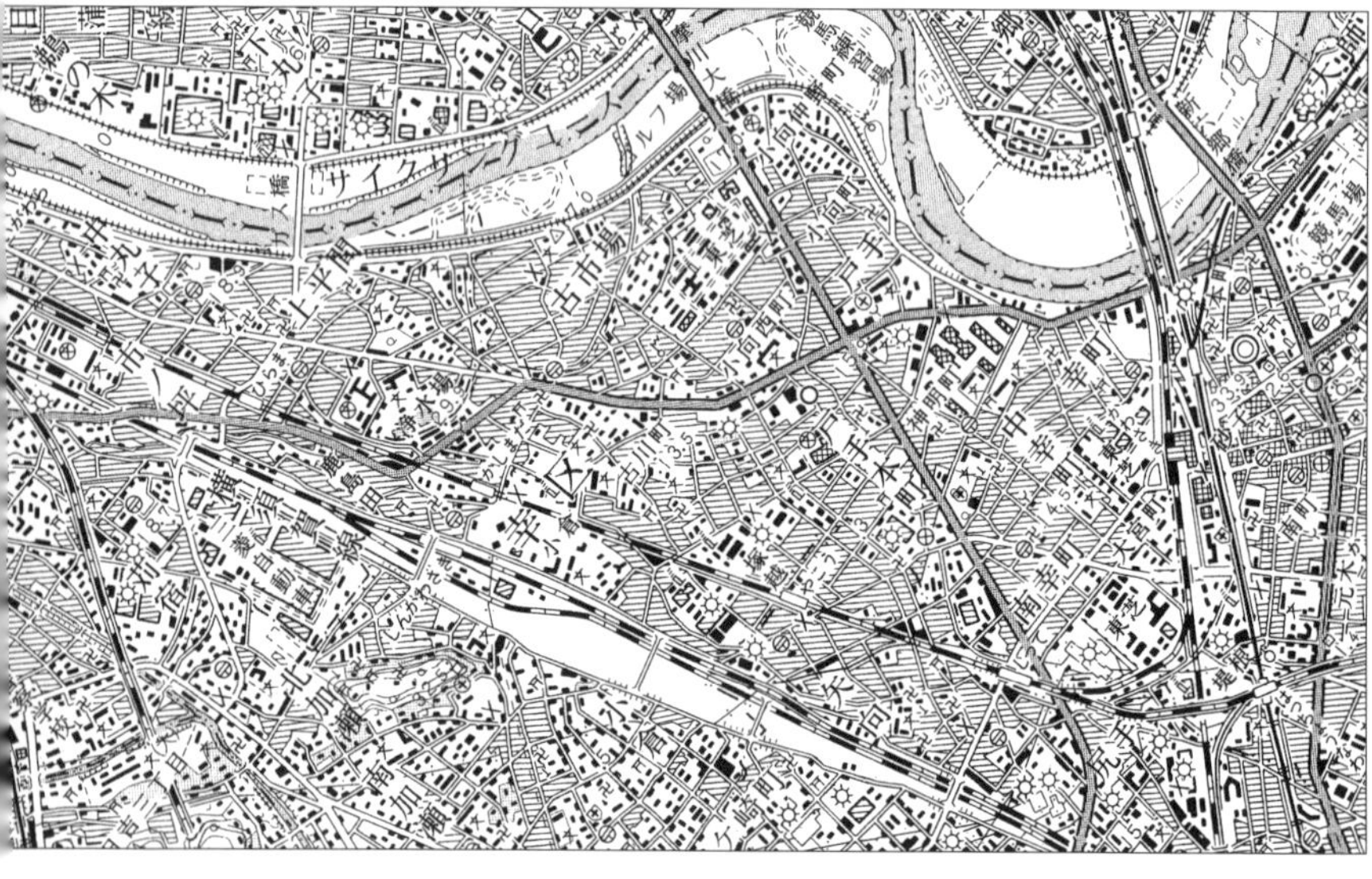

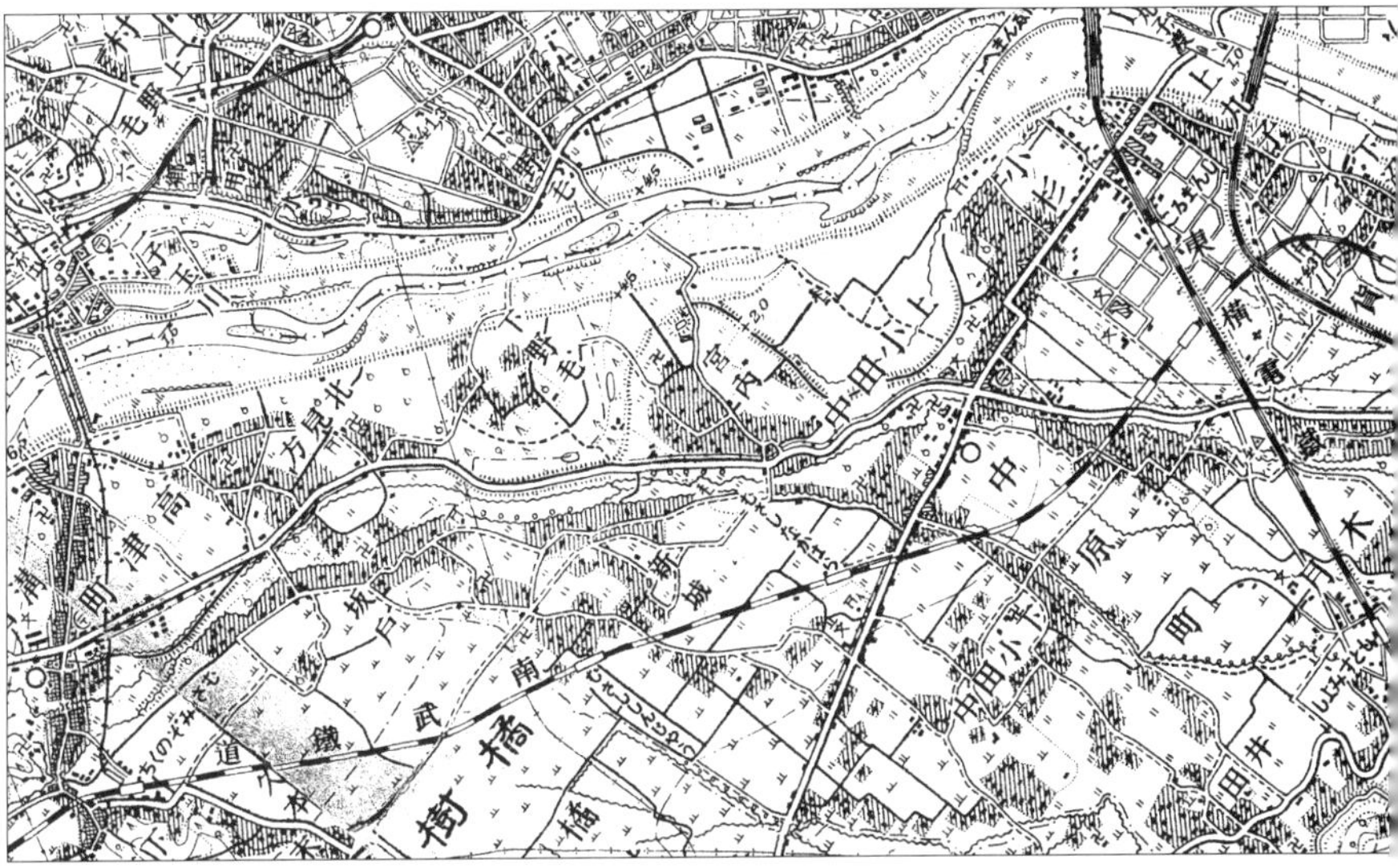

図１　1:50,000「東京西南部」昭和７年部分修正

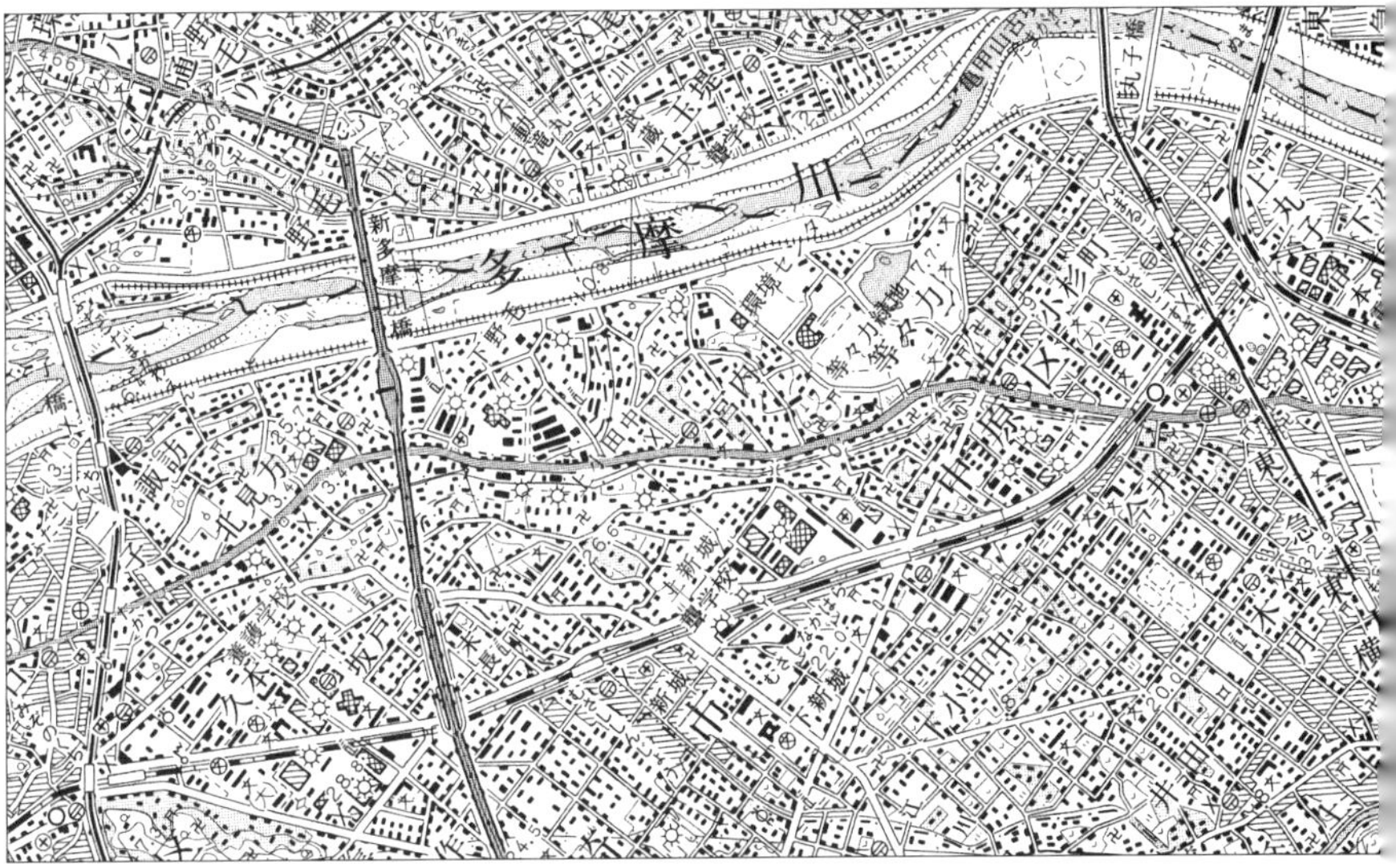

図２　1:50,000「東京西南部」平成７年修正

抜けている道路（三・四五メートルの水準点のある道）が旧東海道で、どこまでも市街地が連続する現在と違って、この頃はまだ「宿場町」の面影が濃厚である。

南武鉄道は昭和二年（一九二七）にまず川崎〜登戸《のぼりと》間が開通、同四年には立川まで全通した。「砂利鉄」の色彩が濃いとはいえ当初から電化されており、深緑色の電車が走っていたそうだ。川崎駅を出た電車は東海道本線と分かれ、前述した多摩川の旧河道に沿ってカーブしていく。**図1**で尻手《しって》駅から左上方へ弧を描いている水田地帯がそれで、集落は見事にそこを避けている。さらに「土地条件図」で調べてみれば、ここだけU字型に薄緑の「埋土地」に分類されており、低湿地だった旧河道がその後の市街化の進行に伴って埋め立てられたことがわかる。

川崎駅西方、「かはさき」の左側の工場は東京電気で、明治四一年（一九〇八）に進出した。水に浸かりやすい水田を高く埋め立てて建てられたという。その後昭和一四年（一九三九）に芝浦製作所と合併して東京芝浦電気（現東芝）となり、戦後も百万都市の「駅前工場」という珍しい存在であったが、平成一二年（二〇〇〇）に閉鎖、一一ヘクタールもの広大な工場跡地は「ラゾーナ川崎」という商業・住宅・業務の三エリアをもつ地区として再開発が行われて生まれ変わった。東海道本線多摩川橋梁の南詰西側に見える工場は明治製糖で、東京電気の二年前に進出した（当時は横浜製糖）。衰退する宿場町を工業都市へ変身させるため、当時の石井泰助町長が工場を積極的に誘致した結果である。

石灰石をセメント工場へ直送する支線

次の尻手駅からは浜川崎に向けて南武線の「浜川崎支線」が出ているが、これも南武鉄道の支線であった。東海道本線から南に分岐する鉄道省の貨物線に合流して浅野セメント工場のある浜川崎まで開通、これにより、五日市鉄道や青梅電気鉄道の沿線にある石灰石は立川経由でまっすぐ同社工場まで輸送できるようになった。ちなみに南武鉄道には浅野セメントが資本参加していた。このような重要産業路線であったことから、政府は第二次大戦中の昭和一九年に南武線の全線を強制買収したのである。

次の矢向《やこう》駅からは貨物線が多摩川まで出ているが、ここが川崎河岸《がし》貨物駅。ロープ等を作る東京製綱《せいこう》の工場があり、この線路も昭和二年（一九二七）三月九日、川崎〜登戸間と同時に開通している。しかし戦後のトラック輸送の発達で昭和四七年（一九七二）には廃止、その後は遊歩道となり、また工場の跡地も団地となった。余談だが、筆者はこの団地内のスーパーで学生時代にアルバイトしていたことがあり、この貨物線跡を歩きながら、汽車の走っていた頃の風景を想像したものである。

次の鹿島田《かしまだ》駅の周辺も**図1**では農村だが、川崎駅を出て初めての郡部の駅であった。このあたりでは二ヶ領用水が川崎市と橘樹《たちばな》郡の境界になっており、その西側である鹿島田の集落は日吉村の東端にあたる。鹿島田とは「鹿島神社を維持するための田んぼ」から来た地名という。駅の西には巨大な新鶴見操車場が見えるが、昭和四年（一九二九）に完成して間もない頃だ。この時に品川〜鶴見間に別線（通称品鶴線）が完成、輸送力が限界に近づいていた東海道本線から貨物線が分離された。しかしこの大操車場も鉄道貨物がコンテナ中心に移行したのに伴って廃止され、今や一部が機関区として使われるのみで、他は再開発用地となっている。

図1では駅名表記のない次の平間《ひらま》駅では県道（片側が太線の道路記号）と交差する。この道を東へたどればガス橋で多摩川へ渡るが、この変わった名前の橋は昭和四年（一九二九）に東京瓦斯（現東京ガス）が鶴見工場から東京市内へ送るガス管の橋として架けられたもので、巡視用を兼ねた木造の歩道が併設され、ここを一般人も渡ることができたのである。ただし車両は渡れず、地形図にも併存している「平間渡」で運んだ。

多摩川の流れが府県境を変更

次も田んぼのまん中に駅名表記のない駅があるが、これは今はなき武蔵中丸子駅。終戦二か月前の昭和二〇年（一九四五）六月に戦災のため休止となり、その後も復活しなかった。このあたりは川崎駅付近と同様に過去何度も河道が変化したところで、よく見るとその痕跡が水田と集落の境界線などの弧の形で各所に残っているのがわかる。ほとんど市街化したこの区域の弧ではあるが、その縁に立ってみると今でも旧河道と自然堤防との間の標高差が歴然としている箇所があって興味深い。

向河原《むかいがわら》という駅名は地元の通称をとったものだが、対岸（東京府）の下沼部《ぬまべ》村の本村から耕作するために小舟で渡る「飛び地」状態であったための呼び名だ。もっと古くは多摩川がこちら側に大きく蛇行していたため向河原は東京側の地続きであったが、府県境も以前は川崎側に食い込んでおり、住所も東京府荏原郡調布村大字下沼部字玉川向などと称した（向河原は通称）。それが河道に合わせた明治四五年（一九一二）の府県境変更で蛇行していた境界線がまっすぐになり、神奈川県となった東京側で下沼部の地名が「田園調布」などに改称されてからは、本来飛び地であった川崎側だけに下沼部が残ることになったのである（１８３ページの**図3**参照）。

線路の西側には現在ＮＥＣの巨大な工場（日本電気玉川事業場）があるが、昭和一一年の工場開設後は従業員専用駅のようになってしまったためか、昭和一五年（一九四〇）に日本電気前と駅名が変わった。しかし昭和一九年の国有化で南武線となってから再び向河原駅に戻っている。企業名を付けた駅名を国有化後に地名に変更した例は他にも少なくない。

街路に受けつがれる古代条里制の区画の名残

向河原を出ると線路は大きく左カーブする。品鶴線と東横線をくぐって武蔵小杉駅に到着するが、**図1**の当時は、東横線ガード下の駅名表記のない駅は「グラウンド前」と称した。第一生命の運動場が目の前にあったからだが、現在は完全に市街化して往時をしのぶべくもない。そのグラウンド前には交差すれども東横線の駅はなく、南武鉄道からの乗換え客は東横線の築堤に沿って細道を歩き、新丸子駅へ向かったという。

図1の当時はグラウンド前駅からわずか四〇〇メートルで武蔵小杉駅。この旧駅は府中街道に面した現中原区役所付近にあり、小杉の集落はさらにこれを北上し、中原街道を右折したあたりであった。現在の小杉陣屋町、小杉御殿町などにあたる。付近は現在、細い道が碁盤目状に街路を成しているが、実は古代の条里制の区画がそのまま現在に受け継がれている。その碁盤の目の縦横を測ってみるとほぼ一町（＝六〇間。約一〇九メートル）だ。なお**図1**の武蔵小杉駅の北側にある小さい方の学校は中原高等女学校で、現在も同じ場所にある大西学園の前身である。大きい学校は日本医大の予科。

電車は中原街道を踏切で越えて武蔵中原駅へ入っていくが、中原街道とは現在の平塚市中原へ向かう街道である。中原には江戸時代に将軍の鷹狩りのための御殿があって、そこに至る街道として整備された。鷹狩りだけでなく、この道は東海道のバイパス的なルートとして相模から江戸を結ぶ主要道路でもあった。その中原街道が通ることから明治の村制施行時（明治二二年）に六村（および一村の飛び地）が合併した際に中原村と命名され、それが現在の区名に受け継がれている。従って、「中原区を通るから中原街道」ではなく、中原街道が通っていることにちなむ、ある意味で珍しい区名なのである。

武蔵新城《しんじょう》を出た電車は今では間もなく第三京浜道路の高架をくぐり、富士通ゼネラル本社工場（昭和一五年に進出した日本光学の跡地）や洗足学園の校舎を左に見ながら武蔵溝ノ口駅に進入していくが、**図3**の時代はずっと田んぼの中の一本道であった。

溝口の町は大山街道の宿場町として発達したところで、**図3**を見ると多摩川の渡し場集落である二子と市街地が連続して街村を形成しているのがよくわかる。大山街道は現在の国道二四六号にあたる道で、江戸時代にはその名の通り相模の大山詣でをする人たちで大いに賑わったという。明治以降も多摩川は二子渡しを川船が行き来していたが、大正一四年（一九二五）に自動車と電車が一緒に渡る併用橋の二子橋が開通した。ここを渡って玉川電気鉄道（玉電）が溝ノ口まで開通したのは昭和二年の七月で、南武線開通のわずか四か月後のことである。玉電は渋谷を経て天現寺橋（広尾）まで直通運転をしていた（所要六一分）。

戦後は東急が多摩丘陵でのニュータウン開発を手がけ、都心への足として田園都市線を昭和四一年（一九六六）に開業、沿線はその後急速に開発が進んだ。なお地名の表記は町名が「溝口」、ＪＲが「武蔵溝ノ口」、東急が「溝の口」と表記が異なっている（東急は昭和四一年に溝ノ口から改称）。

ＪＲ南武線　津田山〜稲城長沼

ＪＲ南武線の前身は南武鉄道という私鉄だった。当初はズバリ「多摩川砂利鉄道」の名を予定していただけあって、線路はひたすら多摩川に沿っている。東京から放射状に伸びる街道が多摩川を渡る地点に栄えた溝口や登戸などの町を結ぶ沿線には観光地あり、梨園や桃園ありと多様な顔を持っていた。戦後は急速に宅地開発が進んで今日に至っているが、ここでは川崎市高津区から稲城市に至るルートを取り上げる。

玉電社長の名前が今に残る「津田山」

田園都市線との連絡駅として賑わう溝口（駅名は武蔵溝ノ口）は大山街道の宿場町で、江戸時代には相模の大山へ参詣する人で賑わった。関東とりわけ江戸の街では富士山と同様に大山参詣のためのグループ「大山講」が多く作られたが、これらの講は町ごと、あるいは火消しや鳶《とび》、木挽《こび》きといった職業ごとに結成されたものである。大山参詣者は最盛期の宝暦年間（一七五一〜六四）で年間二〇万というから、一日あたり五〇〇〇人を超えるなかなかの規模だったようだ。駅の西側の逆Ｓ

字の旧道は今も町の中に健在である。

武蔵溝ノ口駅から一・二キロで次の津田山駅であるが、駅ができたのは昭和一六年（一九四一）と新しいので**図3**には載っていない。開業当初の駅名は「日本ヒューム管前」で、ここに進出した同社工場への最寄り駅であったが、その後南武線が「強制買収」で国有化された昭和一九年四月一日に津田山に改称されている。

しかし駅の所在地は昔から下作延《さくのべ》で、向河原駅が「日本電気前」から改称されたのと同日だ。こと玉川電気鉄道が乗り入れているのだが（**図3**）、同社では旅客誘致策として溝ノ口の北西にある小さな山に遊園地を開発した。その際に先代社長・津田興二の功績を称えて「津田山遊園地」と命名したのが津田山の起こりなのである。

津田山の次は現在は久地《くじ》駅というが、**図3**では「久地梅林」とある。当時の梅林は駅よりずっと東寄りの、津田山駅から山を越えた北側あたりだった。現在の府中街道（新道）にかかる新久地橋近くに、江戸時代に園芸樹種改良を幕府から命ぜられた川辺家が数百株の梅を植えたのが梅林のルーツで、明治以降には名所として知られるようになったが、戦時中に伐採されるなどして実体がなくなり、やはり国鉄買収時に「久地」に改称されている。現在では「梅林」という交差点名が静かに歴史を物語っているのみだ。

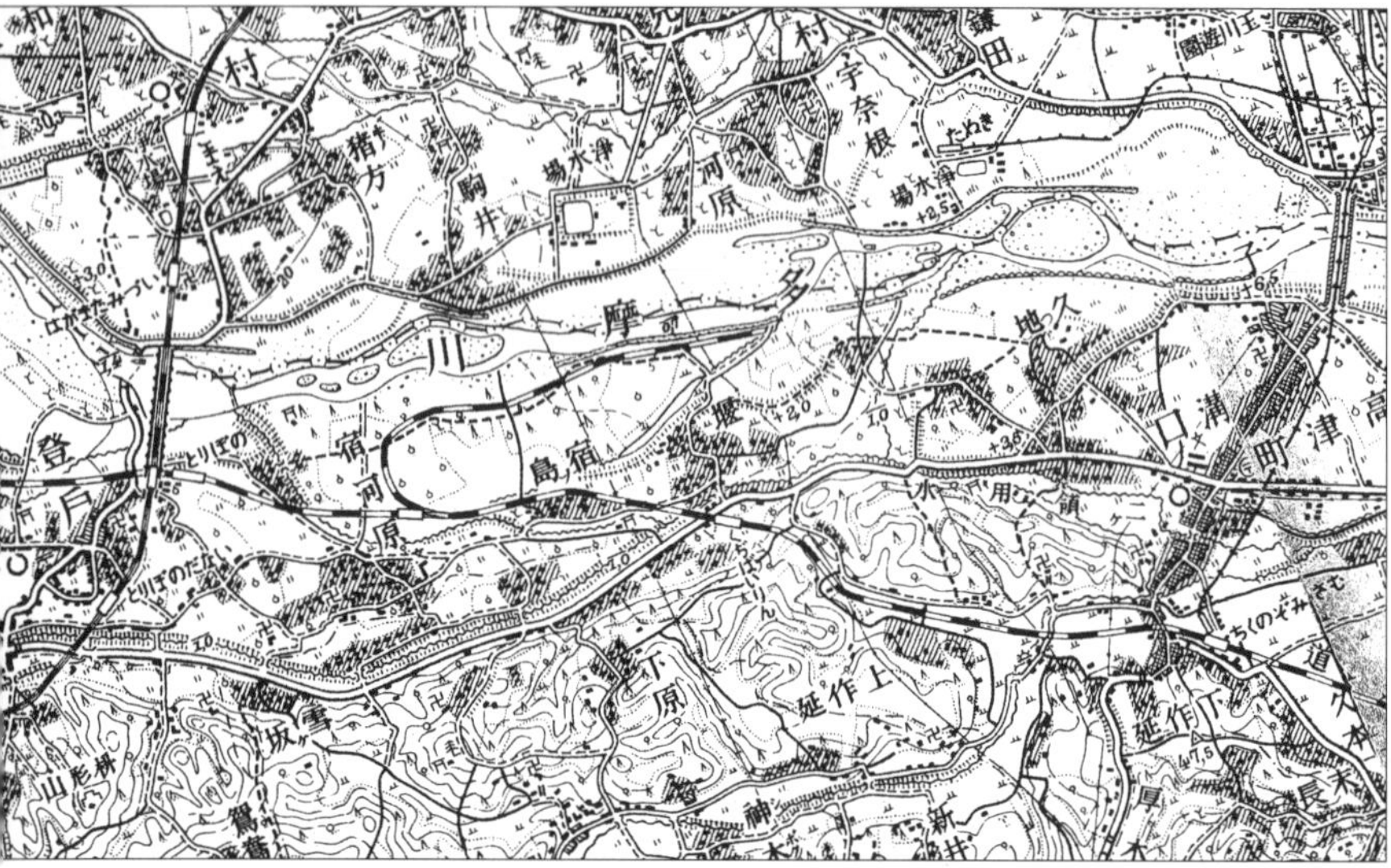

村
宇奈根
鎌田
猪方
駒井
河原
多摩川
久地
溝口
高津町
登戸
宿河原
堰
二ヶ領用水
下原
上作延
下作延
神木

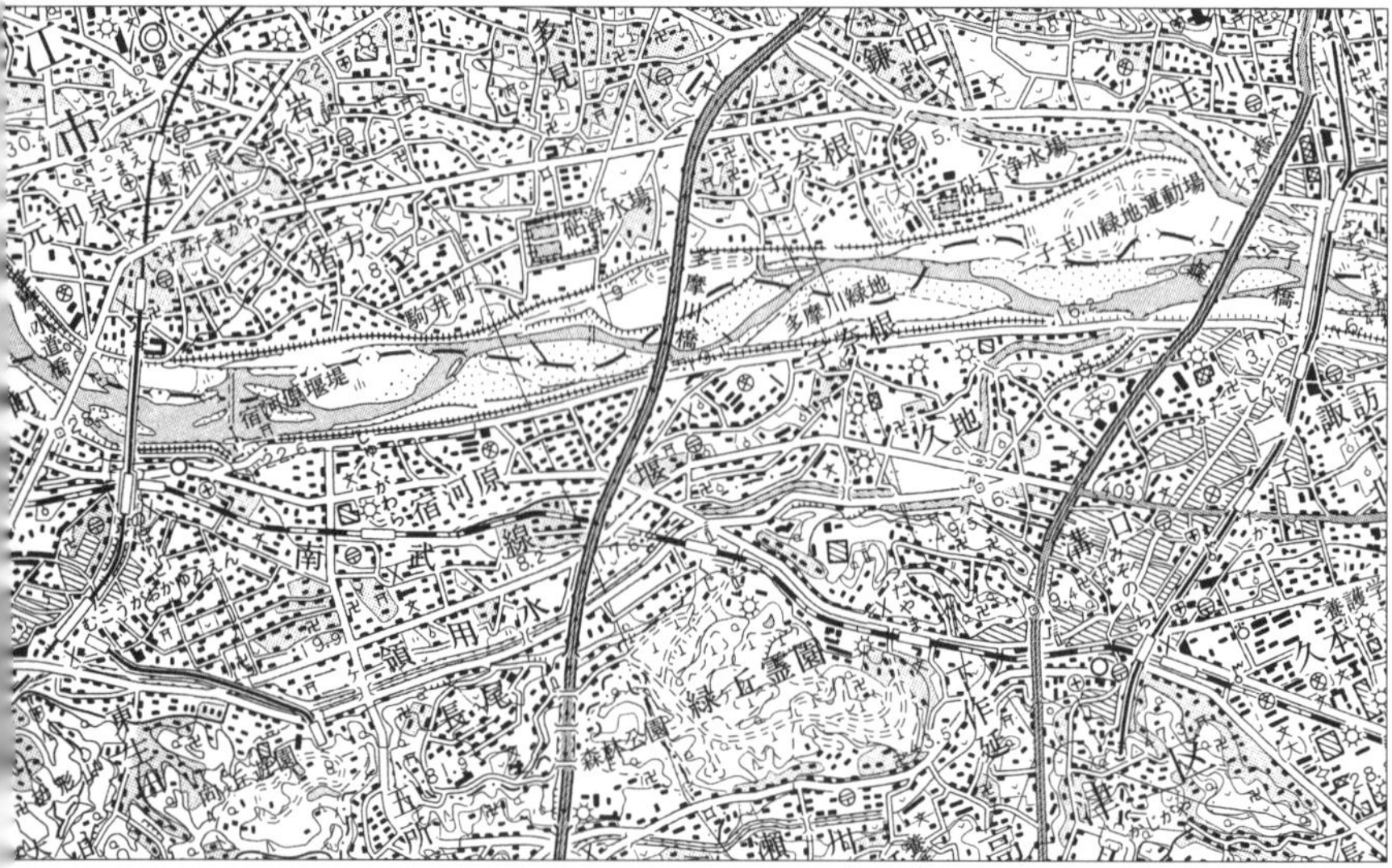

多見
鎌田
岩戸
元和泉
東和泉
猪方
駒井町
宇奈根
二子玉川緑地運動場
多摩川緑地
多摩川橋
宿河原堰堤
宿河原
久地
諏訪
南武線
二ヶ領用水
溝口
緑ヶ丘霊園
森林公園
長尾

図３　1:50,000「東京西南部」昭和７年部分修正

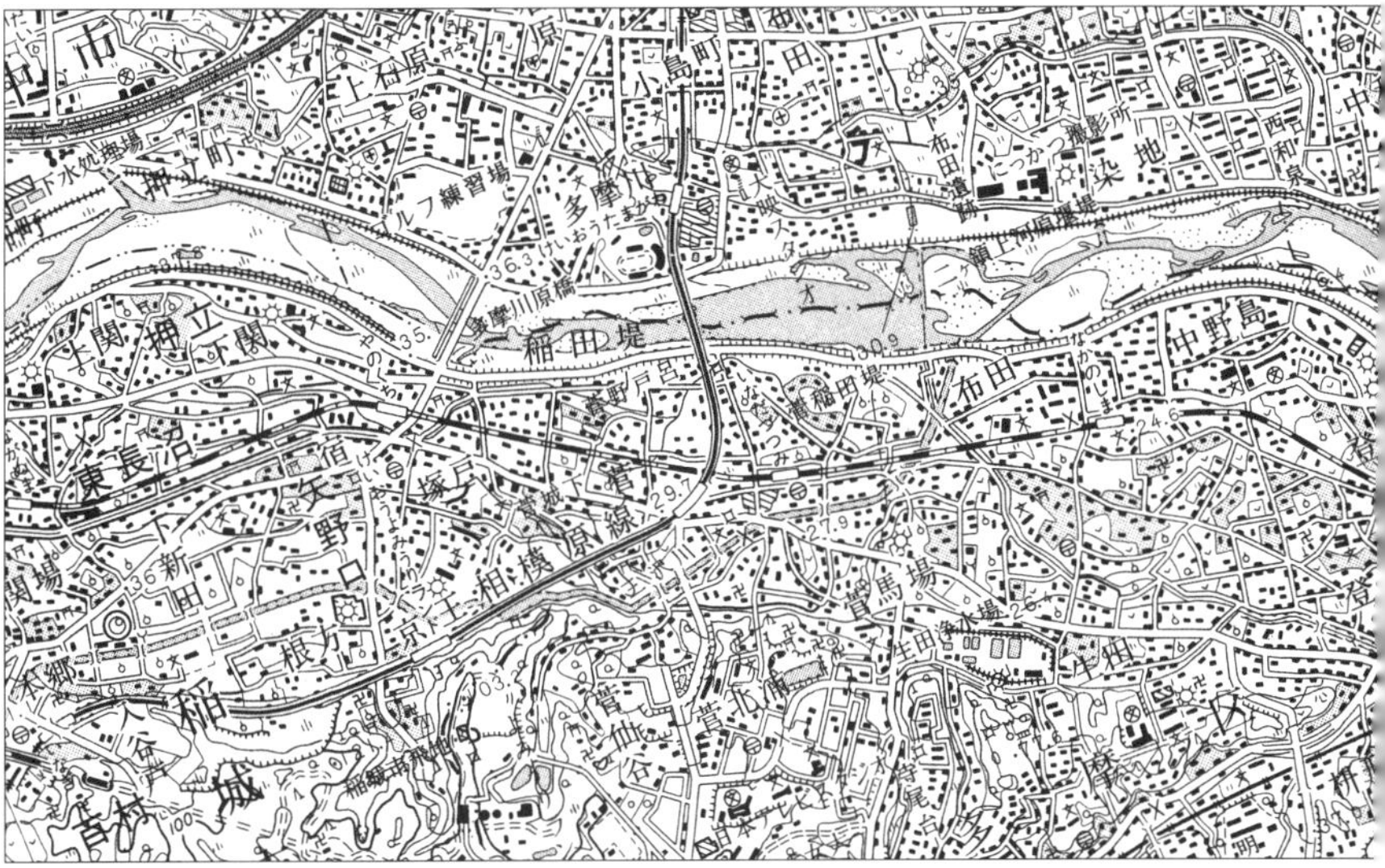

図４　1:50,000「東京西南部」平成７年修正

多摩川の恵みを受ける砂利専用線と堰堤

さて、**図3**で対岸の東京府側を見ると、思わず「たぬき」と読んでしまいそうな砧《きぬた》駅があるが、これは玉電（東急砧線）の終点で、昭和四四年（一九六九）の廃止時には砧本村《ほんむら》と称していた。砧という地名は明治の大合併時に喜多見村・宇奈根《うなね》村・鎌田村など計5村が合併した際に「古代、朝廷に貢ぐために布を砧で叩き、多摩川に晒したことにちなんで」名づけられた新地名である。**図3**の砧駅前には浄水場が見えるが、これは渋谷町水道のもので（現砧下浄水所）、多摩川の川底から取水した水をここで浄化し、当時の豊多摩郡渋谷町へ供給していたものだ。そのすぐ上流側の浄水場は現在の東京区部北西域に配水した荒玉水道のもの（現砧浄水場）で、その後はいずれも東京市（現東京都）の管轄となった。

話を南武線に戻そう。久地を出た電車は間もなく二ヶ領用水を越えて宿河原へ向かうが、この用水は「関ヶ原」の三年前にあたる慶長二年（一五九七）から同一五年までかかって建設された多摩川右岸の広域を潤す農業用水で、橘樹《たちばな》郡の稲毛領（郡北西側）と川崎領（南東側）の「二ヶ領」の水田がその恩恵にあずかったことから命名されたものだ。灌漑された村は実に六〇か村に及ぶ（村は現在の大字に相当）という、当時としては非常に大規模な土木事業であった。

図3には宿河原《しゅくがわら》駅から弧を描くように多摩川へ向けて伸びている線路は砂利を運搬するためのものだ。現在の河川敷にあたる場所まで乗り入れており、『角川日本地名大辞典』には「昭和九年頃

まで利用された」とある。しかし戦後昭和三〇年頃までの地図には載っていたので、線路はあっても使われていない状態が続いたのだろう。この線路は**図4**でもわかるように、住宅地の中に弧を描く道路（学校記号「文」を通る）として現在も残っている。

宿河原という地名は古く南北朝期から文献に見えるが、「駒井宿河原」とあることから対岸の狛江市駒井町の側にあったようだ。小田急の鉄橋の少し下流の多摩川に描かれているのは宿河原堰堤《えんてい》であるが、この堰は二ヶ領（宿河原）用水の水量を安定的に確保するために昭和四年に設けられた取水口のためのもので、**図3**は完成間もない頃。戦時中には工業用水と兼用する計画が持ち上がったが戦争のため遅れ、戦後の昭和二四年になって大きく改修された。これは**図3・図4**の比較から読み取れるが、それから四半世紀経った昭和四九年（一九七四）九月一日、台風一六号による集中豪雨で上流側の左岸堤防が決壊、堰を北に避けるように蛇行した濁流が何軒もの住宅を呑み込んでしまった。もう三四年も昔のことだが、筆者にはまだ記憶に新しい。

多摩川の筏師たちが逗留した登戸

小田原急行鉄道（現小田急電鉄）が新宿〜小田原間を一挙に開通させたのは昭和二年（一九二七）四月一日のことであったが、南武鉄道の川崎〜登戸間の開通はそのわずか三週間前の三月九日。溝ノ口の玉電を含め、当時この周辺はまさに「開通ラッシュ」となり、登戸の町は突如として川崎と新宿へ短時間で直通できる交通至便の地に変貌した。

登戸は溝口と同様、神奈川県北部を西へ向かう津久井道と多摩川の交点に位置する交通の要衝として発展したところだ。多摩川には登戸の渡しがあり、江戸への往来に用いられた。**図3**にはその渡しが小田急の鉄橋の上流側に見える。そのような交通の要衝ゆえに登戸には旅籠が建ち並び、その他に筏宿《いかだ》もあった。これは多摩川で江戸時代以来盛んに行われてきた筏流しの筏師たちが利用した宿である。

小田急の登戸駅は**図3**には駅名表示がないが、南武線登戸駅に隣り合っていながら、稲田多摩川駅と称していた。ちょうど現存する和泉多摩川駅とペアであったが、稲田とは当時の自治体名・稲田村（昭和七年六月に稲田町）のことで、**図3**にも駅の北西に記されている。村は明治二二年（一八八九）の町村制施行時にできたもので、このあたりの古称である稲毛領の「稲」の字に肥沃な水田の「田」をつないだ一種の瑞祥地名である。このあたりは「稲毛米」の他にも梨や桃などが名産だった。**図3**では登戸駅から稲田堤駅にかけて果樹園の記号が散見されるが、特に梨は今でもこの地域の名産である。

小田急登戸駅のひとつ小田原寄りの駅は現在「向ヶ丘遊園」というが、**図3**にあるように旧称は稲田登戸駅だった。こちらもやはり村名を冠したもので、線路の北側には稲田村役場が見える（現多摩区役所。**図4**の区役所の位置は村役場とは異なるが、現在は**図3**の位置に戻っている）。ちなみに向ヶ丘遊園は小田急の開通と同日に開園した同社直営の遊園地で、長らく親しまれたが平成一四年（二〇〇二）に閉園となった。

向ヶ丘遊園には開業の二か月後から稲田登戸駅〜遊園地間を結ぶ「豆汽車」が二ヶ領用水沿いに敷かれたレールを走っていたが、昭和四〇年にはモノレールに受け継がれた。**図4**にはこれが記載されているが、赤字続きで閉園の前年に廃止され、現在はその軌道桁（レール）も撤去されている。

戦勝記念の桜並木が駅名に─稲田堤

南武線に戻ろう。中野島はその名の如く多摩川のまん中に張り出した島のような地形であったことにちなむようで、当初は多摩郡に所属していたが、河道の変化を反映してか、途中で橘樹《たちばな》郡（川崎市側）に変わっている。中野島駅を出て二〇〇メートルほどすると調布市側に「本家」のある布田を通るが、これも河道変遷の生き証人のような地名だ。

二ヶ領用水を再び短い鉄橋で渡ると間もなく稲田堤《いなだづつみ》駅である。地名は古くから現在に至るまで菅《すげ》であるが、駅名は桜の名所として知られた「稲田堤」を採用した。**図3**の対岸には京王電気軌道（現京王電鉄）の多摩川原《がわら》駅（現京王多摩川）が見えるが、花見客は南武線だけでなくこちらからも渡船でやってきたという。この堤の桜は明治三一年（一八九八）、日清戦争の「戦勝記念」として村人が二五〇本の桜を植えてから有名になり、東京府下の飛鳥山や小金井と並び称されるほどの観桜の名所となった。これほどの観光地であったのだから、私鉄・南武鉄道としては一も二もなく駅名に「稲田堤」を採用したに違いない。

図3では堤防を示す短線に非常に小さな〇印が混じっているが、これがその桜並木を表わしてい

る。現在では往時の面影をしのぶべくもないが、稲田堤の名は菅稲田堤という新しい正式町名（昭和五九年の住居表示実施時に誕生）に受け継がれた。

現在の鶴川街道を越えると矢野口駅で、開業以来の駅だが**図3**には掲載されていない。鶴川街道という名称は新しいもので（鶴川の地名が明治町村制時に作られた）、古くは小野路《おのじ》道、相州《そうしゅう》道、江戸道、大山道などと称した。矢野口の地名は古いが、かつて谷ノ口などとも書かれたように、谷（谷戸）の入口から来ているらしい。

次の稲城長沼駅の所在地は東長沼という。もとは長沼村だったが、同じ南多摩郡内であった現八王子市内の長沼村（京王線長沼駅付近）と区別するため、明治になってから東西を冠したものだ（八王子市の方は昭和三一年まで西長沼）。これは八高線の記事中でご紹介した北平・南平と同様である。矢野口から稲城市に入っているが、稲城という地名も明治の町村制時の命名である。当地で奚疑《けいぎ》塾という私塾を開いていた窪全亮が「稲穂村」「稲城村」の二つの候補を選定し、そこから命名されたというが、その由来は明確ではない。古称である稲毛領の稲の字に、域内の砦（小沢城・長沼城など）を加味した地名と解釈するのが無難のようだ。

JR南武線　南多摩〜立川

当初は砂利鉄道として、また石灰運搬線として敷設された南武線は起点から終点まで多摩川につかず離れず遡っていく。ここからは川崎〜立川間の最後の四分の一区間で多摩川を渡って左岸へ移る区間。電車は甲州街道の宿場町・府中をかすめ、大正末からの学園都市・国立の周縁をなぞりつつ立川の台地へ向かっていく。都市化の進んだ現在、線路から砂利と石灰の姿は消え、沿線住民の足に専念する南武線である。

「観光客誘致」で多摩聖蹟口と改称

図5で多摩川の南側を見ると大丸《おおまる》という駅名が現南多摩駅の少し東に載っている。たまたま有名百貨店と同じ字なのでダイマルと読まれてしまうことが多いが、大丸は古代以来の歴史的地名で、一説には「丸い平地」を意味するという。

大丸の集落北端に設置された大丸駅は、開業四年後の昭和六年（一九三一）に「多摩聖蹟口《せいせきぐち》」と改称された。これは、当地から直線距離で三キロほど西にある「多摩聖蹟記念館」が前年秋に建設

10年鉄道補入

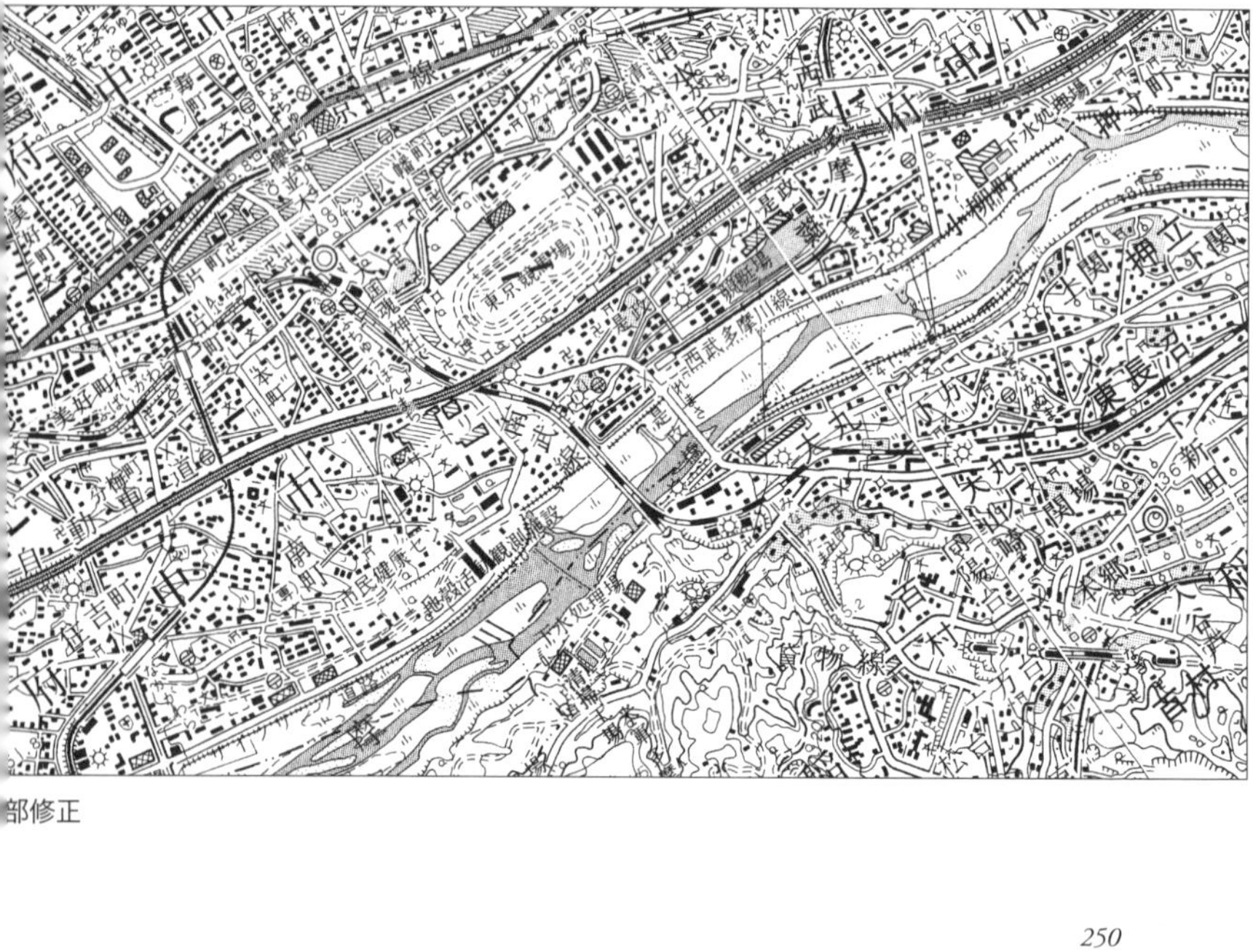

部修正

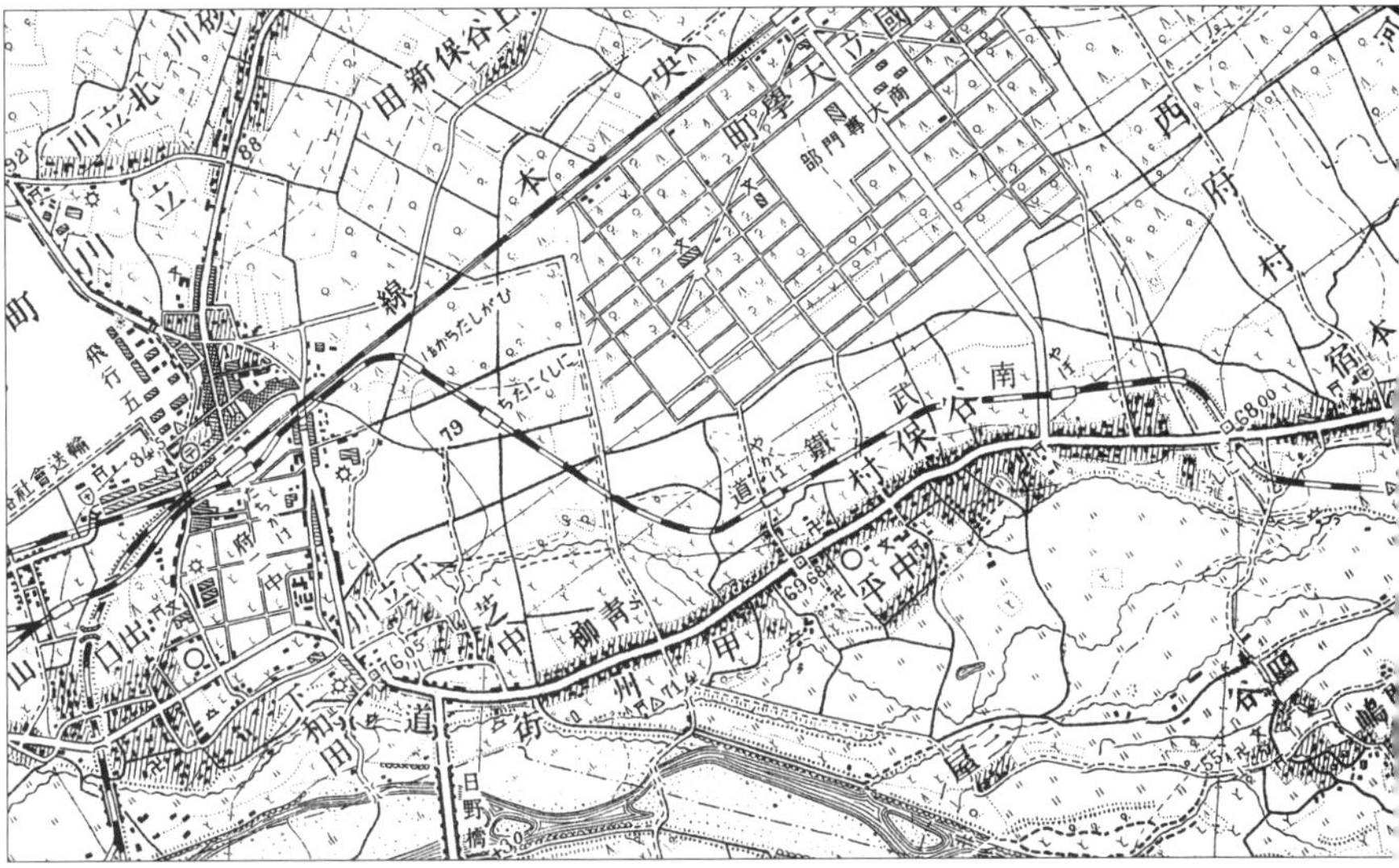

図５　1:50,000「東京西南部」昭和７年部分修正＋「八王子」昭和４年鉄道補入＋「青梅」昭和

図６　1:50,000「東京西南部」平成７年修正＋「八王子」平成 12 年修正＋「青梅」平成９年要

されたことを受けたものである。今から見れば歩いて行くにはいささか遠く感じられるが、当時は陸軍の火薬工場（現米軍ゴルフ場）もなく、多摩川沿いの眺望に恵まれたハイキングコースだったのではないだろうか。

ここでいう「聖蹟」とは明治天皇が兎狩や鮎漁のために何度か訪れたことにちなむもので、京王線に現存する聖蹟桜ヶ丘（**図5・6**中央の京王線が多摩川を渡った先の欄外）もその最寄り駅として関戸から改称されたものだ。南武鉄道としても沿線の新たな「観光地」への入口としてアピールしたかったのだろう。『稲城市の地名と旧道』（稲城市教育委員会）にも、日曜休日には聖蹟記念館を訪れる団体がよく多摩聖蹟口駅を利用したことが記されている。

その駅が再改称されるのは昭和一四年（一九三九）のことである。公式には西隣の南多摩川貨物駅（**図5**時点で未開業）が移転・改称した形であるが、実際には大丸駅との中間に両者を統合した形だ。南多摩川貨物駅は正式には昭和九年の開設だが、稲城市史編纂委員長をつとめられた高橋正幸氏のＨＰによれば、実際には目黒から移転してきた府中競馬場を造成するための土砂（大丸の山が削られた）の積込み駅として昭和四年に仮駅として利用されていたという。昭和八年の競馬場完成後に廃止されたが、翌九年には「多摩川の砂利搬出のため」に正式な駅として開業している。

多摩川を渡り、砂利採取の本場へ

多摩川鉄橋を渡った南武鉄道の電車は、戦前は是政《これまさ》多摩川駅（現府中本町変電所の少し北）に止まったが、これもやはり国鉄買収時に廃止された。もし今この駅があれば西武多摩川線の是政駅と徒歩連絡できて便利だっただろう。**図5**には是政渡が見えるが、ここに初代の是政橋が架けられたのは昭和一六年（一九四一）、当初は木橋であった。

府中本町は現在では武蔵野線を分岐する駅だが、南武鉄道当時は下河原線とも接続せず、このため国鉄時代になってからも両線は府中本町駅の先で立体交差していた。接続が果たされたのは、下河原線が首都圏大環状線たる武蔵野線の一部として変身した昭和四八年（一九七三）のことである。

分倍河原《ぶばいがわら》駅は開業時には小字の名をとって京王（当時は玉南《ぎょくなん》電気鉄道）ともども屋敷分《やしきぶん》と称していたが、新田義貞の活躍で有名な古戦場の名を前面に出したかったのか、早くも開業翌年には改称した。この付近は「砂利鉄道」の集中区域で、**図5**を見ると西武多摩川線、国鉄下河原貨物線から、いずれも最盛期には多摩川原まで砂利運搬用軌道が何本も伸びていた。

分倍河原から南武線は多摩川の河岸段丘を上っていくが、戦時買収時までは次の谷保《やほ》駅までの間に二つも駅があった。現鎌倉街道（新道）との交差地点西側に本宿《ほんしゅく》駅、それに甲州街道をくぐる直前の西府《にしふ》駅である。**図5**には西府駅だけ見えるが、本宿駅は図の鉄道補入後の昭和六年（一九三一）に開業したので載っていない。現在では分倍河原から谷保の間は二・八キロと全線で最も駅間距離が長く、地元から駅復活の要望が強かったため、区画整理組合や府中市などの費用負担により平成二〇（二〇〇八）年度中には西府駅が旧本宿駅のすぐ西側（旧西府駅の南東約〇・六キロ、三角点の位置）に復活することになった。西府とは「府中の西側に位置する」ことから明治の町村制施行時に命名された自治体名で、西府村は昭和大合併期の昭和二九年（一九五四）に府中市の一部となった。

谷保村から国立町へ

谷保《やほ》は今でこそ国立と称する市域に入っているが、かつてはこちらが「本家」で、自治体の名前も谷保村といった。駅の南側、甲州街道沿いにある谷保天神は古くから有名な神社で、そこにある神像が不格好だったために野暮天《やぼてん》（谷保天）の語が生まれたという俗説がある。『広辞苑』（第三版）にも載っている説だが、神社によれば「不格好ではない」という。

谷保村は江戸期には上谷保村・下谷保村に分かれていたが、明治八年に再び合併して谷保村となった。その後同二二年の町村制施行の際に青柳村と石田村の飛地を合わせて広域の谷保村となり、それが昭和二六年に町制施行する際「国立町」に改称したのである。改称にあたっては谷保地区の反対が大きく、両者を合成した「国保町」（国民健康保険？）ではどうかとする案もあったというが、大正末から分譲が始まった国立学園都市地区の人口急増が必然的に町の重心を北側に移動させ、国立への改称は多くの住民が支持したようだ。

国立という地名は周知の通り国分寺と立川の間にあることから名づけられた実に「安直」なものではあるが、国立駅が大正一五年に開設されて以来八〇年になろうとする今日、すっかり定着している。ただし、国立が公式の地名となったのは意外に遅く、それまで谷保村の大字谷保および青柳の北端部分であったものを昭和一八年に正式に谷保村の「大字国立」としたものだ。つまりそれまで国立は駅名を除けばずっと「通称地名」だったのである（昭和四三～四五年に現行の東・中・西・北の町名ができた）。

次の矢川駅は、これは地名というより付近を流れる川の名前であるが、平成一六年（二〇〇四）になって大字谷保・石田の各一部を合わせて「矢川三丁目」という正式町名が誕生した。このうち石田は新選組の土方歳三の出身地として知られる、多摩川の対岸・日野市石田の飛地（江戸期の持《も》添《ぞえ》新田）であり、現在の矢川駅の住所も大字石田六六〇番地である。しかし国立市域に残っていた石田は区画整理に伴う町名地番整理によって徐々に面積を減らしており、矢川駅付近の「大字石田」も今となってはその貴重な生き残りとなった。最近も青柳一・三丁目の設置で石田は大幅に減少しており、このままでは消滅するかもしれない。

飛んで来た羽衣町

矢川駅を出た電車は右カーブして立川市内の羽衣町《はごろもちょう》に入っていく。羽衣町という町名は太平洋戦争中の昭和一七年（一九四二）に誕生したが、当初は立川駅北口の立川飛行場にかかる町名として採用されるはずだった。飛行機―羽衣という連想である。しかし『東京地名考』（朝日新聞社）によれば、軍部から「軟弱な名前で飛行機が墜落しそうだ」とのクレームがつき、市域東部に位置するため名づけられた「曙町《あけぼのちょう》」の名をそちらに持ってゆき、「キャンセル」された羽衣町がこちらへ回ってきたエピソードがあるという。

その羽衣町と隣の錦町の境目に位置するあたりが西国立駅だが、開業時から立川町内であり、国立市域からは最短でも四〇〇メートルは離れている。なぜ西国立駅なのか理由はわからないが、おそらく南武鉄道としては当時学園都市として売り込み中の国立の文教都市的なイメージを乗客増につなげたかったのではないだろうか（駅開設は昭和四年）。今も立川市内にありながら「〇〇国立」といったマンションは多く、この駅名は地価の上昇に確実に貢献したと思われる。

ここから電車は左カーブをして中央線の線路に合流、立川駅構内へ入っていくが、実は**図5**でわかる通り、その少し手前に東立川駅というのがあった。この駅は昭和一九年四月の国有化の際に廃止されているが、西国立・立川間の両駅間に挟まれて駅間距離が非常に短く、全国的に行われた電力節約のための小駅廃止の動きに連動したものだろう。なお、東立川駅付近には戦争末期に羽衣新天地という「盛り場」が進出したが、駅の廃止直後からのことである。

それにしても**図5**では西国立・東立川の両駅の周囲に人家がまったくないのは不自然だ。駅の存在が不自然に思えるほどだが、**図5**の図歴を確認すると「大正十年測図昭和五年及同八年第二回部分修正同十年鉄道補入」とある。これは全面的に測量した大正一〇年以来、鉄道や飛行場などの情報以外はほとんど修正が行われていないと推定される。しかし現実には立川飛行場が大正一一年（一九二二）に開設された後に人口が急増（大正一〇～一二年の間に一・四四倍）、翌一二年には町制施行して立川町となった時期でもあり、実際には両駅周辺にもっと多くの人家が進出していたと思われる。このことは旧版地形図を扱う際の要注意点だ。

この路線が「多摩川砂利鉄道」という当初の名称通りにならず南武鉄道になったのは、青梅・五日市付近の石灰石を浜川崎にある浅野セメントの工場へ直送する路線としての性格を負わされたためであるが、その後南武鉄道は昭和一五年（一九四〇）に五日市鉄道を買収し、その路線網を伸張させた。しかし太平洋戦争末期の国家総動員態勢にあって全国各地の「重要路線」とともに国に強制的に買収され、国鉄南武線となった経緯がある。

戦後も南武線は長らく石灰石輸送に貢献してきたが、近年青梅線とともにトラック輸送に切り替えられ、長かった「セメント線」としての役割を終えた。南武線は今やほとんど市街地となった沿線の旅客輸送に専念している。昼間の乗車率も高いし、そろそろ快速電車でも復活させて使い勝手の良い電車になればいいのだが。

ＪＲ中央線　新宿～高尾

多摩地区で最初に敷設された鉄道は中央本線の前身・甲武鉄道である。新宿～立川間の開通は明治二二年（一八八九）のことだが、ちょうど大日本帝国憲法が発布され、また市制・町村制も施行されるという、まさに近代国家が本格的に始動した時期にあたる。中野の手前から立川までの約一九キロの間は、雑木林と畑の広がる武蔵野台地に定規でまっすぐに線を引いたような直線区間となった。それから一世紀余で急激な変貌を遂げた沿線を新旧地形図でたどってみよう。

手元に明治二七年（一八九四）一一月に庚寅新誌社が発行した『汽車汽船旅行案内』創刊号の復刻版がある。まだ甲武鉄道が開通して五年、西は八王子まで、東は新宿から外濠の一部を埋め立てて四ッ谷の先の牛込駅（現飯田橋駅西口付近）まで伸びたばかりの段階だ。この時刻表を見ると牛込駅を一二本の列車が出ており、うち半数の六本が八王子行き、残りが新宿止まりであった。

駅は牛込・四ッ谷・信濃町・新宿・中野・荻窪・境・国分寺・立川・日野・八王子だけ。現在ではこれに一五もの駅が加わっている。新宿以西の平均駅間距離は五・三キロと、地方のローカル線並みで、新宿〜八王子間の所要時間は一時間二〇分。現在の特別快速と同程度の停車駅にもかかわらず、倍の時間がかかった勘定になる。

震災後に人口急増した中野〜吉祥寺間

図1はその時代から三八年も経った昭和七年（一九三二）要部修正版だが、この年の一〇月に東京市は周辺の五郡八二町村を編入して「大東京市」が誕生する。図はその直前なので豊多摩郡の名（隷書体で高円寺駅の南側）の他に淀橋町、中野町、杉並町などの自治体名が見えるが、関東大震災後の郊外居住志向を受けて、とりわけ中央本線沿線に市街化が顕著に進んだことがわかる。

沿線自治体の人口増加は顕著で、第一回国勢調査が行われた大正九年（一九二〇）から一〇年後の昭和五年の増加ぶりを見ると、すでに市街化が進んでいた淀橋町が四・〇万人から五・七万人の伸びに留まっているのに対し、中野町は二・二万人から八・七万人と四倍、杉並町に至っては五六〇〇人から七・九万人と実に一四倍に激増している。大正八年に中野〜吉祥寺間が電化され、それまでの汽車に代わって電車が頻繁に往来し始め、大幅に利便性が上がった結果であろう。

図1を見ても、たとえば中野の市街地といえば青梅街道沿いに細長く発達したもののみであったのが、雑木林の中に設置された中野駅の周辺にはすでに繁華街が形成されているし、高円寺や阿佐ケ谷も青梅街道沿いと市街がすでに一体化した。

それでも吉祥寺まで来るとさすがに車窓に畑や農家が映る武蔵野の風景で、五日市街道沿いには

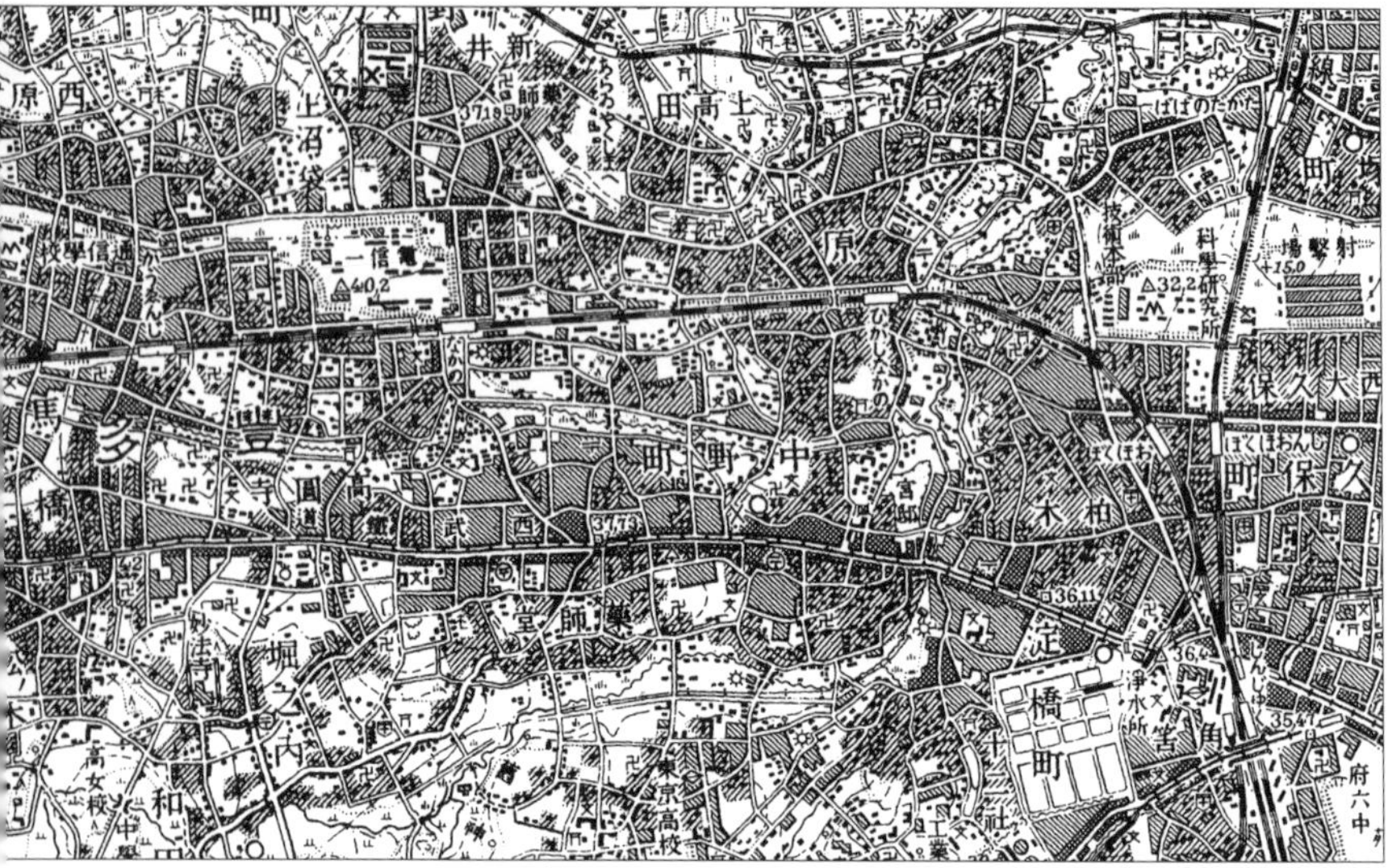

西原
上沼袋
新井
上高田
上落合
信電一
中野町
大久保
久保町
馬橋
高円寺
西武鐵道
薬師宮
柏木
淀橋町
堀之内
和田
東京高校
浄水所
科學研究所
射撃場
十二社
府六中
ひがしなかの
ばばのたかだ
しんじゅく

大和町
処理場
新井
東 師
あらいやくしまえ
中
上高田
上落合下水処理場
しもおちあい
たかだのばば
高田馬場
東中野
70.8
37.2
野
高円寺北
中野
ひがしなかの
環状六号線
百人町
しんおおくぼ
大久保
新宿
北新宿
区
おおくぼ
高円寺南
中央
歌舞伎町
せいぶしんじゅく
真盛寺
本町
和田
女子美術大
東京医大病院
妙法寺
堀ノ内
都庁
しんじゅく
弥生町
西新宿
養護

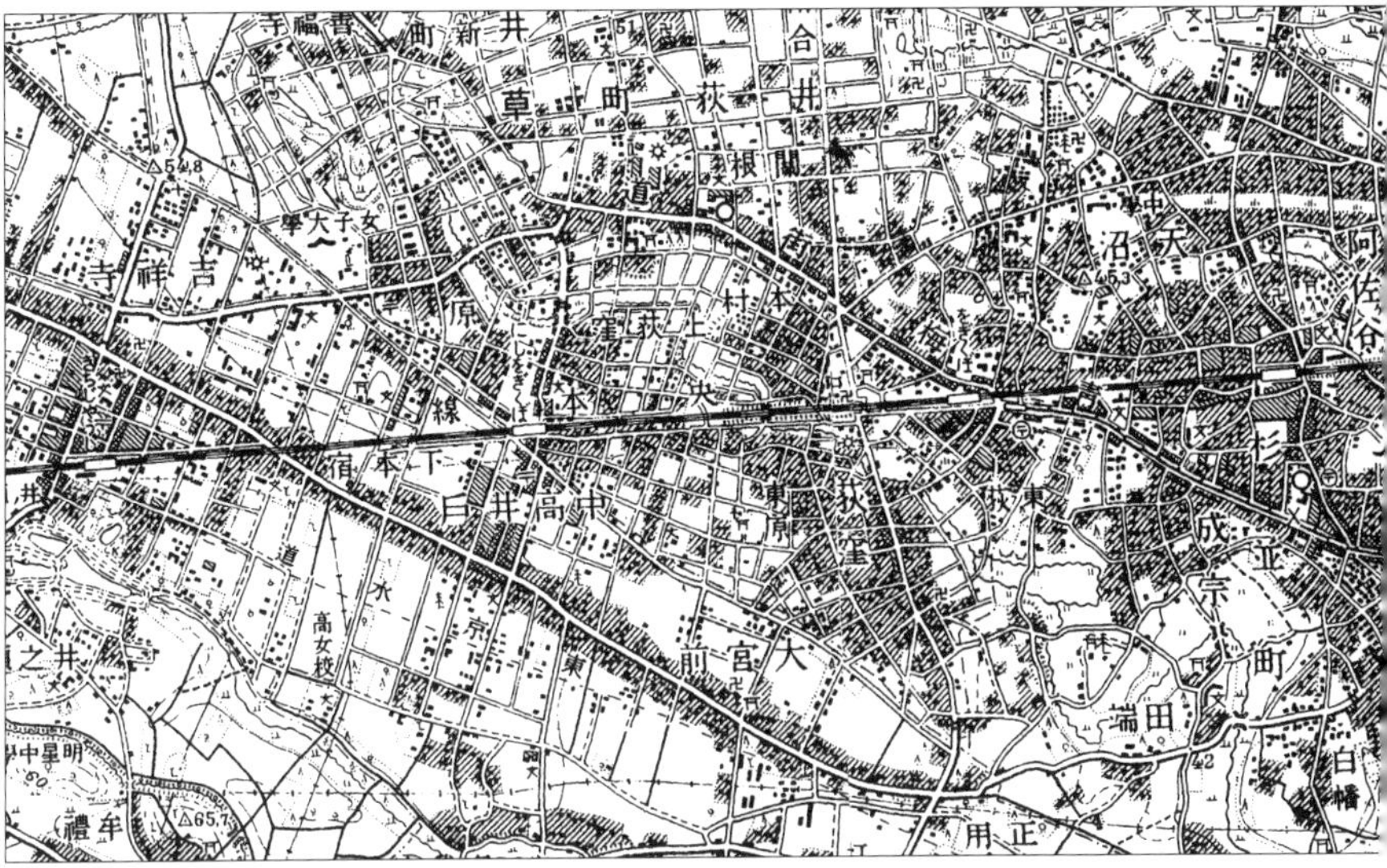

図１　1:50,000「東京西北部」昭和７年要部修正

図２　1:50,000「東京西北部」平成 15 年修正

江戸時代の典型的な新田集落のたたずまいが濃厚に残っていたようだ。明治二二年（一八八九）の町村制施行時の大字吉祥寺の戸数はわずかに二二〇であったというが、図の三年後の昭和一〇年の武蔵野町（大字境を含む）の人口は二・五万を数えている。吉祥寺駅が設置されたのは甲武鉄道の開通から一〇年後の明治三二年（一八九九）のことだが、**図1**の時代の駅前はすでにまとまった商店街になっており、現在は**図2**でわかる通り、井の頭公園の貴重な緑を除けば一面の市街地だ。

「水源地」を意味する井ノ頭

畑と雑木林に彩られていた明治の武蔵野風景は一転し、現在では見渡す限りの「甍の波」に変貌しているが、井の頭公園だけは昔のたたずまいを残している。**図1**にも見える「井之頭公園」は大正六年に開園した。正式には井の頭恩賜公園と「恩賜」の文字が冠されているのだが、これは江戸時代から神田上水の水源として幕府が涵養林を植えて保護していた区域が維新後に御料地（皇室用地）に移行、大正二年に「下賜」されたことにちなむ。

ここの弁財天は源頼朝が創建したとも伝えられる古いもので、武蔵野台地の湧水が作った弁天池のある地に「井ノ頭」と名付けられたのは、まさに文字通りである。井は現代語の井戸ではなく、「水くみ場」という古語だろう。土佐では「井筋」が用水を意味することもあり、こちらの方がぴったり来るかもしれない。江戸時代の初めの頃はこの水源からの神田上水がメインの上水道だった。**図3**の三鷹駅は昭和五年（一九三〇）に玉川上水をまたぐ位置にできた。この上水は膨張する江戸の人口を支えるために神田上水に代わる豊富な水源を求め、遠く羽村から四谷大木戸まで四三キロの長距離を導水した大がかりな開渠の上水道で、承応三年（一六五四）に通水開始されたものである。

上水の勾配は二パーミル（一〇〇〇分の二）という緩やかなものだが、少量の下水処理水が流されている現在の玉川上水と違って「現役」時代は流速もかなり速かったそうで、この勾配は奇しくも古代ローマ水道の勾配とぴったり同じだ。きれいな水が淀まずに、しかも適正な速度で流れる勾配が洋の東西で偶然に一致したということだろうか。図にも描かれているが玉川上水は武蔵野町と三鷹村の境界で、そのまま両市境に引き継がれたため、現在も三鷹駅北口広場は武蔵野市となっている。

次の武蔵境駅は現在でこそ特別快速の停まる三鷹に差をつけられてしまっているが、甲武鉄道の開通当初は中野からここまで一一キロにわたって駅がなかった。開業当初は境駅と称し、大正八年に全国三か所あった「境駅」を区別するために武蔵境と国名が冠せられた（他の境駅は羽後境と境港に改称）。

武蔵境駅のすぐ東側から関東中学の脇を通って南下する道の踏切は五宿《ごしゅく》踏切といった。高架工事に伴って間もなく廃止される運命にあるが、五宿とはいわゆる「布田《ふだ》五宿」で、甲州街道に設けられた国領《こくりょう》・下布田・上布田・下石原・上石原の連続した五つの宿場である。一か月のうち各宿が六日ずつ交替で人馬継立の仕事を行っていたためこの名があるのだが現在では知る人も少なく、踏切名だけが静かに歴史を物語っていたのだが、高架化でひっそりと消えてしまうのは惜しい気もする。

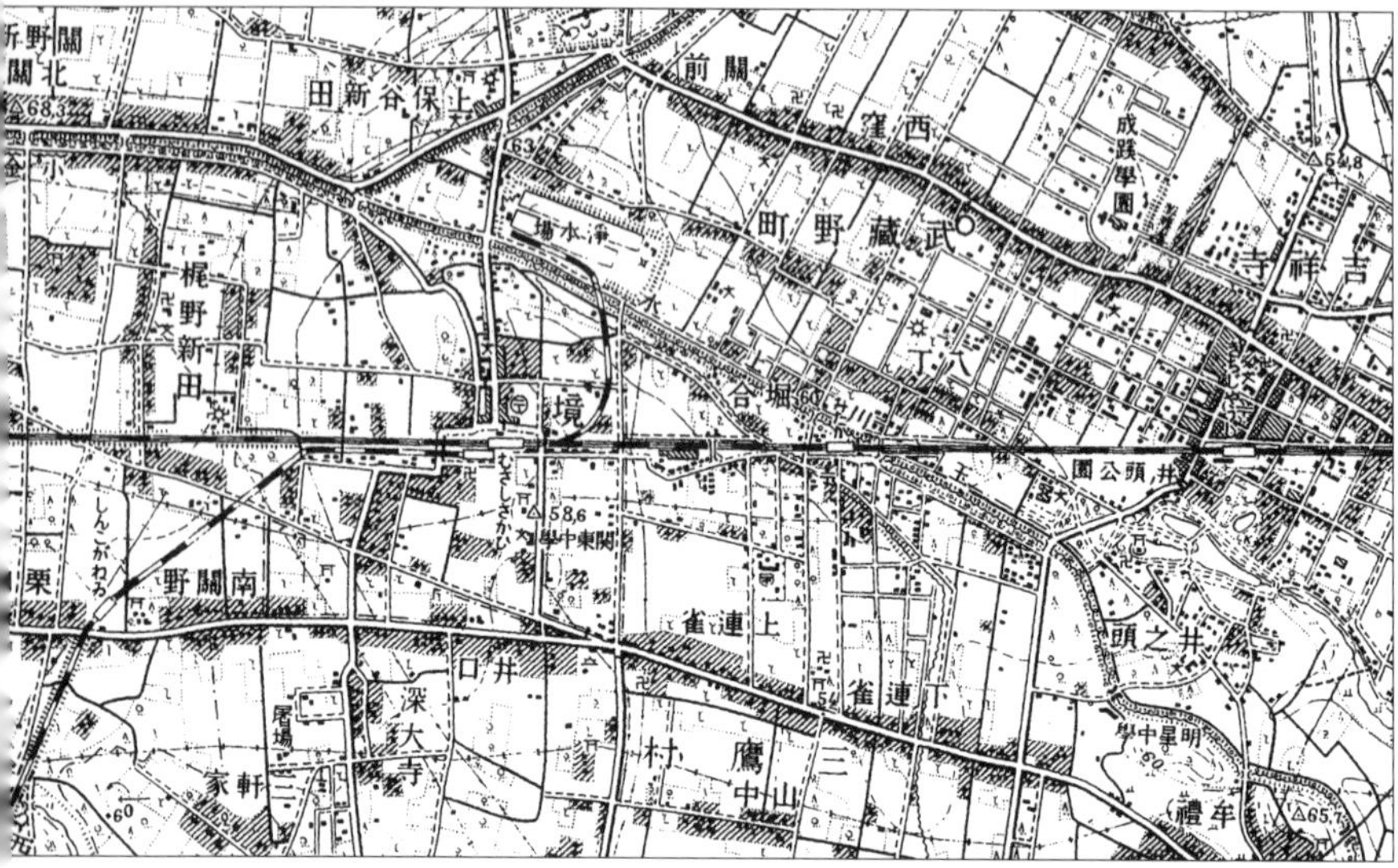

上保谷新田
関前
西窪
武蔵野町
成蹊學園
吉祥寺
浄水場
梶野新田
境
堀合
八丁
井頭公園
関東中學
しんこがねい
むさしさかい
南関野
上連雀
井之頭
井口
下連雀
深大寺
二軒家
三鷹村
中山
明星中學
牟禮

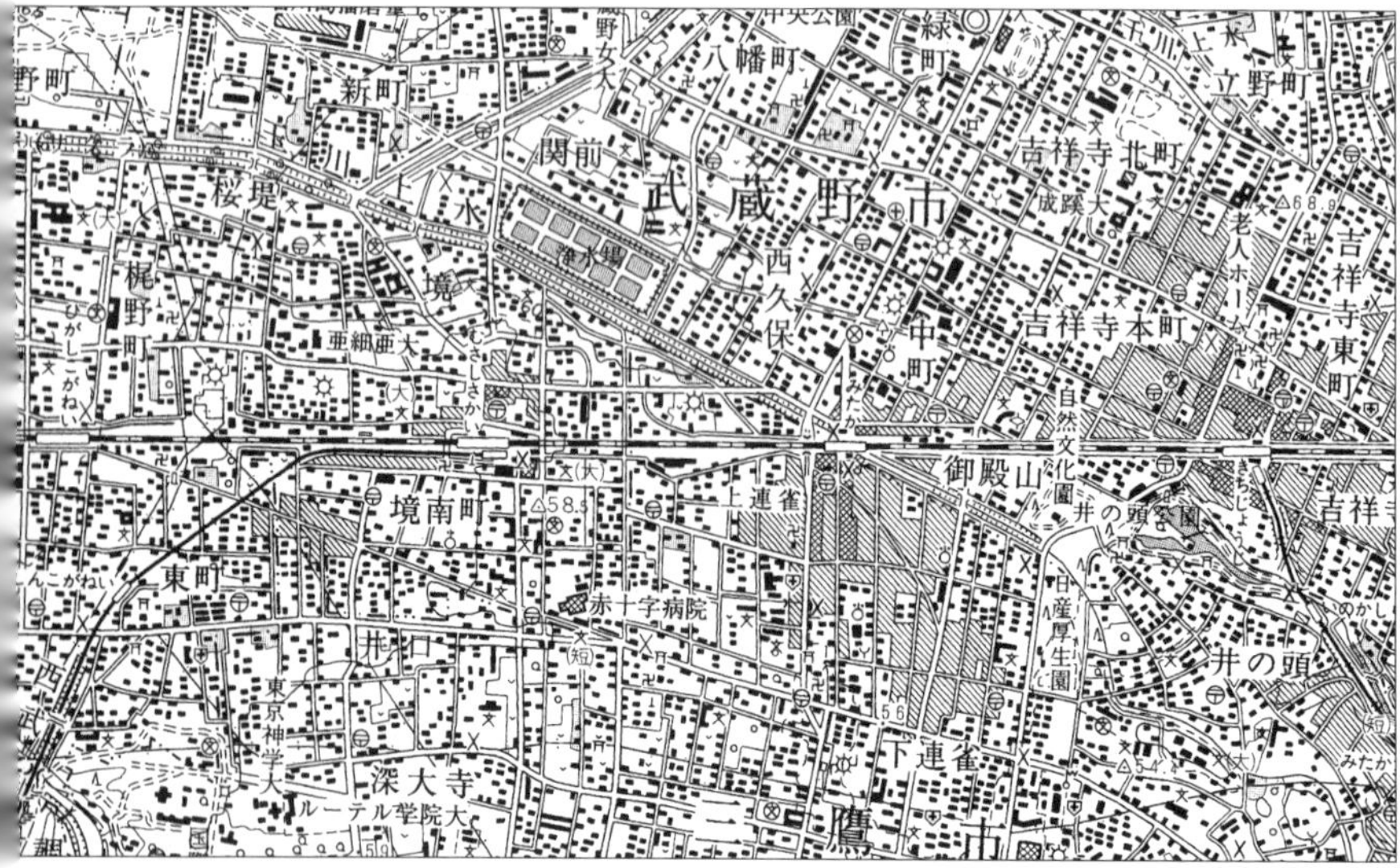

中央公園
八幡町
緑町
立野町
新町
関前
武蔵野市
吉祥寺北町
成蹊大
老人ホーム
桜堤
梶野町
境
浄水場
西久保
中町
吉祥寺本町
吉祥寺東町
亜細亜大
ひがしこがねい
むさしさかい
みたか
自然文化園
御殿山
境南町
上連雀
井の頭公園
東町
赤十字病院
日産厚生園
井口
井の頭
東京神学大
深大寺
ルーテル学院大
下連雀
三鷹市

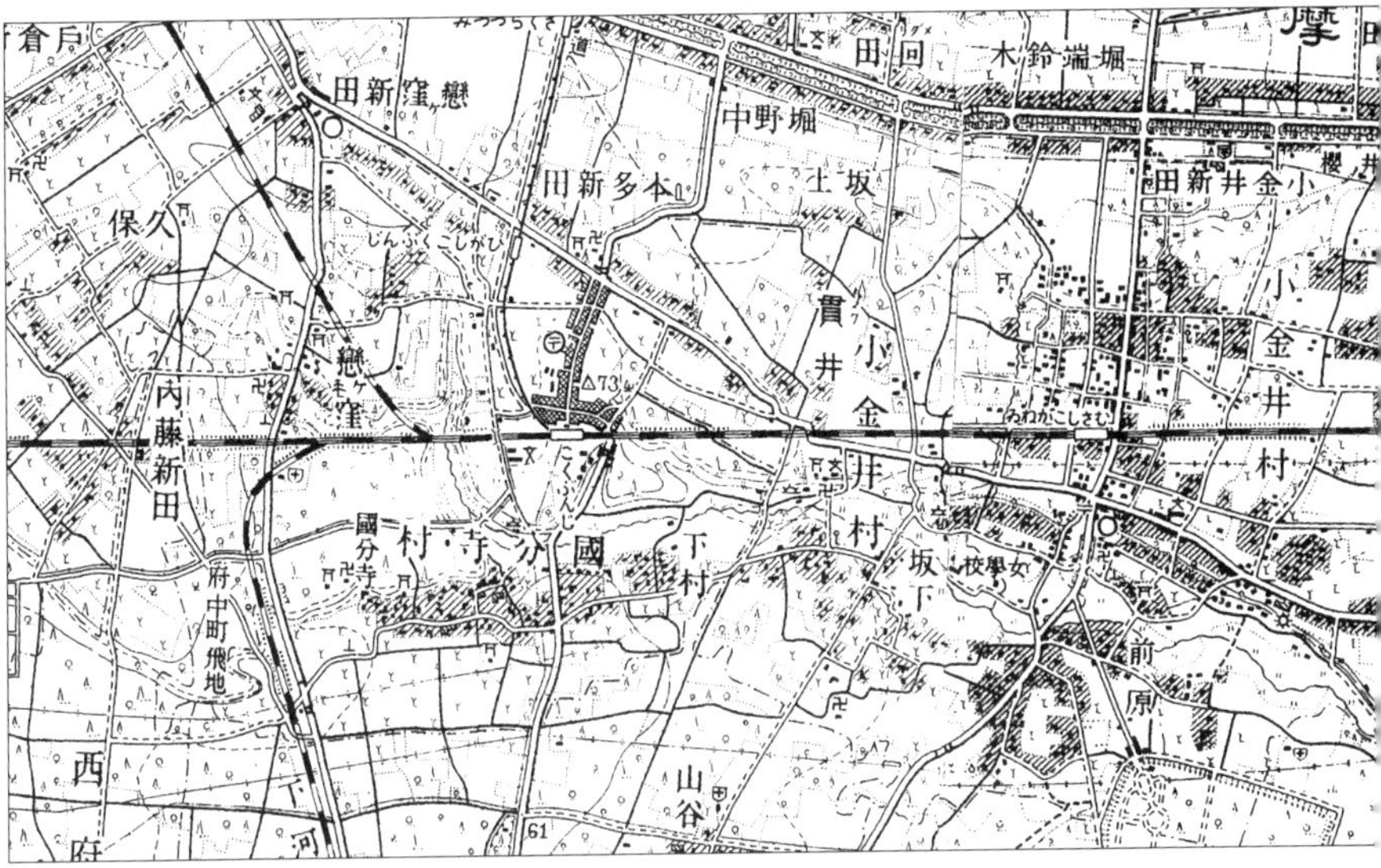

図3　1:50,000「東京西北部」昭和７年要部修正＋「青梅」昭和 10 年鉄道補入

図4　1:50,000「東京西北部」平成 15 年修正＋「青梅」平成９年要部修正

小金井の桜は境で下車されたし

武蔵小金井駅東側を通る現小金井街道をまっすぐ北へ向かうと、小金井橋で玉川上水を渡ってすぐ五日市街道と交差するが、その東側の小金井新田の右に「小金井桜」の注記が見える（**図3**）。有名な上水の桜であるが、江戸時代に植えられた桜並木は当時も有名で、江戸の町から花見に訪れる客が多かったそうだ。

前出『汽車汽船旅行案内』の明治三六年一月号には沿線案内ページの境駅の項に「小金井の桜を見物せんとするものは多くは当駅より下車す境村より小川村まで五十七町の間両岸の長堤一万の桜樹花時には氏女織るが如く花を賞するもの輻輳す」とある。武蔵小金井駅のない頃だから、武蔵野の田舎道を最低でも二キロほど歩いて土手に到達したのだろう。

国分寺村は古くは武蔵国分寺が置かれた段丘下に広がる農村であったが、甲武鉄道の駅ができたことで北側に新たな駅前集落が発達した。二万五千分の一地形図によれば停車場前という通称地名で呼ばれていたらしい。駅前から細長く連なる密集市街と、南側の「樹木に囲まれた居住地」（斜線をふせた表現）の古くからの農村集落は図上でも対照的だ。現在では駅北口の西側には日立製作所の中央研究所が雑木林の中にあるが、その他は**図3**の頃にはなく、細長い「谷戸」に水田が続いていたことがわかる。

川越鉄道（現西武国分寺線）が分岐するあたりに恋ヶ窪の地名が見えるが、先ほどの西側の谷戸の行き止まり付近の村で、この地が鎌倉時代の宿駅で畠山重忠の寵愛した遊女にちなむ伝説なども残る。「恋」の字から紡ぎ出された物語かもしれないが、一方では「コイ地名は傾斜地の崩壊地名」という無粋なことを述べる向きもあって本当のところは不明だ。いずれにせよ大岡昇平の『武蔵野夫人』で一躍注目された。この当時はまだ恋ヶ窪駅はない。

雑木林の中に開かれた大学町

内藤新田の台地から西へ向かうと列車は崖線を抜けて築堤を走り、国立駅に到着する（**図5**）。この崖線は市街地がないため明瞭な等高線でわかりやすい。国立の町はまだ区画ができたばかりでほとんど家屋が見えないが、商科大学専門部（現一橋大学）だけはこの学園都市の中心として校舎がすでに完成したようだ。地形図に大きな字で記された「国立大学町」は自治体名ではないが、当時箱根土地会社（現プリンスホテル）が大々的にそのように売り出したニュータウンであるから、陸地測量部（国土地理院の前身）もその呼称に従ったのだろう。名物だった三角屋根の駅舎も、当時同社が鉄道省に寄付したものだ。

町の西方にある学校は東京音楽学院（現国立《くにたち》音楽大学）で、現在ここにはその附属高校がある。東西に長いブロックに整然と区画され、これに駅からの放射状の二つの道路がアクセントを与えているがこれは現在もそのまま。道路にはそれぞれ名前が付けられ、南北の道路は中央の大学通りを起点に西一条通、東一条通と呼ばれていた。今ではそんな呼び方はしないが、踏切の名にかろうじ

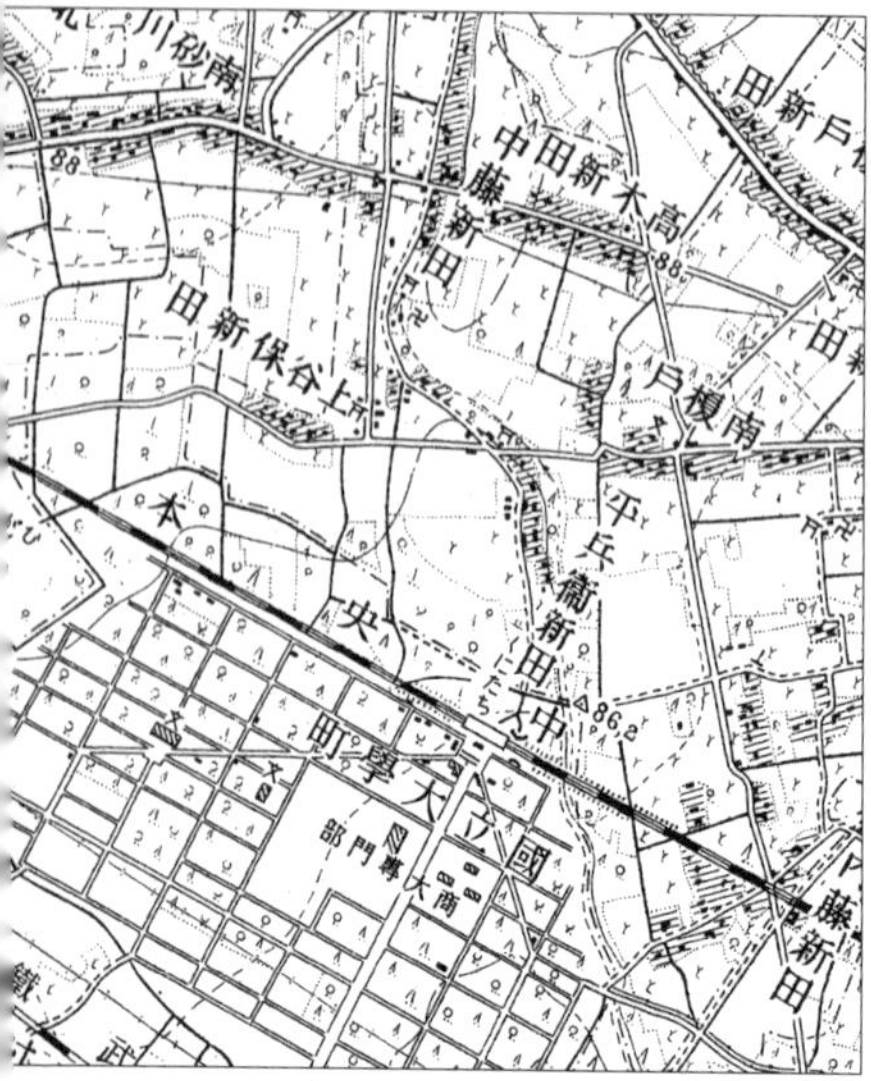

て残っている（西二条・西四条・西五条踏切）。

「日本初の国電」である中央線の電車は当初中野までであったが、その後徐々に運転区間を延長、大正八年（一九一九）には吉祥寺、同一一年には国分寺まで走るようになった。電化区間が国立まで延長されたのは昭和四年（一九二九）のことで、それまでは六〇～九〇分間隔の汽車に頼るしかなかった。

周囲がふたたび武蔵野の雑木林に戻ると間もなく立川である。**図5**では駅の直前の踏切、現在の立川通りのガードあたりから突然市街地となっていく。駅の南側には格子状の街路が見えるが、この頃行われたばかりの耕地整理の成果だ。

図は昭和六年（一九三一）に羽田飛行場が完成して立川飛行場が軍専用となる直前なので、陸軍

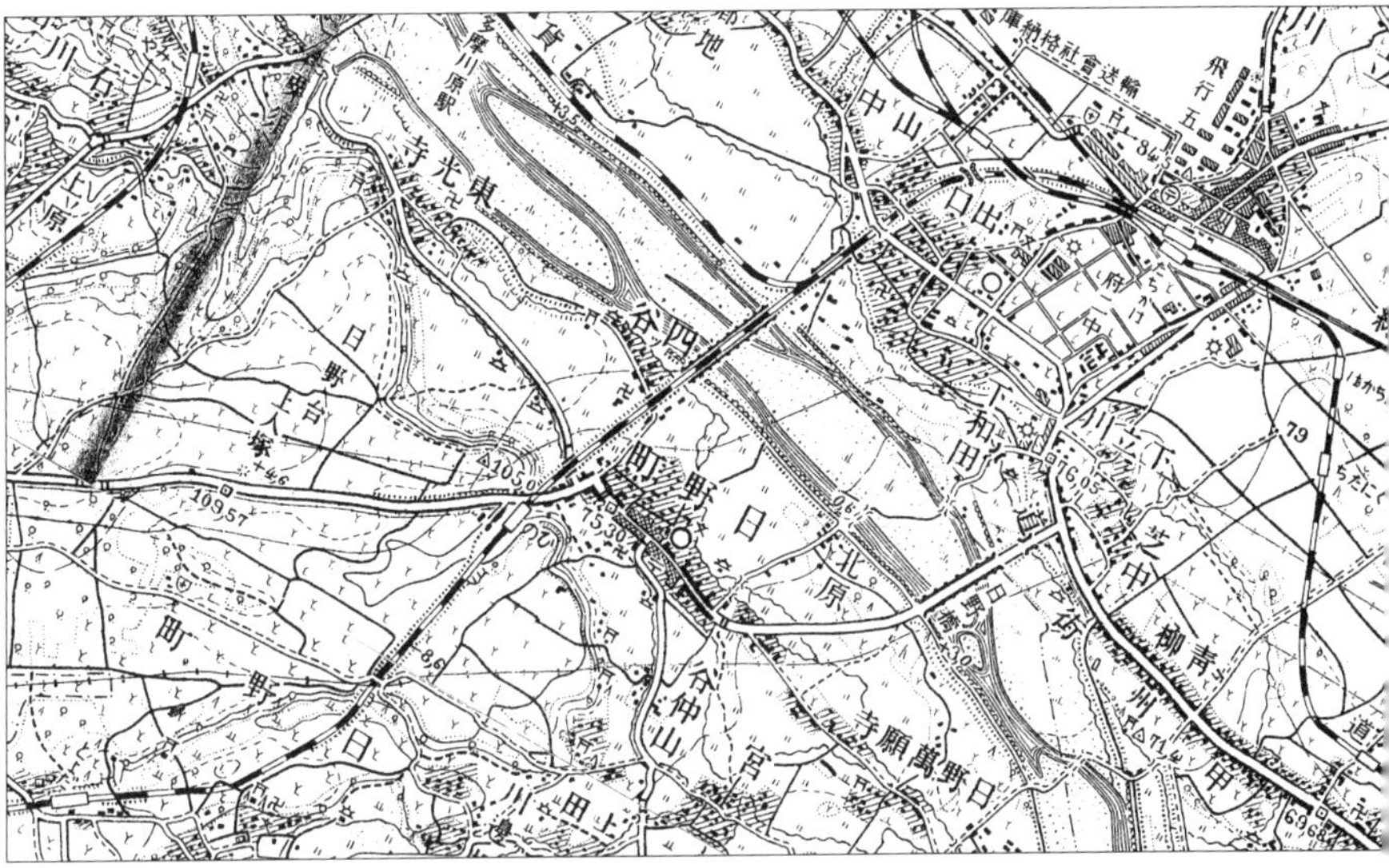

図５　1:50,000「青梅」昭和 10 年鉄道補入＋「八王子」昭和４年鉄道補入

図６　1:50,000「青梅」平成９年要部修正＋「八王子」平成 12 年修正

飛行第五大隊の他に日本飛行学校や朝日新聞格納庫があったはずである。この「東京飛行場」からは関東州（中国遼東半島）の大連まで国際便が飛んでおり、昭和五年の時刻表によると朝八時四〇分に立川を出た飛行機は大阪経由で福岡に午後二時四〇分、一泊して翌日午前一一時五〇分に福岡を発って京城（現ソウル）に一六時一〇分着、もう一泊して翌々日の午後一時四〇分（南満州時間＝一時間遅れ）に大連到着という三日がかりの定期航空路だった。

宿場町・日野の台地上は一面の桑畑

多摩川を渡ると日野。**図5**には江戸時代の宿場町の形態がほぼそのまま見える。街道の南、宿場に沿った日野用水は多摩川から水を得て付近の水田を潤しているが、地形図によれば線路の両側至る所に水車が掛かっていたことがわかる。宿場から南へ向かうのは高幡不動尊への高幡道（現川崎街道の一部）である。多摩川を渡る甲州街道の日野橋は大正一五年（一九二六）に開通したが、それ以前の旧道は西側で河原を横切る細い道で、ここに日野の渡しがあった。現在多摩モノレールの走る立日橋のあたりである。

日野駅は現在より少し南、旧甲州街道の踏切（現在はなし）の南側にあったが、中央本線が複線化された昭和一二年（一九三七）に現在地へ移転した。このときに建設された木造の駅舎は現在も使われているが、そのデザインは駅舎が気候風土などに合致したものであるべき、とする建築家の考え方に基づいて地元民家の建築様式が採用されたものだという。

日野を出た列車はふたたび河岸段丘を上っていくため切り通しとなっているが、その両側の日野台の台地はほとんど見渡す限りの桑畑だ。日野町はその後積極的に工場の誘致を行い、東京自動車工業（現日野自動車）や吉田時計店（オリエント時計を経て現セイコーエプソン）など多くの大工場が昭和一〇年代から進出するようになった。**図5**はその前夜の「純農村」としての最後の風景である。

図左下隅の豊田駅の北側も旧図では雑木林と桑畑だが、昭和三二〜三五年にかけてここに日本住宅公団（現都市再生機構）が大規模な多摩平団地を造った。首都圏ではもっとも早い時期の大規模団地である。今はそのテラスハウス式の二階建ての住宅も次々に取り壊され、高層の団地に生まれ変わりつつある。

豊田を出ると崖を背に浅川の対岸に広がる「多摩の横山」を見ながら次の段丘を下りつつ浅川の鉄橋に至るが、このあたりは昔ながらの農村風景があちこちに残っており、石仏などを見ながらの古道歩きが楽しめる一画となっている。それとは対照的に変貌著しいのは対岸の八王子市内で、**図7**にあった水田は工場や卸売市場、それに下水処理場などの集まる地域に変貌している。

桑都・八王子には路面電車も

甲武鉄道開業当時の八王子駅は現在地より北にあった。ちょうど東八王子駅（現京王八王子）との中間の、現在は八王子保健所から繊維工業試験場にかけての細長いスペースで、図ではちょうど

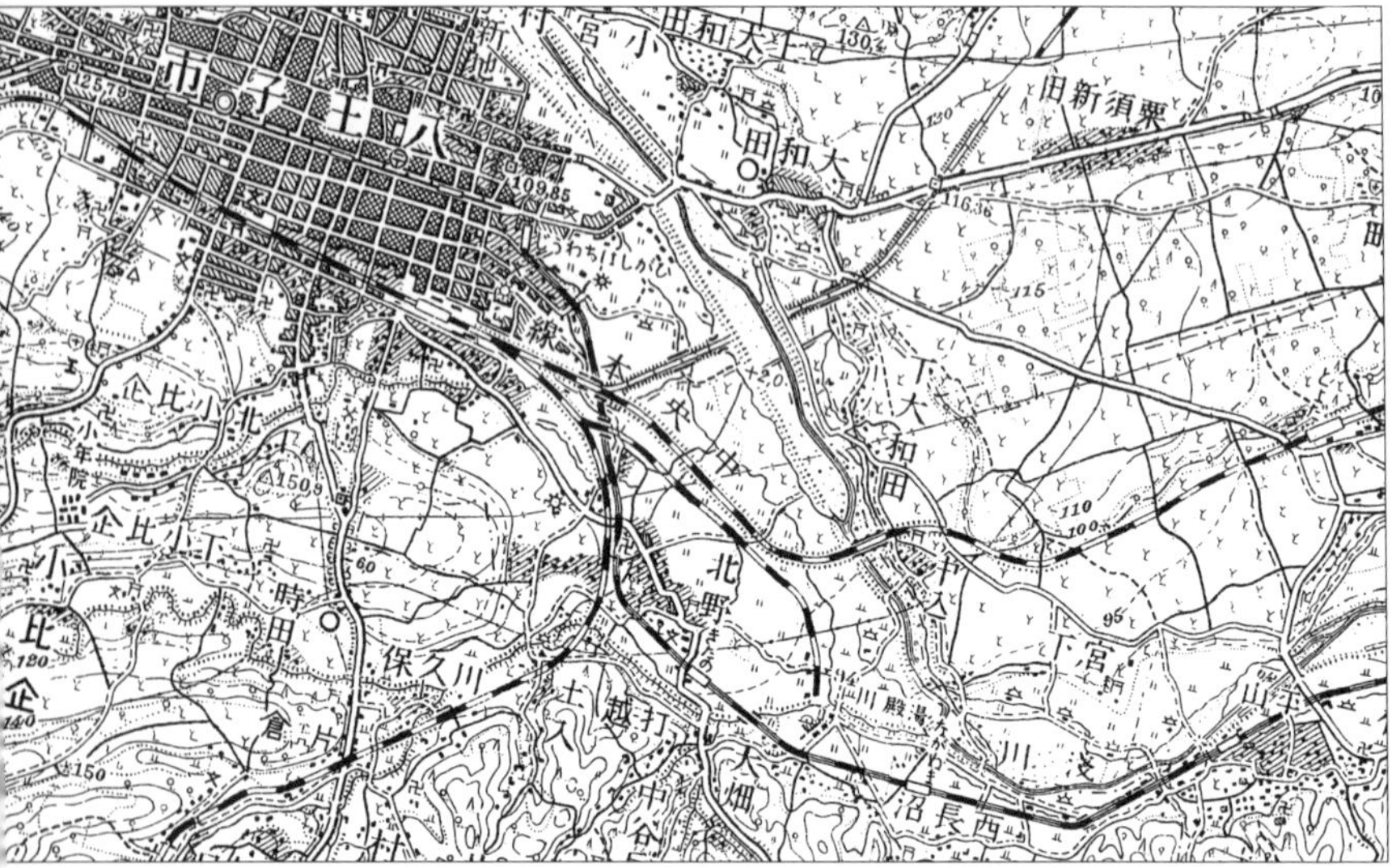

八王子市
大和田
東須新田
下大和田
中央本線
北野
片倉
保久川
打越
大畑
西長沼

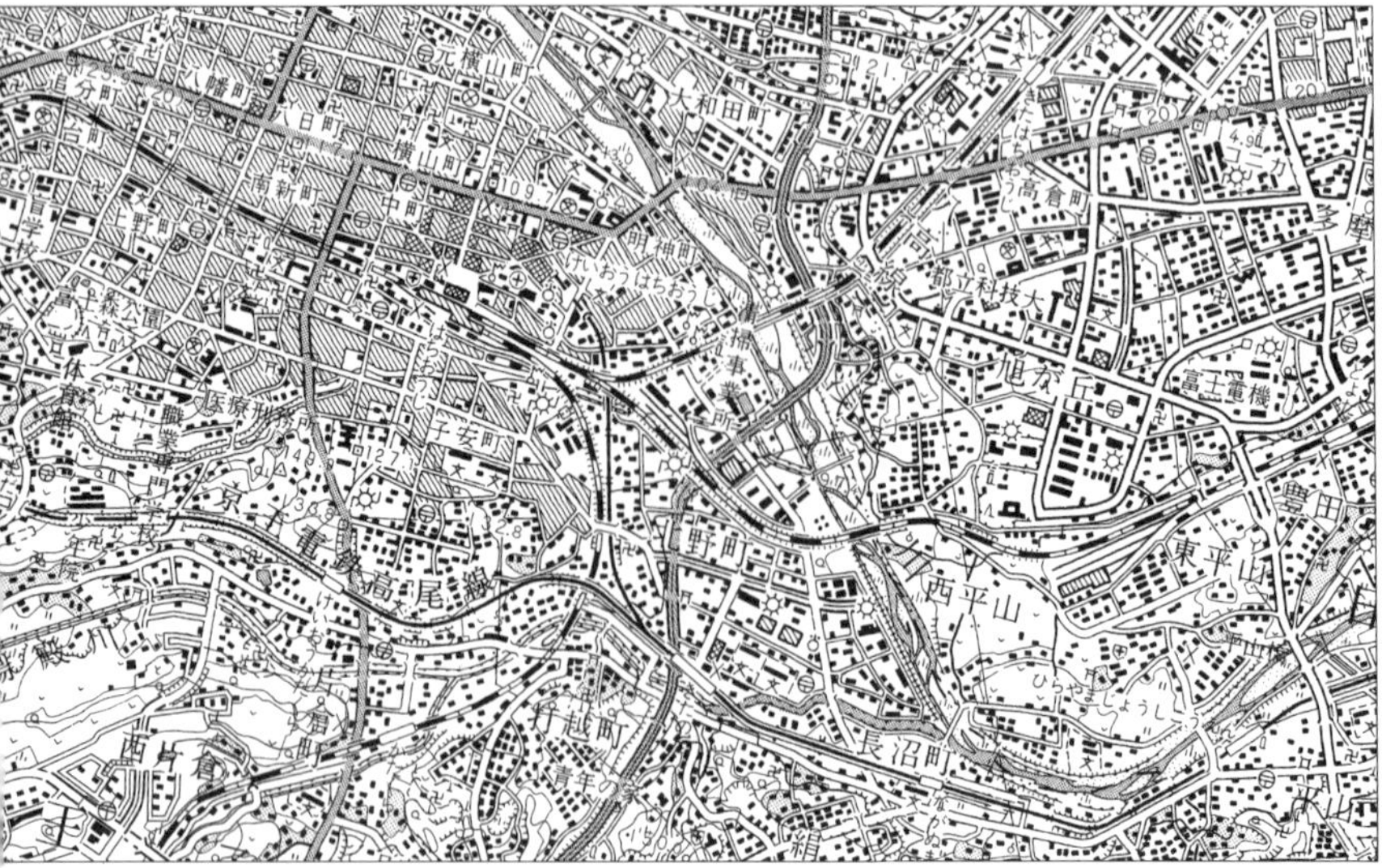

元横山町
大和田町
八幡町
八日町
横山町
追分町
南新町
中町
台町
上野町
明神町
けいおうはちおうじ
高倉町
コニカ
都立科技大
旭が丘
富士電機
富士森公園
医療刑務所
子安町
京王電鉄高尾線
西平山
東平山
打越町
長沼町

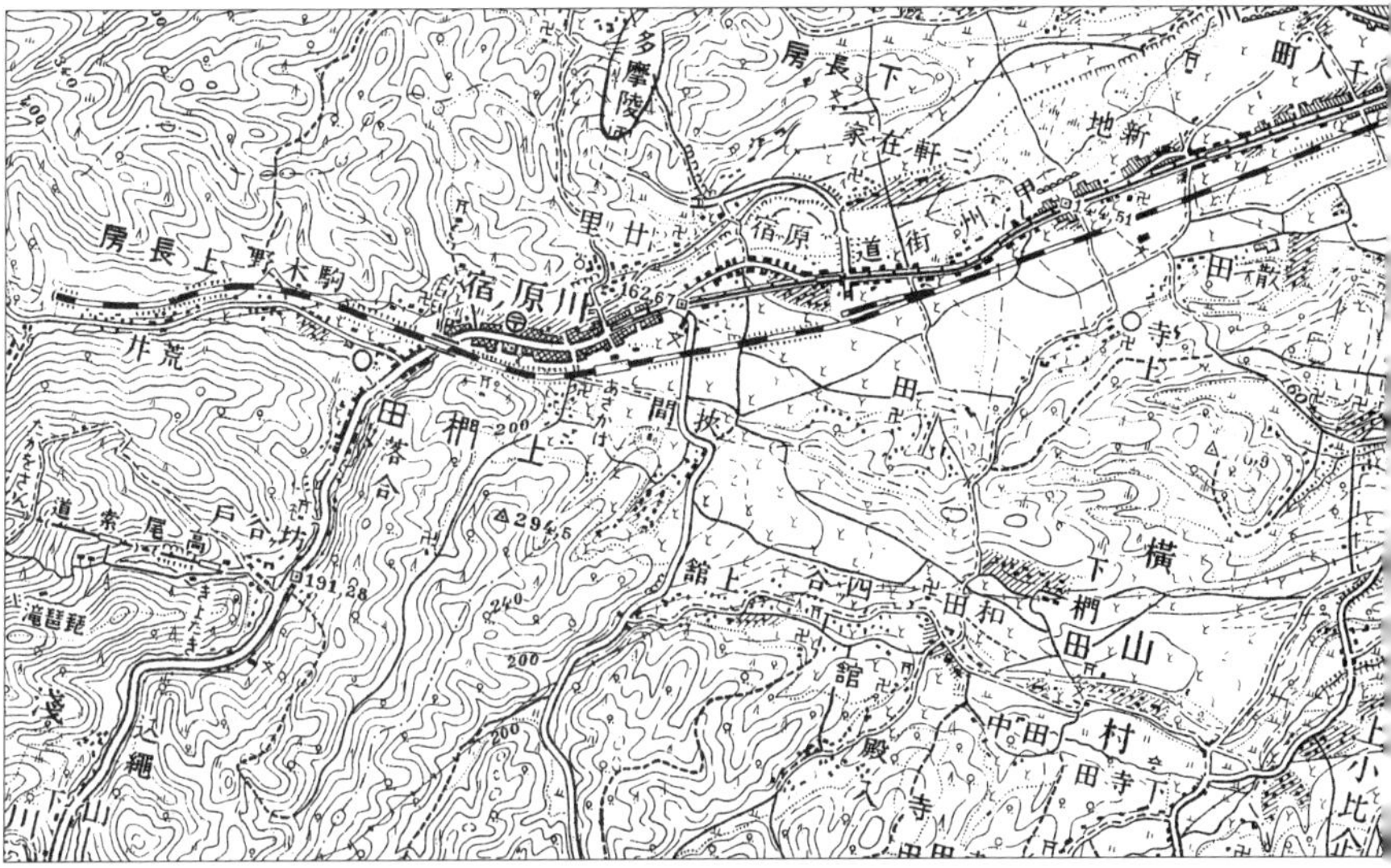

図７　1:50,000「青梅」昭和 10 年鉄道補入＋「八王子」昭和４年鉄道補入

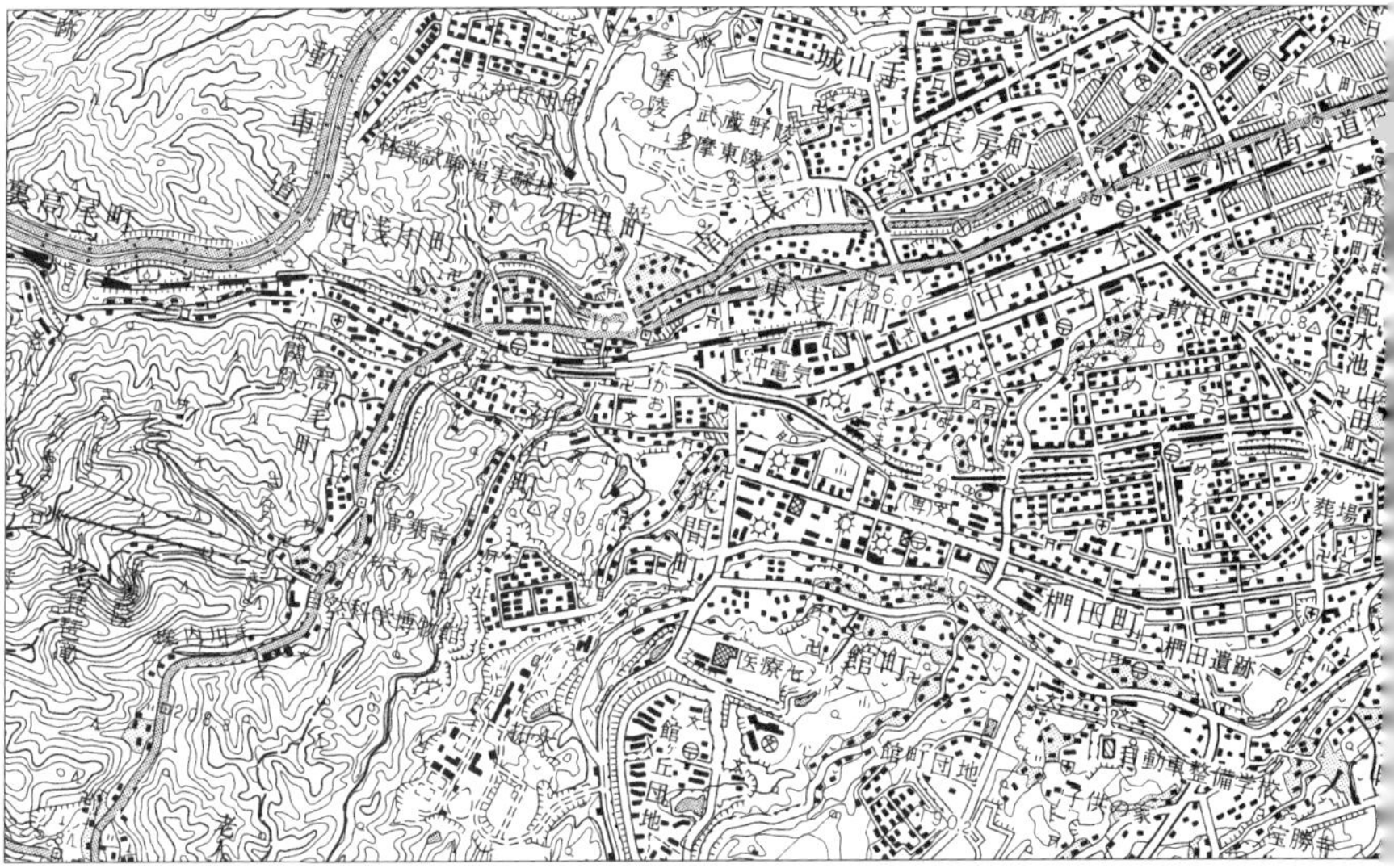

図８　1:50,000「青梅」平成９年要部修正＋「八王子」平成 12 年修正

中央本線と京王線の中間に線を引けば旧線のルートになる。要するに八王子市街の東端にぶつかっていたのだが、この先山梨県方面へ延伸させるため南側に移転したのが現在の八王子駅である。この移転は八王子〜上野原間が開通した明治三四年（一九〇一）のことであった。

「桑都」の名を冠せられた八王子の町は、先ほどの明治の時刻表も「古来織物を以て有名なり市街繁盛にして甲州街道第一の都会なり」と記しているが、地形図でこの市街地を見れば、当時「多摩で唯一の都市」であったことが実感できる。その賑わいの一端を示しているのが甲州街道に描かれた路面電車。武蔵中央電気鉄道というやけに立派な名前だったが、川越や大宮への遠大な延伸計画を持っていたからだ。昭和四〜五年にかけて順次開通したもので、昭和五年の時刻表によれば京王駅前（東八王子）〜高尾（現高尾山口駅付近。図では浅川駅前まで開通）間を三三分で結び、日中八分間隔と結構な頻繁運転を行っていた。八王子の目抜き通りを東西に結ぶ市内電車の側面と、高尾登山・多摩御陵への「観光電車」の要素を併せ持っていたが、運輸成績はあまり芳しくなく、大宮延伸どころか、昭和一三年（一九三八）には廃止されてしまう。

昭和一四年（一九三九）開業の西八王子駅はまだないが、浅川駅の手前に線路が一本分岐した部分がある。これは昭和二年にできた東浅川駅で、駅名の記載がないのは皇室専用駅であったためだ。その駅前から弧を描いて西へ向かう道路は多摩陵、すわなち大正天皇の墓所に続いている。昭和二年の大喪の礼の際にはここまで霊柩列車が運転され、以来皇族方の墓参のための列車のみが停車する特別な駅として存在していた。駅は戦後の昭和三五年（一九六〇）に廃止となったが、その後も陵南会館（集会施設）として駅舎が使われていたものの、平成二年（一九九〇）に過激派による放火事件で焼失した。駅のない今、駅前から続く立派な欅並木だけがその歴史をしのばせている。

甲州街道沿いの旧上椚田村川原宿に設けられた駅は浅川駅と命名されたが、これは駅の所在地が浅川村であったためで、村名は明治二二年（一八八九）の町村制施行で上長房村・上椚田村が合併した際、村域を流れる浅川（南浅川）の名をとったものだ。このように江戸以来の藩政村が町村制施行により合併して誕生した村のことを行政村というが、戦前の鉄道の駅は行政村にほぼ一つずつの割合で設けられることが多い。そうなると駅名は行政村名となることが多いので、その後の合併により行政村が消滅しても駅名だけがそれを名乗っているケースがしばしばある（五日市線東秋留駅、小田急線柿生駅など）。

駅名となった浅川(南浅川)を**図7**で見ると浅川駅の北東で地面に吸い込まれて流れが消えており、河床の砂地だけが表現されている。これは扇状地ならではの伏流で、北浅川との合流点（現在の市役所付近）でようやく水が見えるので、陣馬街道の水無瀬橋はまさに文字通りの名前といえる。

昭和二八年の「町村合併促進法」に従って東京都でも主に多摩西部で合併が盛んに行われたが、八王子市も昭和三〇年（一九五五）に横山・元八王子・恩方・川口・加住・由井の六村を一気に編入、市域は大幅に広がった。さらに同三四年には浅川町を編入している。その二年後の三六年三月二〇日には浅川駅が高尾と改称され、中央線の電車は前面に掲げられた行先表示板は、馴染みの「浅川」から一斉に「高尾」に変わったのである。

JR五日市線　拝島〜武蔵五日市

五日市は毎月「五の日」に市場が開かれたことにちなむ地名だ。山を流れ下ってきた秋川が平坦地に出る地点に位置するため、山村と農村の人やモノが交流する場所として発展した。明治に入ると自由民権思想が広まり、画期的な憲法草案「五日市憲法」もこの地で生まれている。その五日市と拝島（後に立川）を結んだのが五日市鉄道で、沿線の足として、また浅野セメントの原料石灰の運搬線として活躍するが、それゆえに重要路線として戦時中に国に強制買収されて国鉄（現ＪＲ）五日市線となった。昨今は宅地化の波が押し寄せ、内陸型工業部市の顔も併せ持つ沿線に変貌している。

五日市鉄道が最初に開業したのは大正一四年四月、拝島（仮駅）〜武蔵五日市間のことである。これは現在のＪＲ五日市線の区間と同じだが、以前は五日市から石灰鉱山のある武蔵岩井までの線（大正一四年九月開業）と、拝島から立川まで青梅線の南側を並行する線（昭和五年開業、**図1**参照）があった。両方合わせれば距離的には現在線の約二倍の路線が存在したのである。しかし前者は昭和五七年（一九八二）に廃止、後者は戦時中の昭和一九年（一九四四）に不要不急路線とされて休止のまま廃止された。

図1は昭和一〇年（一九三五）であるが、同一四年の時刻表によれば立川〜武蔵五日市間は所要約四四分（現在は約三三分）、二〇往復の列車が運転されていた。この所要時間を見ると、駅が多く遠回りの線にしては意外に速かったようにも思える。

拝島駅付近にはほとんど人家が見られないが、日光街道拝島宿の中心はずっと南にある（**図1**右下端）。北西を目指す青梅電気鉄道（現ＪＲ青梅線）の少し北で交差するのは五日市街道で、今も同じ箇所を踏切で交差しているが、その東側は今のように横田基地に遮られることなく、武蔵野台地を東進していた。

秋留台地に四つの駅

拝島を出た列車は青梅電気鉄道・八高《はちこう》線と分かれて左へ進み、熊川《くまがわ》を過ぎれば多摩川の鉄橋だ。一小私鉄にこの架橋は負担がさぞかし重かったと思われるが、いざ建設という段階で予算の二〜三倍の金額がかかることがわかり、しかも第一次大戦後の好況から反転した不況のあおりも受けて、最初から危機的状況でスタートしたという。

なんとか路線は開通したが、「経済設計」で見事に秋留台地を一直線に西へ向かうコースとしたため、各駅は集落のある秋川に近い河岸段丘上よりさらに一〜二段上の台地上の集落から遠い所に

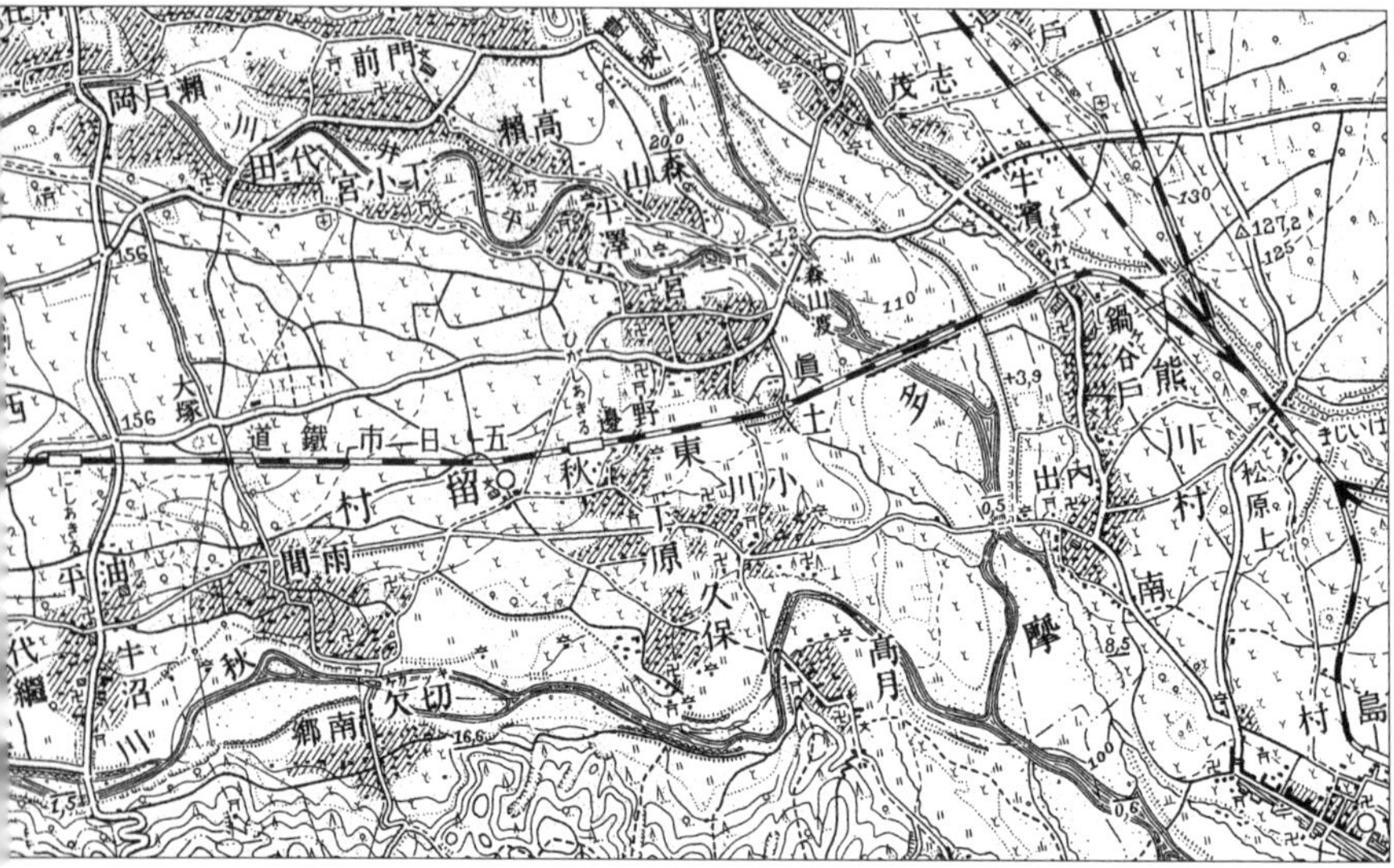
五日市鐵道
東秋留
南間村

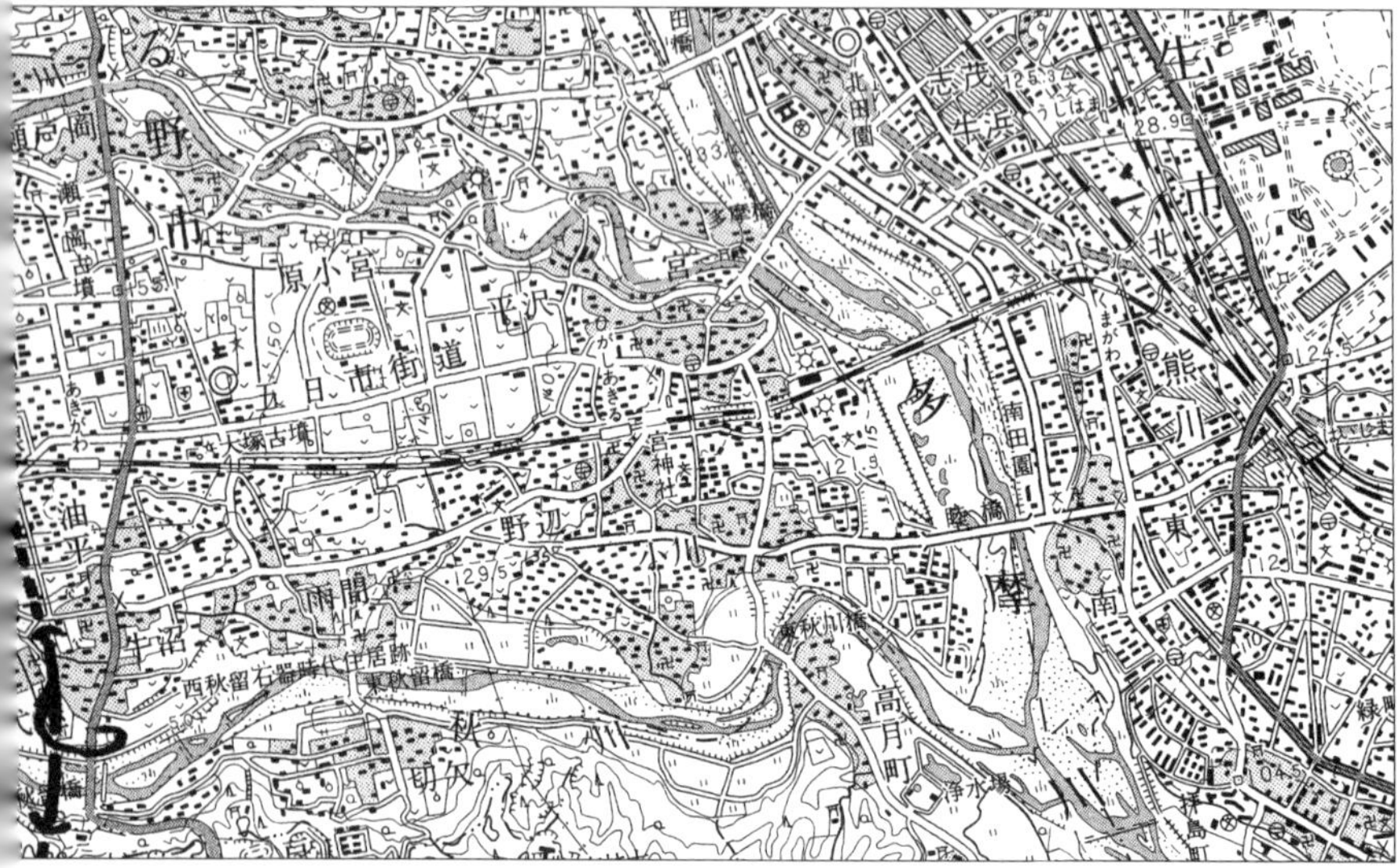
五日市街道
大塚古墳
多摩橋
東秋川橋
西秋留石器時代住居跡
東秋留橋
南田園
北田園
浄水場

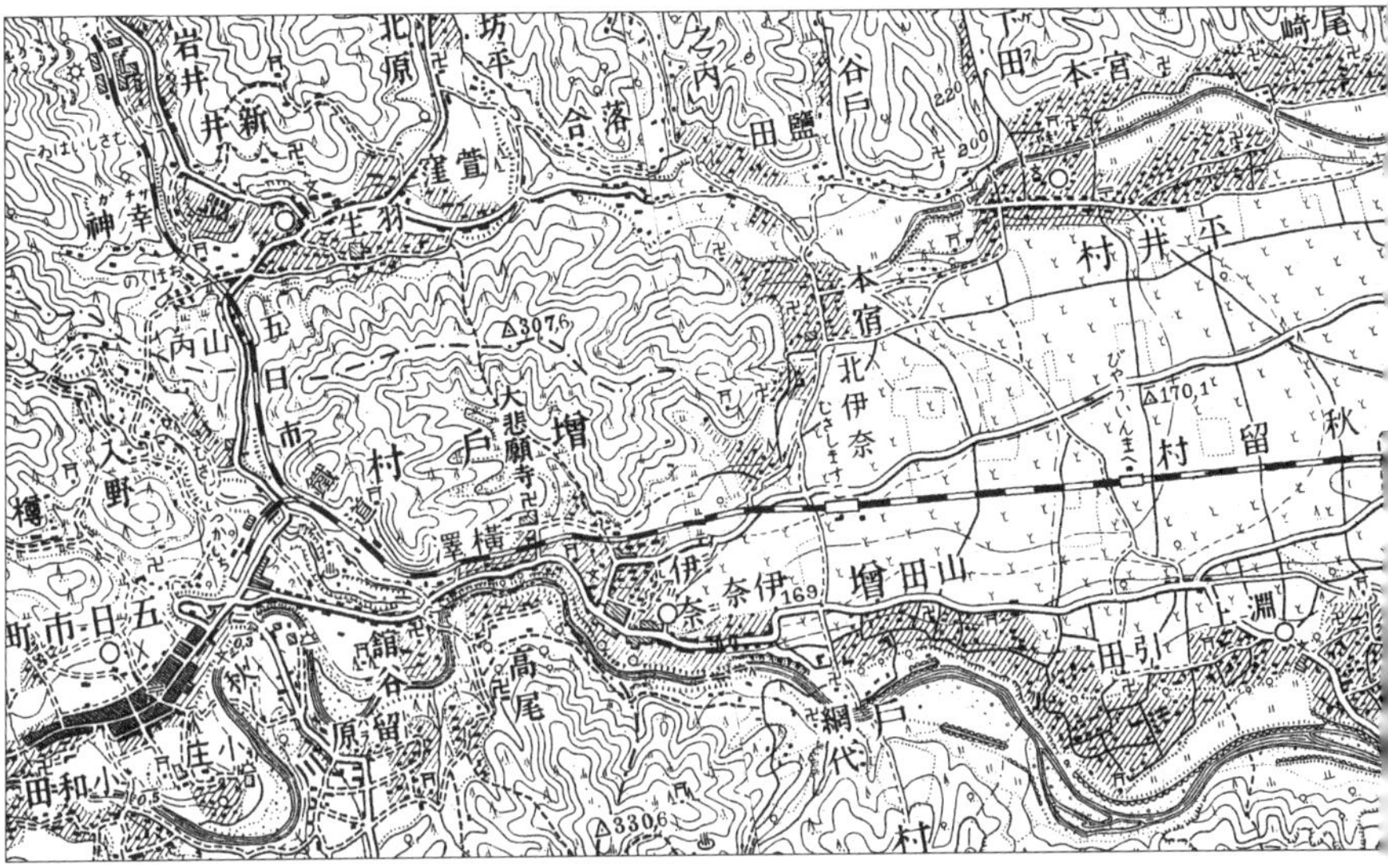

図１　1:50,000「青梅」昭和 10 年鉄道補入＋「五日市」昭和４年要部修正

図２　1:50,000「青梅」平成９年要部修正＋「五日市」平成９年修正
中央の描き込みは圏央道

できた。拝島と五日市を結ぶことしか考えていないような路線選定なので沿線は見事に桑畑で占められており、当時いかに養蚕が盛んであったかがわかる。

台地上の駅は東秋留《あきる》・西秋留（現秋川）・病院前（現武蔵引田《ひきだ》）・武蔵増戸《ますこ》の四駅だが、東秋留・西秋留はいずれも当時の行政村名だ。明治二二年（一八八九）の町村制施行に伴って誕生した村で、東秋留村は野辺・小川・二宮・平沢・雨間《あめま》の五村、また西秋留村は淵上《ふちがみ》・牛沼・油平《あぶらだい》・上代継《よつぎ》・下代継・引田の六村が合併してできた。

村名は秋留台地のそれぞれ東西に位置することから命名されたもので、駅名は所在地の大字にかかわらず「村の代表駅」として行政村名が採用された。この時期の駅名の命名傾向は全国共通で、そのため合併で行政村名が消滅すると「消えた地名」となり、駅名の他に小学校名や農協などだけに残ることになるのだ。

図4は最近の図であるが、桑畑ばかりだった拝島駅周辺に住宅が増え、駅のすぐ北には国道一六号の陸橋が目立つ。白っぽかった図上の秋留台地の上も大いに賑やかになった。東秋留駅の北西側にはまだ畑地が残っているが、桑畑のまん中の大塚古墳の周囲にも住宅が迫っている。

前述の西秋留・東秋留の両村と多摩川右岸の多西《たさい》村は昭和三〇年、いわゆる「昭和の大合併」で合体して秋多《あきた》町となった。秋留と多西の頭文字を合成したずいぶんと安易な命名だが、人工的ゆえに親しめなかったからか、昭和四七年の市制施行時に川の名をとって秋川市と改称されている。平成七年には五日市町と合併して「あきる野市」となったが、筆者としてはひらがな表記に違和感はあるものの、歴史的地名の継承という点では秋多や秋川より適切な市名と思われる。

図2の中央部、秋川駅の北東では五日市街道と国道四一一号（滝山街道）が交差しているが、どちらも古い二車線の狭い道路だ。その別ルートとして五日市街道は線路の南側に並行して広い幅のバイパスが建設され、南北交通では図の北端に見える日の出インターから首都圏中央連絡自動車道（圏央道・描き入れた道路）が南下、台地のまん中をトンネルで抜け、あきる野インターを経て八王子ジャンクションまで平成一九年（二〇〇七）に開通、中央自動車道と連絡している。日の出インター西側の畑は協同乳業やオリンパスなどの工場が建ち並ぶ工業団地に変貌した。

図3（左ページ側）には病院前という駅が見えるが、周囲には病院らしきものは見えない。なぜかといえば、この図は「昭和四年要部修正」なので、測量が行われた明治四〇年以来、鉄道等の顕著な変化以外は反映されておらず、このため病院が描かれていないようだ。旧版地形図に「部分修正」「要部修正」とあれば、一部分しか直っていないので要注意である。この病院とは今も存続している阿伎留《あきる》病院だ。設立は大正一二年、伝染病の予防・治療を目的として西秋留村ほか一町四か村の病院組合立としスタートしたものだ。当初は赤痢などの伝染病が主で、戦後は結核治療が中心となったが現在は一般病院である。阿伎留の表記は古く秋川流域一帯を阿伎留郷と称したことにちなむものだ。

宿場町の面影と里山風景

次の武蔵増戸駅は、やはり行政村である増戸村の代表駅として設置されたもので、同村は山田・伊奈・網代《あじろ》・横沢《よこさわ》・三内《さんない》の五村合併で誕生した。増戸とは「村が発展して戸数を増す」という明治の瑞祥地名らしい。

このうち伊奈は古い村で、江戸初期には石工が多く、石臼が特産品であった。木綿縞や紬《つむぎ》の交易都市としても発展、伊奈道に面した宿場町としても賑わったが、その後五日市に新しく市ができたため衰退した。伊奈道もその後は五日市道と呼ばれるようになっていく。都市の盛衰は世の常であるが、何かの加減で伊奈が発展を続けていたとすれば、ＪＲ伊奈線や伊奈街道が存在したかもしれない。駅名ももちろん武蔵増戸ではなく伊奈であっただろう。

このあたりから周囲の山が迫ってきて峡谷の雰囲気となるが、線路の南側に並行する秋川はだいぶ下を流れているので水面はなかなか見えない。かつての宿場の雰囲気を残す伊奈の街並みが終わると北側に小さな谷戸が入っているが、ここが「横沢入」である。典型的な関東の里山風景として貴重な存在であった。特産石臼の伊奈石を切り出した石切場跡も残っているという。

一時はここも大規模な宅地開発計画のために存続が危ぶまれたが、バブル崩壊後の住宅事情の変化や自然保護の意識の高まりもあって開発は凍結され、保存の方向が決まった。その谷戸の入口西

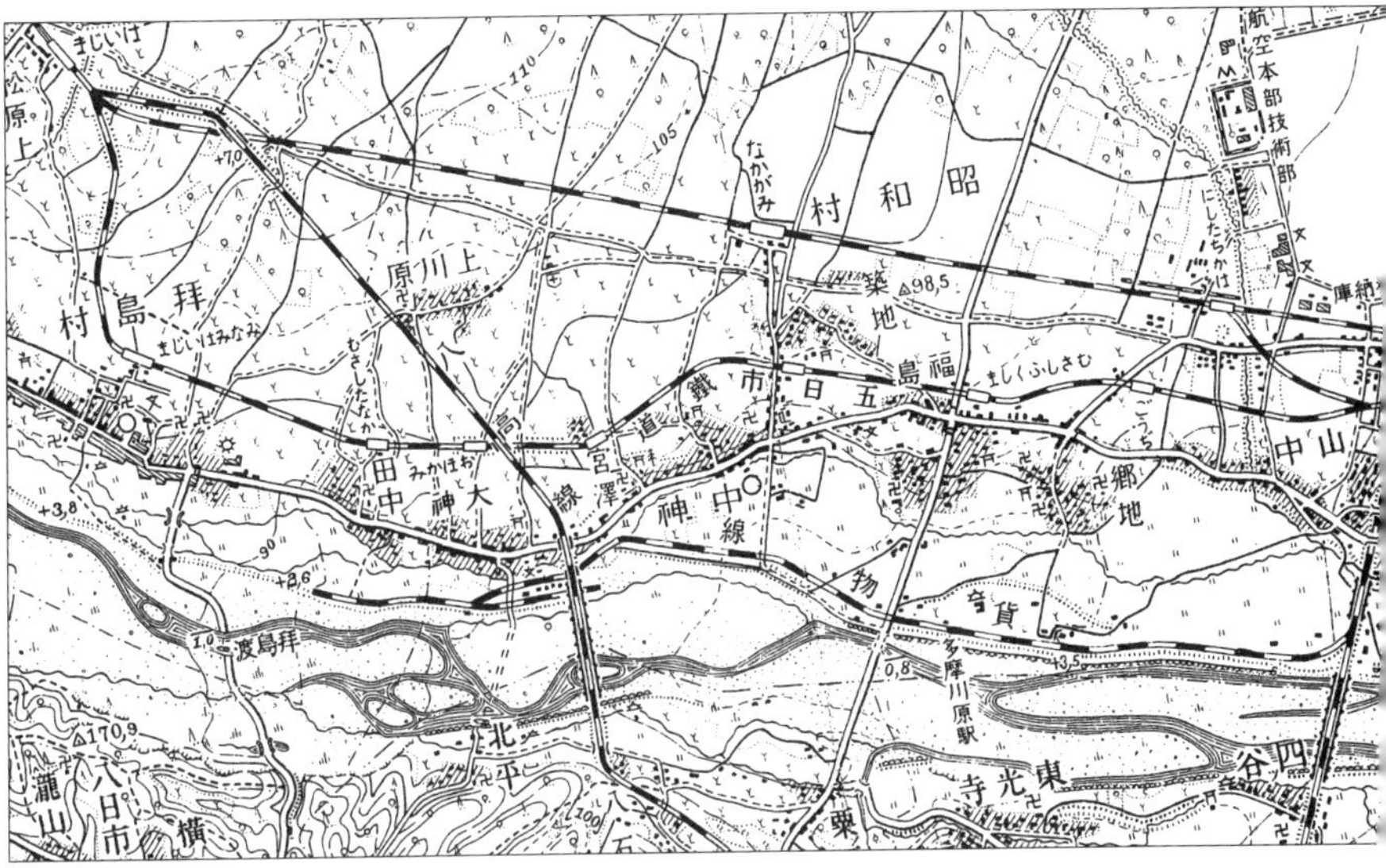

図3　1:50,000「青梅」昭和 10 年鉄道補入

図4　1:50,000「青梅」平成９年要部修正

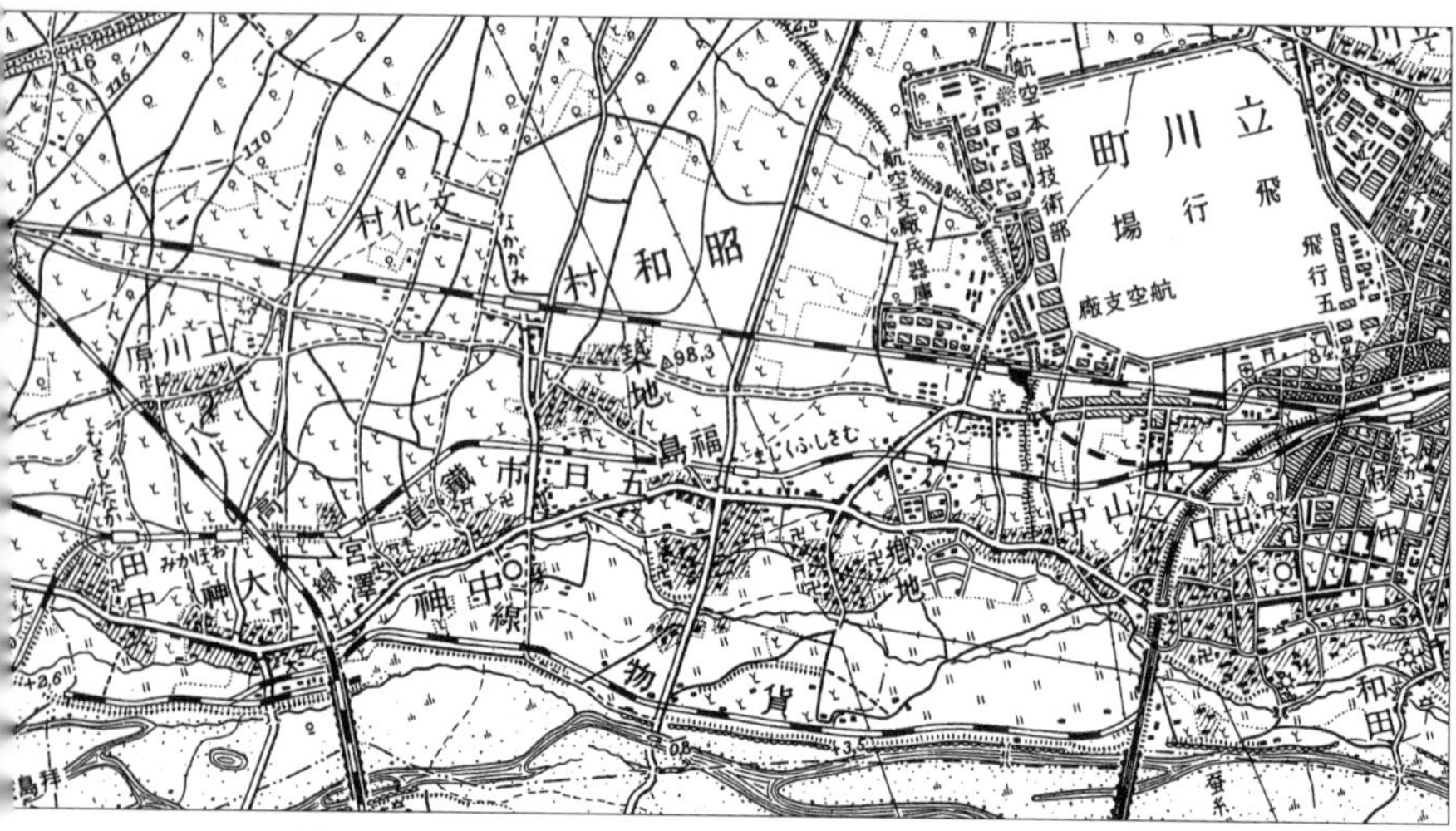

図5　1:50,000「青梅」昭和12年修正

側にあるのが大悲願寺で、平山季重《すえしげ》が建立したという真言宗の古刹である。境内の白萩は有名で、これを伊達政宗が「ひと株譲ってほしい」と書いた手紙が寺に残されているという。

車窓右には山が迫り、左へカーブして数年前に完成した高架線に入っていくと間もなく終点・武蔵五日市である。かつてはそのままカーブせずに直進する線路が右へ分岐しており、大久野を経て武蔵岩井駅まで伸びていた（**図1**）。終点近くには勝峰《かつぼ》山東麓に石灰鉱山があるが、この線路はその石灰石を運搬するために建設されたものだ。旅客も扱っていたが昭和四六年（一九七一）にひと足先に廃止、同五七年には貨物もトラック化されて廃線となった。

青梅特快が走るのは「五鉄」の遺産

次に、廃線となって久しい立川～拝島間を戦前の地形図でたどってみよう。**図3**は昭和一〇年鉄道補入で

あるが、同区間を一直線で結ぶ青梅電気鉄道（途中駅は二つのみ）と対照的に、南側を走る五日市鉄道の方は各集落にこまめに八つもの駅を設けながら遠回りしているのがわかる。

開通は昭和五年で、この他に青梅電気鉄道の西立川駅から武蔵上ノ原駅（廃駅）を結ぶ線路が翌六年に開通している。これは青梅電気鉄道の貨車がそのまま南武鉄道（現南武線）の浜川崎・浅野セメントまで直通できるようにしたもので、五日市鉄道の線路は廃止されたが、この区間は今も残っており、中央線から青梅線に直通する「青梅特快」などの下り電車の通り道として活用されている。「五鉄《ごてつ》」の貴重な遺産である。

ＪＲ武蔵野線　府中本町〜西船橋

山手線は東京二三区内をぐるりと一周して全長三四・五キロだが、武蔵野線はそのはるか外側を半周している。東海道本線の鶴見駅を起点として南武線の南側を並行、府中本町―南浦和―新松戸―西船橋と大回りする一〇〇・六キロの路線（および交差する各ＪＲ線との連絡支線等）で、このうち府中本町〜西船橋間（七一・八キロ）に定期旅客列車が走っている。もとは東海道・中央・東北・常磐・総武の五つの大幹線から山手線に集中する貨物を東京の手前どうしで結びつけ、都心部の過密を緩和するバイパス貨物線として計画されたものだ。しかし貨物輸送の急激なトラック化、それに沿線の都市化で貨物線から旅客線へ大きく比重を移して今日に至っている。多摩地区はトンネルで通過する部分が多いが、半環状線ゆえに沿線住人でなくても何かと利用する機会の多い武蔵野線の全線を、昭和初期の昔から現在に至るまでたどってみよう。

首都圏の主要幹線を結ぶ

各方面から東京・山手貨物線への貨物の極度の集中を緩和させるため計画されたのが、武蔵野線である。鶴見―府中本町―南浦和―西船橋という首都圏の半円形をした「外環状線」で、東海道本線から中央本線、東北本線、常磐線、総武本線（京葉線）という東京発の主要幹線がすべて結ばれた。開通は府中本町〜新松戸間が昭和四八年（一九七三）、その後同五三年に全通した。旅客列車が走るのはこのうち府中本町〜西船橋で、多くの電車が京葉線の南船橋などへ直通している。今回は府中本町から西船橋までを、距離が長いので二〇万分の一で概観してみたい。

旅客列車の起点・府中本町〜西国分寺間は旧下河原《しもかわら》貨物線を流用した区間が大半である。同線は22ページ等で取り上げたが、明治四三年（一九一〇）に開通した多摩川の砂利運搬線、その名も東京砂利鉄道で、その後国鉄線となったものだ。**図1**にはすでに登場しているが、分倍河原の古戦場の記号近くに終点の下河原貨物駅があった。**図2**では東京競馬場前の駅名が見えるが、これは目黒から移転してきた東京競馬場の観客輸送の便宜を図るため昭和九年に設けられた下河原貨物線の支線の終点であった。

図1で現新小平駅の周辺を見ると、すでに密度の高い鉄道網が形成されているのがわかるが、短線つきの細線（主に電気鉄道・軌道）で示されているのは多摩湖鉄道で、箱根土地会社（現プリンスホテル）の分譲地、つまり現在の小平学園地区への足として、また時の有力観光地であった多摩湖（村山貯水池）を結ぶ鉄道として敷設された。なお、武蔵野線では西国分寺駅付近に全線における最高地点（八二・五メートル）があり、ここからは坂を下りて武蔵野台地を二つの長いトンネル（小平トンネル二・六キロ、東村山トンネル四・四キロ）で貫く。

図 1　1:200,000 帝国図「東京」昭和 9 年修正

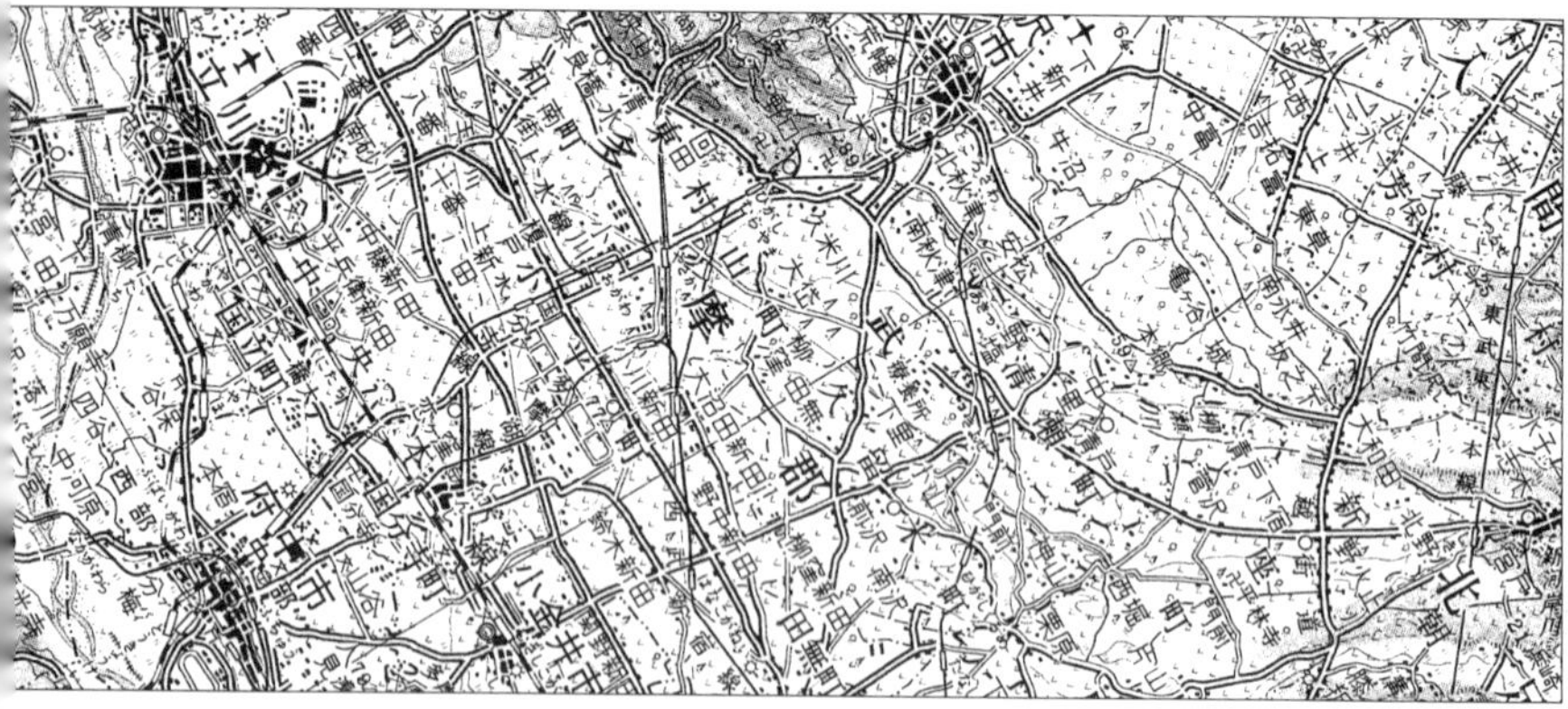

図 2　1;200,000 地勢図「東京」昭和 34 年修正

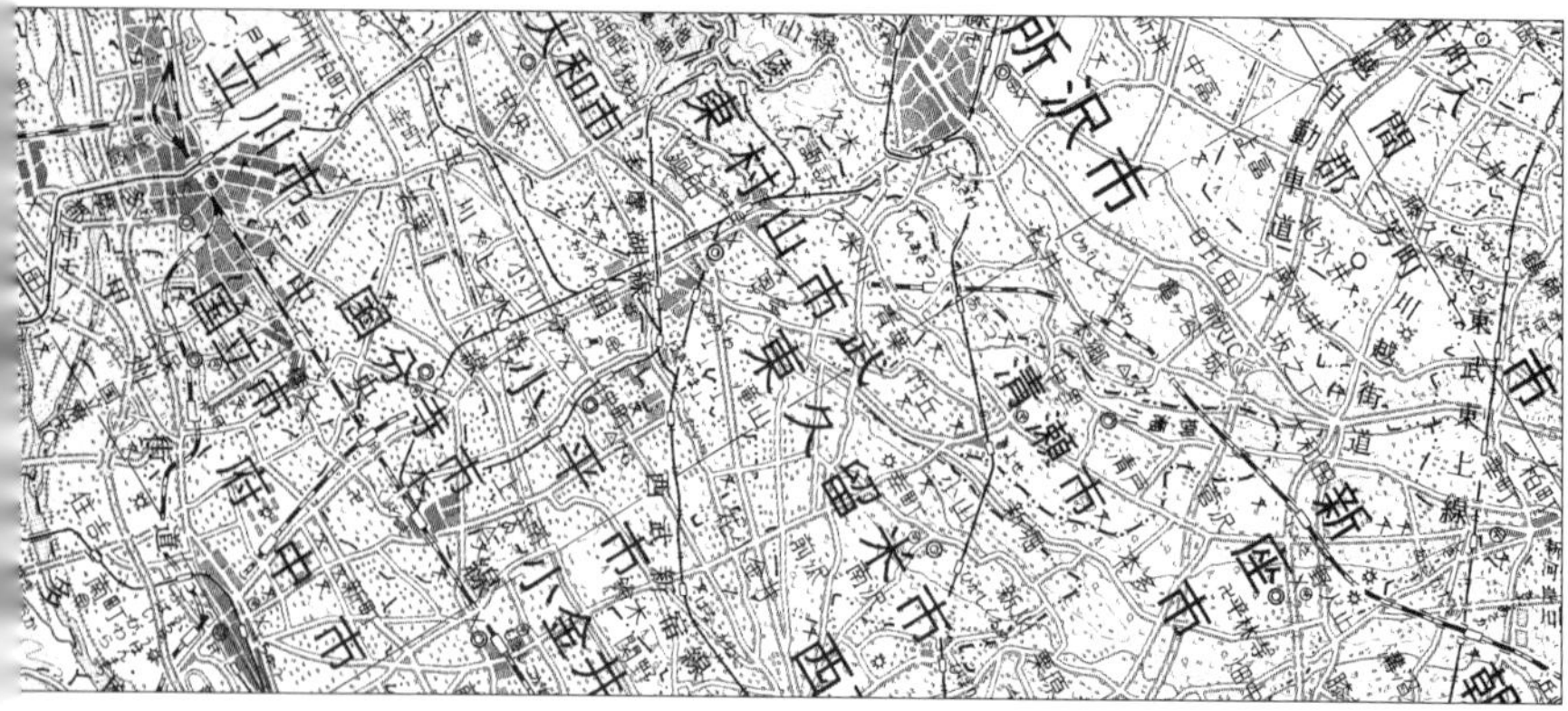

図 3　1;200,000 地勢図「東京」平成 17 年要部修正

昭和三四年の**図2**を見ると自治体名が国分寺町、小平町、東村山町、清瀬町など、現在市になっている自治体の多くが町で、今はなき北多摩郡が健在だったことがわかる。これらの町も**図2**の後、昭和三〇年代後半から四〇年代にかけて相次いで市制施行されていく。昭和三〇年に一〇〇万人だった三多摩の人口は同四〇年には二〇〇万人、五〇年には三〇〇万人、つまり一〇年で一〇〇万人ずつ増えるという驚異的な人口増加の時代であった。ちなみに現在は約四〇〇万人でようやく落ち着いている状況だ。

図2の川越街道で新座町《にいざ》（現新座市）役場を過ぎると朝霞町（現朝霞市）に入るが、その北にある足立町《あだち》（**図5**）とは志木市の旧称だ。もともと明治の町村制施行時に川越街道の志木宿が志木町となったのだが（**図4**参照）、戦時中の昭和一九年に周囲と合併して志紀町となって一旦消滅した。同二三年に解体して志木町に戻り、その後「昭和大合併」で一度分離した隣の宗岡村《むねおか》と再合併して誕生したのが足立町である。郡名（北足立郡）を採用した町名だ。昭和四五年には足立町が市制施行、二度目の志木となって現在に至っている。

大小河川の改修歴を見る

電車は新座の手前で武蔵野台地と別れ、柳瀬川沿いの低地上をしばらく高架で快走するが、東武東上線の朝霞台駅《あさかだい》と連絡する北朝霞駅の先はさらに標高を二〇メートルほど下げて荒川橋梁を渡る。この鉄橋は一二九〇メートルという、中央本線多摩川橋梁（四四〇メートル）の三倍近い長さ

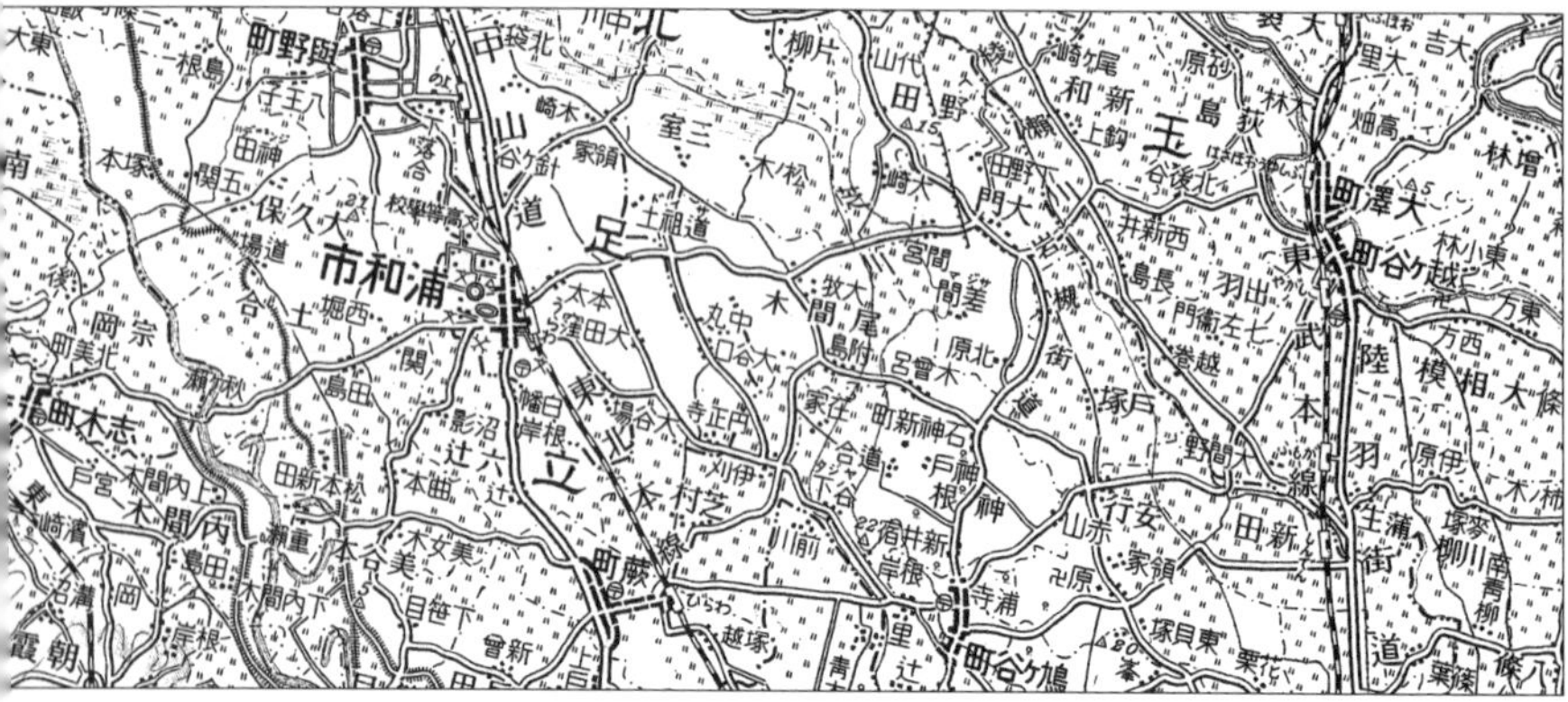

図４　1:200,000 帝国図「東京」昭和９年修正

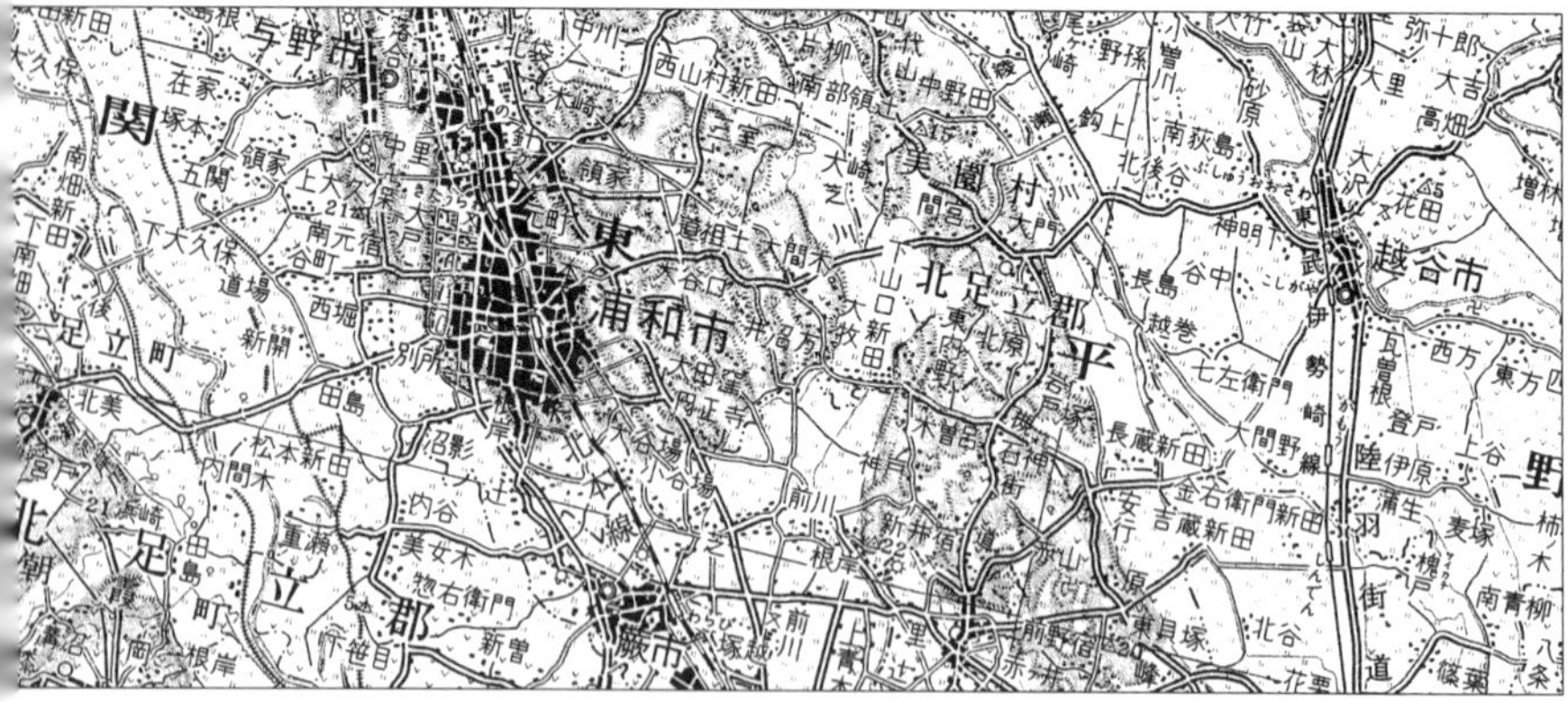

図５　1;200,000 地勢図「東京」昭和 34 年修正

図６　1;200,000 地勢図「東京」平成 17 年要部修正

をもつ橋で、開通当時は在来線第一位だった（現在でも関西空港連絡橋や瀬戸大橋など「海の橋」を除けばトップ）。

ここで荒川の河川敷が非常に広くなっているのはなぜだろうか。かつて荒川の本流はこのあたりで大きく蛇行していた。**図4**は付近の改修が行われたばかりの時期だが、まだ旧河道がいくつも残っていて、かつての乱流ぶりがうかがわれる。荒川の改修は明治四〇、四三年と相次いだ大洪水を機に国の直轄事業として大正七年（一九一八）に着手されたもので、東京市街の洪水を最小限に抑えるために隅田川に代わる荒川放水路を開削し、ここでは川幅を最大二・五キロも確保して遊水池の役割を与えた。しかも河川敷での農耕も認めたため、これを保護し洪水の際の流速を抑えるための横堤（通常の堤防と直角方向）が合計二六本も築かれたのが特徴だ。

荒川を渡った武蔵野線の電車は西浦和から大宮台地に上り、武蔵浦和で埼京線・新幹線の下をくぐり、南浦和で東北本線の上をまたいで東へ向かう。この台地には大宮・浦和の市街地が載り、中山道がまん中を通っている。台地を抜けると低地に下り、築堤の上を一直線に進むが、付近は近年まで一面の田んぼであった。「見沼《みぬま》田んぼ」と呼ばれ、江戸時代に見沼を干拓して水田化が行われ、田んぼの東西の縁には見沼代《だい》用水が流れている。

電車は再び台地にさしかかり、東川口駅に着く。**図4**の岩槻《いわつき》街道は日光御成《おなり》街道で、将軍が東照宮へ参詣する際の道筋だった。岩槻を経て最後には幸手《さって》で日光街道に合流している。駅名は東川口などという無個性なものだが、「東」は地理的に的確でなく、むしろ同街道の大門《だいもん》宿の近くだから

図７　1:200,000 帝国図「東京」昭和９年修正

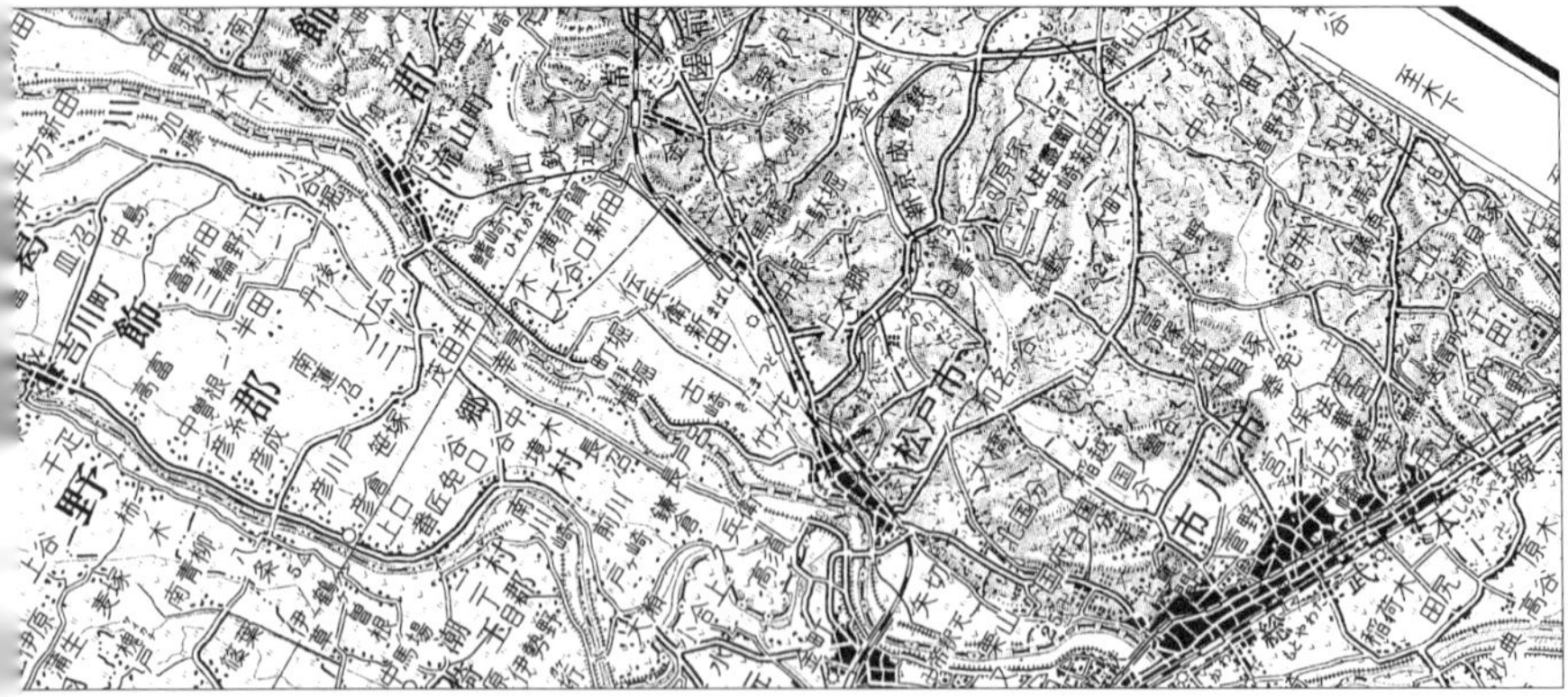

図８　1;200,000 地勢図「東京」昭和 34 年修正

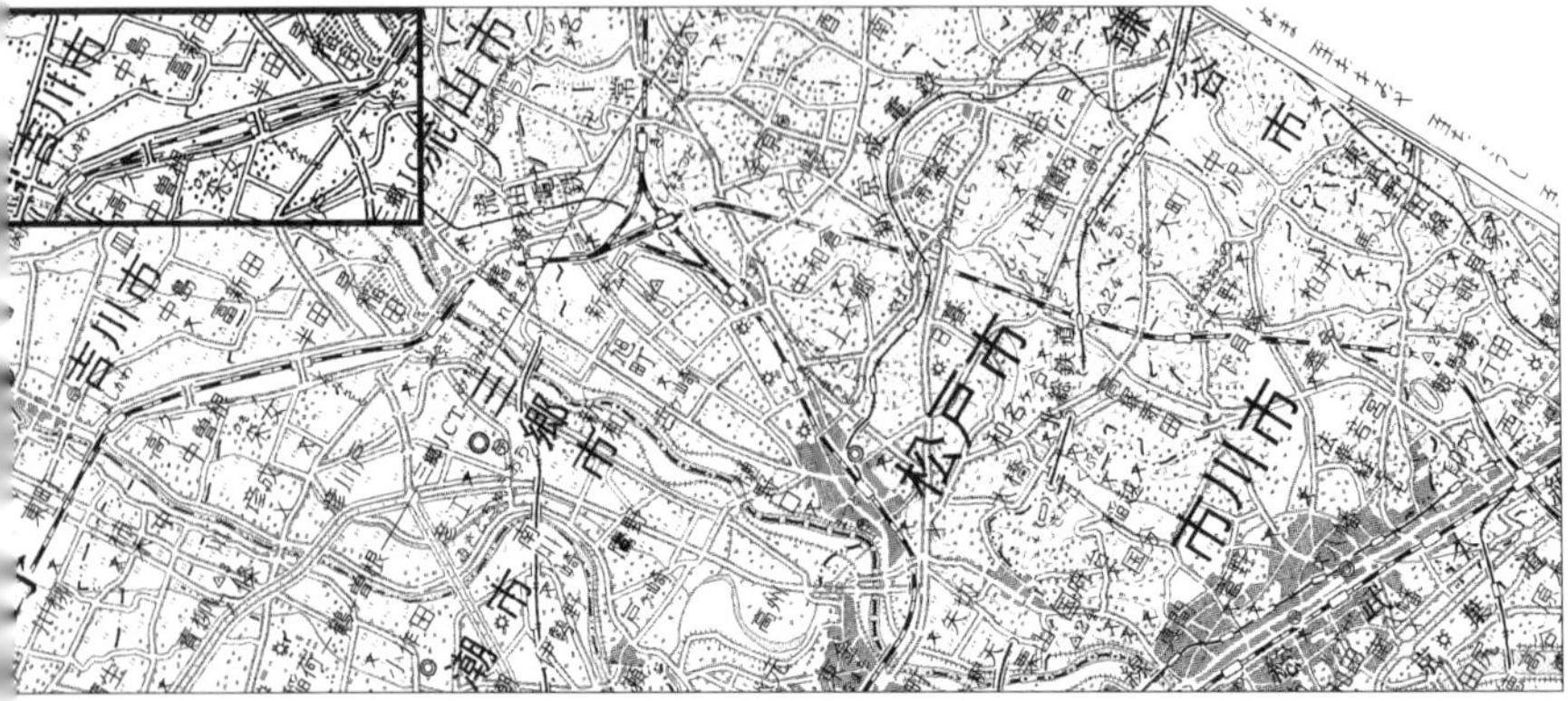

図９　1;200,000 地勢図「東京」平成 17 年要部修正（挿入図は平成９年要部修正）

武蔵大門駅とすればよかったのではないか。ついでながら、図4の上辺から細い軌道記号で描かれている武州鉄道は蓮田《はすだ》駅（掲載範囲外）から南下して大門に至るもので、大正一三年（一九二四）に開通して昭和一三年に廃止された薄命の鉄道だった。

宅地化の進む低地を東進すれば南越谷駅だが、最近まで下を走っていた東武伊勢崎線が高架化されて高架の武蔵野線のさらに上を通るようになり、上下関係が逆転している。なお、このあたりの地面の標高は四メートルと低く、昭和二二年のカスリン台風では一面水浸しとなった。もちろんここだけでなく、春日部《かすかべ》あたりから東京の区部にかけて琵琶湖に匹敵するほどの面積が水没、床上浸水約四・五万戸、死者一〇一人を数える大災害であった。南越谷〜吉川間はつい最近まで海抜三メートルの水田がどこまでも広がる区間であったが、大規模なニュータウン計画が進みつつある二〇〇八年三月、越谷レイクタウン駅が新しく開業した。「レイク」とは駅の北方に造られた大きな大相模《おおさがみ》調節池のことである。それにしても、なぜカタカナ英語なのだろうか。

このあたりは東京湾から五〇キロ隔たった春日部駅でも標高六メートルと低いのだが、長年にわたって川の流路がたびたび変化し、また人工的に変えられてきた。吉川駅の少し上流側で合流している古利根《ふるとね》川と元荒川も付け替えられた後の「退役河川」で、かつての利根川はここから南下して東京湾に至る現在の中川ルートで南下していた。このあたりの河川はどこからどこへ流れているのか一見してわからないものが多いが、流速が遅く、独特な水郷風景となっている。鉄道が発達する以前はこれらの水路が流通の動脈として大いに活用されており、沿岸には流山、松戸などの河港が多く発達した。

図9左上の挿入図に載っている次の新三郷《みさと》駅は線路が二手に分かれて駅が上下二つあるように見えるが、ここには広大な武蔵野操車場が設置され、上下線は操車場を挟む形で敷設された。このため昭和六〇年に新設された新三郷駅は上下ホームが三五〇メートルも離れた異例の駅として誕生している。しかしその後、貨物輸送の急速なトラックへのシフトに伴って国鉄の貨物輸送体系が変わったため操車場が同六一年で廃止、跡地はしばらくの間草の生い茂るに任せた広大な空き地だった。しかし不便なので平成一一年に東側（下り線側）に統合、現在では跡地の再開発が始まっている。

武蔵野線車窓散歩のすすめ

三郷を出ると電車は江戸川を渡り、千葉県に入る。流山市の市街地の南に南流山駅が設けられたが、平成一七年（二〇〇五）につくばエクスプレス（ＴＸ）が地下で交差、乗換駅となった。同線が秋葉原と直結してからは、大正時代から常磐線の馬橋〜流山間を結んできた総武流山電鉄への打撃は大きく、ＴＸ開業半年後の平成一八年一月は前年同月比二六・六％減という厳しい状況に陥った。

常磐線との交差点である新松戸駅を過ぎると下総台地に入る。新八柱《しんやばしら》駅を過ぎ、北総開発鉄道との連絡駅として武蔵野線で最も新しく設けられた東松戸駅に着く。武蔵野線には東西南北の付く駅名が多いが、ここも所在地は紙敷《かみしき》という由緒ある珍しい地名で、もしも紙敷駅になっていたら印象深く、誰も新松戸と間違えて降りたりはしないだろう。なお**図7**の「軍用軌道」は陸軍鉄道聯隊の演習線で、戦場での鉄道敷設訓練などが行われていた。この線路跡を戦後に改良・活用したのが新京成電鉄である。

電車は丘陵の凹凸の中を高架と切通しを交互に進みながら市川大野を過ぎ、中山競馬場の最寄り駅の船橋法典《ほうてん》を経て高架で西船橋に至る。**図7**の競馬場の隣に見える「船橋無電所」は海軍の行田《ぎょうだ》無線送信所で、太平洋戦争開戦の暗号電報「ニイタカヤマノボレ」はここから発信されたという。

武蔵野線がまだ開通間もない頃は「貨物列車のついでに旅客列車も走らせます」といった雰囲気で、日中は四〇分間隔というローカル線並みであったのだが、今や沿線人口の急増と貨物列車の減少で一二分間隔にまで縮まった。また、駅間が長いので距離の割に到達時間が短くて便利なため、首都圏各地を東京を経由しないで結ぶための「意外に便利な電車」という位置付けも確立してきた。車窓は高架も多く、晴れた日には意外に遠くの山も見えて爽快なので、たまには新旧の地図を携えて「武蔵野線散歩」もいいかもしれない。

ＪＲ横浜線　東神奈川〜町田

横浜線は多摩の近代を語るには欠かせない存在だ。なぜならその経路は、かつて生糸商人が生産地の甲信・八王子方面から国際貿易港の横浜を目指した、いわゆる日本のシルクロード・八王子街道に沿っているからだ。原善三郎ら有力生糸商人たちは、すでに鉄道の開通で価格上優位に立っていた北関東産の生糸に対抗するため早くから鉄道建設の出願を繰り返していたが、国が建設する意図を持っていたため拒まれていた。その後許可されて私鉄・横浜鉄道がようやく開通したのは明治四一年のことである。しかし業績は期待を下回り、開通二年後には鉄道院が借り上げ、その後大正六年に国有化された。昭和に入ると沿線に多数の軍施設が置かれ、軍都・相模原を貫く重要路線に位置付けられた。戦後は高度成長期から沿線の宅地化が急速に進み、大半の路線が赤字だった国鉄時代も黒字を維持してきた稀有な路線でもある。今は東京・横浜のベッドタウンの足として働く横浜線を、起点から新旧地形図でたどってみよう。

横浜線の起点は東神奈川駅である。どうして横浜駅に直接つなげてくれなかったのか、と沿線住民の大半は不満を抱いているはずだ。しかし明治四一年（一九〇八）の開通当時、横浜駅はまだ今の桜木町であり、そこまで官営鉄道に並行して線路を敷くのは現実的ではなかったのだろう。ただ、東海道本線上に神奈川駅（現京急神奈川駅と横浜駅の中間付近）があったので駅名に「東」を冠した。ちなみに東神奈川駅は横浜鉄道が開通した日に東海道本線にも設けられている。

明治四四年の時刻表によれば、東神奈川〜八王子間は一日六往復、もちろん汽車で所要時間はおおむね一時間四七分であった。途中の駅は小机・中山・長津田・原町田・淵野辺・橋本・相原の七駅のみ。ちなみに現在は各駅停車で途中一八駅に停まって五四分。駅は倍増以上、所要時間は半分になっている。

図1で東神奈川駅をよく見ると横浜線のホームが描かれていないが、実際にはあったはずだ。さらに海側に線路が伸びているが、この先が「海神奈川駅」で、私鉄時代の横浜鉄道（鉄道院借り上げ時代）が貨物の船積みの便のために設けた駅である。

新幹線開業で激変

さて、東神奈川を出た電車は東海道本線としばらく並行し、徐々に高さを増して同線を斜めに越えていく。ここで「電車」と言ったが、**図1**の修正年の昭和七年に東神奈川〜原町田間が電化され、その先は気動車に乗換えであった（八王子までの電化完成は昭和一六年）。明治末なら埋め立ても進んでおらず、右側の車窓は干潟の広がる東京湾を見下ろす絶景だったのではないだろうか。

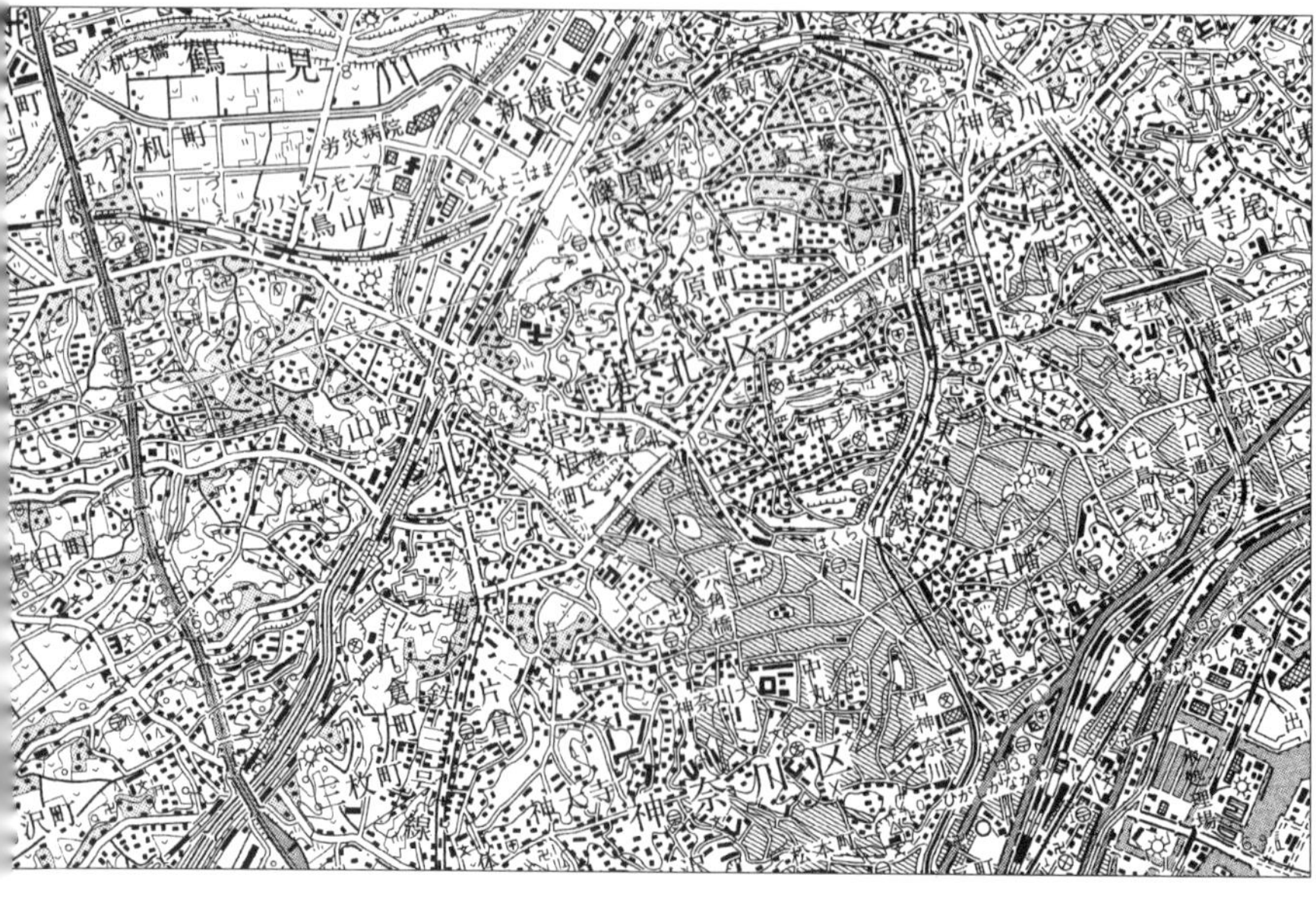

図 1　1:50,000「横浜」昭和 7 年修正＋「東京西南部」昭和 7 年部分修正

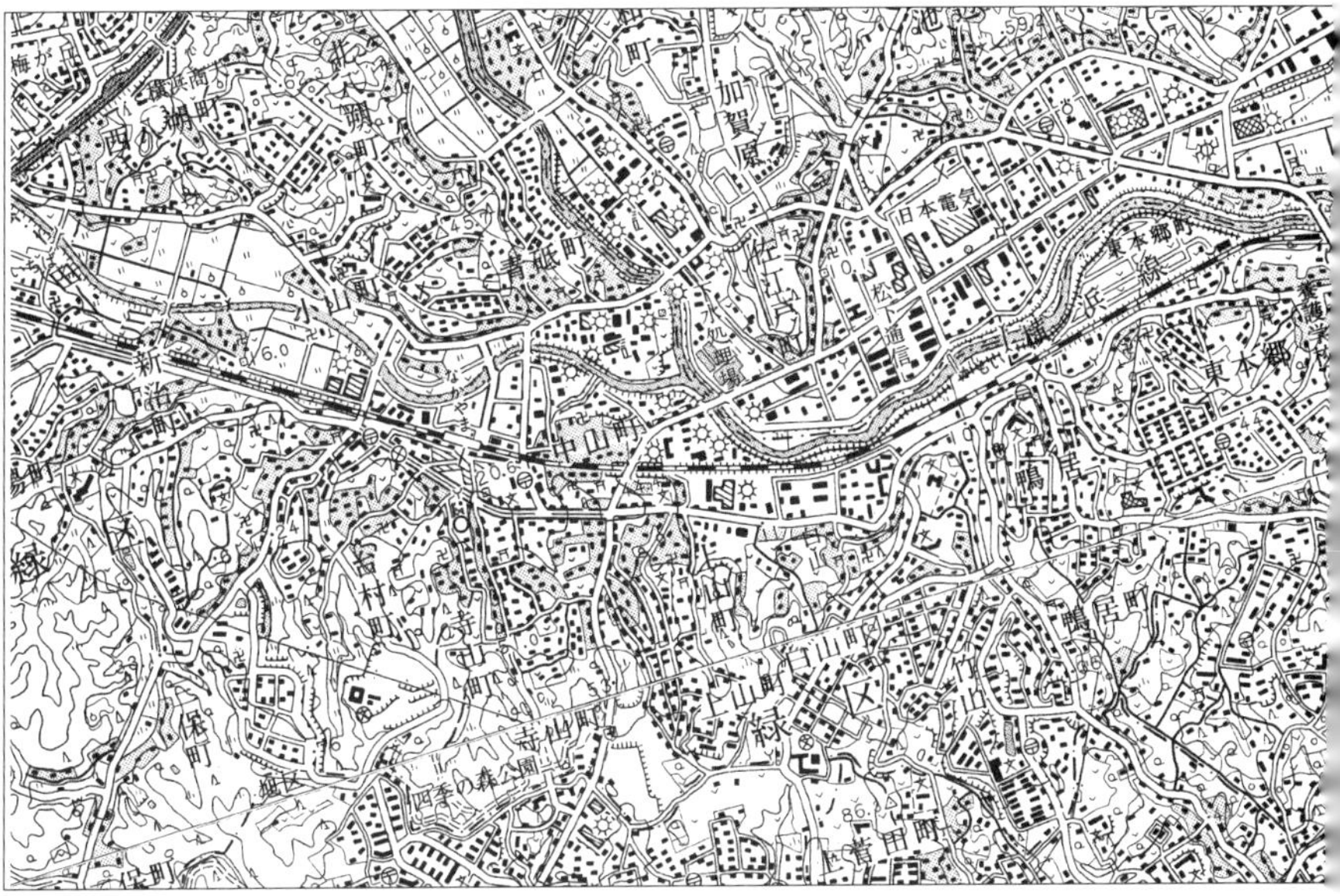

図 2　1:50,000「横浜」平成 12 年修正＋「東京西南部」平成 7 年修正

線路は北上して菊名付近で西へ向きを変える。八王子を目指すにはだいぶ迂回だが、やはり丘陵部の急勾配を避けたのだろう。昔は蒸気機関車が貨物列車を牽引するために、距離短縮よりもなるべく緩い勾配を心がけた。菊名駅には**図1**にも東横線がすでに開通しているが、谷底のため「後輩」である東横線の方が下を通っている。なお、菊名駅の開業は東横線が大正一五年（一九二六）二月、横浜線は同年九月だから、駅は横浜線の方が新しい。菊名を出ると約一キロで田んぼのまん中に出るが、ここが後に新横浜駅のできる場所だ。

図2でビルが建ち並んだ現新横浜駅付近の様子がよくわかるが、昭和五三年前後にこの付近に筆者が住んでいた頃、すなわち新幹線開業一四年後には、区画整理されただけの空き地がどこまでも広がっていた。いつになったら市街地になるのかね、と地元の人も話していたものである。その後は地下鉄も開通し（昭和六〇年）、バブル期を経て劇的に市街化が進んだ。その後は小机駅との間の北側に巨大な横浜国際総合競技場（現日産スタジアム）もでき、2002FIFAワールドカップの決勝戦も行われた。以前、地元の人に「このへんは鶴見川がいつも氾濫するから、人が住めるような所ではなかった」と聞いたことがあるが、その証拠に小机駅の北に広がる田んぼの記号は、下線が二本付いた「沼田」の記号になっている。

小机は開業以来の駅。その先で室町期の小机城址を短いトンネルでくぐるが、昭和二年に横浜市に合併する前の旧城郷《しろさと》村の名はこの城址にちなむものだ。地名は現存しないが、今も城郷小中学校の名に残っている。**図1**では横浜市から都筑《つづき》郡新治《にいはる》村に入る。このあたりは明治以来少しずつ市域の拡張を続けてきた横浜市の「フロンティア」だった。間もなく鴨居《かもい》だが、駅ができたのは戦後の昭和三七年。しばらくの間、右に鶴見川、左に丘陵を見ながら西へ進む。将軍の鷹狩りの道であった中原街道（相州街道）の下をくぐると間もなく中山駅。新治村役場の所在地で、今は緑区役所がすぐ近くだ。

陸軍弾薬庫跡に「こどもの国」

線路は鶴見川の本流から離れて恩田《おんだ》川沿いに広い谷を遡っていく。間もなく南側の線路際に土塁の記号が描かれている旧城寺（**図1**左端）。これは室町期に築かれた榎下《えのした》城の跡に慶長年間に創建された寺だ。今も空濠と土塁の跡が残っている。電車は十日市場（**図3・4**）を過ぎて長津田へ向かうが、十日市場は字の通り定期市が開かれたことにちなむ地名だ。昭和三〇年代後半に十日市場団地ができたが、駅ができたのははるか後の昭和五四年である。現在では環状四号の四車線道路が駅の上を通過しており、典型的な郊外駅前風景になった。

さらに西進すると大山街道をガードで越え、長津田《ながつた》駅に到着する。長津田は大山街道（矢倉沢《やぐらさわ》往還・厚木街道）の宿場町として発達した町で、往時は大山詣での庶民の往来で賑わったという。街道はその後**図4**のように国道二四六号となり、幅広い産業道路に大変貌を遂げた。これだけ直線的な道路なので、旧道は住宅地の中に埋もれるように生活道路として残っている区間が意外に多く、よく注意して歩けば馬頭観音や庚申塔が路傍にひっそりと佇んでいるのに気づくはずだ。

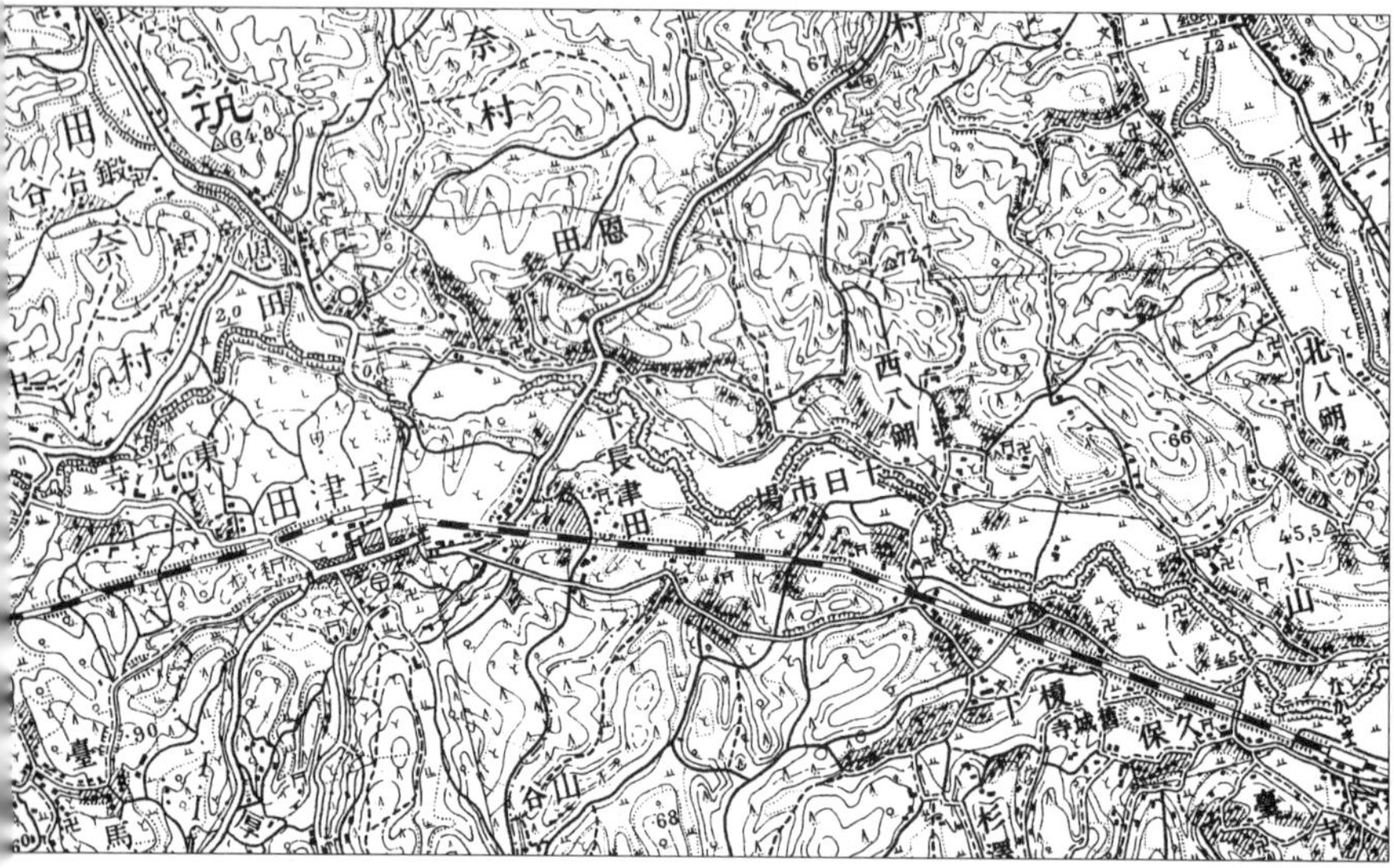
長津田
十日市場

長津田町
十日市場町
梅が丘
松風台
青葉台
藤が丘

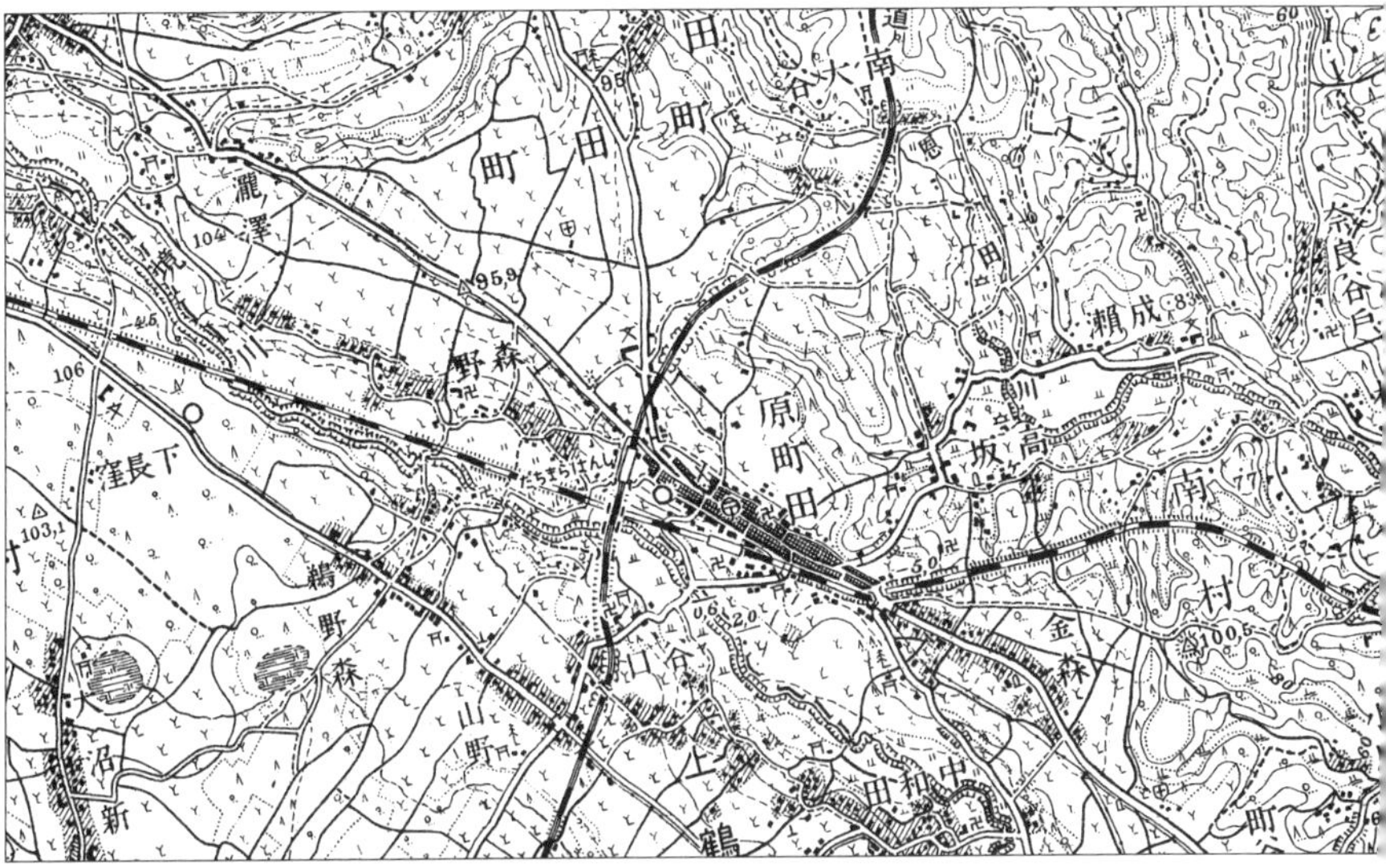

図３　1:50,000「東京西南部」昭和７年部分修正＋「八王子」昭和４年鉄道補入

図４　1:50,000「東京西南部」平成７年修正＋「八王子」平成 12 年修正

長津田は東急田園都市線との乗換駅だが、この路線もほぼ国道二四六号に沿って渋谷から南西へ延びている。もちろん大山詣でのための観光電車ではなく、東急のニュータウン、「多摩田園都市」の住民の足として建設された。開通が昭和四一年（二子玉川園＝現二子玉川〜長津田）と新しく、当初から踏切が例外的なもの（横浜線と共用の一か所など）を除いて存在せず、現在は踏切ゼロという珍しい路線である。

もうひとつ、長津田から急カーブを描いて北上していく路線が「こどもの国線」である。以前は社会福祉法人こどもの国協会が東急に電車の運行を委託していたが、最近になって横浜高速鉄道の保有となった（運行は東急）。途中には恩田駅も新設され、通勤路線の色彩を強めている。昭和七年（一九三二）修正の**図3**に見えないのは当然だが、実はこの線、田園都市線よりもはるかに前の戦時中に敷設された陸軍田奈弾薬庫の専用線を再利用したものである。こどもの国は昭和三五年に弾薬庫が返還された後、その跡地に同四〇年に開園した。そのつもりで観察すれば今でも弾薬庫時代のトンネルや換気口、高射砲の台座など、遺物が結構見つかるという。

図4には長津田駅の北側に田奈村とあるが、これは横浜市に合併する昭和一四年までの行政村名だった。現在も田園都市線の駅名に田奈駅があるが、この地名は長津田・恩田・奈良の三村が合併した際、各村から一字ずつ採った合成地名である。ついでながら、長津田の地名は地元では「ながつだ」と発音するが、駅名は「ながつた」が正式だ。

「町田駅」の誕生

長津田を出た電車は西進すると八〇〇メートルほどで東京府（現東京都）に入る。**図4**の当時は南多摩郡南村という素っ気のない村名で、その名の如く、南多摩郡で最も南にあるから南村という安易な命名。長津田から原町田（現町田）までの区間は昭和五〇年代前半頃まではまさに田舎風景で、春先の雑木林と谷戸の田んぼの淡く萌える若緑は息をのむような美しさがあった。

また筆者の思い出話で恐縮だが、今から二〇年ほど前の師走の夜更け、一杯気分で町田で小田急線から横浜線に乗換えようとしたら、電車が行ったばかりであった。そこで時刻表を見るとあと三〇分も待たなければ電車が来ないことを知って驚いたことがある。寒いホームでひたすら待ち、酔いも醒め、雪さえちらついてきた。そんな路線だったのだ。あの頃は。

町田は以前、原町田駅といった。駅のずっと北にある現本町田が町田の本村で、そこから南へ出て行って原っぱを開墾したのが原町田である。交差する小田急線は少し離れたところに駅ができたので新原町田と名乗った。小田急も横浜線も高度成長期に大いに沿線人口を増やし、乗換え客は急増した。しかし両駅は約七〇〇メートルも離れており、時間に余裕のないサラリーマンや高校生たちはここを大挙して走ったのである。いつしか彼らが走り抜ける商店街の道は「マラソン道路」と呼ばれるようなった。

その後、両駅を統合する計画が持ち上がり、横浜線の原町田駅が小田急側に近寄って昭和五五年に町田駅となったのであるが（小田急の改称は同五一年）、当初はどこまで横浜線を近づけるか（小田急は横浜線のほぼ真上なので動く必要がない）で議論が沸騰し、六通りの案の中から選ばれたのが今の姿である。まだ少し離れていると文句は出ているかもしれないが、原町田駅付近の商店などは死活問題だったのだろう。

図3の方に戻ると、当時は小田急線がまだ開通して間もない頃だ。分岐点は現相模大野駅だが当時はまだ駅はなく、桑畑の中に小田原・江ノ島両線の分岐点の信号場があるのみだった。その後昭和一四年にこの西側に陸軍の通信学校ができ、信号場はその前年に通信学校駅となった。「防諜」の理由により全国の軍関係の駅名が次々と変更されていた時期である昭和一六年に相模大野（大野村にちなむ）と改称され、現在に至っている。現在では人口七〇万を擁する相模原市の中で最も乗降客の多い駅だ。よくぞここまで変貌したものである。

ＪＲ横浜線　古淵〜八王子

「絹の道」こと横浜街道—町田街道に沿って敷設された私鉄・横浜鉄道はその後国有化され、昭和一六年には全線で電車が走るようになった。同年には沿線に八町村合併で相模原町が誕生するが、これは巨大軍都・相模原の本格的始動を意味していた。桑畑や雑木林に軍の兵器工場や学校、病院などが相次いで建てられていく。それが戦後になると一変する。昭和一〇年にわずかに三万ほどであった人口が、戦後の東京・横浜のベッドタウンとしての爆発的な宅地化により、現在では二三倍を超えて七〇万を擁する大都市になった。八王子の繊維工業を支えていた沿線の桑畑のある風景も一変した。後編の今回は町田から八王子までの沿線を新旧地形図でたどる。

武蔵・相模の国境に沿って

町田駅を出て小田急線のガードをくぐった後の横浜線は、しばらく左側に境川を見ながら走る。境川はその名の通り武蔵と相模の国境で、現在も東京・神奈川の都県境に引き継がれている。境川の蛇行は戦後の河川改修によりかなりの部分が直線化され、そんな部分では都県境と川が一致して

いない場所が今なお多いので、たとえば旧河道に建つ町田駅南口のヨドバシカメラは東京都と神奈川県にまたがっている。小淵内閣の平成一一年（一九九九）、住んでいる市町村内のみ有効の「地域振興券」が発行された時も、この店は町田・相模原の両市民が使えると話題になったものだ。古《こ》淵《ぶち》駅は昭和六三年（一九八八）にできた新しい駅で、それまでは原町田～淵野辺《ふちのべ》間の五・五キロは東京近郊区間のひと駅としては長かった。

昔の地形図に戻ろう。**図3**左方で境川を渡った後、線路は相模原の台地上を一直線に走るが、周囲はあらかた桑畑と雑木林で占められていたことがわかる。線路から少し離れた雑木林の中にはポツンと一軒家だった大野村役場（**図3**○印）が描かれているが、現古淵駅にほど近い場所だ。

大野村とは明治二二年（一八八九）の町村制施行時に鵜野森《うのもり》・上鶴間《かみつるま》・上矢部《かみやべ》・淵野辺・矢部《やべ》新田の五村が合併した際に命名されたもので、「大野」とは広大な相模野の様子を表現したものとい

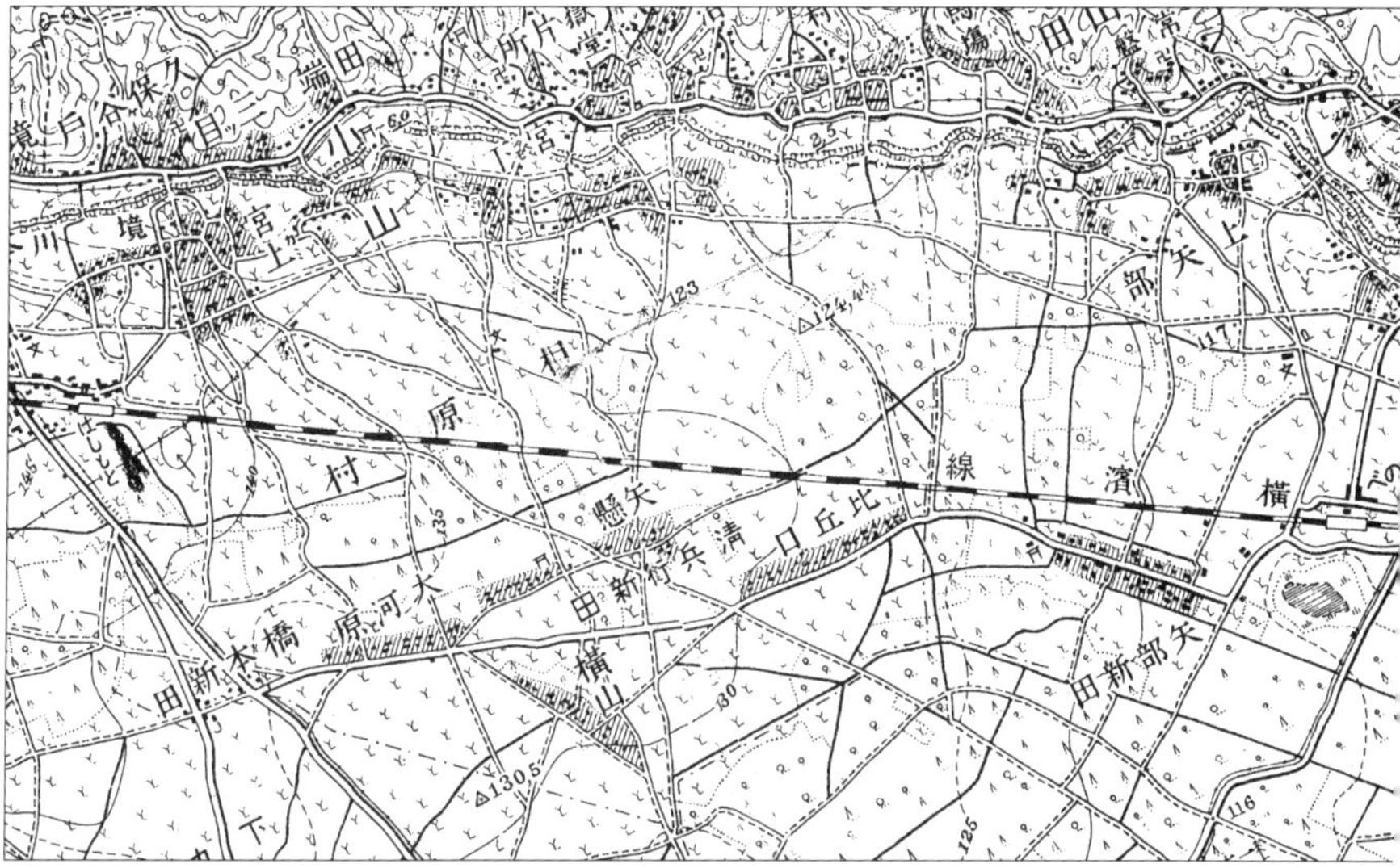

図５　1:50,000「八王子」昭和４年鉄道補入

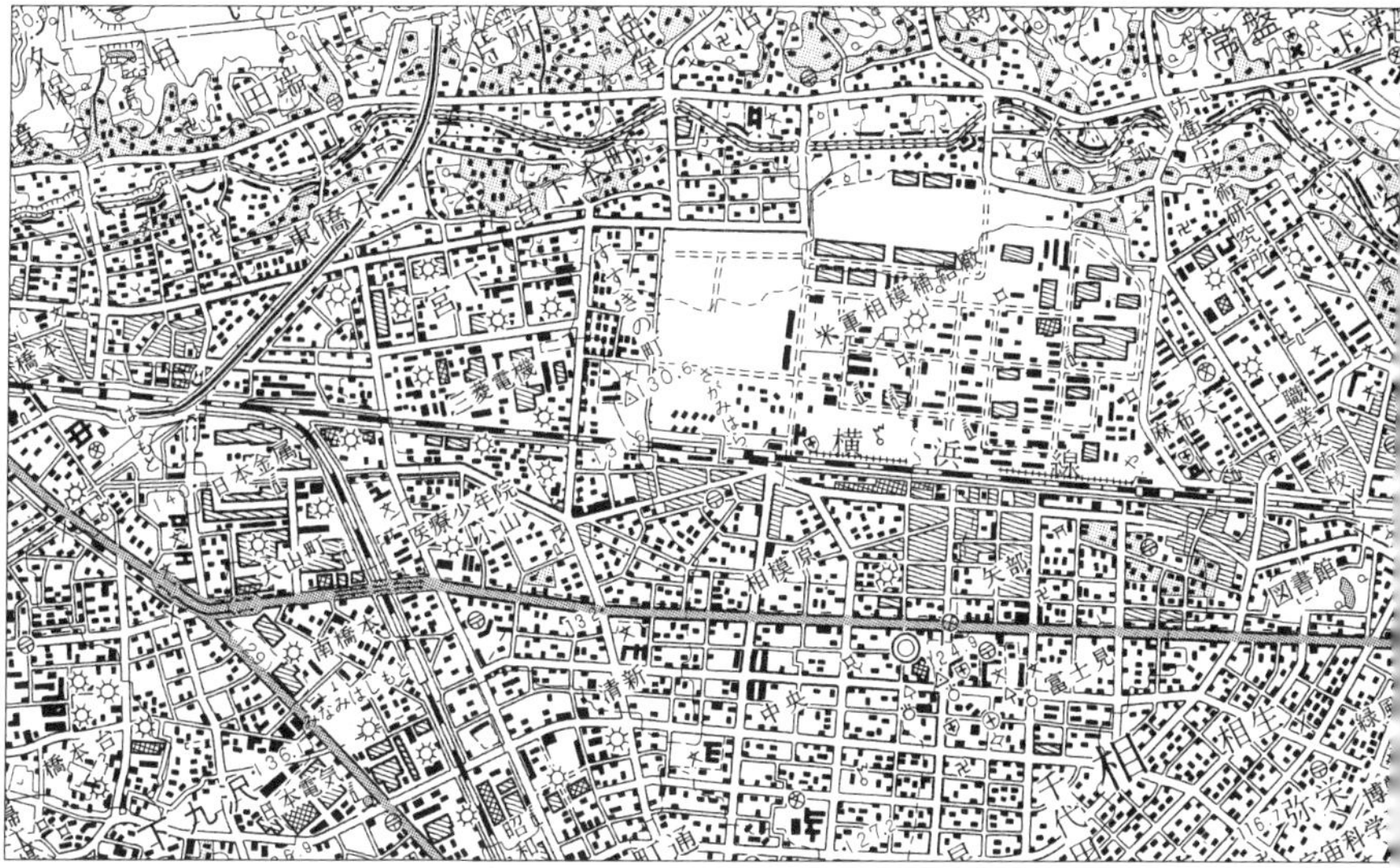

図６　1:50,000「八王子」平成 12 年修正

う。役場の北西には明治二五年開校の大野小学校が見える。合併した各旧村からの距離を考慮して雑木林の中に置いたのだろう。少し南には沼が二つ見える。文字通りの沼畔には大沼新田という集落もあるが、これはもとは淵野辺村の一部で、元禄年間（一六八八〜一七〇三）に開発されたところ。ちなみにもう少し東にある小さな沼は「小沼」と呼ばれたそうだ。

地形図では両者とも沼の輪郭が破線であるが、これは当時の地形図図式で「瀦水《ちょすい》」すなわち水たまりの大きなものの意で、「不定水涯線」（湖岸線が定まらない）に引き継がれた記号だから、容易に干上がってしまうほどの浅い沼だったということだろう。その証拠に水面に「水草」の記号があること。これらは台地の粘土などの不透水層の上に水が溜まった宙水《ちゅうみず》に由来するらしく、現在は埋め立てられて住宅地となっているが、淵野辺駅の裏手にも同様の沼があったことがわかる。

軍都・相模原を一直線で貫く

原町田から橋本の先までの横浜線は見事な一直線コースだが、戦前はこの区間でよく新型機関車や気動車などの試運転が行われた。大正の始め、鉄道の近代化をめぐって大量高速輸送に対応して全国の線路を広軌（標準軌＝現新幹線等と同じ）に改築すべきか、それとも現状の軌間のまま地方の隅々まで鉄道ネットワークを広げることを優先すべきか、という世論二分の議論があったが、それを受けてこの区間で大正六年に広軌列車を走らせる試験が行われた。結局全国規模の「改築」は行われず、戦後の新幹線がその一端を受け継いだことは周知のことであるが。

戦前の昭和一一年（一九三六）に発行された車窓ガイドブック『旅窓に学ぶ（東日本篇）』（ダイヤモンド社）は、次のように沿線を描写している。

「この邊《あたり》り甘藷《かんしょ》畑や麥圃《ばくほ》が多く、淵野邊《ふちのべ》停車場はその間にある。やがて左窓平野の盡《つ》くるあたり關《かん》東山脈の鮮かな翠巒《すいらん》連亘を望み風致次第に高原的になり行くのを感じつゝ橋本停車場に着く。」（「翠巒」は緑の山々の意）

なるほど今も丹沢の山並みは見えるけれど、どうしても建て込んだ市街地越しなので高原的という雰囲気ではないし、ましてや「平野の尽きる」ところなど確認できない。その市街化の端緒となったのは、しかし一般の東京郊外のように戦後の高度成長ではなく、相模原の場合は軍都計画に遡る。

日中戦争の前夜である昭和一一年以降、旧大野村だけでも陸軍造兵廠、陸軍兵器学校、臨時東京第三陸軍病院、電信第一聯隊、陸軍通信学校、相模原陸軍病院、陸軍機甲整備学校などの陸軍の機関が続々と進出、見渡す限りの雑木林と桑畑だった無人地帯は軍都の相貌を色濃くしていった。

明確に軍都・相模原が一体として機能し始めるのは開戦の年の昭和一六年（一九四一）四月のことで、上溝《かみみぞ》町・座間《ざま》町・新磯《あらいそ》村・麻溝《あさみぞ》村・田名《たな》村・大沢村・相原《あいはら》村・大野村の二町六村の大合併で相模原町が誕生してからである。戦後この地域に点在して広い面積を占めていたこれら施設はすべて米軍が接収、その後徐々に返還されて学校や公園、住宅地などに変わっているが、最大の面積を占めていた相模陸軍造兵廠は現在でも在日米陸軍相模総合補給廠として広大な敷地を占有している。**図7**は敗戦直後のもので、これら軍施設の分布がよくわかるが（いずれも施設の注記は削除）、軍都のために整備された道路網が現在も都市の街路として活用されていることがわかる。

その造兵廠の敷地の南東角にあるのが矢部駅だが、この駅は淵野辺からわずか〇・八キロと短く、古淵駅のなかった頃は原町田までの長い五・五キロの「ひと駅」とずいぶん対照的だった。実はこの駅、昭和二五年に米軍横浜技術廠相模工廠（現相模総合補給廠）への通勤者の便宜のために設けられたという特殊な事情をもっている。当初は相模仮停車場と称したが昭和三二年には正式に矢部駅となった。

次の相模原駅も矢部から一・八キロと短めだが、この駅は「相模原町」が合併で誕生した昭和一六年四月に開業したもので、その際すでに小田急線に存在した相模原駅は、駅名が同一になってしまうことから「小田急相模原」と変更させられた。本来なら後からできた方が別の駅名とするのが当然だが、軍都建設にからむお国の意向に反対することなどあり得なかった、ということなのだろう。ついでながら、これは四国・松山に予讃線が開通した際（昭和二年）にも、鉄道省は歴史の古い伊予鉄道の松山駅の名を奪い、そちらを「松山市」に変更させたことがある。「官尊民卑」の当時を象徴するエピソードだ。

駅の誘致合戦で近接した二駅

橋本駅は相模原市で最後の駅だが、横浜鉄道の敷設が決まった頃、府県境の境川をはさんだ対岸の東京府南多摩郡堺村と駅の誘致合戦が行われた。明治三六年には東京府側の地元有志が「堺村に停車場を設けられん事を冀《こいねが》ふの陳情」が出され、これに対して相原村（神奈川県）橋本地区でも熱心な設置運動が行われた。結局は橋本・相原の両駅が同時に設置されることになったのだが、両駅間は、当時の汽車が走る鉄道の駅間の標準的な五～六キロ程度よりはるかに短い一・九キロとなった。このことは誘致運動の事情を反映したものだろう。

　ちなみに相原という地名は東京・神奈川双方にある。具体的には町田市相原町と相模原市相原であるが、両者は都県境をまたいで隣接しており、七〇〇メートル離れて同名の「市立相原小学校」も存在するが、古くは一帯が相模国で、武蔵との国境は多摩川水系との分水界である御殿峠の尾根線にあった。それが文禄三年（一五九四）の洪水を機に改めて検地が行われ、境川を武蔵・相模両国の境界と定めて以来、武蔵国の相原村と相模国の相原村が誕生したというのが発端だ。

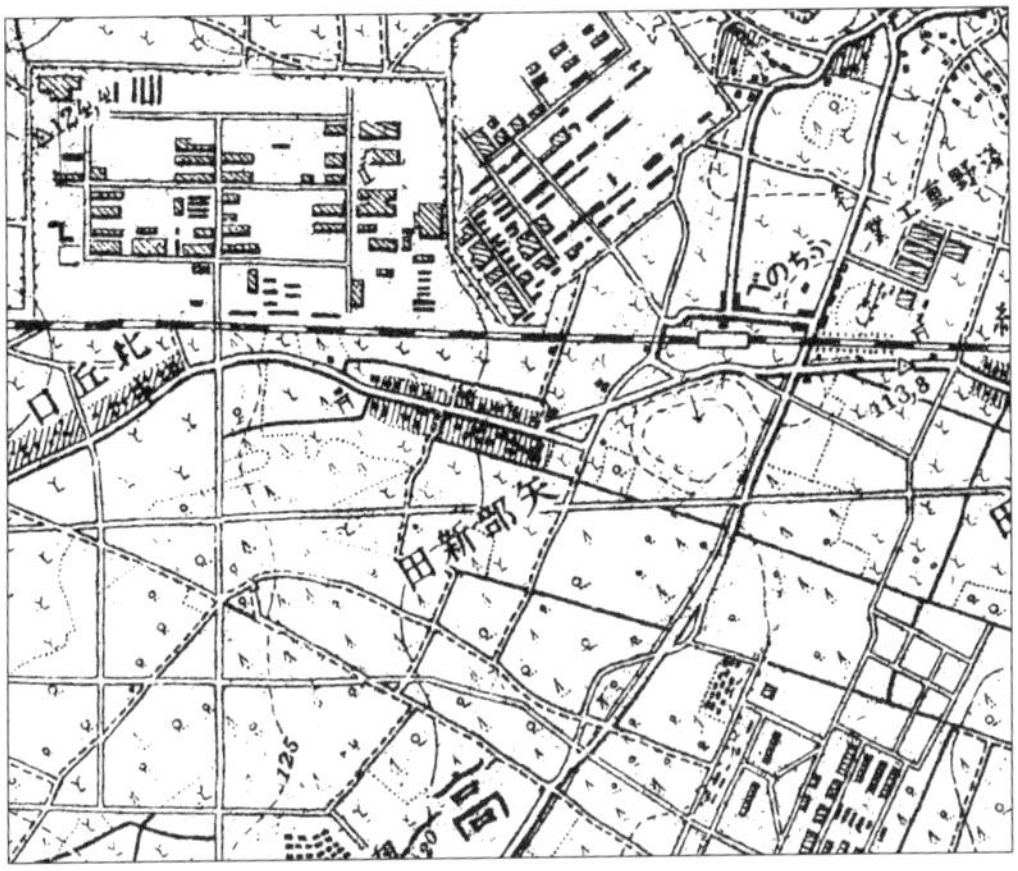

図７　1:50,000「八王子」昭和 20 年部分修正

横浜線の標高は長津田の丘陵部から相模原の洪積台地へ上って徐々に高度を上げ、橋本～相原の中間地点（県立橋本高校付近）の一四二・七メートルを最高地点として徐々に下がっていく。相原からはトンネルを抜けて境川水系と多摩川水系を画する分水嶺を越えるので少しは上っているかと思いきや、わずかながら下り勾配でトンネルに入り、そのまま片倉の先の湯殿川の鉄橋まで下り続けるのは少し意外だ。

分水嶺の新相原トンネルを抜けると、かつては里山風景が広がっていた。春先など、桃源郷とはここのことか、というほど新緑と花の見事なパノラマが見られたが、最近の宅地開発によって風景は激変した。八王子みなみ野という新駅はそのニュータウンの中心駅として平成九年に新設されたが、古くからの由緒ある地名・宇津貫《うつぬき》は駅名に採用されず、こちらも残念なことになった。

すっかり護岸でまっすぐになった兵衛川《ひょうえ》に沿って片倉城址（**図8**では片―倉の地名にはさまれた城跡の記号あり）を左に見ると片倉駅だが、この駅の開業は昭和三二年と意外に新しい（昭和一七年設置の片倉信号場を停車場化）。「初代」の片倉駅は京王御陵線《ごりょう》（現高尾線と一部重複）に設けられたものだが、戦争中に不要不急路線とされて運休していた間に横浜線に片倉駅が設置され、その後昭和四二年に「高尾線」として開通した京王が旧片倉を京王片倉と名を変えて復活させた経緯があるので、こちらは国鉄に奪われたわけではない。間もなく列車は左へカーブを描き、京王線の線路を右に見て少し並走した後で中央本線が合流、八王子駅に到着する。

前述の『旅窓に学ぶ』の筆者は「此の横濱線は中央東海道二大幹線捷徑《しょうけい》連絡を主として中間に主

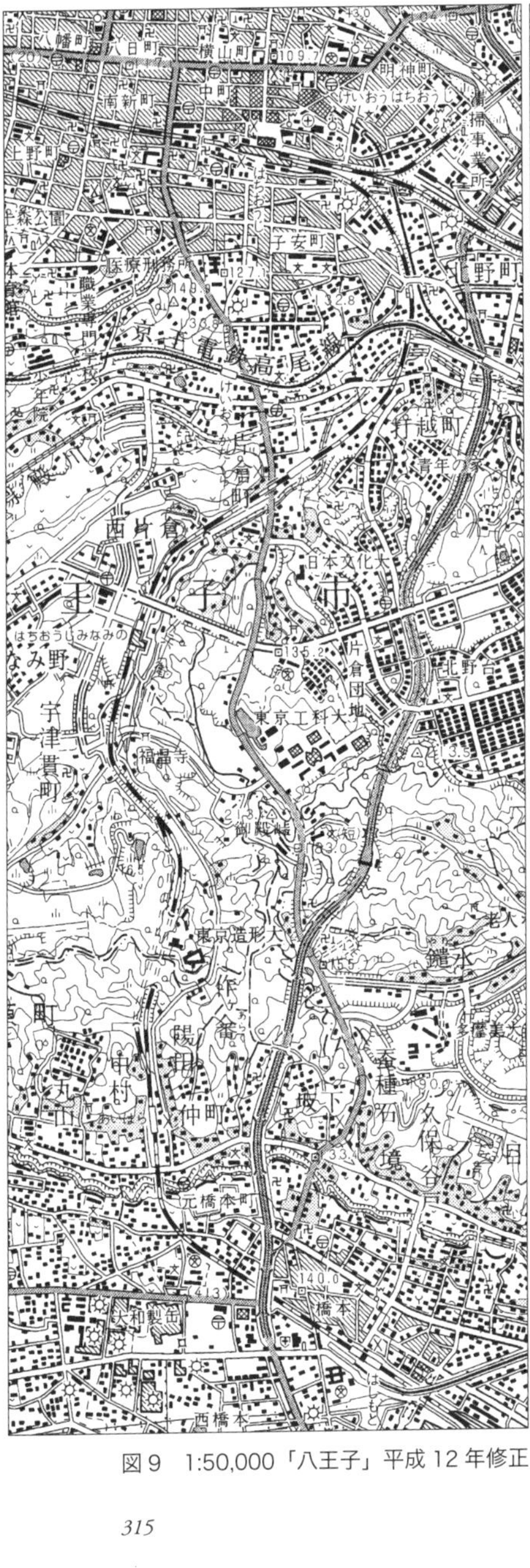

図９　1:50,000「八王子」平成 12 年修正

図８　1:50,000「八王子」昭和４年鉄道補入

要産業都市を有せず、桑園・麥圃・果樹林唯斷續《ただだんぞく》するのみ」と書いているが、そのちょうど七〇年後、人口七〇万を超えた相模原と四〇万の町田という大ベッドタウンが沿線に「連続する」ようになるとは想像もしなかったのではないだろうか。

〈参考文献〉

五日市町の古道と地名　並木米一　五日市町教育委員会　1984
稲城市の地名と旧道　稲城市教育委員会　2004
街道の日本史　18多摩と甲州道中　新井勝紘・松本三喜夫編　吉川弘文館　2003
角川日本地名大辞典　11埼玉県　角川書店　1980
角川日本地名大辞典　12千葉県　角川書店　1984
角川日本地名大辞典　13東京都　角川書店　1978
角川日本地名大辞典　14神奈川県　角川書店　1984
川崎の町名　日本地名研究所編　川崎市　1991
消えた駅名　今尾恵介　東京堂出版　2004
さいたまの鉄道　埼玉県立博物館編　さきたま出版会　1999
市町村変遷辞典 補訂版　地名情報資料室編　東京堂出版　1994
私鉄史ハンドブック　和久田康雄　電気車研究会　1993
新宿区町名誌　新宿区教育委員会編　1976
世田谷の地名　下　三田義春　世田谷区教育委員会　2004
大東京概観　東京市役所　1932
多摩　鉄道とまちづくりのあゆみ1　多摩の交通と都市形成史研究会　古今書院1995
多摩　鉄道とまちづくりのあゆみ2　多摩の交通と都市形成史研究会　古今書院1995
多摩川絵図 今昔　今尾恵介　けやき出版　2001
多摩ニュータウン開発の軌跡（企画展図録）　パルテノン多摩　2001
多摩のあゆみ　第70号「西武鉄道拝島線前史」　益井茂夫　たましん地域文化財団　1993
多摩のあゆみ　第76号「青梅鉄道百年」　たましん地域文化財団　1994
多摩の鉄道百年　青木栄一・老川慶喜他編　日本経済評論社　1993
地形図でたどる鉄道史　東日本編　今尾恵介　JTB　2000
停車場変遷大事典　国鉄JR編（監）　JTB1998
鉄道ピクトリアル　421号（特集・日本の鋼索鉄道）　鉄道図書刊行会　1983
東京人　2002・2月号「東京踏切行脚」　今尾恵介　都市出版　2002
東京地名考・下　朝日新聞社会部編　朝日新聞社　1986
東京の都市計画　越沢明　岩波書店　1991
トワイライトゾーン・マニュアル　4　名取紀之・滝澤隆久編　ネコ・パブリッシング　1995
東村山市史　第10巻資料編（近代２）　市史編纂委員会　東村山市　2000
東村山の地名とそのいわれ　東村山郷土研究会　東村山郷土研究会　2001
府中市の歴史　府中市　1983
民鉄経営の歴史と文化　東日本編　青木栄一他編　古今書院　1992
旅窓に学ぶ（東日本篇）　長野秋峰編　ダイヤモンド社　1938

＊初出「多摩ら・び」（多摩情報メディア発行・けやき出版発売）
16号(2001年)～45号(2007年)
＊「JR青梅線　青梅～奥多摩」は書き下ろしです。

今尾恵介（いまお けいすけ）

1959年横浜生まれ。（財）日本地図センター客員研究員、日本国際地図学会評議員、関東学院大学非常勤講師。中学生の頃から国土地理院の地形図に親しみ、管楽器専門誌「パイパーズ」編集者を経て91年よりフリー。地図・地名・鉄道に関するエッセイなどを書籍、雑誌で執筆。日野市在住。

著書に『多摩川絵図』（けやき出版）、『路面電車』（ちくま新書）、『世界の地図を旅しよう』（白水社）、『住所と地名の大研究』（新潮社）、『地名の社会学』（角川選書）など多数。

多摩の鉄道沿線 古今御案内

2008年７月28日　第１刷発行
2009年１月30日　第２刷発行

著　者／今尾恵介
発行者／清水　定

発行所／株式会社けやき出版
http://www.keyaki-s.co.jp
〒190-0023 東京都立川市柴崎町3-9-6 高野ビル
TEL042-525-9909　FAX042-524-7736

装　丁／山口裕美子
製　版／株式会社メイテック
印刷所／東京書籍印刷株式会社

ISBN978-4-87751-365-8

けやき出版　今尾恵介の本

地図で歩く路面電車の街

四六判　256頁　1575円

現存する路面電車、消えた路面電車――昭和前期と戦後の最盛期の停留所名がひと目でわかる64の手描き路線図付。

地図で今昔

A5判　224頁　1680円

明治以降、現在までの新旧地形図を比べ、噴火や地震、開発、過疎、戦争などにより地形が変貌した32例を解説。

○**変わりゆく渚の風景**　鹿島臨海工業地域／浦安／羽田／近江八幡
○**姿を変えた山と川**　昭和新山／三宅島、神戸／九頭竜ダム
○**「帝国陸軍」のその後**　朝霞／練馬／相模原／横須賀／戦時改描について
○**変貌する街・むら**　八王子／北海道雨竜郡／成田・三里塚
○**鉱山の衰退**　大夕張炭山／武甲山／犬島／別子山
○**地図から歴史を透かし見る**　軽井沢／親不知と黒部川／十津川村　他

価格は税込

京王電車沿線名所圖繪（東京より多摩御陵）参拝近道